# « Saisir l'État »

•

# Dans la même collection

1. J. KAMANDA KIMONA-MBINGA, *Le défi congolais. De la dégénérescence à la renaissance*, 2001.
2. Z. HABIMANA MAKAMBA (dir.), *Courants actuels de la philosophie africaine*, 2002.
3. Ph. DENIS et C. SAPPIA (dir.), *Femmes d'Afrique dans une société en mutation*, 2004.
4. P.-J. LAURENT (dir.), *Décentralisation et citoyenneté au Burkina Faso*, 2004.
5. M. PONCELET, G. PIROTTE, G. STANGHERLIN et E. SINDAYIHEBURA, *Les ONG en villes africaines. Études de cas à Cotonou (Benin) et à Lubumbashi (RDC)*, 2006.
6. Ch. BECKER et Ph. DENIS (eds), *L'épidémie du sida en Afrique subsaharienne. Regards historiens*, 2006.
7. E. P. NGOMA-BINDA, *Principes de gouvernance politique éthique… Et le Congo sera sauvé*, 2009.
8. P. PETIT (dir.), *Société civile et éducation. Le partenariat à l'épreuve du terrain*, 2010.
9. L. VIDAL & C. KUABAN (dir.), *Sida et tuberculose : la double peine ?Institutions, professionnels et société face à la coinfection au Cameroun et au Sénégal*, 2010.
10. J.-P. SEGIHOBE BIGIRA, *Partenariat pour les forêts du Bassin du Congo et développement durable. Le droit à l'épreuve des enjeux*, 2012.
11. D. MOTTIER, *Une ethnographie des pentecôtismes africains en France. Le temps des prophètes*, 2014.
12. M. NTUBUBA BISIMWA, *Les pouvoirs politiques traditionnels dans la gouvernance démocratique en RDC*, 2014.
13. J.-C. MASHINI, *Gouverance en RD Congo. Regard et témoignage*, 2014.
14. F. LAPEYRE et A. LEMAÎTRE (dir.), *Politiques publiques et pratiques informelle en Afrique subsaharienne*, 2014.
15. O. KAHOLA TABU, *Les ménages à Lubumbashi. Hébergement des parents et vie domestique*, 2014.
16. Y. P. MANDJEM, *Sortie de crise en Afrique (tome 1). Le déterminisme relatif des institutions de sortie de crise en Afrique*, 2015.
17. Y. P. MANDJEM, *Sortie de crise en Afrique (tome 2). Le jeu politique des acteurs*, 2015.
18. V. KIMBA KAPANDA, Précarité des populations de l'ex-Katanga face à la loi de la valeur mondialisée, 2017.
19. J.-P. MPIANA TSHITENGE, L'Université à Kinshasa à l'ère du partenariat éductatif, 2017.
20. D. HIMPAN-SABATIER et B. HIMPAN, *Nomades de Mauritanie*, 2018.

•

Collection « ESPACE AFRIQUE »
21

# « SAISIR L'ÉTAT »

*Les conflits d'héritage, la justice et la place du droit à Cotonou*

Sophie Andreetta

academia
L'Harmattan

D/2018/4910/51 ISBN : 978-2-8061-0429-8

© **Academia-L'Harmattan s.a.**
Grand'Place, 29
B-1348 Louvain-la-Neuve



**www.editions-academia.be**

# Remerciements

Ce livre, publié avec l'aide financière du Fonds de la Recherche Scientifique – FNRS, est le résultat de ma recherche doctorale. Cette recherche fut possible grâce aux conseils, aux encouragements et au soutien de nombreux collègues et amis.

Je commencerai par mentionner ceux sans qui cette aventure n'aurait probablement jamais commencé : Benjamin Rubbers, mon promoteur, pour la confiance qu'il m'a accordée, pour son soutien, ses conseils précieux à tous les stades de cette recherche et pour ses relectures précises et attentives. Je tiens également à remercier chaleureusement mon co-promoteur, Marc Poncelet, pour ses encouragements et son enthousiasme, mais surtout pour sa passion contagieuse pour la recherche en Afrique de l'Ouest, ainsi que Roch Mongbo pour son accueil à Cotonou. Je citerai finalement ceux qui ont été les témoins de la fin de l'aventure, qui m'ont incitée à faire de cette thèse un ouvrage et à poursuivre une carrière de chercheuse : Aude Lejeune et Thomas Bierschenk.

Mes premiers pas à Cotonou se firent sous le regard bienveillant de Chrysal, Dieudonné Eclou et Gilles Badet, qui m'ont permis de rencontrer ceux et celles qui ont, pendant quatre ans, fait partie de mon quotidien dans la capitale béninoise. Je ne pourrai les citer tous, mais je tiens néanmoins à mentionner Monsieur Richard, mon « mari » au tribunal de première instance de Cotonou, Florentin, qui m'a guidée à de nombreuses reprises dans les méandres du ministère de la Justice, Daniel Weber, Parfait Ahoyo et Jean-Philippe Duvert qui ont accepté de me transmettre les rapports du ministère. J'ai pu étoffer mes données grâce aux statisticiens des juridictions qui m'ont communiqué les leurs. Ce travail n'aurait en outre pas été possible sans les nombreux juristes et héritiers béninois qui m'ont donné de leur temps, leur confiance et parfois même leur amitié. Je tiens donc à remercier l'ensemble des juges « état des personnes » de Cotonou et d'Abomey-Calavi, en particulier le Président Cossou, qui m'a permis d'assister à ma toute première audience en 2010. Maître Amoussouvi et maître Soukpon, tous deux greffiers, m'ont régulièrement accueillie dans leurs bureaux. Merci à tous les avocats qui m'ont ouvert la porte de leur cabinet, aux collaborateurs qui ont partagé mes allées et venues au tribunal, aux notaires et aux huissiers de justice qui ont accepté de me raconter leur parcours professionnel. Je tiens à citer tout particulièrement maître Moustafa, mon beau-frère « kpayo », maître Dako, maître Salam et maître Dide grâce à qui mon travail de chercheuse est presque devenu une activité ludique. Mes amis Raoul, Arlem et Joël se sont improvisés collaborateurs et body-guards à plusieurs reprises lors de mes pérégrinations à la recherche d'archives diverses. Je suis, surtout, infiniment reconnaissante envers tous les héritiers qui m'ont raconté leur histoire, qui m'ont exposé, d'année en année, les dernières nouvelles de leur « affaire », leurs expériences, leurs espoirs et leurs déceptions au tribunal.

Une fois les données récoltées, c'est grâce aux relectures attentives de nombreux collègues et amis que j'ai pu finaliser ce travail : Caroline Rosillon, Fanny Theunissen, Annalena Kolloch, Aude Lejeune, Bénédicte Maccatory, Sara Dezalay, Barbara Truffin, José Munoz, Bénédicte Brunet-La Ruche, Marco Gardini, Marie Campigotto, Bénédicte Devillers, Rachel Dobbels, Fanny Duysens, Christophe Lejeune, Germain Meulemans, Marie Schlitzer, Thomas Vangeebergen, Jérémy Dodeigne, Nicolas Rossignol, Jean-Denis Ghysens, Maryse et Léon Brandt. Les schémas sont l'œuvre de Baptiste Rosillon. J'ai également eu la chance d'intégrer le *Center of African Studies* de l'Université d'Édimbourg pour quelques mois, sous le regard bienveillant de Gerhard Anders.

Je terminerai ces remerciements par ceux qui ont été les plus proches témoins et qui ont indéniablement contribué à toutes les étapes de cette recherche : « les meilleures collègues du monde », la « famille liégeoise », mes colocataires, Élodie et Aurore, mon compagnon et surtout mes parents dont le soutien et les multiples relectures furent indispensables au moment de finaliser cet ouvrage. J'adresse, enfin, une pensée particulière à ma « dada », Liliane Amoussou et à son père, Bertin Amoussou, mon « papa mewi ». Leur cabinet d'avocat, en plein centre de Cotonou, a constitué mon QG pendant toutes ces années : j'y mangeais les midis, avec Abel et Tati Agathe, ma « maman » du Bénin. J'y revenais le soir pour y prendre note des événements marquants de la journée avant de rentrer à la maison avec Liliane. C'est à elle que je dédie ce livre :

c'est grâce à son accueil et à sa gentillesse que je me suis sentie chez moi au Bénin. Elle a partagé ma vie à Cotonou, les frustrations, les découragements, les joies et toutes les richesses du terrain ethnographique.

# Liste des principaux sigles et acronymes

•

| | |
|---|---|
| ADD | Avant dire droit |
| AFJB | Association des femmes juristes du Bénin |
| AOF | Afrique-Occidentale française |
| ASBL | Association sans but lucratif |
| CA | Cour d'appel |
| CAPA | Certificat d'aptitude à la profession d'avocat |
| CC | Cour constitutionnelle |
| CEFAP | Centre de formation administrative et de perfectionnement |
| CEP | Certificat d'études primaires |
| CNSS | Caisse nationale de sécurité sociale |
| CPF | Code des personnes et de la famille |
| CSM | Conseil supérieur de la magistrature |
| CTB | Coopération technique belge |
| DESS | Diplôme d'études supérieures spécialisées |
| DACP | Direction des affaires civiles et pénales |
| DRH | Direction des ressources humaines |
| ENA | École nationale d'administration |
| ENAM | École nationale d'administration et de la magistrature |
| ERSUMA | École régionale supérieure de la magistrature |
| FADESP | Faculté de droit et des sciences politiques |
| FCFA | ranc des colonies françaises d'Afrique |
| FED | Fond européen de développement |
| FIDH | International Federation for Human Rights |
| FMI | Fonds monétaire international |
| IMF | Institution de microfinance |
| INSAE | Institut national de la statistique et de l'analyse économique |

| | |
|---|---|
| INSJA | Institut national des sciences juridiques et administratives |
| MCA | Millenium Challenge Account |
| MCC | Millenium Challenge Corporation |
| MESRC | Ministère de l'Enseignement supérieur et de la magistrature |
| MJLDH | Ministère de la Justice, de la Législation et des Droits de l'homme |
| MTFRAI | Ministère du Travail, de la Fonction publique, de la Réforme administrative et institutionnelle |
| OHADA | Organisation pour l'harmonisation en Afrique du droit des affaires |
| ONG | Organisation non gouvernementale |
| PARJ | Projet d'appui à la réforme de la justice |
| PH | Permis d'habiter |
| PIRSJJ | Programme intégré de renforcement des systèmes juridiques et judiciaires |
| PNUD | Programme des Nations unies pour le développement |
| PV | Procès-verbal |
| PVCF | Procès-verbal du conseil de famille |
| RFU | Registre foncier urbain |
| TC | Tribunal de conciliation |
| TPI | Tribunal de première instance |
| TF | Titre foncier |
| UAC | Université d'Abomey-Calavi |
| UE | Union européenne |
| UEMOA | Union économique et monétaire ouest-africaine |
| UNAMAB | Union nationale des magistrats du Bénin |
| USAID | United States Agency for International Development |
| WILDAF | Women in Law and Development in Africa |

# Définitions (Tirées du Lexique des termes juridiques, Dalloz, 2015-2016)

•

| | |
|---|---|
| ADD | Décision prise par le juge à titre accessoire, au cours de l'instance, soit pour aménager une situation temporaire : jugement provisoire, soit pour organiser l'instruction : jugement préparatoire. |
| Assigner | Acte de procédure adressé par le demandeur au défendeur par l'intermédiaire d'un huissier de justice, pour l'inviter à comparaître devant une juridiction. |
| Conclusions | Acte de procédure par lequel le demandeur expose ses chefs de demande, le défendeur ses moyens de défense. C'est par le dépôt de conclusions que le débat est lié. Le juge a l'obligation de répondre à tous les chefs de conclusions. |
| Enregistrement | Formalité fiscale qui a une triple finalité : donner une date certaine aux actes sous seing privé contre les tiers, permettre la perception des droits qui frappent la convention constatée dans l'acte, assurer la conservation des actes. |
| Common law | Droit commun des pays anglo-saxons, qui résulte non de textes législatifs mais de la pratique des juridictions – la jurisprudence. Ce système s'oppose à celui des pays de droit civil, qui considèrent que le droit écrit d'expression législative constitue la principale source du droit. |
| Droit civil | Ensemble des règles de droit normalement applicables dans les rapports des personnes privées entre elles. |
| Droit pénal | Ensemble des règles de droit ayant pour objet la définition des infractions ainsi que des sanctions qui leur sont applicables. |
| Grosse | Copie exécutoire. |

| | |
|---|---|
| Licitation | Vente aux enchères d'un bien (immeuble ou meuble) indivis, suivie d'une répartition de son produit par attribution à chaque indivisaire d'une portion privative correspondant à ses droits indivis. |
| Liquidation | Ensemble des opérations préliminaires au partage d'une indivision, quelle qu'en soit l'origine (ouverture d'une succession, dissolution d'une société). Elle consiste à payer le passif sur les éléments d'actif, à convertir en argent liquide tout ou en partie de ces éléments afin que le partage puisse être effectué. |
| Parquet | Magistrats composant le ministère public, placés sous l'autorité du procureur de la République. |
| Préséance | Protocole, rang diplomatique. |
| Procédure | Au sens large, branche du droit dont l'objet est de fixer les règles d'organisation et de compétence des tribunaux, d'instruction des procès et d'exécution des décisions de justice.<br>Au sens étroit, ensemble des formalités qui doivent être suivies pour parvenir à une solution juridictionnelle de nature civile, pénale ou administrative selon le cas. |
| Rébellion | Fait d'opposer une résistance violente à une personne dépositaire de l'autorité publique ou chargée d'une mission de service public lorsqu'elle agit dans l'exercice de ses fonctions, pour l'exécution des lois, les ordres de l'autorité publique, les décisions ou les mandats de justice. |
| Répétition de l'indu | Remboursement de ce qui a été payé sans cause. |
| Signifier | Porter à la connaissance de son adversaire un acte de procédure. La signification est toujours effectuée par un huissier de justice et délivrée au lieu où demeure le destinataire, à son lieu de travail, le cas échéant à son domicile élu. |
| Sommation (de payer) | Acte d'huissier de justice enjoignant à un débiteur de payer ce qu'il doit ou d'accomplir l'acte auquel il est obligé, mais ne reposant pas sur un titre exécutoire. |
| Succession | Dans un premier sens, transmission des biens d'une personne décédée. Dans un second sens, le patrimoine transmis. |

# Préface

•

*Lorsque S. Andreetta m'a demandé de rédiger une préface à son livre, je suis resté un peu perplexe car j'estimais qu'il n'en avait pas vraiment besoin. « Saisir l'État » se suffit largement à lui-même. J'ai tout de même accepté en espérant que rédiger cette préface me permettrait de ramasser sous une forme synthétique ce qui me semble être les principaux apports du livre, et de revenir en même temps sur certaines des préoccupations qui ont animé mes propres recherches sur la justice en République Démocratique du Congo. C'est dans cet esprit que j'ai rédigé les quelques lignes qui suivent.*

*

Depuis une trentaine d'années maintenant, des associations féminines cherchent à faire reconnaître la discrimination des femmes face à l'héritage comme l'une des principales causes de leur vulnérabilité en Afrique. Suite au décès d'un époux ou d'un père, les épouses et les filles sont souvent exclues du partage des biens, et ce sans plus nécessairement bénéficier de leur usufruit ou de la protection des héritiers masculins. L'héritage serait au cœur de la féminisation de la pauvreté sur le continent, en milieu urbain comme en milieu rural. Dans plusieurs pays, l'action des associations féminines, appuyée par des organisations internationales, a conduit les gouvernements à prendre des initiatives (modification des textes de loi, réforme du droit coutumier, campagnes de sensibilisation, etc.) visant à mieux protéger les droits des femmes. Parmi les différentes pistes de solution développées, le Bénin, où S. Andreetta a mené sa recherche, a fait un choix assez radical : le nouveau code de la famille, promulgué en 2004, reconnaît à toutes les veuves et héritiers des parts égales dans l'héritage, et contraint à la vente des biens immobiliers en cas de conflit. C'est dans les grandes villes, où les gens peuvent facilement accéder aux tribunaux « modernes », que la portée de cette réforme a été la plus forte, en particulier à Cotonou, la capitale économique du pays.

Dans cette grande ville, on a assisté à une augmentation rapide du nombre de conflits entre héritiers autour des maisons. Depuis l'adoption du nouveau code de la famille en 2004, un nombre croissant de « petits » dans les familles (en particulier les filles) ont décidé de saisir les tribunaux pour remettre en cause la répartition de l'héritage imposée par les aînés. Cette conflictualité a pu trouver un terrain propice dans cette ville où la polygamie reste courante – les enfants issus de différents « lits » se battent souvent pour les biens laissés par leur père défunt. Mais elle a aussi été attisée par la flambée des prix de l'immobilier. Celle-ci a été si importante depuis le début des années 2000 que, pour de nombreux habitants de Cotonou, l'héritage est désormais le seul moyen d'accéder à la propriété : « les gens sont prêts à tuer pour ça », affirment-ils, une expression qui indique à la fois l'enjeu que la propriété d'une maison représente et les tensions qu'il cause au sein des familles.

Bien que l'héritage soit de plus en plus intégré dans les politiques de défense des droits de l'Homme, de protection des femmes et de lutte contre la pauvreté, la manière dont il est négocié dans les familles et les effets que les nouvelles dispositions légales et institutionnelles en la matière ont sur la condition des femmes restent très largement inconnues, faute de recherches en sciences sociales sur le sujet. Les experts qui interviennent dans ce domaine le font sans disposer de données concrètes sur les pratiques de transmission des biens dans les familles, l'accès des femmes aux institutions juridiques, ou le fonctionnement de ces dernières. C'est le grand mérite de ce livre de combler ce manque d'informations en proposant de suivre les conflits d'héritage dans les tribunaux de Cotonou. À sa lecture, ceux-ci apparaissent comme un prisme heuristique particulièrement fécond pour étudier l'imbrication entre recompositions familiales, logiques foncières, changements juridiques et pratiques étatiques dans les grandes villes africaines.

C'est par le droit et la justice que S. Andreetta a très opportunément choisi d'aborder les conflits d'héritage. Elle est partie du tribunal pour étudier les itinéraires juridiques des héritiers, le traitement des dossiers de succession par les acteurs du monde judiciaire, et les effets de ce processus sur les rapports familiaux. On ne peut qu'être impressionné par la richesse des matériaux qui sont présentés dans le livre pour documenter ces processus : les différents chapitres sont agrémentés par des études de cas qui, malgré la complexité des conflits d'héritage sur lesquels elles portent, sont exposées de manière claires et détaillées ; le travail des acteurs du monde judicaire est à chaque fois étudié à la lumière de l'histoire de leur métier et de ses spécificités par rapport à d'autres métiers analogues ; et pour ne rien gâter, l'auteur fait montre d'une maîtrise certaine des procédures juridiques et des différentes options qu'elles laissent aux acteurs. L'ensemble du livre se montre ainsi comme le produit d'une enquête minutieuse et rigoureuse.

En faisant le choix d'étudier les conflits d'héritage par le droit, S. Andreetta en vient à offrir un éclairage tout à fait inédit sur le fonctionnement ordinaire des tribunaux étatiques en Afrique. Loin de se limiter à une seule catégorie de fonctionnaires, comme c'est souvent le cas dans la littérature, elle propose une analyse exhaustive des rapports que les magistrats, les avocats, les justiciables, etc. développent autour des conflits successoraux et des logiques qui les sous-tendent. Du reste, il s'agit à ma connaissance de la première étude à aborder dans le détail le travail quotidien des avocats, des huissiers et des notaires.

Sur un plan plus théorique, « Saisir l'État » apporte une contribution originale à la littérature sur les administrations publiques en Afrique en cherchant non plus à identifier des logiques qui leur seraient transversales, mais bien à mettre en exergue les spécificités de l'administration judiciaire et, à l'intérieur de celle-ci, celles des affaires successorales. À la différence des autres services publics, suggère l'auteur, la justice a pour vocation de trancher un litige entre deux parties : les usagers y sont pris non pas dans un face-à-face avec un fonctionnaire, mais dans une relation triadique, qui implique un tiers. L'administration de la justice implique par ailleurs des intermédiaires officiels comme les avocats et les notaires, ainsi que des institutions supérieures, auxquelles les justiciables peuvent faire appel : la présence de ces professionnels et institutions impose des limites dans la manière dont les juges peuvent interpréter le droit. Enfin, il faut tenir compte de la spécificité du droit des successions. Les juges qui se spécialisent dans cette matière estiment que leur fonction est avant tout de trouver un compromis entre les parties. En même temps, ils ne peuvent aisément déroger, au moment du jugement, aux principes du code de la famille, qui sont relativement simples. Pour résoudre ce dilemme, nombreux sont les juges qui profitent des audiences pour tenter de conseiller les familles, avant de prononcer le jugement en fonction du droit.

Au-delà de la singularité de l'administration judiciaire et de celle des juges qui tranchent les affaires de succession, l'auteur propose de prendre appui sur la sociologie du droit américaine pour réfléchir plus avant à la place du droit et de l'État dans les conflits d'héritage. Il s'agit ici de dépasser une tendance forte dans la littérature sur l'État en Afrique qui consiste à faire des règles une coquille vide de sens et d'effet car complètement débordée par les pratiques informelles. Plutôt que de partir des pratiques informelles, et de souligner l'écart qu'elles manifestent par rapport aux règles officielles, S. Andreetta porte son attention sur les usages du droit et les marges de manœuvre que celui-ci permet selon les circonstances. Un tel point de vue se montre beaucoup plus fécond pour qui veut saisir le pouvoir structurant du droit et de l'État non seulement sur les rapports sociaux entre fonctionnaires et usagers, mais aussi au-delà, à l'intérieur des familles et dans la société béninoise.

Au Bénin, comme ailleurs, recourir à la justice pour régler un conflit de succession n'est pas anodin car cet acte altère les rapports de famille de manière inéluctable. Ce qui était un désaccord familial, négocié dans l'entre soi, devient un conflit ouvert, faisant intervenir le pouvoir coercitif de l'État. Ce qui a été jusqu'alors partagé et donné doit désormais faire l'objet d'un calcul et d'une reddition des comptes. S. Andreetta montre que ce sont principalement les filles, les cadets et les enfants issus d'un deuxième ou d'un troisième lit qui font le pas. Comme le dernier chapitre du livre le montre, le résultat de leur démarche est très incertain, la majorité des jugements n'étant pas exécutés. Mais cela ne les empêche pas, du reste, d'utiliser la décision du juge dans leurs tractations avec leurs aînés dans l'espoir d'obtenir une plus grande part de l'héritage. La justice est alors instrumentalisée dans le cadre d'une tactique visant non plus à imposer le droit dans la famille en tant que tel, mais plus simplement à transformer le rapport de force entre parents.

À un niveau plus général, l'analyse de S. Andreetta pointe vers un paradoxe. Elle suggère que, si la réforme du droit de la famille réalisée en 2004 répondait au souci de promouvoir l'égalité entre descendants, indépendamment de leur genre et de leur place dans les fratries, elle a eu pour effet inattendu de renforcer l'hégémonie du marché. Les nouvelles dispositions du code ont bien été utilisées comme une « arme du faible » pour bousculer l'ordre établi des préséances dans les successions. En même temps, en poussant à la division et à la vente des biens collectifs, elles ont contribué à la marchandisation du patrimoine foncier et à la dislocation des familles. Les valeurs de l'ancien ordre familial – en particulier la préservation d'un patrimoine familial, la responsabilité des aînés envers les cadets et les filles, et le droit pour une veuve ou un enfant de rester dans la maison où ils ont vécu – n'ont plus de valeur devant les tribunaux. Conformément à l'esprit de la Déclaration universelle des droits de l'Homme, la loi donne désormais la priorité à l'épanouissement des individus. Les plus vulnérables y gagneront très certainement de nouveaux droits, à commencer par celui à une part d'héritage. Mais ils y perdront sans doute aussi certaines des protections que leur procurait l'appartenance à un collectif plus large, celui de la grande famille.

Benjamin Rubbers
Professeur en anthropologie à l'Université de Liège

# Introduction

•

*Illustration de Marine Lezan de Malizard*

***E**n 2010, Éloïse et ses deux sœurs, Rachel et Arlette, saisissent le tribunal de première instance de Cotonou pour obtenir la vente et le partage de l'héritage de leur père, décédé cinq ans auparavant. Il avait laissé huit enfants d'un unique mariage. Son épouse était décédée quelques années plus tôt. Ancien transporteur, il possédait une maison et plusieurs parcelles à Parakou, une ville du nord du Bénin, deux maisons à Cotonou et des terres cultivables au village. Après les funérailles, Louis, l'aîné de la fratrie, s'est autoproclamé administrateur[1] des biens communs. Il possédait déjà l'ensemble des titres de propriété des parcelles, subtilisés à leur père quelques années plus tôt. Arlette raconte :*

> « Après le décès des parents, comme il n'y avait rien que des filles, que le garçon était l'aîné, il a voulu profiter. Il s'est dit qu'il était le seul garçon parmi nous, et que comme nous, nous sommes des filles,

1 Gestionnaire.

nous n'avons pas besoin d'héritage. Que lui, comme c'est le seul garçon, il doit hériter tout » (Cotonou, mars 2010).

*Éloïse et ses sœurs occupent une maison à Cotonou. Louis dispose de la seconde. C'est également lui qui collecte les loyers des maisons de Parakou, qui bénéficie des véhicules et autres meubles laissés par le défunt. Rachel ajoute que d'autres membres de la famille profitent également des biens, avec l'autorisation de leur frère. Les trois benjamines, Arlette, Rachel et Éloïse ne jouissent en rien des revenus de la succession. Dans le besoin, elles tentent de contacter leur frère.*

« On est allées le voir à plusieurs reprises pour le partage. Il nous a dit qu'il ne comprend pas pourquoi nous nous sommes pressées, qu'il est le grand frère et qu'il peut nous faire appel dans dix ans, dans cinq ans s'il veut. C'est comme ça qu'on a amené l'affaire au tribunal, explique Rachel » (Cotonou, février 2010).

*Elles décident de se rendre à l'Association Droits des femmes*[2]*, où on leur propose d'appeler Louis pour une conciliation. Sans succès. La médiatrice leur conseille alors de saisir le tribunal. Arlette, la plus jeune, demande conseil à un ami, un greffier au tribunal de première instance de Cotonou. Il l'aide à rédiger une demande et s'assure ensuite que le dossier suit son cours.*

Dans la capitale béninoise, l'histoire d'Éloïse est loin d'être un cas isolé. L'héritage, au cœur des dynamiques foncières et des rapports familiaux, est source de tensions dans la plupart des familles. Aujourd'hui, bon nombre d'entre elles aboutissent devant la justice. Au tribunal de première instance (TPI) de Cotonou, depuis l'informatisation des registres fin 2010, près d'un millier d'affaires de succession sont introduites chaque année. En 2014, elles étaient au nombre de 1104[3] sur 8313 demandes toutes chambres civiles confondues[4]. Pour une population largement supérieure – près d'1,6 fois celle de Cotonou – les quatre tribunaux de première instance de la ville de Bruxelles enregistrent un nombre de requêtes similaire : 988 sur un total de

2 Voir Chapitre 2.

3 Ces chiffres correspondent aux affaires qui concernent directement une succession, renvoyées le plus souvent devant la chambre « état des personnes ». Les demandes d'autorisation de vente, au nombre d'une centaine chaque année n'ont pas été comptabilisées ici, bien que certaines d'entre elles soient susceptibles de concerner des biens hérités : l'intitulé des registres ne permettait pas de les distinguer.

4 Ce chiffre exclut donc les affaires qui relèvent du droit pénal, introduites auprès du procureur de la République ou sur base d'une plainte auprès des forces de l'ordre. Les affaires de droit civil, quant à elles, font l'objet d'une requête adressée au président du tribunal. J'y reviendrai plus tard.

10.053[5] (Service public fédéral Justice, 2014). Lors des audiences qui les concernent, les salles sont souvent trop exiguës pour accueillir l'ensemble des justiciables concernés. Les juges compétents insistent, pour leur part, sur le nombre important de dossiers de succession.

Ce livre portera sur le parcours des héritiers qui saisissent la justice et sur la manière dont ces affaires sont ensuite gérées par l'administration judiciaire et les professionnels du droit à Cotonou.

Au Bénin, les successions sont régies, depuis 2004, par un nouveau Code des personnes et de la famille (CPF). L'adoption de ce nouveau dispositif s'inscrit dans le cadre d'un ensemble de mesures qui, avec l'appui de différents bailleurs de fonds internationaux, visent à réformer le système judiciaire. Début 1990, le Bénin adopte une constitution démocratique. Le pays ratifie de nombreuses conventions internationales, garantissant le respect des principes des droits de l'homme. La République du Bénin se veut, à l'époque, « le bon élève » sur la scène internationale et attire ainsi l'intérêt de nombreux bailleurs de fonds. Une série de réformes des services publics sont planifiées. Ces réformes s'inscrivent dans des dynamiques plus larges qui consistent, ces vingt dernières années, à promouvoir l'État de droit et la bonne gouvernance sur le continent africain. Avec le soutien des bailleurs de fonds, de nouvelles constitutions sont adoptées, des tribunaux spéciaux mis en place et de nouvelles lois votées en grand nombre. Or, ce genre de dispositifs est largement critiqué par la littérature en droit et développement (Golub, 2003 ; Trubek, 2003), qui y voit « des "kits" de solutions permettant de "réparer" (*to fix*) les mêmes "problèmes" indépendamment du contexte » (Rubbers & Gallez, 2015b : 148). Peu de ces chercheurs s'intéressent par contre à leur mise en œuvre et à leurs conséquences concrètes.

Avec le Code des personnes et de la famille comme objet et les conflits d'héritage comme porte d'entrée, il s'agira ici de réfléchir à la manière dont une nouvelle loi peut être comprise et instrumentalisée par différents types d'acteurs. Adopté en 2004, le CPF était destiné à promouvoir l'égalité et mettre fin au dualisme juridique en droit privé. Jusque-là, le droit « moderne » coexistait avec le droit dit « traditionnel », jugé discriminatoire à l'égard des femmes. Si ce nouveau Code

5 Ce chiffre reprend uniquement les affaires qui ont fait l'objet d'une requête, et non celles qui résultent d'un appel d'une décision rendue par la justice de paix ou le tribunal de police. Le nombre total de nouveaux dossiers au rôle des juridictions bruxelloises cette année-là s'élève, dans ce cas, à 23.583.

est l'un des premiers textes à avoir été adopté dans une optique de « modernisation » du système judiciaire au Bénin, il a également pour caractéristique de viser l'ensemble de la société. Il permet de régler les questions de naissance, de décès, de mariage, de divorce, de pension alimentaire, de garde d'enfants, d'adoption et de succession. Au cœur des dynamiques sociales et familiales, l'héritage constitue une entrée particulièrement intéressante pour mieux comprendre les conséquences du Code. En insistant, entre autres, sur l'égalité des enfants, il vient bouleverser la répartition des ressources, les rapports de genre et de générations dans les familles.

S'intéresser aux litiges et aux procédures judiciaires présente un double avantage. Tout d'abord, ces situations de conflit donnent à voir les arguments des parties et, dès lors, leurs discours sur le droit, la manière dont elles mobilisent ou contournent ses principes. Ensuite, cette entrée par la porte du tribunal permet de réfléchir à la place de l'État dans la résolution des conflits. Ces dernières années, les socio-anthropologues se sont intéressés à la manière dont les services publics étaient produits sur le continent africain (Blundo & Olivier de Sardan, 2007 ; Bierschenk & Olivier de Sardan, 2014). Ils insistent notamment sur le fonctionnement concret des administrations, leurs logiques informelles, le travail des fonctionnaires et leurs pratiques, leur rapport à l'État et à ses normes. Dans le prolongement de ces travaux, je m'intéresserai au point de vue des citoyens. Dans un contexte où de nombreux auteurs soulignent le caractère hybride des services publics, coproduits par des acteurs privés (Lund, 2006 ; Bierschenk, 2014b), se pose la question de la place de l'État dans le parcours des héritiers.

Lorsque les familles décident de « saisir l'État » pour un conflit d'héritage, comment ces conflits sont-ils gérés par l'administration judiciaire et par les parties au procès ? Construit sur base du parcours des usagers et de ses différentes étapes, cet ouvrage étudiera la manière dont les héritiers comprennent et utilisent la loi à différents moments des procédures. À partir d'entretiens avec les différents types d'acteurs impliqués et d'une observation détaillée des lieux qui jalonnent ce parcours, je tenterai tout d'abord de comprendre les motifs du conflit et la place du droit dans les discussions familiales. J'aborderai ensuite les différentes voies de recours possibles et leur place dans la résolution des disputes. Je m'intéresserai au discours des héritiers sur les institutions judiciaires, à l'expérience qu'ils en font et à leurs interactions avec les différents types de professionnels qui interviennent dans leur dossier. J'aborderai, enfin, l'étape de l'exécution des décisions comme un processus à part entière. Il s'agira alors de réfléchir à la manière dont, à l'issue des procédures judiciaires, la loi et le recours au tribunal permettent de transformer les rapports familiaux.

Peu de chercheurs s'intéressent au droit comme outil d'analyse du social en Afrique (Dezalay, 2015). Lorsqu'il s'agit de décrire le fonctionnement des tribunaux comme service public, ce sont avant tout les normes pratiques et les arrangements informels qui sont mis en évidence (Tidjani Alou, 2007 ; Bierschenk, 2008). Les anthropologues du droit postulent quant à eux une différence entre droit formel et droit réel et se centrent généralement sur la justice dite « traditionnelle » ou « coutumière » (Griffiths, 1990, 2002). La question des usages et des mobilisations concrètes de la loi et des institutions judiciaires, chargées de l'interpréter, est rarement abordée par les différents courants de recherche. Comment et pourquoi les citoyens mobilisent-ils le droit et les institutions qui s'y rapportent? Qu'espèrent-ils accomplir? S'intéresser aux conflits d'héritage et à la justice à Cotonou permet de réfléchir à la question de l'appropriation de la loi par différentes catégories d'acteurs, mais aussi à la place de l'État, à la manière dont il est perçu et « utilisé » par les citoyens ordinaires.

## I. Le Code des personnes et de la famille de 2004

Depuis 2004, la République du Bénin dispose d'une nouvelle loi en matière d'héritage. Elle met fin au pluralisme juridique issu de la période coloniale, consécutif à l'introduction du droit français parallèlement au maintien du droit coutumier concernant les questions familiales.

Le Code des personnes et de la famille règle donc, depuis cette date, les questions de naissance, de mariage, de divorce, de paternité, de garde d'enfants et de succession. Il se base avant tout sur les principes du droit français dans ces différents domaines, tout en intégrant des dispositions spécifiques au contexte béninois, telle l'organisation d'une réunion de famille après un décès par exemple. En l'absence d'un livret de famille, c'est à l'issue de cette réunion que sera établie la liste des successibles. Le droit traditionnel, jugé discriminatoire à l'égard des femmes, est abrogé.

En matière d'héritage, le Code prévoit que la succession s'ouvre au dernier domicile du défunt. Les héritiers doivent alors, dans les trois mois qui suivent la date du décès, organiser une réunion qualifiée de « conseil de famille ». Ce conseil est en réalité le conseil des héritiers : il réunit le conjoint survivant et les enfants, lesquels doivent choisir deux coliquidateurs de la succession. Les héritiers doivent alors se présenter devant le tribunal pour homologuer le procès-verbal du conseil de famille (PVCF), c'est-à-dire les décisions convenues lors de la réunion. Les coliquidateurs ont pour mission de dresser la liste des biens et des héritiers dans un délai de maximum six mois et de proposer un plan de partage ou de liquidation[6] de la succession à homologuer par le juge. Le Code béninois prévoit également, tout comme l'ancien Code civil français, que « nul ne peut être contraint à demeurer dans l'indivision et le partage peut toujours être provoqué » (CPF, art. 752 et suivants). En ce qui concerne ce partage, il doit être fait à parts égales entre les héritiers et le conjoint survivant bénéficie, en pleine propriété, du quart de l'ensemble des biens disponibles (CPF, art. 630 et suivants). Le Code de 2004 est dès lors souvent perçu comme « le Code des femmes », dans la mesure où il met l'accent sur l'égalité des sexes et sur les droits du conjoint survivant.

Ce nouveau Code contraste avec les anciennes règles, en particulier le droit dit « traditionnel » qui, en pratique, s'appliquait à la majorité des affaires d'héritage. Dans les archives du tribunal, la majorité des décisions en matière de successions avant 2004 étaient rendues par les chambres traditionnelles. Se pose alors, pour l'anthropologue, la question de l'appropriation de ce nouveau Code par les citoyens ordinaires et par les professionnels du droit. Comment, en matière d'héritage, la loi est-elle comprise et mobilisée ? Comment transforme-t-elle, par l'intermédiaire des juristes, les relations familiales ?

## II. Saisir le tribunal : entre le droit et l'État

Si les premières recherches en anthropologie du droit portent sur la nature du droit dans les sociétés africaines (Gluckman, 1955 ; Bohannan, 1957), les anthropologues se penchent ensuite sur l'héritage de la colonisation : la coexistence du droit étatique d'un côté et d'institutions dites « coutumières », de la « tradition » de l'autre (Chanock, 1985 ; Ranger, 1983 ; Snyder, 1981). De nombreux auteurs

6 Ce plan établit la liste de l'actif et du passif du défunt, puis propose les modalités de partage des biens entre les héritiers. Voir aussi Lexique des termes juridiques.

analysent alors la manière dont les différents types de normes sont mobilisés dans les instances dites « traditionnelles » en milieu rural, mais très peu s'intéressent au droit étatique et aux tribunaux « modernes », principalement installés dans les villes (N'Diaye, 2012 ; Ben Hounet & Rupert, 2018). Ces tribunaux furent par contre l'objet d'enquêtes ethnographiques pour un petit groupe de chercheurs désireux de comprendre le fonctionnement de l'État « au quotidien » en Afrique. Ils sont alors analysés comme une administration publique, à l'aune des relations entre fonctionnaires et usagers et des « logiques »[7] qui les régissent (Tidjani Alou, 2007 ; Bierschenk, 2008).

C'est à l'intersection de ces deux traditions de recherche, l'anthropologie du droit d'une part, la socio-anthropologie des administrations africaines de l'autre, que je situerai ce livre. Je m'inspirerai également de la socio-anthropologie du droit américaine et de la sociologie de l'action publique française, qui permettent d'entrevoir de nouvelles pistes d'analyse jusque-là inexplorées sur le continent africain.

### *a. Le droit et l'anthropologie en Afrique*

En 1926, Malinowski publie la première contribution empirique à propos du droit dans des sociétés alors considérées comme « primitives ». Comme beaucoup d'autres anthropologues de cette époque, il s'intéresse avant tout à la question de l'ordre social et aux règles qui le rendent possible. En découle la question de la nature ou de la définition du droit dans différents contextes et son rapport à la « coutume » (Moore, 2001). À partir des années 1960, les chercheurs se penchent davantage sur les processus de résolution des conflits plutôt que sur le droit comme une norme. S'inspirant directement de Malinowski et de l'idée qu'il existe, dans toutes les sociétés, des institutions destinées à maintenir l'ordre et à gérer les conflits, ils s'intéressent à la manière dont ces conflits sont gérés, aux stratégies des parties, mais aussi aux questions de classes sociales et de domination. En 1981, Comaroff et Roberts proposent de combiner ces deux approches. Ils montrent que les Tswana utilisent les différentes arènes possibles pour un procès afin de renégocier leur statut personnel ou obtenir davantage de reconnaissance sociale (Moore, 2001).

---

7 Dans son analyse des interactions entre un projet de développement et une population, Olivier de Sardan (1995 : 125-126) emploie le terme de « logiques » pour faire référence à « un certain nombre de niveaux de cohérence permettant de rendre compte de l'existence de types de comportements apparentés ».

Parallèlement à ces questions, les années 1960 furent marquées par l'indépendance de nombreux pays africains et par l'émergence de débats sur l'héritage de la période coloniale, du point de vue du droit notamment (Moore, 2001). Les chercheurs se sont penchés sur les conséquences de l'introduction d'un droit souvent qualifié de « moderne », ou droit étatique, parallèlement au droit local, les « traditions » (Chanock, 1985 ; Ranger, 1983 ; Snyder, 1981 ; Benda-Beckmann, 1989). On parlera dès lors de pluralisme juridique, initialement défini comme la reconnaissance, par un même État, de plusieurs types de lois, applicables à des groupes particuliers (Griffiths, 1986). À partir des années 1970, la définition du concept s'est élargie. Il fait désormais référence à la coexistence de plusieurs ordres normatifs dans le même champ social (Moore, 1985 : 870). Plus récemment, les anthropologues se sont penchés sur le pluralisme juridique et ses implications sur les rapports de genre, l'accès aux ressources et à la justice. Certains abordent la question du « forum shopping » et la manière dont les disputes sont gérées par les autorités traditionnelles et par les tribunaux dits « modernes », se penchant sur les conséquences en matière des droits des femmes en milieu rural (Benda-Beckmann, 1981, 1990 ; Griffiths, 1990, 1998 et 2011). D'autres examinent les récentes réformes des systèmes judiciaires africains et leurs conséquences sur le foncier (Lentz, 2001 ; Rukooko, 2010 ; Ubink & Amanor, 2008 ; Ubink, 2011 ; Yngstrom, 2002) ou sur les rapports de genre (Claassens & Mnisi Weeks, 2009 ; McInerney & Golub, 2010).

Peu abordée, la question de l'héritage et du droit des successions dans les sociétés africaines y est surtout, jusqu'ici, analysée en terme de pluralisme juridique. Griffiths (1990) s'intéresse, notamment, à la justice et aux conflits familiaux chez les Kwena, au Botswana. À travers plusieurs études de cas, elle montre que les instances locales mobilisent aussi bien le droit « moderne » que les coutumes pour trancher les affaires de divorce. Pourtant, même si la loi définit les droits des époux comme égaux, en pratique, les hommes reçoivent souvent une part plus importante des biens communs. Ils disposent en effet souvent d'un statut social plus avantageux qui leur permet non seulement d'acquérir des biens, mais également de faire bonne figure en justice. Dans un autre article, Griffiths (2002) s'intéresse plus précisément aux conflits d'héritage traités par le tribunal du village. Comme dans l'article précédent, elle insiste sur l'importance des positions respectives des hommes et des femmes dans les ménages, qui expliquent que les femmes ont plus difficilement accès aux biens. Elle montre également que les règles coutumières appliquées par les chefs sont suffisamment flexibles pour de ne pas être systématiquement dommageables aux femmes. Ces dernières peuvent donc mobiliser les règles et leurs relations à leur avantage.

Toujours en lien avec l'idée de pluralisme des normes, d'autres chercheurs se sont penchés sur l'application des récents codes de la famille dans les pays du Maghreb, où les principes de l'égalité s'opposent souvent aux normes religieuses (N'Diaye, 2012, 2015 ; Vincent-Grosso, 2012 ; Voorhoeve, 2012). Ben Hounet et Rupert (2018) examinent ainsi l'impact des mobilisations du droit sur les rapports de genre à Rabat. À travers la manière dont les juges attribuent les tâches et les rôles familiaux selon les sexes, ils montrent que les procédures judiciaires tendent à reproduire les hiérarchies sociales existantes plutôt qu'à promouvoir les droits des femmes. N'Diaye (2015) décrit pour sa part le processus d'adoption et la mise en œuvre des codes de la famille au Sénégal et au Maroc, à travers, entre autres, les décisions rendues par les tribunaux en matière de successions. Selon elle, l'héritage fait partie des questions qui restent majoritairement gérées en famille selon les principes du droit musulman. Au Sénégal, même dans la capitale, la plupart des citoyens ignorent que le droit dit « moderne » représente une option. Au Maroc, par contre, cette « non connaissance de la loi » ne représente pas un obstacle au recours au droit ou aux tribunaux : les femmes se renseignent et y trouvent une solution possible à un problème, une stratégie d'action possible. Ces deux cas permettent à N'Diaye (2012 ; 2015) d'analyser la capacité de l'État à imposer ses lois et à exercer le monopole de la violence légitime. Elle conclut d'ailleurs :

> « L'opposition entre un ordre juridique formel et un ordre juridique réel qui suppose l'ineffectivité d'un droit étatique vide de sens, est une vision schématique et faussée de la réalité. Certes, le droit étatique est loin de constituer la norme dominante ou de référence en matière familiale. Mais il reste une norme reconnue et légitime qui participe de la définition des attitudes des populations, qu'elles y soient ou non favorables d'ailleurs. À partir du moment où la norme étatique s'impose comme règle du jeu possible, elle entre nécessairement en ligne de compte dans la réflexion et la stratégie des acteurs et participe donc sensiblement à la définition de leurs comportements » (N'Diaye, 2012 : 535).

Directement dans le prolongement de la réflexion des auteurs qui précèdent, ce livre vise à rendre compte du processus d'application du droit « moderne » en milieu urbain à travers la manière dont celui-ci est approprié par les héritiers et par les différents types d'acteurs susceptibles d'interagir avec eux. Il vient par contre nuancer l'idée que les « droits des femmes » ne sont que partiellement mis en œuvre par les juges, dont les pratiques quotidiennes ne contribueraient pas nécessairement à réduire les inégalités (Ben Hounet & Rupert, 2018).

À Cotonou, le pluralisme juridique fait office de toile de fond comme héritage du passé colonial, mais aussi au sens plus large d'un pluralisme normatif. Les différents types de normes n'y sont pas toujours opposés : les héritiers combinent souvent les registres, passent d'un forum[8] à l'autre. Les différents types de « droits » peuvent être mobilisés comme des arguments opposés d'une même affaire, mais ils peuvent également être perçus comme cohérents – ce que soulignent, notamment, certains juges ou médiateurs.

### *b. Comprendre et utiliser la loi : l'apport de la socio-anthropologie du droit américaine*

Si N'Diaye (2012) aborde le droit de la famille comme politique publique depuis sa mise à l'agenda, cet ouvrage portera principalement sur la mise en œuvre – ou plus exactement sur l'appropriation du Code à Cotonou. Avec le parcours des héritiers comme fil conducteur, je m'intéresserai aux rapports entre le droit et la société, empruntant dès lors aux théories de la socio-anthropologie du droit américaine.

Inspirées du réalisme juridique des années 1930, les premières recherches en sociologie du droit s'intéressent à l'effectivité du droit dans la société. Elles ont pour point de départ l'idée qu'il existe un écart entre le droit formel – *law in the books* – et la manière dont il est utilisé – *law in action*. À la même époque, d'autres chercheurs adoptent une perspective plus constructiviste et s'intéressent aux effets du droit en évitant les considérations normatives : c'est la naissance du mouvement *Law and Society*, avec pour ouvrage fondateur l'analyse de Scheingold (1974), *The Politics of Rights* (Lejeune, 2010). Laissant de côté les différentes définitions du droit, ces chercheurs se penchent sur le rôle du droit dans les relations sociales. Certains d'entre eux prennent le droit formel comme point de départ et s'interrogent sur la manière dont il peut être utilisé pour lutter contre les inégalités, sur la portée des procédures judiciaires, le rôle des professionnels ou encore

8 J'utiliserai ce terme dans le sens de Benda-Beckmann (1981) : comme une institution ou une instance de résolution des conflits.

l'impact des mobilisations du droit sur la société en général (Epp, 2009 ; Rosenberg, 1991 ; Engle & Munger, 2003).

Les premiers auteurs à se pencher sur ces questions insistent sur l'hégémonie de la loi dans un contexte où le système judiciaire reproduit les inégalités (Felstiner, Abel & Sarat, 1981 ; Galanter, 1974). Ce sont alors les procédures judiciaires qui font office de point de départ pour l'analyse. Galanter (1974) montre que, dans le cadre de procédures commerciales, les consommateurs sont souvent désavantagés face aux entreprises qui ont l'habitude des procédures judiciaires. Ces joueurs « répétitifs » – *repeat players* – gagnent donc plus souvent la partie que les « novices » – *one shotters* –, moins bien préparés au fonctionnement des tribunaux. Avec cet exemple, Galanter (1974) souligne les limites du droit comme outil de changement social. Scheingold (1974) démontre que le droit formel est loin d'être un outil efficace de gouvernement équitable et de changement politique en Amérique du Nord. Selon lui, les procédures judiciaires marquent le début d'une lutte de longue haleine, dont l'issue dépend souvent des rapports de force et de pouvoir préexistants. Ce constat est également partagé par Rosenberg (1991) selon qui les tribunaux et les décisions qu'ils rendent ont peu de poids pour influencer les politiques publiques.

Ces analyses ont souvent été critiquées pour être uniquement centrées sur les tribunaux et les institutions formelles. C'est pourquoi la seconde génération d'auteurs choisit de s'éloigner de cette perspective *top-down* pour placer le point de vue des citoyens au cœur de l'analyse. La plupart d'entre eux décrivent le droit comme une arme ou comme une ressource, appropriée par les usagers – à titre individuel ou collectif. C'est la naissance des *legal consciousness studies* (Israël & Pélisse, 2004). Dans ce contexte, Merry définit la conscience du droit comme « the ways people understand and use law » (Merry, 1990 : 5). Selon elle, la conscience du droit est ancrée dans la pratique, dans les expériences concrètes. Elle évolue au fil de ces expériences et des procédures, notamment lorsque les justiciables saisissent le tribunal et que les choses ne se passent pas comme prévu. Elle décrit le droit comme un ensemble de symboles, souvent au service des dominants, mais que les usagers sont malgré tout libres d'interpréter. À travers des affaires portées devant deux tribunaux de proximité de Nouvelle-Angleterre, Merry (1990) montre que le droit donne du pouvoir au plaignant, mais le soumet également au contrôle de l'État une fois l'affaire introduite. Centrale à de nombreux travaux, l'idée de « conscience du droit » permet aux chercheurs de se détacher, d'une part, d'une conception formelle de la loi et, d'autre part, de s'éloigner de l'idée de décalage, d'écart entre les réformes formelles et les pratiques, centrale aux *gap studies* des décennies précédentes (Baudot & Revillard, 2015). Ainsi, avec l'égalité des salaires comme exemple, Mc Cann (1994) analyse l'impact des mobilisations collectives sur la conscience qu'ont les individus de leurs droits. Selon lui, il ne s'agit plus uniquement d'analyser comment le droit est compris, mais aussi ce qu'il « fait » et comment il peut être instrumentalisé comme cadre d'action devant les tribunaux comme en dehors.

À la fin des années 1990, avec toujours cette idée de conscience du droit comme point de départ, certains choisissent d'explorer la question du droit dans la vie quotidienne plutôt que les circonstances extraordinaires des procédures judiciaires. Il s'agit alors de comprendre l'hégémonie du droit dans le contexte nord-américain. Ewick et Silbey (1998) déclinent ainsi trois types de rapports au droit lorsque ce dernier s'immisce dans le quotidien des personnes interrogées : « face au droit », « avec le droit » ou « contre le droit ». Les individus perçoivent donc tantôt le droit comme une sphère indépendante de leur quotidien, un mécanisme objectif et impartial pour résoudre les problèmes, tantôt comme une arène au sein de laquelle l'on peut mobiliser ressources, relations et compétences, tantôt comme exerçant un pouvoir arbitraire face auquel ils se sentent impuissants – et dont il convient donc d'éviter l'emprise. Or, comme le suggérait déjà Merry (1990), la manière dont les gens conçoivent le droit est modifiée lorsqu'ils font l'expérience des cours et tribunaux. Leur rapport, initialement distant avec le droit (Ewick & Silbey, 1998), se trouve confronté à l'expérience des institutions judiciaires et aux interactions avec les professionnels du droit. Ils peuvent donc passer du statut de résistant à celui de joueur, de demandeur à joueur ou à résistant lorsque le « résultat » des procédures n'est pas celui escompté.

Les deux chercheuses tiennent par contre peu compte du rôle des intermédiaires, des professionnels du monde judiciaire dans la manière dont les gens se positionnent par rapport au droit. Se pose dès lors la question des facteurs susceptibles d'influencer ce rapport au droit et à la justice. Nielsen (2000) analyse la manière dont le genre, le statut social ou la couleur de peau influencent « la manière dont les gens comprennent et utilisent le droit ». Engel et Munger (2003) s'intéressent au cas particulier de l'*Americans with Disabilities Act* et à son appropriation par les personnes handicapées en dehors de l'arène judiciaire. Ils montrent que le fait d'avoir conscience et de revendiquer ses droits est lié à la notion d'identité et au fait de considérer, ou non, certains traitements ou certaines inégalités comme injustes.

Pour appréhender la manière dont le droit de la famille est approprié par différents types d'acteurs au Bénin, je m'inspirerai largement des analyses qui précèdent et plus particulièrement de l'approche de Merry qui, avec les procédures au tribunal comme porte d'entrée, traite de « la manière dont les gens comprennent et utilisent le droit » (Merry, 1990 : 5). Il s'agit là d'un choix à la fois stratégique et théorique. Il m'a permis, d'une part, d'identifier un lieu de recherche et des informateurs et, d'autre part, de m'intéresser aux citoyens et aux professionnels qui interviennent dans l'interprétation ou la mise en œuvre de la loi[9].

La conscience du droit mentionnée plus haut représentera mon point de départ. Pourtant, il ne s'agira pas ici d'analyser les mobilisations *du droit* en général, mais bien d'un type de droit en particulier. Comment les Béninois comprennent et utilisent-ils le CPF ? En outre, je m'attacherai davantage aux pratiques, à la manière dont les héritiers, les professionnels et les intermédiaires utilisent le droit qu'à leur « compréhension ». C'est pourquoi je ne reprendrai pas le terme de « conscience »[10] mais plutôt d'usages du droit. Plusieurs sociologues francophones mobilisent cette notion (Israël, 2001 ; Pélisse, 2005 ; Pommerolle, 2009), mais peu d'entre eux en proposent une définition précise. Lejeune (2011a) indique cependant que

> « [...] le terme *usages du droit* permet de mettre en évidence les multiples façons dont les acteurs, professionnels du droit ou citoyens, se saisissent du droit en vue de produire des effets sociaux ou politiques » (Lejeune, 2011a : 7).

Lejeune et Orianne s'intéressent d'ailleurs au rôle des intermédiaires, qu'ils soient avocats, militants ou syndicats, dans la question sociale en France tout d'abord, dans les revendications des travailleurs victimes de discrimination ensuite (Lejeune & Orianne, 2014).

J'emprunterai donc à ces auteurs la question du rôle des professionnels et la manière dont ils utilisent les dispositions légales ; à la socio-

9 Celle du droit dans la vie quotidienne aurait certes été pertinente pour mieux comprendre, notamment, les changements au sein des familles, mais difficilement réalisable sans l'aide d'une équipe de chercheurs et la possibilité d'une intégration de longue durée. Elle aurait également nécessité d'accéder au cœur de la sphère privée, aux conseils de famille, aux discussions et aux disputes « à la maison ».

10 Merry (1990 : 5) définit la conscience comme « the way people conceive the "natural" and normal way of doing things, their habitual patterns of talk and action, their commonsense understanding of the world ».

logie française, le concept d'usage du droit; à Merry (1990), sa définition de la « conscience du droit ». Je reviendrai également sur les conclusions de Mc Cann (1994), selon lequel, indépendamment du résultat des procédures, le droit peut être mobilisé de différentes manières pour influencer des pratiques ou des politiques publiques. Je m'intéresserai au processus de résolution judiciaire des conflits dans son ensemble plutôt qu'à des moments spécifiques. Je retracerai le parcours des familles, depuis les désaccords familiaux jusqu'à l'application de la décision du juge et « l'après » procédures judiciaires. Je tenterai de montrer que s'intéresser à l'ensemble des acteurs et du processus permet de comprendre le recours au droit et à la justice dans une perspective sociale plus globale : la manière dont les citoyens comprennent le nouveau Code, ce qu'ils en font, les changements au sein des familles, le rapport à l'État à travers les services publics et les professionnels qui s'y rattachent. S'intéresser à un domaine ou à une « matière » juridique spécifique permet, en outre, d'en dégager les spécificités : on ne saisit pas le juge commercial ou le procureur pour les mêmes raisons que l'on saisit le juge de la famille. Ces situations traduisent en effet des rapports à l'« adversaire », au juge et au droit très différents. Enfin, transposer ce cadre analytique, essentiellement mobilisé au Nord, permet d'ouvrir les perspectives de recherche sur les questions du droit et de la résolution des conflits en Afrique. Jusqu'ici, les chercheurs soulignent avant tout les facteurs extra-légaux qui influencent l'accès et la compréhension du droit, notamment l'importance des normes familiales. Ils reviennent assez peu, par contre, sur la manière dont le droit est mobilisé, voire instrumentalisé par les citoyens ordinaires et par les professionnels, dont on souligne avant tout la capacité à contourner les règles. Je m'intéresserai à l'autre face de la médaille : la place de la loi dans les familles et la manière dont les héritiers l'utilisent à Cotonou.

### *c. La justice comme service public*

Saisir le tribunal implique non seulement de mobiliser la loi, mais aussi d'avoir recours à l'État, à travers son système judiciaire. Or, à Cotonou, les questions liées à l'utilisation du droit sont étroitement liées aux discours sur l'État. Pour de nombreux justiciables, le droit, le juge et l'État sont presque synonymes. Introduire une procédure au tribunal équivaut à « saisir l'État ». Il ne s'agira donc pas uniquement pour moi de me pencher sur les pratiques et les usages du droit des citoyens béninois, mais d'analyser également la manière dont les héritiers conçoivent et sollicitent l'État.

Dès les années 1980, les spécialistes de l'Afrique se sont particulièrement intéressés à la nature de l'État postcolonial. Ils ont tenté d'en dégager les particularités. Les États africains furent alors décrits comme néo-patrimoniaux (Médard, 1991), hybrides (Bayart, 1989), prédateurs (Darbon, 1990) ou encore kleptocratiques (Coolidge & Rose-Ackerman, 2000). Ces travaux s'intéressent avant tout à l'État « par le haut » : à la nature du pouvoir et au politique, avec les sociétés occidentales comme références (Olivier de Sardan, 2004; Blundo, 2007). Ces dernières années, certains chercheurs ont choisi d'étudier le « fonctionnement réel » de l'État au niveau local, analysant la production des services publics et les interactions entre fonctionnaires et usagers (Blundo & Olivier de Sardan, 2007; Blundo & Le Meur, 2009; Bierschenk & Olivier de Sardan, 2014). Ces auteurs se détachent d'une vision classique de l'État comme entité autonome, source de pouvoir. Ils s'intéressent au contraire à l'« État local », autrement dit, à ses institutions et à la manière dont elles fonctionnent, à ce que « fait » l'État et à la manière dont il interagit avec ses citoyens.

Ces travaux sur le fonctionnement des services publics en Afrique portent, parfois, sur des réformes spécifiques et la manière dont elles sont mises en œuvre. Blundo (2014) s'intéresse ainsi à l'environnement et aux gardes forestiers du Sénégal, Charton (2014) à l'éducation, Anders (2010) au statut des fonctionnaires, Munoz (2014) au régime de taxation au Cameroun, Rubbers et Gallez (2015b) au système judiciaire. L'ensemble de ces auteurs soulignent le caractère souvent peu efficace de ces réformes qui ignorent les pratiques des fonctionnaires, la « gouvernance réelle » des services publics. Ils tentent alors de comprendre pourquoi et comment ces réformes sont détournées par ceux à qui elles s'appliquent et leurs effets sur le fonctionnement des administrations publiques. Ces analyses rappellent et s'inspirent dans une certaine mesure de celles de la sociologie de l'action publique américaine, qui s'intéresse aux politiques publiques « par le bas » (Pressman & Wildavsky, 1973 ; Lipsky, 1980). Dans ce contexte, comme dans celui des études de cas africaines précédemment citées, le droit n'est pas uniquement un outil de réforme ou une règle dont il convient d'étudier l'efficacité sur le monde social. Il constitue également une ressource pour les fonctionnaires qui, grâce à ces zones d'incertitude, peuvent façonner la mise en œuvre des politiques publiques. Ces travaux insistent avant tout sur l'idée d'écart, de *gap* entre les objectifs des politiques publiques et leurs conséquences réelles, une fois mises en œuvre. C'est l'idée que le comportement des agents « détourne » les mesures mises en place et contribue, d'une certaine manière, à l'échec ou l'inefficacité des politiques.

Certains de ces travaux se penchent sur les tribunaux comme parties intégrantes de l'« État local » en Afrique de l'Ouest (Bierschenk, 2008 ; Tidjani Alou, 2007). Ils s'intéressent aux relations entre fonctionnaires et usagers, au fonctionnement de l'institution judiciaire, à ses règles et à la manière dont elles sont interprétées. Ils soulignent, notamment, les déficits organisationnels, le manque de personnel, l'importance des relations sociales et l'impunité comme facteurs explicatifs du (dys-)fonctionnement des tribunaux africains. Selon eux, les pratiques des fonctionnaires qui consistent à faire payer des actes gratuits ou à contourner certaines étapes des procédures, bien qu'elles contribuent au phénomène de la « petite corruption quotidienne », permettent aussi aux tribunaux de fonctionner « malgré tout » (Bierschenk, 2008).

Comme le soulignent Rubbers et Gallez (2012), ces travaux envisagent assez peu le point de vue des usagers. En Afrique centrale cette fois, les deux chercheurs s'interrogent sur les raisons pour lesquelles les citoyens congolais saisissent la justice de paix. Ils insistent sur les différences en fonction du statut socio-économique des parties, mais aussi sur le lien entre celui qui saisit le tribunal et celui qui y est convoqué : on porte plus facilement plainte contre un inconnu. Selon eux, dans un contexte où les administrations publiques sont considérées comme irrémédiablement corrompues, les citoyens gardent l'espoir que la « justice », comme un idéal abstrait et absolu, finira par triompher. Je tenterai moi aussi de comprendre non seulement comment les tribunaux fonctionnent, mais également comment et pourquoi ils sont utilisés par les justiciables. Comment les citoyens ordinaires perçoivent-ils le système judiciaire ? Quelles sont leurs attentes lorsqu'ils décident d'y avoir recours ?

L'une des dimensions centrales de l'expérience des justiciables est liée à ce que « fait » le système judiciaire. Il a pour but officiel de trancher des conflits entre plusieurs parties, d'imposer une solution ou une décision en appliquant – ou plutôt, en interprétant – le droit. Cet aspect des procédures, observable lors des audiences et à travers les décisions rendues par les juges, constitue un élément central lorsqu'il s'agit de décrire le fonctionnement du système judiciaire et l'expérience qu'en font les usagers. C'est là que résident ses spécificités par rapport à d'autres administrations publiques, c'est aussi la raison pour laquelle il est saisi dans de nombreux cas. Les chercheurs mentionnés jusqu'ici reviennent assez peu sur les débats lors des audiences et sur les décisions des juges. S'y intéresser permet de nuancer les analyses qui portent sur les administrations publiques en général et sur la justice en particulier. En fonction du système juridique, du type de droit et de la matière, les attentes et les objectifs des usagers sont différents. Ainsi, le droit de la famille a pour spécificité d'entrer dans la vie intime des usagers : il règle les problèmes de couple, la garde des enfants et les pensions alimentaires. Dans le cas des conflits d'héritage, il s'agit de pénétrer au cœur de la comptabilité familiale et de la répartition des biens communs. Les magistrats définissent leur rôle différemment s'il s'agit de droit pénal ou de droit de la famille, par exemple. Je tenterai donc de contribuer à la littérature sur l'État local et les services publics en Afrique en me penchant sur ce que « font » les juges : « dire le droit ».

Enfin, comme la plupart des exemples qui précèdent, le Code fait partie de ces réformes *top-down*, qui visent à changer les comportements en modifiant la loi. Il concerne non seulement les fonctionnaires chargés de son application, mais surtout les citoyens dont il régit les pratiques familiales. Cette recherche vise donc à comprendre comment le nouveau Code est compris et mobilisé par les professionnels et par les citoyens ordinaires – un objectif qui correspond par ailleurs à l'idée d'une anthropologie des politiques publiques et de l'ingénierie sociale globale telle que définie par Bierschenk (2014a). Je m'intéresserai donc aux effets de cette nouvelle loi et à la manière dont les usagers et les professionnels du droit s'en saisissent (Mosse, 2004). Qui y fait référence, dans quelles circonstances et dans quel but ?

### *d. L'appropriation de la loi comme piste de recherche*

La question des conflits d'héritage et du recours à la justice dans la capitale béninoise se trouve à l'intersection de plusieurs débats théoriques. Les premiers sont liés au droit et à la société dans laquelle il s'inscrit. Quel est l'impact du nouveau Code sur les rapports familiaux ? Comment et pourquoi est-il mobilisé par les héritiers ? Inspirées de la socio-anthropologie du droit américaine, ces questions restent largement inexplorées sur le continent africain, où la plupart des recherches traitent avant tout des multiples normes et des différents forums mobilisés pour résoudre les disputes. Qu'en est-il des usages et des pratiques du droit dans un contexte autrefois caractérisé par un clivage entre « droit moderne » et « droit coutumier » ? Cet ouvrage vise tout d'abord à démontrer que les usages du droit à Cotonou ne sont pas si éloignés de ceux des sociétés nord-américaines. Or, comme l'écrivent N'Diaye (2015) et Dezalay (2015), le droit est rarement mobilisé comme un outil d'analyse du social sur le continent africain. Les chercheurs, partant du principe qu'il existe une différence entre droit formel et droit réel, insistent sur la prédominance des pratiques informelles des droits dits « traditionnels » ou « coutumiers » par opposition au droit étatique, souvent décrit comme inadapté ou inefficace. Je tenterai pour ma part de me pencher sur ce que la loi « fait » aux familles à Cotonou, sur la manière dont les héritiers et les professionnels du droit se l'approprient. Je tenterai de montrer que le droit au sens strict est pertinent, appliqué et applicable, voire même utilisé, instrumentalisé par les familles et les intermédiaires auxquels elles ont recours.

Le second type de débats porte sur le recours à la justice comme service public. Pourquoi les héritiers ont-ils recours au tribunal ? Comment le système judiciaire contribue-t-il à gérer ces conflits ? Inspirées de la socio-anthropologie des services publics en Afrique, ces questions s'inscrivent dans un courant de recherche qui vise à comprendre l'État au quotidien, non seulement du point de vue des fonctionnaires, mais également de ses usagers. Dans un contexte où les pratiques des premiers sont décrites comme contribuant au dysfonctionnement des administrations, mais aussi à la production des services « malgré tout », s'intéresser au point de vue des justiciables permet de mieux comprendre les attentes, les représentations de l'État dans un contexte où il est souvent décrit comme absent, corrompu ou clientéliste. Outre la manière dont les héritiers utilisent le droit, il s'agira donc d'analyser la façon dont ils s'approprient les services publics pour résoudre un conflit de famille.

Transversale à ces deux axes de réflexion, la question de la place du droit et des normes formelles fera office de fil rouge tout au long de ce livre. Il s'agira de comprendre comment les héritiers se saisissent du droit pour modifier ou gérer leurs rapports en famille, quels forums et quels intermédiaires ils mobilisent. Je m'intéresserai à la manière dont les fonctionnaires interprètent la loi dans le cadre des conflits d'héritage. Je montrerai que la manière dont les tribunaux et les autres professionnels du droit gèrent ce genre de conflits peut être lue en termes d'usages du droit au-delà des explications relatives à la corruption et des « normes pratiques » souvent mobilisées jusqu'ici. C'est donc bien l'idée de l'appropriation de la loi par différents types d'acteurs et d'intermédiaires des conflits d'héritage qui guidera ma réflexion : étudier les effets d'un texte ou de dispositions légales particulières à travers la manière dont ils sont utilisés. Cette idée d'appropriation permet d'insister sur une réforme ou une loi précise plutôt que de s'intéresser au « droit » en général et dès lors, d'en dégager les spécificités.

## III. Ethnographie, études de cas et procédures judiciaires

Le samedi 30 janvier 2010, je descendais sur la piste de l'aéroport de Cotonou pour la toute première fois. Étudiante en dernière année de master, j'étais là pour un séjour de terrain de deux mois, au terme duquel je rédigeais mon mémoire. J'ai fait mon entrée sur mon terrain sur les recommandations en cascade de collègues et de connaissances : j'ai rencontré un sociologue qui m'a présenté un juriste, qui m'a obtenu un rendez-vous avec un juge, qui m'a présenté à ses collaborateurs, qui m'ont proposé d'assister à leurs audiences où j'ai rencontré justiciables et avocats. Ensuite, j'ai appris qu'une autorisation du ministère de la Justice était nécessaire. J'ai rempli les formalités tout en poursuivant mes entretiens avec les magistrats les plus coopératifs. J'ai rencontré le président du tribunal qui m'a autorisée à assister aux audiences à huis clos. Un mois et demi plus tard, j'avais collecté l'essentiel de mes données, sans avoir pu récupérer cette fameuse autorisation.

Début 2012, après deux ans d'absence, j'ai effectué mon second séjour à Cotonou. Au cours des trois années qui suivirent, j'ai passé plus de dix mois dans la capitale béninoise. Je reviendrai ici sur les données que j'ai pu récolter lors de ces séjours, sur les méthodes employées et les difficultés rencontrées.

### *a. Le choix du « terrain »*

Pour cette recherche, je me suis penchée sur une aire géographique particulière : celle de Cotonou et d'une localité voisine, Abomey-Calavi, que l'on pourrait qualifier de périurbaine[11]. Si Porto-Novo est la capitale officielle du Bénin, c'est à Cotonou, capitale économique et première ville du pays, que sont aussi concentrées presque toutes les

11 Voir Annexes 1 et 3.

fonctions administratives du Bénin. En 2013, 679.012 habitants y ont été recensés sur 79 km² sur 9.983.884 habitants pour l'ensemble du pays (Akomagni & Emmanuel, 2006; INSAE, 2013). L'essentiel de la vie économique y est concentrée, tout comme l'activité politique – à l'exception de l'Assemblée nationale et de la Cour suprême, situées à Porto-Novo. Une grande partie de l'activité judiciaire s'y déroule. La plupart des entreprises relèvent de la compétence de cette juridiction. La majorité des citadins y parlent français et maîtrisent, dans une certaine mesure, les procédures administratives officielles. Cotonou représente donc, certes, une exception, mais constitue aussi un terrain d'étude particulièrement pertinent lorsqu'il s'agit de s'intéresser à la place du droit et aux institutions judiciaires aujourd'hui.

À quelques kilomètres à peine, la commune d'Abomey-Calavi est aujourd'hui devenue un véritable centre urbain. Une grande partie des cadres qui exercent à Cotonou s'y sont installés suite au manque de place et au brouhaha incessant de la capitale (Gbaguidi, 2004 : 57). La commune s'étend sur 539 km², compte 70 villages et quartiers répartis en 9 arrondissements. Elle comptait 656.358 habitants en 2013, soit plus du double de l'effectif recensé dix ans plus tôt[12], dont les trois quarts résidaient en milieu urbain (Biaou, 2006; INSAE, 2013). La commune correspond dès lors aux principales caractéristiques des zones périurbaines : « un espace physique qui n'est pas majoritairement bâti, la proximité d'une zone urbaine densément peuplée et des échanges importants avec cette zone urbaine proche » (Halleux et al., 2015 : 23). Depuis 2011, un tribunal de deuxième classe[13] y a été installé pour, entre autres, décharger celui de Cotonou. J'ai pu dès lors y observer le fonctionnement d'un tribunal où le personnel et les dossiers étaient moins nombreux. Un tribunal expressément construit dans le cadre des réformes du système judiciaire de ces vingt dernières années. Ce double point de départ pour observer le fonctionnement de la justice et le parcours des héritiers avait pour avantage de permettre un croisement des informations et de faire ressortir les spécificités du TPI de Cotonou.

---

12 La commune comptait alors 307.745 habitants.

13 Dans les communes à statut particulier, l'on parlera de tribunal de première classe. Dans les autres communes, la loi prévoit des tribunaux de première instance de deuxième classe. Cette distinction vise à donner un statut particulier aux communes les plus importantes – celles qui s'étendent sur plus de 10 km² et qui comptent plus de 100.000 habitants. Seules Cotonou, Porto-Novo et Parakou correspondent à ces critères (Loi n° 98-005 portant organisation des communes à statut particulier).

### *b. Le tribunal comme point d'entrée*

C'est le TPI de Cotonou qui a fait office de « porte d'entrée » sur mon terrain de recherche. Après une première expérience en 2010, c'est dans des locaux rénovés, à proximité du palais présidentiel, que j'ai passé de nombreuses heures en 2012 et 2013. Pour moi, le tribunal représentait tout d'abord un lieu de rencontres, de « recrutement » d'informateurs privilégiés : les avocats s'y rendent à l'audience tous les matins, les juges et les greffiers y ont leurs bureaux, les héritiers s'y présentent pour leurs audiences. Ma simple présence dans les bureaux et dans les couloirs m'a permis d'obtenir des rendez-vous, mais aussi de discuter à bâtons rompus avec les juristes alors qu'ils attendaient une audience ou un document.

La plupart du temps, je me rendais aux audiences accompagnée d'un interprète, dont l'assistance était nécessaire lorsque les parties préféraient s'exprimer en fongbé, la langue la plus largement parlée au Sud-Bénin[14]. De 2010 à 2013, c'est Audrey, une étudiante inscrite en sociologie à l'Université d'Abomey-Calavi qui m'a accompagnée dans mes recherches. Âgée d'une vingtaine d'années et originaire de la région d'Abomey, elle est née en ville comme la plupart des jeunes universitaires. Sa présence n'était pas systématique : elle m'accompagnait rarement lors des entretiens avec les héritiers ou avec les juristes[15]. Elle s'installait par contre à mes côtés au tribunal et me soufflait le contenu des débats. Les deux années qui suivirent, c'est un jeune juriste, José, qui m'a accompagnée dans mes démarches. Son expérience d'ancien collaborateur d'avocat m'a permis de mieux comprendre les aspects plus techniques de certains dossiers. Être accompagnée d'un homme a également facilité mes rapports avec certains informateurs de sexe masculin : José jouait, notamment, le rôle d'intermédiaire pour négocier l'accès à certains forums, comme les séances de médiation à Radio Cotonou.

Parallèlement à l'autorisation du président du tribunal, j'ai également sollicité l'autorisation du ministère de la Justice, de la Législation et des Droits de l'homme (MJLDH), ainsi que celle du ministère de

14 C'était le cas environ une fois sur quatre.

15 Seule une poignée des entretiens furent réalisés « en tandem » lorsque les parties ne parlaient pas couramment français. C'était alors Audrey qui les contactait et nous nous rendions ensemble au rendez-vous convenu. La situation d'entretien était alors particulière, moins propice au rapport de confiance mutuelle qui s'installait lorsque j'étais seule avec un informateur. C'était davantage avec Audrey que cette relation se tissait : j'obtenais alors, d'une certaine manière, leur confiance par procuration.

l'Enseignement supérieur et de la Recherche scientifique (MESRS), nécessaire pour obtenir ensuite celle du MJLDH. Ces autorisations me furent délivrées plus de deux mois après mon arrivée – me permettant ainsi de faire l'expérience des administrations béninoises, souvent décrites, à juste titre, comme lentes et opaques.

Malgré ces autorisations à plusieurs niveaux, il m'est parfois arrivé d'être escortée hors des salles d'audience par certains avocats, au nom du principe de la confidentialité de leurs dossiers. Mais ces événements furent l'exception. Ma présence quotidienne dans les salles d'audience, réservées au tribunal et aux avocats lors des audiences à huis clos, m'a permis d'être presque « adoptée » par une grande partie des conseils qui me considéraient comme l'une des leurs. Je n'étais en effet jamais bien loin de ma logeuse et amie, elle aussi avocate. Le simple fait d'être « avec elle à la maison » a souvent fait office de caution implicite pour de nombreux professionnels du droit. Par la force des choses, elle est également devenue l'une de mes informatrices privilégiées.

Ma présence était cependant loin de passer inaperçue dans les tribunaux : la plupart du temps, j'y étais la seule « blanche ». Pourtant, elle est rapidement devenue habituelle pour les jeunes juristes, souvent plus disponibles pour me rencontrer. Les juristes plus âgés, par contre, furent difficilement accessibles. Ils se disaient souvent trop occupés pour me recevoir et les jeunes susceptibles de jouer le rôle de facilitateurs étaient réticents à l'idée de demander une faveur à « leurs aînés ». J'avais également plus d'interactions avec les magistrats et les auxiliaires de justice masculins qu'avec leurs collègues féminines. Tout d'abord, parce qu'ils sont plus nombreux : parmi les avocats inscrits, le barreau du Bénin compte 23 femmes pour 154 hommes. Sur les 228 magistrats du Bénin, 36 seulement sont des femmes. Ensuite, les hommes se montraient souvent curieux, voire intéressés par ma présence. Cet intérêt était en grande partie lié à mon statut de jeune femme blanche célibataire. Je fus tout d'abord l'objet de convoitises, puis le sujet de plaisanteries diverses lorsque mes prétendants constatèrent que leurs arguments rencontraient de ma part une objection systématique, basée sur un constat indéniable : la polygamie « de fait » s'appliquait à la plupart des unions au Bénin. Ces situations se transformaient alors souvent en discussions animées autour de la fidélité, de la signification du concept et de mes exigences d'Européenne. Ces discussions, apparemment anodines, se sont avérées précieuses pour comprendre les dynamiques familiales et les rapports de genre à

Cotonou. Enfin, les jeunes juristes masculins, dont les obligations familiales sont généralement moins nombreuses, étaient plus souvent disponibles pour me rencontrer.

Les usagers quant à eux n'ont jamais mis en question ma présence lors des audiences ou dans les bureaux des juges et des greffiers. J'étais presque automatiquement assimilée à une stagiaire, future avocate ou magistrate, voire même à une professionnelle confirmée. C'était alors à moi de leur expliquer, ensuite, mon rôle de chercheuse. Si j'ai rencontré des héritiers des deux sexes, mes informatrices privilégiées étaient souvent des femmes. D'une part, parce qu'elles étaient nombreuses à saisir le tribunal, d'autre part, parce que je représentais probablement à leurs yeux une interlocutrice particulièrement sensible aux questions d'égalité et dès lors, une alliée potentielle. Pour les mêmes raisons, les hommes, en particulier s'ils étaient convoqués par leurs sœurs, étaient moins à l'aise à l'idée de partager leur histoire avec une jeune européenne.

Mes premiers mois à Cotonou furent presque entièrement consacrés aux audiences et à des entretiens avec les différents professionnels du droit qui gravitent autour du tribunal. J'ai assisté à près d'une cinquantaine d'audiences, interrogé une vingtaine d'avocats, le même nombre de magistrats et une dizaine de greffiers. Ces entretiens m'ont également permis d'établir une liste de contacts qui m'ont, par la suite, aidée à rencontrer des héritiers et d'autres professionnels du droit.

### *c. Les informations récoltées*

À partir de mes rencontres au tribunal et du parcours des héritiers, j'ai pu identifier des lieux et des intervenants clés dans la gestion des conflits d'héritage. Il s'agissait, tout d'abord, des professionnels du droit. Je me suis entretenue avec onze notaires, cinq huissiers de justice, un commissaire-priseur, trois assesseurs, sept collaborateurs d'avocat, deux gendarmes et deux inspecteurs de police. Grâce à ces entrevues formelles, j'ai pu retracer leur parcours professionnel, comprendre leur rôle dans les conflits d'héritage et leur discours sur les héritiers.

Ces rendez-vous obtenus pour un entretien m'ont également permis de négocier l'accès à d'autres sites d'observation : les études de notaire et les cabinets d'avocats. J'ai suivi deux avocats dans leur journée de travail, titulaires de leur propre cabinet, deux à trois jours par semaine pendant deux mois. J'ai également utilisé cette technique avec un notaire, maître Simon, ainsi qu'avec un juge. Ces journées sur les traces de juristes m'ont permis d'assister à leurs interactions avec les usagers, de comprendre les aspects concrets et les pratiques de leur profession, mais elles furent également l'occasion de nombreuses conversations informelles. Ces données m'ont permis d'obtenir des informations différentes de celles produites lors d'un entretien formel, où ils revenaient le plus souvent sur leur carrière et sur les règles et les pratiques officielles de leur métier. Les juristes me faisaient alors souvent part de leur opinion sur certains dossiers, leurs stratégies, leurs relations avec leurs confrères et leurs clients. Parmi les autres lieux de gestion des conflits d'héritage figurent les instances de médiation ou de conciliation : les tribunaux de conciliation, les associations d'assistance juridique, la radio du marché. Là aussi, j'ai pu assister aux audiences ou aux séances organisées à destination des usagers. Ces dernières se tenaient essentiellement en fongbé, de sorte que la présence d'un interprète s'avérait ici indispensable. Tout comme au tribunal, je tentais d'y prendre contact avec les héritiers.

Lorsque des héritiers quittaient la salle d'audience, une fois leur dossier évoqué par le juge, je me levais pour les accompagner au-dehors. Je leur expliquais la raison de ma présence dans la salle et mon sujet de recherche. Je leur demandais s'ils accepteraient de me rencontrer un autre jour et de m'expliquer plus en détail comment ils avaient abouti au tribunal. Dans les différents lieux de médiation ou de conseil, je procédais de manière similaire. Parfois, mes intermédiaires intercédaient en ma faveur : ce fut le cas des avocats et des notaires, qui appelèrent parfois leurs clients en mon nom.

Je n'ai rencontré certains héritiers qu'une seule fois. Dans d'autres cas, j'ai pu « suivre » le dossier et son évolution au fil des années. J'ai parfois rencontré plusieurs héritiers, voire même des membres de la famille élargie tels les oncles et tantes. La plupart des exemples mobilisés dans les chapitres qui suivent correspondent au second cas de figure : il s'agit de familles rencontrées en 2010 ou en 2012, que j'ai revues à plusieurs reprises au fil des années. J'ai réalisé, au total, 150 entretiens avec 75 familles différentes, rencontrées dans les lieux et via les intermédiaires précédemment cités. Ces 75 histoires de famille ne figurent pas toutes dans les pages qui suivent. J'ai souvent sélectionné les plus parlantes, mais à chaque exemple précis, correspondent souvent bien d'autres histoires similaires. Enfin, chacun de mes interlocuteurs fut doté d'un alias de manière à protéger son anonymat. Tout en tentant de rester au plus près des réalités socio-économiques dont il était question, j'ai souvent modifié l'âge ou la profession des héritiers dont les affaires étaient en cours. Il en va de même pour le parcours professionnel des juristes : des informations précises sur leur âge, leur formation et leur parcours les auraient rendus facilement identifiables par leurs confrères.

Si mes premiers mois sur le terrain furent avant tout consacrés aux entretiens et à l'observation, il fallait aussi obtenir une série d'informations permettant de « planter le décor » autour des conflits d'héritage et des institutions judiciaires. Quels sont les textes applicables, dans quel contexte et pour quelles raisons ont-ils été adoptés ? D'où vient le droit actuel au Bénin ? Comment les politiques publiques en la matière ont-elles changé au fil des années ? En l'absence d'ouvrages sur l'histoire et les politiques de la justice béninoise, répondre à ces questions impliquait de m'intéresser aux rapports sur la justice, aux statistiques produites, aux archives et aux documents stratégiques. J'ai donc récolté les documents disponibles dans les ministères, les bibliothèques publiques et privées des centres d'études et des cabinets d'avocats. Rares sont les travaux sur la justice béninoise, en particulier avant les années 2000. Je me suis dès lors rendue au centre des archives nationales du Bénin, à Porto-Novo. La section « justice » comptait environ 200 boîtes, contenant chacune des documents hétéroclites, datant de périodes différentes et portant sur des sujets divers. Il était donc impossible d'évaluer le nombre de mètres d'archives disponibles : chacune des boîtes contenait un nombre aléatoire de documents – certaines à peine quatre ou cinq, d'autres une trentaine. Le contenu des différentes boîtes n'était pas répertorié, de sorte qu'il était également impossible de connaître le nombre de documents avant d'avoir ouvert la boîte qui les contenait. J'ai donc finalement décidé de retracer uniquement les changements législatifs, répertoriés dans les éditions du Journal officiel du Bénin. J'ai également consulté les anciens numéros de deux quotidiens : *La Nation* et *Le Matinal*. Le premier appartient à la presse officielle, le second est indépendant de l'État et affiche donc souvent un discours plus critique à l'égard de la vie politique du Bénin. J'ai concentré mes recherches autour de l'adoption du CPF, espérant ainsi mieux comprendre le contexte social de ces dix années, entre le premier projet d'un Code et son adoption en 2004. J'ai également consulté ces mêmes journaux pour les années qui correspondaient à ma recherche, de 2010 à 2014.

Tout comme les rapports et les documents, les chiffres sont rares au sein des ministères, en particulier avant l'intervention des bailleurs de fonds au début des années 2000. Leur intervention a engendré des rapports et des tableaux statistiques. Ces bases de données, les annuaires statistiques, sont produites par le ministère sous l'impulsion du projet d'appui à la réforme de la justice (PARJ) et des experts de l'Union européenne. Le premier exemplaire date de 2002. Une nouvelle version est ensuite produite à intervalles réguliers, sur base de chiffres recueillis dans les juridictions. Avant cette date, les données quantitatives sur la justice sont inexistantes. Désireuse de savoir si les questions d'héritage étaient ou non fréquemment évoquées avant l'adoption du nouveau Code, j'ai également passé de longues heures au secrétariat du greffe de Cotonou pour y consulter les décisions rendues par les différentes chambres ces dernières années. Les documents disponibles ne l'étaient souvent pas pour toutes les années, et avant 1990, les boîtes contenant des décisions se faisaient rares, probablement égarées ou simplement non conservées. J'ai donc choisi de limiter ma recherche aux dix dernières années. Les informations recensées ont été rassemblées dans un tableau statistique, dont j'ai finalement peu fait usage ici : la période, probablement trop courte, permettait difficilement d'entrevoir une évolution dans un sens ou dans un autre. Les affaires inscrites au rôle général des trois dernières années représentent un second tableau de données brutes : elles permettent d'avoir un aperçu de la charge de travail des juges, du type d'affaires introduites et de leur nombre. C'est sur cette base qu'ont été calculés, notamment, les chiffres présentés en introduction.

Enfin, j'ai réalisé un questionnaire, soumis à 400 étudiants de l'Université d'Abomey-Calavi. Les ressources dont je bénéficiais ne me permettaient pas d'élaborer un échantillon aléatoire représentatif de la population de Cotonou et d'engager les enquêteurs nécessaires à la collecte des données. Trois cent septante étudiants en droit, en sociologie et en sciences de la population et du développement ont répondu au questionnaire, émettant un avis sur le droit en vigueur sur les questions d'héritage. Leurs réponses m'ont permis de comprendre comment les étudiants de différentes filières percevaient les dispositions légales.

## IV. Les conflits d'héritage par étapes

Chacun des chapitres qui suivent permettra de comprendre comment les acteurs font usage du nouveau Code, mais aussi de l'institution chargée de son interprétation : le tribunal.

Le premier chapitre décrira la manière dont les biens sont transmis et partagés dans les familles, les registres normatifs et les modalités d'action possibles en cas de désaccord. Je m'y interrogerai sur la place du droit dans les conflits, mais aussi, de manière plus large, sur les conséquences du nouveau Code sur le processus de transmission des biens et la marchandisation des terres dans la capitale.

Dans le chapitre suivant, je m'intéresserai aux différents forums mobilisés par les héritiers pour résoudre un conflit hors de l'arène familiale. En effet, il existe, outre le tribunal, une série d'instances de médiation en matière familiale. Pourquoi les héritiers saisissent-ils la justice et, surtout, qu'espèrent-ils du service public ? Je m'intéresserai également au fonctionnement des instances de médiation, à la manière dont le droit y est mobilisé, dont les conflits y sont résolus ou renvoyés vers les tribunaux.

Le troisième chapitre portera sur l'expérience des héritiers au tribunal. J'analyserai tout d'abord les discours et les stratégies d'adaptation des héritiers « dans les couloirs ». Comment parviennent-ils à se familiariser avec les lieux et les procédures ? Au-delà des aspects organisationnels et des interactions dans les couloirs, les débats lors des audiences constituent un moment clé. Les héritiers y exposent leur problème, le juge explique, conseille, interroge ou réprimande. Comment les demandeurs mobilisent-ils les dispositions du Code des personnes et de la famille de 2004 à leur avantage ? Quant aux défendeurs, quel est leur rapport, leur interprétation du droit ?

La manière dont les héritiers font l'expérience du tribunal est, certes, fonction de leur statut socio-économique, mais elle est également fonction des intermédiaires qu'ils mobilisent. Ceux-ci expliquent, éduquent, mais représentent aussi, pour de nombreux citoyens, des acteurs des services publics et du système judiciaire. Le quatrième chapitre portera donc sur le statut de ces intermédiaires, leur rôle dans le cadre des conflits d'héritage et leur rapport à leurs « clients ».

Le chapitre cinq me permettra d'explorer la position d'une autre catégorie de professionnels du droit : les magistrats. Je me pencherai tout d'abord sur la manière dont la profession est perçue par ceux qui l'exercent : qu'est-ce que cela implique, être magistrat à Cotonou aujourd'hui ? Je m'intéresserai ensuite au cas particulier des juges « état des personnes »[16]. Comment gèrent-ils les conflits successoraux ? Je reviendrai sur les interactions et le rôle du magistrat lors des

---

16 Dans la plupart des tribunaux du sud du pays, des chambres spécifiques furent crées pour appliquer le Code: les chambres civiles modernes « état des personnes ».

audiences, révélateurs de la manière dont les héritiers et les magistrats utilisent et interprètent le droit étatique, mais permettant aussi de déconstruire le processus par lequel les tribunaux « disent le droit ».

Si certains chercheurs retracent les différentes étapes au fil desquelles les disputes se transforment et passent d'un simple désaccord à un procès, peu s'intéressent à ce qui se passe après les procédures judiciaires. Les décisions de justice sont-elles respectées par ceux à qui elles s'appliquent ? À Cotonou, nombreux sont ceux qui, devant les difficultés ou les menaces de la famille, renoncent à réclamer ce qui a été accordé par le tribunal. Cette question fera l'objet du dernier chapitre. Il revient tout d'abord sur l'intervention des professionnels responsables de l'exécution des décisions et traitera de leur statut, souvent ambigu dans la capitale. Il abordera ensuite la manière dont les décisions judiciaires sont réinvesties par les familles, en particulier par les vainqueurs dans les affaires d'héritage.

Ces étapes ne sont bien sûr pas mutuellement exclusives. Les procédures judiciaires sont souvent abandonnées au profit des négociations familiales, reprises ensuite si ces dernières échouent. Sur les encouragements du juge, les tentatives d'arrangements à l'amiable sont fréquentes, même en cours de procédure. Ce découpage, par étapes, par acteurs et par lieux, permet cependant de revenir sur le rôle et la position des différents intermédiaires du droit, mais aussi sur les différents moments du parcours des héritiers, leurs discours, leurs stratégies, bref, leurs usages de la loi.

# *Chapitre 1*

# Planter le décor : hériter à Cotonou

•

> « Ici, des affaires d'héritage là, il y en a partout. Si tu prends la rue ici par exemple, la dame d'à côté elle a été exclue de l'héritage de son époux. Elle doit occuper une chambre minuscule avec ses enfants et vendre des légumes pour survivre. En face, c'est encore une affaire d'héritage, les enfants se sont accaparé les biens de leur père parce que lui il est parti vivre au Sénégal. Il n'est même pas encore mort et eux ils ont déjà tout pris. Là juste à côté, ils ont aussi une affaire, parce que l'épouse du monsieur... apparemment il a eu une autre femme, il lui a fait des enfants, et maintenant elle réclame sa part. L'épouse légitime, elle n'a jamais su. À côté, c'est la nièce du défunt, il s'en est toujours occupé de son vivant et il lui a légué sa maison. Et maintenant elle est envahie par le reste de la famille qui estime avoir tout autant droit à leur part » (Lise, une voisine, mars 2010).

À Cotonou, les questions d'héritage sont au cœur des préoccupations de la plupart des familles. Nombreux sont les résidents de la capitale qui, au détour de conversations, ont souligné l'importance de mon sujet de recherche, illustrant leur propos d'une anecdote qui concernait leur famille, leurs voisins ou leurs connaissances. « Ici, les gens sont prêts à tuer pour ça », ajoutaient-ils souvent, soulignant ainsi les risques occultes qui vont de pair avec ces questions.

Ce chapitre reviendra sur les enjeux liés aux successions, sur les registres normatifs et les modes d'action possibles pour les héritiers lorsqu'il s'agit de gérer, de partager ou d'avoir accès au patrimoine familial.

Je m'intéresserai tout d'abord à ce que représente « l'héritage » et à la manière dont la question a été abordée, jusqu'ici, en sciences sociales. Dans la mesure où l'héritage constitue l'une des modalités d'accès à la propriété, j'aborderai également la question foncière sur le continent africain. Les tensions liées aux successions permettent en effet d'analyser les dynamiques foncières sous l'angle des transferts d'une génération à une autre et de s'interroger sur l'impact d'une nouvelle loi sur les dynamiques familiales et la marchandisation des biens. Je rappellerai le droit applicable, avant de décrire la manière dont les biens sont généralement répartis après un décès. À partir d'une étude de cas, je m'intéresserai ensuite aux désaccords possibles et aux arguments des héritiers lorsqu'il s'agit de gérer ou de partager des biens communs. Je décrirai les discussions en famille et la place des différents registres normatifs. Parmi ces registres figure le nouveau Code des personnes et de la famille de 2004, qui met fin au dualisme juridique et qui vise à promouvoir l'égalité : comment est-il compris, utilisé et par qui? Ces éléments permettront de comprendre les enjeux des conflits de succession et d'entrevoir, à travers l'exemple de l'héritage, la place du droit dans les dynamiques familiales, dans les modalités de partage ou de répartition des biens.

## 1.1. Les débats théoriques : le droit, la terre et les familles

La question des conflits d'héritage à Cotonou se trouve à l'intersection de plusieurs thématiques classiques en anthropologie. Ils touchent en effet aussi bien aux dynamiques familiales et à la manière dont les rapports de parenté évoluent en milieu urbain qu'aux dynamiques foncières ou encore au droit. Cette section mentionnera les principales analyses proposées par ces champs théoriques et la manière dont les conflits de succession permettent d'approfondir la réflexion sur les modalités de transfert des biens familiaux et les normes qui les régissent en milieu urbain.

Depuis la naissance de l'anthropologie comme discipline académique, de nombreux chercheurs se sont penchés sur la problématique de l'héritage. Les premières approches mettent avant tout l'accent sur les théories de la filiation, sur les processus de transmission intergénérationnelle et les rapports de pouvoir qu'ils impliquent (Fortes, 1950, 1953; Bohannan, 1952), mais certains socio-anthropologues ont également mobilisé une approche plus stratégique. S'il envisage l'héritage comme une forme de transfert intergénérationnel dont il décrit les règles en détail, Goody (1962) explique comment les cadeaux, les mariages ou encore l'achat d'esclaves permettent parfois de contourner ces règles et d'accumuler les richesses. Bourdieu (1972) opère quant à lui une distinction entre parenté officielle et parenté usuelle, autrement dit, entre les pratiques et les usages destinés à garantir la cohérence du groupe ou des intérêts individuels.

Dans cet esprit, Florence Weber (2005) démontre, à travers huit cas ethnographiques, toute l'importance des différentes dimensions de la filiation : le nom (aspect juridique), le sang (aspect génétique) et le quotidien. Ces dimensions se matérialisent à travers deux types de groupes : la lignée, c'est-à-dire l'ensemble des descendants d'une même personne et la maisonnée, c'est-à-dire un groupement temporaire. Weber identifie des moments clés, des transitions lors desquelles ces trois dimensions de la filiation sont exacerbées. L'héritage fait partie de ces moments charnières, où il s'agit de « dire », de raconter la famille et d'expliciter comment on définit ses membres. Elle insiste aussi sur toute l'importance du quotidien, souvent négligée jusqu'ici, dans la définition de la « famille » et dans le cas qui m'intéresse, dans la désignation des héritiers.

Si Weber s'intéresse avant tout à la famille, Gotman (1985, 2006) se penche sur l'héritage à travers les biens : elle analyse le « parcours » du patrimoine, l'héritage comme un processus de transmission, sa valeur matérielle et symbolique et les intentions du *de cujus* et des héritiers qui devront choisir de garder ou de vendre ce patrimoine. Elle explique comment l'héritage est souvent perçu comme un patrimoine en transition, destiné à être transmis à la génération suivante, plutôt que comme un bien propre. C'est là toute la différence entre les biens familiaux et la propriété individuelle.

À Cotonou, l'héritage est certes un moment clé où les différentes dimensions de la parenté sont rendues explicites, mais c'est également l'occasion de renégocier l'accès aux ressources et leur répartition dans les familles. Le décès et le recours au droit introduisent une nouvelle dimension aux relations familiales : l'argent et les calculs qui y sont liés. Je m'intéresserai donc au statut des biens et aux attentes des familles les concernant, en reprenant notamment cette distinction, entre un patrimoine « en transition » et des biens propres. Pour les héritiers de Cotonou, cette distinction se juxtapose parfois à celle qui oppose les biens situés en ville d'un côté et ceux du village de l'autre, ceux qui furent immatriculés par l'État et ceux qui, jusqu'en 2015, relevaient du droit coutumier, ceux qui s'inscrivent dans une économie marchande et ceux que l'on garde et que l'on répartit. Elle permet de penser les différents types de biens dont on hérite, les normes et les forums qui s'y appliquent.

Cette question s'insère dans le cadre plus large des réflexions sur la question foncière en Afrique. Suite à la pression démographique, à la marchandisation croissante des terres et aux nombreuses réformes du droit et des politiques foncières depuis la colonisation jusqu'à nos jours, les conflits liés à l'accès à la terre sont de plus en plus nombreux sur l'ensemble du continent. Depuis une vingtaine d'années maintenant, ces conflits sont au centre des préoccupations des chercheurs en sciences sociales qui se penchent principalement sur les mécanismes d'acquisition et de sécurisation des terres en milieu rural et en milieu urbain.

Dès les années 1990, ces chercheurs remettent en question le concept occidental de propriété pour parler de maîtrise foncière ou de l'ensemble des droits liés à la terre en Afrique. Quels sont les droits possibles et comment les obtient-on (Bouju, 2014; Le Roy, 2000)? Berry (1993) parle de *bundle of rights* et de toute l'importance de l'appartenance ou de l'autochtonie lorsqu'il s'agit de négocier des droits fonciers. De nombreux autres auteurs analysent alors les pratiques destinées à garantir l'accès ou à sécuriser des droits à la terre en Afrique, désormais considérés comme négociables. Ils soulignent également l'importance de l'histoire et la manière dont elle est instrumentalisée pour justifier des droits au foncier, les changements liés au travail et aux migrations (Chauveau & Colin, 2010; Gardini, 2012). Ribot et Peluso (2003) distinguent quant à eux accès et propriété. L'accès est caractérisé par un ensemble de pouvoirs, par la capacité de profiter et de bénéficier de quelque chose, la propriété par un ensemble de droits et la possibilité de réclamer, avec raison, cette capacité de profiter d'un bien. Selon ces auteurs, tout comme la propriété, l'accès peut être négocié de différentes manières : ils identifient une série de mécanismes, basés sur le droit, sur les relations ou les institutions. Enfin, d'autres auteurs se penchent sur les récentes politiques foncières et leurs conséquences sur le continent africain (Lavigne Delville, 1998). Dans les pays de *common law*, elles visent avant tout à réformer le droit coutumier de manière à le rendre plus égalitaire : il s'agit de promouvoir les droits des femmes ou de garantir l'accès à la terre pour le plus grand nombre (Peters & Kambewa, 2007 ; Ubink & Amanor, 2008). Enfin, à travers les interventions de la communauté internationale, c'est aussi la question de la formalisation des titres qui fait débat (Lavigne Delville, 2010; Lavigne Delville & Saïah, 2015; Le Meur, 2008).

Partant du principe que l'accès au foncier est négociable et ancré dans des rapports de pouvoir, ce chapitre reviendra sur les arguments, les stratégies et les modalités d'accès aux biens de famille, en grande partie composés d'un patrimoine immobilier. À leur échelle, les héritiers mobilisent tantôt l'histoire familiale, tantôt le droit ou les institutions judiciaires pour obtenir leur part. Les conflits d'héritage permettent de montrer que, selon le statut des biens et la position de ceux qui souhaitent en bénéficier, les mécanismes et les arguments pour y accéder diffèrent.

## 1.2. Le droit applicable

Depuis 2004, la République du Bénin dispose d'une nouvelle loi en matière d'héritage. Elle met fin au pluralisme juridique issu de la période coloniale, consécutif à l'introduction du droit français parallèlement au maintien du droit coutumier concernant les questions familiales. Cette section reviendra sur l'histoire de la justice béninoise et sur l'évolution du droit successoral depuis l'introduction d'une justice souvent qualifiée de « moderne » – par opposition à la justice « traditionnelle » en droit privé. J'y aborderai les principales innovations du Code, mais aussi la manière dont cette nouvelle loi est perçue à Cotonou.

### *1.2.1. L'histoire de la justice « moderne » au Bénin*

Dès 1892, la France se charge d'organiser la justice dans ses colonies d'Afrique de l'Ouest (Brunet-La Ruche, 2013). Toujours centrée sur la conquête, l'administration coloniale de l'époque crée des tribunaux de paix à compétence étendue pour régler les litiges commerciaux entre Européens. Ils sont présidés par des fonctionnaires en service dans les colonies. Les autorités locales – les chefs – règlent quant à elles les conflits entre indigènes. La justice de paix est malgré tout accessible, dans un premier temps, aux indigènes – en théorie du moins. En pratique, les tribunaux français se trouvent à une distance bien trop grande des populations locales. Parallèlement à ces régimes de droit commun, le décret du 30 septembre 1887 instaure un régime d'exception : l'indigénat. Il autorise les administrateurs coloniaux à sanctionner, sans procès, les comportements des indigènes portant atteinte à l'ordre colonial. Cette organisation est confirmée par un décret de 1894, spécifique au Bénin – à l'époque appelé Dahomey – et qui établit deux tribunaux de paix à Porto-Novo et à Ouidah (Manière, 2011 ; Brunet-La Ruche, 2013).

Le Dahomey, placé sous protectorat puis doté du statut de colonie en 1894, est finalement intégré à l'empire colonial français à partir de 1904. Une politique d'administration directe est mise en place. La France opte pour une politique dite « assimilationniste » et impose le droit français dans ses colonies. C'est l'occasion d'une première réorganisation du système judiciaire : les tribunaux de paix sont remplacés par des tribunaux de première instance et la justice française, jusque-là accessible aux indigènes, concerne désormais uniquement les affaires où sont en cause des Européens. La justice indigène traite, quant à elle, des litiges entre Africains et est placée sous le contrôle de l'administration française (Kouassigan, 1975; Brunet-La Ruche, 2013).

En matière de droit des successions, c'est le Code civil français de 1804 qui s'applique sur l'ensemble du territoire. Mais les administrateurs rapportent rapidement une série de difficultés, de sorte qu'à partir de 1912, le maintien des coutumes, en plus du droit français, est consacré dans toute l'AOF (Gbaguidi, 1998 : 18). Ce décret de 1912 contribue également à fixer la distinction entre citoyen français et sujet dahoméen. Désormais, c'est le statut personnel qui détermine le tribunal compétent – et le type de droit. La justice française, installée au sud du pays, n'est accessible qu'aux citoyens français et aux indigènes privilégiés à qui l'on accorde la nationalité. Quant aux sujets coloniaux, ils peuvent saisir les tribunaux de cercle[17] établis dans les différentes régions. Aux citoyens français ou aux indigènes privilégiés bénéficiant de la citoyenneté, on applique le droit français. Aux autres, on applique le droit dit « traditionnel » – autrement dit, les coutumes locales (Kouassigan, 1975; Brunet-La Ruche, 2013).

Ces coutumes, essentiellement orales, se trouvent répertoriées dans un texte, le Coutumier du Dahomey. Il s'agit d'une compilation, rédigée par un administrateur français, des différentes coutumes locales dont il avait connaissance. Il est mobilisé par les juges – les magistrats français tout d'abord, les juristes béninois ensuite[18] – à titre informatif : bien que rédigé sous forme d'articles, il n'a pas force de loi. À l'audience, les juges traditionnels sont assistés d'un ou plusieurs assesseurs, spécialistes des coutumes de leur région. Sur cette base, il fallut donc créer deux types de tribunaux, les tribunaux traditionnels d'une part, et les tribunaux de droit français, d'autre part (Brunet-La Ruche, 2013).

En 1946, la loi Lamine Gueye abolit la distinction entre sujets et citoyens en AOF (Gbaguidi, 1998 : 20). C'est également la fin du régime de l'indigénat. Désormais, les Béninois peuvent « choisir » leur

---

17 Les cercles correspondaient, à l'époque coloniale, à des divisions administratives. Le territoire du cercle était sous la responsabilité d'un administrateur, chargé d'y maintenir l'ordre à travers, notamment, le tribunal de cercle, juridiction indigène qui s'y trouvait. La justice y était rendue par les administrateurs.

18 Voir Chapitre 5.

statut – traditionnel ou moderne – et par conséquent le type de droit qui leur sera appliqué en matière familiale. En pratique, ce « choix » s'opère à travers le type de mariage dans lequel s'engagent les parties. À ceux qui optent pour un mariage civil et à leurs descendants, on applique le droit moderne, aux autres, le droit traditionnel. Après l'indépendance en 1960, ce dualisme juridique est maintenu par les différents gouvernements qui se succèdent à la tête du Bénin. Si les procédures restent différentes, la loi sur l'organisation judiciaire de 1964 a par contre supprimé la dualité des juridictions, de sorte qu'au sein d'un même tribunal, il existe désormais deux types de chambres : des chambres de droit traditionnel et des chambres de droit moderne (Gbaguidi, 1998 : 23).

Par ailleurs, les années 1960 sont caractérisées par une grande instabilité politique, jusqu'à l'arrivée au pouvoir du général Kérékou en 1972. Il installe un régime militaire, basé sur une idéologie d'inspiration marxiste-léniniste. Pendant les quinze années qui suivent, les entreprises sont nationalisées, les diplômés de l'université automatiquement recrutés dans les administrations. Le nouveau régime change sensiblement l'économie du pays, mais touche par contre assez peu au droit applicable. L'organisation judiciaire change – les tribunaux sont renommés en fonction de l'idéologie du pouvoir[19], de nouvelles juridictions sont créées, les tenues des magistrats adaptées – mais les règles applicables aux usagers restent largement identiques. Lorsque le régime tombe à la fin des années 1980, l'organisation judiciaire des années 1960 est réhabilitée. Cette période correspond également aux premiers projets de codification avortés du droit de la famille, respectivement en 1965 et 1973 (Bolle, 2004). Selon Gbaguidi (1998) et Agossou (2012), ces premières tentatives ont opposé les partisans d'un respect de la tradition et des normes religieuses à ceux du « droit moderne » et de l'idéal de progrès et de développement qu'il représentait. Les deux groupes ne parviennent pas à se mettre d'accord et les projets sont rapidement abandonnés.

Du 19 au 28 février 1990, la conférence nationale des forces vives de la nation pose les bases d'un régime démocratique. Sous la pression de la communauté internationale, le président Kérékou accepte de renoncer à une grande partie de ses prérogatives. Des élections sont prévues, une constitution rédigée. Le pays ratifie également une série de conventions internationales destinées à garantir les principes de la Déclaration uni-

19 Les différentes juridictions deviennent des « tribunaux populaires », notamment.

verselle des droits de l'homme et de la démocratie. La conférence nationale prévoit également l'organisation d'« états généraux » des services publics, dont la justice, afin d'en améliorer le fonctionnement.

En 1996, les états généraux de la justice réunissent une série d'experts, répartis en commissions. Les résultats sont présentés sous le regard de représentants de la société civile et des institutions internationales – la Banque mondiale, le Programme des Nations unies pour le développement (PNUD) et l'United States Agency for International Development (USAID) – du 4 au 7 novembre à Cotonou (MJLDH, 1996). Le rapport qui en découle identifie une série de problèmes, parmi lesquels la pénurie du personnel et le nombre insuffisant de juridictions. La nécessité de réformer les textes de lois « obsolètes », parmi lesquels figure le droit de la famille, y est mentionnée (MJLDH, 1996). Un an plus tard, le ministère de la Justice, de la Législation et des Droits de l'homme publie un plan d'action quinquennal, qui fait également office de plaidoyer à l'attention des bailleurs de fonds potentiels (MJLDH, 1997). Avec le soutien du PNUD, ce rapport sera présenté aux partenaires de développement.

En 2001, une nouvelle étude, financée par la Banque mondiale, débouche cette fois sur l'élaboration d'un plan intégré de renforcement des systèmes juridiques et judiciaires (PIRSJJ), qui détaille un programme d'action du ministère pour les dix années qui suivent. Ce programme vise à mettre en place « une justice de qualité, efficace, crédible et accessible, contribuant à la paix sociale et au développement du Bénin » (MJLDH, 2001). Il prévoit notamment la création de nouvelles juridictions, la révision de nombreux textes de lois et l'informatisation des chaînes civiles et pénales. À partir de cette date, l'action des partenaires au développement s'inscrit dans le cadre de ce programme. Entre 2003 et 2013, l'Union européenne accorde plus de 12.000.000 euros au gouvernement béninois pour appuyer la réforme de la justice. Le MCA-Bénin consacre 34.000.000 dollars (30.260.000 euros) au projet « Accès à la justice » entre 2006 et 2011. Entre 2004 et 2008, le PNUD finance des missions périodiques en appui à la défense des droits de l'homme à hauteur de 150.000 dollars (132.000 euros). La banque mondiale fournit son appui budgétaire. Le Danemark intervient à partir de 2003 pour renforcer les capacités du ministère, notamment en matière de promotion des droits de l'homme et de lutte contre la corruption (Djogbénou, 2010). La Belgique met en place le projet d'appui au secteur de la justice (PASJ), visant à rapprocher la justice des justiciables dans plusieurs départements du centre et du nord du Bénin (CTB, 2009). Il prend fin en 2009, après avoir consacré au total 2.670.170.415 FCFA (4 millions d'euros) à la justice béninoise. La France intervient dans la lutte contre la criminalité et le trafic en proposant à la police, à la gendarmerie et la douane de recourir à un réseau informatique centralisé (Djogbénou, 2010). Dans le cadre du dixième FED (2008-2013), le Bénin obtient 8 millions d'euros supplémentaires de l'UE. Depuis 2014, le ministère dispose d'une politique sectorielle qui détermine de nouveaux objectifs pour l'année 2020 – permettant au Bénin de décrocher un nouveau financement de l'Union européenne[20].

Le système judiciaire béninois a considérablement changé depuis le début des années 1990. Si l'adoption du nouveau Code des personnes et de la famille s'inscrit dans le processus de réforme de la justice décrit précédemment, l'idée germe pourtant bien avant l'adoption du PIRSJJ par le gouvernement, comme en témoignent les tentatives avortées au lendemain de l'indépendance. Les travaux préparatoires et le vote du texte ont d'ailleurs eu lieu plusieurs années avant l'intervention massive des bailleurs de fonds au début des années 2000. Au-delà du contexte global du système judiciaire béninois, il convient donc de replacer le vote de ce Code dans ses circonstances particulières : celles de l'intervention de la société civile et des organisations féminines qui, poussées par la communauté internationale, militent pour l'égalité.

### *1.2.2. Le « Code des femmes » ?*

Avec pour élément phare la notion d'égalité, le nouveau Code est souvent décrit comme le « Code des femmes » par les citoyens ordinaires et par les professionnels du droit de Cotonou. D'où vient cette réputation ? En détaillant le contexte de son adoption ainsi que la manière dont le nouveau texte a été présenté aux citoyens, cette section permettra tout d'abord de mieux comprendre la manière dont il est perçu. Elle s'intéressera ensuite à ceux et celles qui l'utilisent et à l'usage qu'ils en font.

Cette réputation de « Code des femmes » est tout d'abord liée aux acteurs de la société civile à l'origine de la mise à l'agenda politique du texte : l'Association des femmes juristes du Bénin (AFJB) et le groupe

---

20 Cette liste des bailleurs de fonds et des projets n'est pas exhaustive. Il s'agissait ici de donner au lecteur un aperçu des acteurs qui interviennent dans la définition des politiques publiques et des réformes de la justice au Bénin et de leur importance respective.

Women in Law and Development in Africa (WILDAF), principalement. Cette période correspond en effet, au Bénin mais aussi ailleurs en Afrique, à l'émergence d'une série d'acteurs non-étatiques, la « société civile », qui participe aux débats liés à la question du développement (Pirotte & Poncelet, 2002). Les chercheurs soulignent également le rôle des juristes en tant qu'intermédiaires dans les transitions, les différentes moutures de l'État africain (Dezalay, 2015). Dans le cas du Bénin comme dans celui du Sénégal (N'Diaye, 2011) par exemple, ce sont les femmes juristes qui sont à l'origine de nombreux changements législatifs dans le domaine de la jeunesse et de la famille.

Après la conférence nationale, un projet de CPF est transmis à l'assemblée par le gouvernement de Nicéphore Soglo en 1995 (Bolle, 2004). En raison de son caractère jugé trop novateur, surtout en ce qui concerne les droits des femmes, les députés rechignent à l'examiner. Le Code définit en effet les époux comme égaux. Les femmes héritent au même titre que les hommes, en tant que filles mais aussi en tant qu'épouses. L'autorité parentale est exercée de façon conjointe – et non uniquement par le père, qui n'est plus automatiquement chef de ménage. Une première législature laissera le texte au placard et il fallut attendre la fin d'une seconde législature pour que, sous la pression des ONG mentionnées plus haut, les députés votent enfin le texte, fin 2002 (Bolle, 2004). Ces dernières organisaient depuis plusieurs années déjà des événements destinés à promouvoir le Code. Des « plaidoyers » étaient organisés à échéance régulière, jusqu'à l'organisation, en 2002, d'une marche sur l'Assemblée nationale. C'est donc le contexte de l'adoption du Code, ainsi que l'étiquette « féministe » des organisations impliquées, qui ont contribué à l'identification de cette loi comme avant tout écrite pour les femmes.

Cette réputation est également liée aux dispositions du texte et au fait qu'elles contrastent avec le droit dit « traditionnel » qui s'appliquait à une majorité des successions.

> « Avant, les femmes n'héritaient pas dans le sud du Bénin, elles n'héritaient pas des terres. Ça, c'est tout au début du XXe siècle, que tout ça se faisait. Mais maintenant, avec le nouveau Code, la femme hérite », explique Julie Bédié, héritière et conseillère à la Cour d'appel de Cotonou (Cotonou, octobre 2013).

Cette remarque correspond largement à la manière dont le Code est perçu dans la capitale. Pourtant, l'affirmation du juge Bédié n'est pas tout à fait exacte. Avant 2004, le droit français permettait également à tous les enfants d'hériter à parts égales. De nombreuses dispositions du Code sont en effet largement inspirées du droit français, y compris celle qui permet aux héritiers qui le souhaitent de demander le partage ou la vente du patrimoine. Par contre, en imposant ces principes à l'ensemble des familles, le texte rompt définitivement avec les normes traditionnelles. Désormais, que l'on soit marié ou non à l'état civil, les femmes héritent des terres. Certains juges des chambres traditionnelles appliquaient déjà, depuis 1990 et l'insertion du principe de l'égalité dans la constitution, les principes du droit français à titre de raison écrite[21], mais il ne s'agissait pas d'une pratique systématique[22]. Enfin, en ce qui concerne les droits du conjoint survivant, le droit béninois innove par rapport au droit français qui lui accorde l'usufruit du patrimoine. Dans le CPF, il est défini comme liquidateur de plein droit par la loi et comme héritier, en pleine propriété, du quart du patrimoine. Dans un contexte où les hommes sont ceux qui accumulent un patrimoine, le Code protège tout particulièrement les femmes en donnant aux veuves le droit d'hériter de leur époux, mais aussi de participer activement à la gestion des biens.

Autrement dit, si le nouveau Code innove par certaines de ses dispositions, d'autres existaient déjà en droit civil « moderne » depuis plusieurs années. C'est le cas, notamment, du principe selon lequel « nul ne peut être contraint à demeurer dans l'indivision » (Code civil français de 1958, art. 815). Ce qui change, c'est le caractère officiel, applicable à tous des dispositions et la publicité qui en est faite. Après l'adoption du texte, de nombreuses campagnes de vulgarisation furent organisées par l'AFJB et le WILDAF. Ces associations sont intervenues dans des émissions radio et télévisées pour informer les citoyens du contenu du Code, mais elles ont également organisé des activités partout dans le pays. Sous forme de « missions », ces activités étaient animées par des intervenants formés par l'association et envoyés dans les villages. Les centres d'aide juridique établis dans les différentes régions étaient alors présentés comme des points de relais et d'assistance possible. Si les citoyens connaissaient peu, jusque-là, les principes du « droit moderne » en matière familiale, la plupart d'entre eux

21 Ce principe, introduit pendant la période coloniale, permettait au juge d'appliquer le droit français lorsque la coutume était lacunaire ou contraire à l'ordre public (Kouassigan, 1975).

22 Certains anciens juges traditionnels me confièrent en effet qu'en vertu du principe de non-discrimination, mentionné dans la Constitution, ils appliquaient les dispositions du droit français. D'autres disaient par contre respecter les coutumes des parties.

sont aujourd'hui informés des principes du Code des personnes et de la famille et de leurs droits en matière d'héritage.

Le rôle des associations féminines et des professionnelles du droit dans la promotion du Code de la famille est loin d'être typiquement béninois. N'Diaye (2011) s'intéresse ainsi à l'association des juristes sénégalaises et à la manière dont elles mobilisent le droit comme répertoire d'action collective. Elle revient sur toutes les difficultés rencontrées par cette association d'« élites » pour acquérir un statut légitime auprès de l'ensemble de la société. Comme les associations des femmes juristes béninoises, elles jouent un rôle déterminant dans l'adoption de nombreux textes protégeant les droits des femmes et des enfants. La formation de ses membres a également permis à l'association de devenir l'interlocuteur privilégié du gouvernement et des bailleurs de fonds. Selon l'auteur, c'est surtout lorsqu'elles se lancent dans des activités destinées à améliorer l'accès au droit que les membres de l'association acquièrent une véritable légitimité populaire et parviennent à faire changer les attitudes « contre le droit » ou « hors du droit » vers une appropriation, un jeu « avec le droit » (N'Diaye, 2011).

À Cotonou, les citadines se saisissent de ce nouveau Code pour « réclamer leur part », à la maison tout comme devant les juridictions. Richard, 41 ans, explique :

> « C'est mon frère qui est l'administrateur des biens. Il prend le loyer chez les locataires, mais il ne donne rien à mes sœurs. Maintenant, ma sœur menace de le traîner au tribunal. À chaque fin du mois, elle vient le voir, elle réclame sa part. Sinon elle ira se plaindre. Et lui il court pour lui donner l'argent. »

La loi est donc devenue un argument – voire même une menace – lors des négociations portant sur la succession dans les familles. Cette menace est d'autant plus efficace que certaines la mettent à exécution : les jours d'audience, les requérantes sont nombreuses devant le juge des affaires familiales[23]. Cette manière dont, individuellement, les héritiers – et les héritières – mobilisent le droit rappelle l'analyse de Mc Cann (1994) sur le mouvement en faveur de l'égalité des salaires : pour provoquer la réforme et le changement d'attitude des employeurs,

---

23 C'est cette même orientation du Code, perçu comme « le Code des femmes », qui fait l'objet de critiques de la part de la gent masculine. Ces derniers y voient une loi rédigée et promue par des associations féministes, soutenues par les femmes parlementaires – et en particulier par les membres de la Cour constitutionnelle, présidée par une femme à l'époque de l'adoption du Code.

les employé(e)s mobilisaient le langage du droit et les tribunaux pour faire pression et pour négocier. De la même manière, à Cotonou, les femmes réclament « des droits » par « le droit » (Israël, 2009).

Le « Code des femmes » est donc identifié comme tel en raison du contexte de son adoption et des associations qui ont, ensuite, pris en charge sa vulgarisation auprès des citoyens. S'il reprend un bon nombre de dispositions existantes, il a également permis de systématiser l'application de principes du droit « moderne » et de rendre ces derniers plus visibles – et dès lors, plus fréquemment mobilisés. Enfin, il fait du conjoint survivant un héritier à part entière dans un contexte où il était fréquemment exclu par le reste de la famille.

## 1.3. Héritage et dynamiques familiales

Selon Barnard et Good (1984 : 68), l'héritage est un bien commun, transmis par le défunt. Il s'agit d'un patrimoine matériel, contrairement à la succession qui désigne les titres et les statuts. En droit, par contre, la succession fait référence à la transmission du patrimoine d'une personne décédée – ce que les anthropologues qualifient d'héritage. Les Béninois quant à eux parleront indifféremment d'héritage ou de succession pour évoquer le patrimoine transmis, au décès, d'une génération à une autre. J'utiliserai donc les deux termes tour à tour, comme l'ont souvent fait mes informateurs. Leur héritage était souvent composé de biens matériels : de l'argent sur des comptes, des voitures, des terres ou des maisons. Certains faisaient parfois référence à des fonctions rituelles. Ces conceptions de l'héritage étaient bien sûr fonction du contexte dans lequel j'ai rencontré les interviewés : ils se trouvaient dans une situation de conflit. Ils mentionnaient donc plus rarement l'éducation qu'ils avaient reçue, les ressemblances physiques et les traits de caractère.

Cette section reviendra tout d'abord sur les dynamiques familiales et les modalités de partage ou de répartition de l'héritage selon les Béninois. Ces éléments de contexte permettront de comprendre, ensuite, les arguments des uns et des autres en cas de conflit. Avec le cas de la famille Agossou comme point de départ, j'aborderai ensuite la question des ressources et des modalités d'action possibles pour les héritiers en cas de désaccord.

### *1.3.1. Hériter et partager à Cotonou*

De qui hérite-t-on et que convient-il de faire de ces biens transmis par la génération précédente ? La réponse est en partie fonction de la personne dont on hérite et de la place qu'elle occupe dans la famille.

Dans le sud du Bénin, la filiation – et donc la transmission des biens – est le plus souvent patrilinéaire. La plupart du temps, les biens disputés sont donc ceux des hommes. Aux yeux des enfants, ils sont considérés comme destinés à leur être transmis. L'héritage que l'on attend ou que l'on espère, c'est généralement celui du père – et c'est donc également celui qui représente un véritable enjeu. Cette attitude s'explique également par la position de chacun dans le ménage : en tant que principaux pourvoyeurs de revenus, les hommes sont ceux qui amassent un patrimoine important.

En outre, lorsqu'un homme décède, les situations familiales sont généralement plus complexes et les héritiers potentiels plus nombreux. Ainsi, alors que les veuves sont souvent impliquées dans la gestion du patrimoine de leur époux, les hommes se tiennent généralement à l'écart de celui de leur femme, considéré comme un patrimoine personnel. Les biens des hommes, par contre, sont souvent associés au ménage, à la famille nucléaire qui les occupe. Tantôt les femmes contribuent aux achats par leurs revenus propres, tantôt simplement par leur soutien en tant qu'épouse au foyer. Outre la situation des veuves, les enfants sont généralement plus nombreux, souvent issus de différents « lits ». La polygamie est souvent identifiée comme l'une des causes principales des conflits qui opposent soit les enfants de différentes femmes, soit les veuves et leurs beaux-enfants. « J'avais déjà perdu ma maman, mais la procédure n'a pas été longue comme celle-ci. Parce qu'elle n'est pas polygame », disait Solange à propos de l'héritage de son père (Cotonou, février 2013).

Bien que ces cas soient plus rares, certaines femmes accumulent un patrimoine important, mais les motifs de désaccords et les personnes impliquées sont souvent différents. Dans leur cas, filiation biologique et interactions quotidiennes correspondent. Les conflits impliquent alors souvent des membres de la famille élargie : des oncles et tantes, ou des cousins des héritiers.

> *Il y a de nombreuses années, la grand-mère de Clémentine, Agathe Pognon, acheta, outre sa propre maison, trois parcelles, soit une pour chacun de ses enfants. Elle avait deux filles, Eugénie, la mère de Clémentine, Adèle et un garçon, Philippe. C'est contre lui que Clémentine et ses frères et sœurs sont aujourd'hui en procès.*

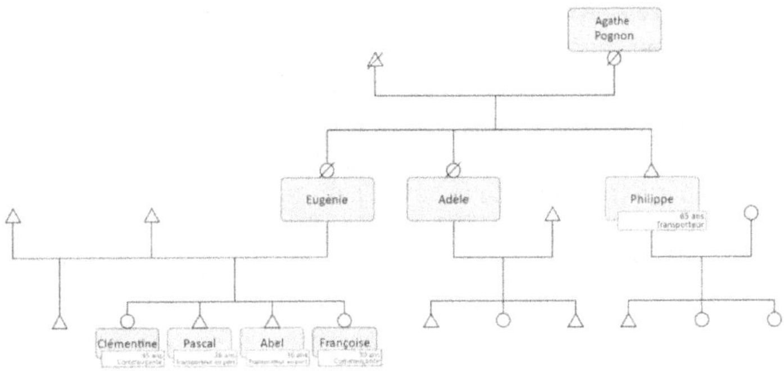


*Le terrain destiné à Eugénie fait l'objet d'un litige, de sorte qu'Eugénie et ses enfants reviennent vivre dans la maison familiale, occupée par Agathe. Lorsque cette dernière décède, en 2008, Philippe manifeste son désir de vendre la maison. Eugénie et ses enfants refusent, expliquant qu'il bénéficie déjà de sa propre parcelle. Il leur semble normal que la maison familiale leur revienne, en lieu et place de la parcelle en litige.*

*Fin 2008, Philippe récolte les cartes d'identité de ses sœurs afin de remplir un PVCF. Eugénie lui confie la sienne. Quelques mois plus tard, il l'informe que la maison a été vendue. Philippe lui demande de quitter les lieux, mais Eugénie refuse. Quelques mois plus tard, elle décède des suites d'une maladie. Clémentine, Pascal, Abel et Françoise consultent la famille et parviennent à organiser rapidement les funérailles. Philippe n'y fera qu'une brève apparition. Pour les enfants d'Eugénie, il s'agit là d'une preuve irréfutable de sa responsabilité dans le décès. « Côté carré, l'Africain ne pardonne pas », soupire Clémentine. Quelques jours plus tard, l'acheteur fait valoir ses droits : il envoie un huissier sur la parcelle. C'est là, en janvier 2010, que les procédures commencent :*

> « Il m'a convoquée, il a pris un huissier, il m'a donné 24 heures, de ramasser mes affaires et de partir. C'est de là que je me suis fâchée. Parce que c'est mon oncle, je ne voulais pas le convoquer avant. C'est lui qui a commencé », raconte Clémentine (Cotonou, avril 2010).

*Munie de l'acte d'huissier, Clémentine se rend chez maître Vital, son avocat. Ils entament alors une procédure devant le juge état des personnes au tribunal pour demander l'annulation de la vente.*

Cet exemple illustre non seulement l'importance des soupçons lors des disputes et la manière dont est interprétée la présence ou non aux funérailles, mais il permet également de souligner les configurations familiales possibles et leur impact sur les motifs de désaccords. Les héritiers au second degré, par exemple, s'impliquent souvent peu dans des débats qui concernent avant tout leurs aînés. S'ils estiment avoir droit à leur part, ils expliquent également qu'ils « ne peuvent pas parler » face aux héritiers directs. Dans l'exemple qui précède, Clémentine précise que c'est son oncle qui a introduit l'affaire au tribunal. La qualité d'héritier et la clé de répartition du patrimoine familial est donc non seulement liée au lien de filiation et à la manière dont on définit ce dernier, mais aussi à la position du défunt par rapport à la famille et aux héritiers potentiels.

### *1.3.2. Les conséquences de la polygamie*

Au Bénin, la polygamie est largement répandue (Lemay-Boucher & Dagnelie, 2014). Autrefois autorisée par la loi, elle fait petit à petit place, aujourd'hui, à une polygamie de fait : s'ils ne peuvent, légalement, épouser qu'une seule femme, les Béninois ont souvent plusieurs concubines avec lesquelles ils ont des enfants. Par conséquent, lorsqu'un homme meurt, il laisse souvent des héritiers « de différents lits » : autrement dit, des frères et sœurs issus de mères différentes. Dès lors, lorsqu'il est question de l'héritage d'un homme, les conflits opposent souvent des groupes d'enfants de différentes femmes. C'est d'ailleurs le cas de la plupart des exemples mentionnés ici.

Contrairement aux disputes entre frères et sœurs « même père même mère », les conflits entre frères et sœurs de lits différents sont considérés comme presque inévitables par les Béninois dans un contexte où les coépouses rivalisent pour l'affection, les ressources ou les faveurs de leur mari – et transmettent, dès lors, leur animosité envers leur rivale à leurs enfants. Dans certains cas, les enfants ont grandi ensemble, dans d'autres, les mères occupent des résidences séparées avec leurs enfants respectifs. Cette méfiance vis-à-vis des frères et sœurs « consanguins » est commune à de nombreuses familles. Rudy, par exemple, insiste sur le fait que s'il préfère taire ses griefs quant à la gestion du patrimoine commun, c'est parce qu'il n'a qu'une seule sœur, résidant en Europe. « Si je me lance dans cette histoire maintenant, qui va rester derrière moi ? », explique-t-il à propos de ses frères et sœurs, « s'ils me tuent, c'est fini » (Cotonou, décembre 2012). Le jeune homme fait ici référence à la question des envoûtements, particulièrement fréquents dans ce type d'affaires. Il ne s'agit donc pas de violences physiques, mais bien d'éliminer son adversaire par des moyens occultes. Alors que les enfants uniques sont souvent laissés de côté par leurs frères et sœurs lorsqu'il s'agit de décider que faire d'un héritage, ils sont pourtant rares à saisir la justice, craignant, à l'image de Rudy, les mauvaises intentions du reste de la famille. Dans ce genre de situations, les frères « même père même mère » représentent non seulement une protection, mais aussi l'assurance que, quoi qu'il arrive, les démarches entamées suivront leur cours.

En matière de droit à l'héritage, la loi ne protège pas uniquement les enfants du défunt. Nombreuses sont les veuves qui saisissent le tribunal, réclamant non seulement la part de leurs enfants lorsque ces derniers sont mineurs, mais aussi leurs propres droits sur la succession. Selon le nouveau Code, le conjoint survivant hérite du quart de la succession – à condition d'avoir contracté un mariage devant un officier d'état civil. Il s'agit là d'une pratique assez fréquente pour les cadres et les fonctionnaires, dont le conjoint survivant bénéficie d'une pension au décès, mais assez peu répandue dans le reste de la population. En outre, au Bénin, les hommes sont souvent ceux qui travaillent et qui acquièrent un patrimoine important. Les biens familiaux sont donc souvent achetés en leur nom, y compris le lieu de résidence du couple. L'article 630 du Code est donc prioritairement destiné à avantager les veuves qui, par leur soutien, ont souvent permis à leur époux d'acquérir des biens. Pourtant, cette disposition qui fait du conjoint un héritier est souvent jugée injuste, voire inapplicable par les familles.

Les hommes ne réclament en général rien des biens de leur(s) épouse(s). Dans un contexte où ils détiennent la principale source de revenus du ménage, où leur devoir est de subvenir aux besoins de leur famille, hériter de leur femme est souvent impensable pour les hommes béninois. Les biens acquis par les femmes sont souvent considérés comme des biens personnels, obtenus grâce à leurs propres sources de revenus ou hérités de leur famille. Les veuves, par contre, peuvent parfois occuper la maison de leur époux, en particulier si elles ont des enfants à charge. L'héritage, destiné là aussi à revenir aux enfants, est censé permettre aux femmes de les élever et de subvenir à leurs besoins, comme l'aurait fait leur époux de son vivant. Les plus âgées sont récompensées de leur fidélité : on considère généralement que parce qu'elles ont donné des enfants à leur époux et passé l'essentiel de leur vie à ses côtés, elles méritent une place dans la maison familiale. La situation des jeunes veuves, par contre, s'avère souvent plus problématique. La famille du défunt considère en général qu'elles peuvent se remarier, et donc bénéficier du soutien financier d'un autre homme. Dans le cas des mariages polygames, ces jeunes veuves sont souvent persécutées par les enfants des plus âgées, qui les soupçonnent d'avoir manipulé leur père.

En outre, le patrimoine foncier, avant tout destiné à rester dans la famille, se transmet aux enfants – de sorte que permettre à la veuve ou au veuf d'hériter des immeubles est souvent considéré comme impensable. Les conjoints survivants peuvent y habiter avec leurs enfants, mais c'est à ces derniers que doit revenir, *in fine*, le patrimoine. Dès lors, les veuves sont parfois écartées du partage en dépit des dispositions légales. Certaines familles – tantôt les frères et sœurs du défunt, tantôt les enfants d'autres femmes – refusent de leur donner leur part de la succession, voire celle des enfants mineurs s'il y en a. Les familles se comportent ainsi lorsqu'elles attribuent le décès au conjoint survivant, souvent soupçonné d'empoisonnement. Dans d'autres cas, c'est la nature de la relation qui est mise en question : si la veuve avait quitté le domicile conjugal ou si le couple ne s'entendait plus, le mariage est remis en question par les familles. Tantôt les « grands enfants » des premières femmes contestent l'acte de mariage de l'épouse la plus jeune, tantôt ils la soupçonnent d'être responsable du décès et la chassent de la maison familiale. Dans un même dossier, la veuve se dit souvent persécutée, alors que la famille la perçoit pour sa part comme malhonnête. C'est le cas notamment dans l'exemple qui suit : Anaïs, la veuve, a demandé la vente des biens pour pouvoir bénéficier de la part de sa fille. N'étant pas légalement mariée, elle n'a pas de droits propres sur le patrimoine.

> « Les gens m'ont demandé de quitter puisque ma belle-famille disait que c'est moi qui ai tué mon mari. Donc ma famille et les amis m'ont conseillé de quitter la maison. Sinon ils peuvent me créer des problèmes. Ils peuvent me tuer mon enfant et moi-même[24], c'est ça qui a fait que j'ai quitté la maison », explique-t-elle (Cotonou, mars 2010).

J'ai également rencontré son beau-frère, Jacques, de nombreux mois plus tard, qui décrit la situation de manière totalement différente :

> « Moi par exemple j'ai un cas précis, où la femme ne s'est pas mariée légalement, elle a déjà quitté le toit conjugal, et c'est après la mort de son mari qu'elle est venue maintenant pour dire qu'elle est femme et qu'elle va s'approprier des biens. Là on a dit non, que ce n'est pas possible, que ça ne peut pas se passer » (Abomey-Calavi, avril 2012).

Cet exemple illustre parfaitement les tensions familiales et les conflits provoqués, entre autres, par la nouvelle loi : sous l'ancien

24 Elle fait ici référence, comme Rudy, à des menaces occultes.

régime juridique, Anaïs n'aurait probablement pas pu demander la vente au nom de ses enfants.

### *1.3.3. L'héritage comme source de conflits : le dossier Agossou*

*Monsieur Agossou est mort à l'âge de 73 ans, le 28 mai 2011. Il laisse une femme et dix enfants de trois mères différentes. Près de 40 ans plus tôt, il épouse sa première femme, la mère de ses cinq premiers enfants : Solange, Thomas, Marie, Pascaline et Glenda. Sur un terrain offert par son beau-père, il construit une maison familiale. Quelques années plus tard, il épouse une domestique. Cette dernière, résidant dans une ville voisine, lui donne quatre enfants : Marceline, aujourd'hui infirmière, Lucie, secrétaire, Antoine et Ludovic, toujours étudiants. Il a également une fille hors mariage, Prune, aujourd'hui étudiante en droit.*

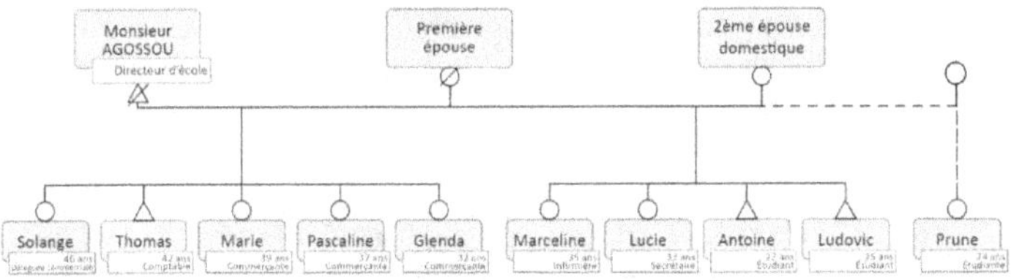


*La première épouse de Monsieur Agossou est décédée en 2009. À l'époque, ses cinq enfants s'entendent sans difficultés pour désigner l'aînée, Solange, comme liquidatrice*[25] *de la succession et Thomas comme adjoint. Solange est alors âgée de 42 ans, elle est déléguée commerciale. Thomas est comptable. Les autres sont commerçantes. Tous ont désormais quitté la maison familiale. Le choix des liquidateurs a été fonction de l'âge et des aptitudes de chacun à remplir cette tâche. Solange explique :*

> « On m'a choisie parce que je connaissais un peu le domaine. Je pouvais faire les courses, j'avais la voiture. Les autres sont commer-

25 Pour rappel, ce terme fait référence à la personne qui, pour une succession ouverte après 2004, sera chargée de faire la liste des biens et des héritiers et de rendre un rapport au juge six mois plus tard. Pendant ce temps, c'est ce liquidateur qui gère temporairement les biens. Avant 2004, la famille désignait un administrateur, chargé de gérer les biens pour une période indéterminée, jusqu'à ce que l'un des ayants droit souhaite sortir de l'indivision.

> çantes, elles ne sont pas sur place. Elles n'ont pas le temps pour s'occuper de ces formalités » (Cotonou, février 2013).

*Le 17 mai 2011, Monsieur Agossou se casse le fémur. Les enfants de sa première épouse l'emmènent à l'hôpital. Ce sont eux qui restent à son chevet et qui payent l'ensemble des soins. Dix jours plus tard, leur père s'éteint. Après consultation de la famille, la date de l'enterrement est fixée à deux mois plus tard. Ils décident également d'une cotisation de 80.000 FCFA (120 euros) par enfant, destinée à couvrir les dépenses communes telles le cercueil, l'organisation de la messe ou l'achat des tissus. Une partie sera également versée à la famille au sens large pour l'organisation des cérémonies. Les enfants de la première femme se plaignent à nouveau du manque de participation de leurs frères et sœurs :*

> « Ils ont donné 120.000 pour eux quatre. La benjamine elle est étudiante, elle a pu donner 30.000. Puis on a fait la répartition des tâches, mais eux ça ne les intéressait pas, parce qu'ils s'en foutent. Et c'est ma grande sœur et mon grand frère qui se sont levés[26]. Les autres on les appelle, mais elles ne sortent jamais » (Glenda, Cotonou, février 2013).

*Quelques mois plus tard, les enfants se réunissent pour organiser la succession. De son vivant, leur père avait écrit ses dernières volontés : il souhaitait que Thomas et Marceline soient administrateurs de ses biens. La maison de Cotonou ne devait jamais être vendue, mais devenir une maison familiale où se tiendraient les futures réunions. Il disposait d'une parcelle à Ouidah, censée revenir aux premiers enfants. Une autre parcelle à Porto-Novo, où résidait sa seconde épouse, était attribuée aux autres enfants.*

*Une fois le procès-verbal du conseil de famille (PVCF) homologué au tribunal, les enfants ont pourtant du mal à s'entendre sur la répartition des biens. Ils décident finalement de vendre les parcelles non bâties à la demande de Marceline, selon laquelle un partage en nature ne tient pas compte de la valeur marchande des biens. Mais c'est surtout la question de la maison familiale et de sa gestion qui pose problème. Marceline et ses trois frères et sœurs demandent le partage des chambres entre les différents héritiers, sur base du Code des personnes et de la famille qui définit les héritiers comme égaux. Solange, Thomas, Marie, Pascaline et Glenda s'y opposent formellement :*

26 Qui ont protesté.

« Ils [les autres enfants] ont décidé qu'on partage les chambres. On a dit : "Non. On ne peut pas rester ensemble. On ne sait pas ce qui se passe dans le cœur de chacun de nous." Pendant les funérailles, on ne les a pas vus. Puis maintenant, au moment du partage, ils viennent pour dire : "Moi aussi je suis enfant." Du vivant de notre père, il n'y en a pas un seul qui soit venu dire : "Papa je veux une chambre." Ce n'est pas maintenant qu'ils vont venir rester avec nous », explique Glenda (Cotonou, février 2013).

*Prune, quant à elle, se tient à l'écart :*

« Je n'aime pas trop m'ingérer dans les histoires de famille. Je me méfie beaucoup de mes autres frères et sœurs. La sorcellerie est ici en Afrique. Donc si tu ne sais pas faire, tu tombes dans le piège. J'ai juste donné ce que j'avais, 30.000, pour l'enterrement. Et j'ai expliqué que je suis étudiante, que je n'ai pas de revenus. J'ai assisté à l'enterrement, mais le reste des cérémonies, je n'ai pas voulu partir. Je n'ai même pas cotisé pour ça. Ils n'ont rien dit. C'est après six mois à peine qu'ils m'ont contactée pour le partage. Au début, ils m'ont invitée, mais je n'ai pas été. Comme moi ma maman n'était plus mariée à notre papa, ça m'est égal » (Abomey-Calavi, mars 2013).

Dans les arguments des héritiers Agossou, on retrouve les différentes dimensions de la parenté identifiées par Weber (2005) : le droit et la notion d'égalité, la parenté biologique, mais surtout le quotidien. C'est l'argument principal des enfants de la première épouse, qui justifient leur statut d'héritiers privilégiés par leur présence aux côtés de leur père, leur occupation de la maison de son vivant et leurs contributions aux dépenses, avant et après sa mort. Ces enfants qui sont « restés avec » le défunt sont également ceux qui, après le décès, occupent la maison. L'importance du quotidien partagé est également illustrée par la réaction de Prune, qui s'exclut volontairement du partage.

Les enfants de la seconde épouse, par contre, estiment qu'ils sont tous des descendants de leur père et qu'ils ont donc les mêmes droits sur le patrimoine. Marceline évoque à plusieurs reprises le Code des personnes et de la famille, qui privilégie la dimension biologique de la parenté et insiste sur l'égalité de tous les enfants, légitimes ou non.

*Face aux nombreuses incompréhensions, Solange propose de vendre la maison. Les oncles et tantes s'y opposent, mais au tribunal, le juge leur rappelle que les enfants sont majeurs et que la famille n'a donc pas son mot à dire. La suggestion est finalement approuvée, un peu à contrecœur, par l'ensemble de la fratrie.*

> « Peut-être que d'autres familles diront qu'effacer le nom d'un parent sur terre, ce n'est pas bon. C'est lui qui a souffert pour bâtir tout ça là, et on doit en faire quelque chose. Normalement, ce n'est pas pour vendre, sinon, il allait vendre et faire sa vie avec. Parce que la terre au Bénin, normalement, il ne faut jamais vendre. Dans son testament, il a dit que la maison est inaliénable. Mais comme il n'y a pas entente et que ça doit être équitable, j'ai accepté... Je ne veux pas lutter et laisser ma peau pour ce qui ne m'appartient pas. C'est pour ça qu'on a fait le partage selon les règles de l'art et les règles du Code des personnes et de la famille », explique Thomas (Cotonou, mars 2013).

*Les enfants s'accordent également sur le fait que s'ils étaient « seuls », autrement dit, tous de la même mère, ils auraient probablement pu garder cette maison.*

Comme dans de nombreuses familles, on distingue clairement différents « clans » : celui des enfants de la première épouse, celle qui fait office de conjoint légitime; les « autres », les enfants de la rivale; et Prune, enfin, née hors mariage. Si les désaccords portent principalement sur la maison – sur sa gestion tout d'abord, la vente ou l'indivision ensuite – il est également question de bien d'autres aspects de l'économie familiale tels l'organisation des funérailles, comme le montre cette remarque de Solange :

> « Quand on a fait les réunions, moi je leur ai dit hein : "Pour les funérailles on ne vous a pas vus, quand notre père était à l'hôpital, on ne vous a pas vus, mais maintenant pour l'héritage vous faites le gros dos, vous venez vous présenter que vous êtes enfants. Si le juge pouvait vous demander comment vous avez pu gérer la maladie de votre père, et savoir comment diviser." Tout enfant est enfant, on ne refuse pas, mais il y a aussi l'assistance. Si tu n'aides même pas ton papa, pourquoi vouloir maintenant accaparer ses biens ? » (Cotonou, février 2013).

Comme dans de nombreux autres cas, le désaccord entre les héritiers Agossou porte sur la clé de répartition du patrimoine commun. Ils font appel à différents aspects de l'économie familiale et du lien de parenté : le droit et le lien biologique, les interactions quotidiennes ou encore la valeur symbolique des lieux. Ce dernier aspect de l'économie familiale est souvent au cœur des débats lorsqu'il s'agit de décider que faire des maisons héritées. Pour de nombreux Béninois, vendre la maison familiale, celle sur laquelle le propriétaire avait apposé une plaque et inscrit son nom, c'est d'une certaine manière effacer les traces de sa présence sur terre. Ceux qui souhaitent liquider la succession s'appuient, par contre, sur les dispositions légales, sur l'idée d'égalité entre les héritiers et sur le fait qu'en l'absence d'un quotidien partagé, certains enfants sont incapables de « vivre ensemble ».

Si le défunt a laissé des instructions sous forme de testament, de lettre ou simplement de consignes formulées oralement, c'est généralement le premier argument des héritiers qui en ont été témoins. Ceux qui ont partagé son quotidien, souvent avantagés dans les instructions laissées, s'opposent alors aux enfants liés par le sang qui mobilisent quant à eux les dispositions légales – comme c'est le cas pour les occupants de la maison Agossou. Outre les modalités de partage, ces instructions portent fréquemment sur le statut inaliénable de la maison familiale.

Les relations avec le défunt invoquées comme argument pour prétendre à l'héritage peuvent revêtir différentes formes. Il peut s'agir d'habiter la même maison, mais aussi parfois de rendre visite, voire même simplement de prendre des nouvelles par téléphone. Ces relations se construisent aussi au fil des contributions financières : c'est alors, plutôt, l'idée d'assistance qui est mobilisée. L'argument est valable tant pour les enfants que pour les conjoints survivants : une veuve « restée fidèle » à son époux sera plus facilement considérée comme héritière que si elle quitte le domicile conjugal ou si elle se remarie. Comme le montre l'exemple qui précède, le quotidien se construit du vivant du *de cujus*, mais aussi après sa mort. Les funérailles sont l'occasion de montrer son amour pour le défunt et son appartenance à la famille, en contribuant aux dépenses et en participant aux cérémonies. Les héritiers potentiels pourront donc légitimer leur statut tantôt en donnant de leur temps, tantôt en contribuant financièrement à l'enterrement. Cette relation de proximité est pourtant à double tranchant : les proches du défunt sont généralement les premiers à être soupçonnés en cas de mort jugée suspecte, en particulier les veuves. Dans ce genre de situations, la participation aux funérailles est d'autant plus importante qu'elle permet, la plupart du temps, de prouver son innocence.

L'exemple de la famille Agossou illustre parfaitement les désaccords susceptibles de survenir après un décès, les arguments des uns et des autres et les conceptions de la parenté qui les sous-tendent. Il donne également à voir la place du droit et celle du quotidien dans les discussions familiales, le type de biens concernés et les enjeux, visibles et invisibles, des débats sur le partage de l'héritage en famille.

### *1.3.4. La loi comme l'arme des « petits »*

Comme le montrent les exemples des sections qui précèdent, les femmes ne sont pas les seules à utiliser le nouveau droit des successions à leur avantage. Lorsque la gestion des biens est monopolisée par certains héritiers, les autres « se soulèvent » et demandent la vente du patrimoine. Dans un contexte où le Code rompt avec les normes dites « traditionnelles » qui régissent les rapports familiaux, le droit est somme toute l'arme des « petits » de la famille – qu'il s'agisse des plus jeunes, des plus pauvres ou des enfants d'une femme qui s'estiment brimés par ceux d'une autre.

À Cotonou, la catégorie des « faibles » (Scott, 1987) et celle des « petits » ne correspondent pas forcément. Les « petits », tels qu'ils sont définis par les hiérarchies familiales, peuvent occuper une position socio-économique avantageuse par ailleurs. Ils n'appartiennent donc pas, dans ce cas, à la catégorie des « faibles ». Ainsi, bon nombre des femmes qui saisissent le tribunal exercent une activité : elles sont souvent commerçantes, parfois coiffeuses, employées ou fonctionnaires. C'est d'ailleurs fréquemment sur base de ce capital social ou économique qu'elles saisissent le tribunal. Les « petits » tentent alors de renégocier les rapports de pouvoir, le droit à la parole et la clé de répartition des ressources dans la famille.

Les normes familiales sont en effet basées sur une hiérarchie, ou plutôt sur des « places » dans la famille, qui définissent des droits et des devoirs pour ceux qui les occupent. Ainsi, les aînés sont ceux auxquels incombe la responsabilité d'organiser les funérailles, de subvenir aux besoins des plus jeunes. On leur confie généralement la gestion du patrimoine. Les plus jeunes doivent le respect aux plus âgés et lorsqu'il s'agit de la gestion du patrimoine, ils « prennent ce qu'on leur donne ». Dans ce contexte, les femmes ne sont pas les seules à mobiliser le droit à leur avantage. Les hommes s'opposent eux aussi aux membres de leur famille s'ils s'estiment lésés. Dans leur cas, il s'agit plus rarement de remédier à une exclusion totale de la gestion du patrimoine. Les désaccords entre hommes portent souvent sur la vente des biens familiaux : alors que certains les considèrent comme un patrimoine « en transition » (Gotman, 1985 ; 2006) dont les héritiers doivent prendre soin, d'autres y voient une source de revenus dans un contexte où l'immobilier représente un enjeu financier considérable.

Le nouveau Code – et plus précisément l'article selon lequel « nul ne peut être contraint à demeurer dans l'indivision » (CPF, art. 752) – est également mobilisé par ceux et celles qui souhaitent mettre leur famille à distance. Vendre permet d'acheter une nouvelle parcelle, loin de leurs frères et sœurs ou, dans le cas des veuves qui sont nombreuses à formuler cette requête, loin de la famille de leur époux et de ses autres enfants. Peu utilisée auparavant, cette disposition, directement issue du Code civil français, s'inscrit aujourd'hui dans un contexte de marchandisation des terres et de modification des rapports familiaux. À Cotonou, les femmes travaillent. Elles ne sont plus nécessairement à la charge de leur famille ou de leur mari. Lorsqu'il s'agit d'organiser des fêtes ou des cérémonies familiales, elles contribuent aux dépenses au même titre que les hommes. Elles estiment donc pouvoir légitimement prétendre à une part égale du patrimoine ou des revenus qu'il génère. Dans un contexte où la famille nucléaire ou monoparentale devient un mode de résidence de plus en plus fréquent, où les maisons au centre-ville ont une valeur considérable, la loi représente un argument et les procédures judiciaires une modalité d'accès aux biens communs.

### *1.3.5. Les menaces occultes*

Les affaires d'héritage sont presque invariablement associées à des risques occultes. « L'héritage, ça ne m'intéresse pas. Parce que les gens sont prêts à tuer dedans », s'exclame mon amie Léonie, vendeuse sur le marché (Cotonou, avril 2012), alors que nous parlons de mon sujet de recherche. La plupart des habitants de la capitale semblent partager cette opinion. Nombreux sont ceux qui préfèrent, dès lors, renoncer à leurs droits. Rodrigue, jeune magistrat, a perdu son père il y a quelques années. C'est son frère aîné qui gère seul les maisons. Conscient que la loi l'autorise à le contester, il a pourtant choisi de rester à l'écart du patrimoine familial :

> « Ici, depuis que je suis à l'université, je loue. Et pourtant papa a des maisons à Cotonou. Mais je préfère ne pas rester là, comme il y a des frères consanguins, des frères germains… ce sont des histoires », explique-t-il (Cotonou, mai 2012).

La plupart des gens considèrent en effet qu'il vaut mieux taire leurs désaccords quant à la gestion des biens. « Si tu parles, on peut te basser[27] », s'exclame Léonie, « toi tu vas mourir, et tes frères vont vendre pour eux » (Cotonou, avril 2012). Ces exemples sont révélateurs de l'ambiance qui entoure la plupart des conflits d'héritage. Comme souvent en Afrique de l'Ouest, la sorcellerie fait office de grille d'interpré-

27 T'envoûter.

tation des malheurs (Evans-Prittchard, 1972) – une grille particulièrement pertinente lorsque l'on se sent menacé par son entourage. Les décès, les maladies et disconvenues diverses, en particulier celles qui contribuent à ralentir les procédures, sont dès lors imputées aux mauvaises intentions de l'adversaire. Mais à Cotonou, la sorcellerie n'est pas uniquement une question de discours (Favret-Saada, 1977) : les héritiers craignent également de se faire empoisonner par leur adversaire.

Lorsqu'elle relate la mort d'Eugénie, Clémentine évoque non seulement les menaces de son oncle, mais aussi les causes matérielles :

> « Ma maman, elle dort la fenêtre ouverte. Ils ont fait des gris-gris[28] pour tuer notre maman, ils n'ont pas pu. Alors, ils sont venus pour mettre le poison là dans la chambre par la fenêtre. Quand elle s'est réveillée, elle a commencé à éternuer, à tousser. Ils l'ont amenée à l'hôpital, ça a duré même pas une semaine, et puis elle est morte » (Cotonou, mars 2010).

Ces soupons sont liés à la situation de conflit et à la proximité des parties : pour envoûter quelqu'un ou pour l'empoisonner, il faut pouvoir l'atteindre (Lallemand, 1988). Autrement dit, si les conflits d'héritage sont aussi dangereux, c'est surtout parce qu'ils impliquent des proches.

Ce climat d'insécurité se trouve renforcé lorsque les hommes sont polygames. Les frères et sœurs « consanguins » sont en effet extrêmement proches, mais pourtant étrangers aux enfants d'une même mère. Leur position, à la fois « dedans » et « dehors », les rend particulièrement dangereux. Cette ambiance délétère est, enfin, liée à l'enjeu des litiges : « Pour la terre, les gens sont prêts à tout », expliquent de nombreux informateurs. Si l'immobilier représente un enjeu économique de taille, la terre est également associée aux ancêtres et à leurs pouvoirs. Nombreux sont les moyens dits « occultes » pour en sécuriser l'accès ou en empêcher la vente. Les héritiers font d'ailleurs fréquemment part de leurs soupçons envers leur adversaire, susceptible d'avoir « miné »[29] la parcelle en litige. Dans ce contexte, les habitants de Cotonou, quels que soient leur milieu socio-économique et leur éducation, décrivent l'héritage comme une source de danger et de conflits :

---

28 Un gris-gris est un objet ou une substance magique, visible ou invisible, destiné la plupart du temps à causer du tort – même si, dans certains cas, on lui attribue aussi un rôle protecteur. Dans le langage commun, « faire un gris-gris » signifie la plupart du temps « envoûter quelqu'un ».

29 Envoûté.

« En Afrique c'est ça. Quand tu décèdes, ton mari a laissé quelque chose. S'il n'avait rien, je n'aurais pas de problème. C'est parce qu'il a laissé des petits trucs que tu n'auras pas la paix », explique Anais, 54 ans (Cotonou, mars 2010).

Les générations actuelles disent dès lors vouloir rompre avec les pratiques de leurs parents : s'ils sont propriétaires, ils envisagent d'écrire un testament ou de « tout vendre » avant leur décès.

## 1.4. Le marché immobilier à Cotonou

Si l'héritage est loin de se limiter aux biens immobiliers, le patrimoine foncier est par contre au cœur des conflits dans les familles. Il représente en effet un enjeu considérable, non seulement d'un point de vue symbolique, mais aussi d'un point de vue financier. À Cotonou, entre 2010 et 2015, la plupart des terrains étaient évalués entre 150 et 300 millions de FCFA, soit entre 225 et 450.000 euros[30]. Comme modalité d'accès au patrimoine foncier, l'héritage et les procédures judiciaires qui y sont associées sont intimement liés au marché immobilier dans la capitale.

En grande partie informel, ce marché est au centre de la vie sociale et fait l'objet de discussions dans tous les milieux. Être propriétaire représente en effet un enjeu central et, dans un contexte d'insécurité juridique généralisée, même les titulaires d'un titre sur une parcelle craignent de perdre leur bien. Des dizaines de « conflits domaniaux » sont inscrits au rôle des tribunaux du Sud-Bénin chaque semaine. La situation foncière à Cotonou et dans les villes voisines fait figure d'un inextricable imbroglio juridique, administratif et social où les parties sont prêtes à tout pour obtenir gain de cause.

Cette section décrira les normes et les pratiques liées aux transactions foncières dans la capitale et la manière dont les questions d'héritage s'insèrent dans le processus complexe d'appropriation et de marchandisation des terres à Cotonou.

### *1.4.1. Le droit et la terre au Bénin*

Depuis 2013, le Bénin dispose d'un nouveau Code foncier. D'un point de vue formel, ce Code met fin au pluralisme juridique formel[31]

30 1 FCFA = 0,0015 euro (http://fr.exchangerates.org.uk)

31 J'utilise ici ce terme au sens strict, par opposition à la notion de pluralisme normatif (voir Introduction).

qui avait longtemps caractérisé cette matière, avec des lois différentes applicables selon que les terres sont situées en milieu rural ou en milieu urbain. Il prévoit la création d'un cadastre, mais aussi la mise en place d'une procédure spécifique de résolution des conflits fonciers.

Les praticiens du droit béninois sont pourtant assez partagés quant à la mise en œuvre de ce nouveau Code. Il balaye en effet unilatéralement l'ensemble des initiatives précédentes – dont le Registre foncier urbain (RFU). Il se base, en grande partie, sur la création d'un cadastre, toujours en suspens aujourd'hui. Sa procédure de conciliation, obligatoire après une décision lorsque le perdant avait construit des immeubles sur un terrain, prive le véritable propriétaire de la possibilité de récupérer son bien : s'il n'accepte pas de vendre à son adversaire, c'est l'État qui deviendra acquéreur. Enfin, en uniformisant droit foncier urbain et droit foncier rural, il néglige les différences fondamentales entre deux types de rapports à la terre dans la société béninoise.

Cependant, la plupart des conflits d'héritage dont il sera ici question sont nés dans un contexte de pluralisme juridique, où de nombreux titres de propriétés coexistaient. Lassissi (2006 : 13) décrit ce contexte « où droit coutumier cohabite avec droit moderne, où les textes qui régissent la matière [le foncier] remontent à la période coloniale ou immédiatement postcoloniale, où les procédures nouvelles sont initiées alors que les anciennes ne sont pas abrogées ». Selon l'auteur, la terre était autrefois collective, inaliénable et confiée aux ménages par le chef de famille ou par le roi (Lassissi, 2006 : 44). Au XIX^e^ siècle, la colonisation marqua l'apparition de « droits coutumiers privés » et du principe selon lequel la terre appartenait au premier occupant (Lassissi, 2006 : 77). En cas de litige, les occupants pouvaient prouver leur présence – et donc, leur droit de propriété – par des témoignages et diverses constructions physiques. Le président Arnaud, ancien juge d'une chambre traditionnelle des biens, explique comment il rendait ses décisions :

> « Le juge, en statuant, lorsque les gens revendiquent la propriété d'un bien, il trouve par exemple que les descendants des ancêtres d'une des parties ont été enterrés là, les fétiches érigés sur la parcelle, ce sont ses fétiches. Ce sont des indices suffisants pour leur attribuer la propriété. Donc ce ne sont pas les mêmes règles qui sont appliquées comme nous le faisons au civil moderne […] par exemple lorsque des arbres sont plantés et on dit que c'est tel qui a planté, la présomption est forte de lui attribuer la propriété parce que les cou-

tumes n'acceptent pas que d'autres puissent faire cela » (Cotonou, février 2010).

L'administration coloniale tenta alors de « clarifier » les principes coutumiers qui, selon elle, freinaient le développement économique (Lassissi, 2006 : 39) en introduisant, notamment, le principe de la prescription acquisitive[32]. Ce principe permettait à celui qui avait occupé une parcelle de manière paisible pendant trente ans d'en devenir propriétaire (Code civil français de 1958, art. 2262). Par la suite, ce principe a été abrogé par la Cour constitutionnelle. La prescription n'existe donc plus en droit coutumier : le présumé propriétaire ou ses descendants peuvent introduire une procédure pour récupérer leur bien à n'importe quel moment.

Aujourd'hui, divers documents administratifs sont délivrés aux propriétaires individuels de terres coutumières. Il s'agit soit d'un certificat de non-litige fourni par le maire ou le chef de quartier, soit d'une attestation d'inscription au registre de la mairie qui confirme une convention de vente, une occupation de longue date, un héritage ou une donation.

Le colonisateur entreprit également d'immatriculer les terres, en particulier dans la capitale. Ces terrains, dotés d'un titre foncier, étaient dès lors soumis au « droit moderne » (Lassissi, 2006 : 72-73) – autrement dit, au Code civil français. Aujourd'hui, la quasi-totalité des terres de la capitale sont immatriculées, bien que leurs propriétaires n'en soient pas toujours conscients. À partir du moment où elles ont fait l'objet d'un lotissement – comme c'est le cas partout à Cotonou – et donc d'un état des lieux par les autorités administratives, elles sont immatriculées et, par conséquent, soumises au droit moderne.

Parmi ces biens immatriculés, il existe deux catégories. Les premiers sont dotés de titres fonciers (TF) au nom des individus qui les ont acquis et qui ont effectué les démarches nécessaires. Les seconds appartiennent à l'État, mais sont souvent occupés par des individus qui y construisent leur maison. Ces derniers disposent alors soit d'une simple convention de vente, soit d'un permis d'habiter (PH).

Définitif et inattaquable, ce titre foncier délivré aux individus est difficile à obtenir. Même les juristes les plus expérimentés racontent

32 Selon le colonisateur, le droit coutumier, en permettant au propriétaire présumé de revendiquer, à n'importe quel moment, son droit sur un domaine, créait un climat d'insécurité constante pour d'éventuels investisseurs. Le principe de la prescription acquisitive permet, dès lors, de « combler les vides » en toute sécurité, sans prendre le risque de se voir arracher la parcelle sur laquelle on a investi.

leurs déboires avec l'administration et les nombreuses années d'attente avant d'obtenir – ou non – le précieux document. « En 2011, j'ai voulu faire un TF sur deux de mes immeubles. J'ai fait toutes les formalités, mais ce n'est pas encore sorti », m'explique maître Denis, l'un des plus anciens avocats du barreau (Cotonou, avril 2015).

Les titres fonciers sont délivrés par la direction des domaines, un département du ministère des Finances. Le dossier à remplir nécessite un certificat administratif de la mairie, qui atteste de l'achat d'une parcelle. Ce certificat permet d'effectuer, avec l'aide d'un géomètre, le relevé contradictoire du terrain, en présence des propriétaires des parcelles limitrophes. C'est la procédure d'immatriculation. Pendant trois mois, il faut ensuite procéder à la publicité : apposer des placards, spécifiant le nom du propriétaire et sa demande de titre foncier sur le domaine. Si personne ne s'y oppose, le titre de propriété est délivré. Cette procédure est longue et est extrêmement coûteuse : c'est la raison pour laquelle la plupart des Béninois se contentent de documents précaires. Par ailleurs, les recherches sur ces questions soulignent l'importance primordiale des relations, des jeux politiques et des pots-de-vin associés à ces démarches (Le Meur, 2006; Simonneau, 2012).

Les autres parcelles relevant du droit moderne sont immatriculées au nom de l'État et relèvent soit du domaine public, soit du domaine privé de ce dernier. Les terres du domaine public de l'État sont destinées à la construction d'infrastructures collectives : les écoles, les centres de santé, les bâtiments administratifs. Elles ne peuvent dès lors faire l'objet d'aucune attribution à des particuliers. Celles qui relèvent de son domaine privé, par contre, peuvent être vendues. De cette situation qui permet à l'État d'occuper les terres « vacantes et sans maître » (Code Napoléon de 1804, art. 539 et 713), découle un deuxième titre de propriété : le permis d'habiter. Il s'agit en réalité d'un certificat administratif, délivré par la mairie, autorisant un citoyen à occuper et à mettre en valeur le domaine privé de l'État. En pratique, ce document est considéré comme « un début de titre de propriété » par les juristes, voire, par ceux qui le détiennent, comme un titre à part entière. C'est pour cette raison qu'à partir des années 1970, nombreux sont ceux qui ont tenté d'obtenir (et ont souvent obtenu) un PH sur des domaines n'appartenant pas à l'État. Ces documents étaient perçus comme un gage de sécurité supplémentaire par ceux qui achetaient une parcelle régie par le droit coutumier. Ces permis, illégaux, ont été validés par les tribunaux pendant de nombreuses années avant d'être, dans les années 2000, remis en question par les juges traditionnels des biens. Cette dernière remarque illustre parfaitement les éléments développés ci-après : à l'imbroglio juridique caractéristique du droit foncier dans la capitale s'ajoutent également des pratiques, souvent illégales, parfois frauduleuses, mais néanmoins validées par l'État.

### *1.4.2. Les pratiques foncières à Cotonou*

À la complexité des normes et à l'opacité de l'administration publique qui les applique, s'ajoute le comportement des citoyens qui, par négligence ou par intention délibérée, contournent les règles. Entre ceux qui négligent les démarches notariales et les administrateurs des successions qui vendent des biens communs pour leur propre compte, entre les auxiliaires de justice qui profitent de leur rôle de médiateurs et les intermédiaires qui vendent les biens d'autrui, la pratique en matière foncière est aussi complexe que la « théorie » dans la capitale (Le Meur & Lund, 2001 ; Simonneau, 2012).

La première source de confusion concerne ceux qui vendent et achètent sans effectuer les formalités administratives adéquates et qui se contentent d'un contrat de vente, signé par deux témoins. En effet, l'obtention et le transfert des titres de propriété sont associés à une série de taxes et de formalités administratives. Des taxes et des formalités que, par manque d'information ou par souci d'économie, les Béninois contournent. D'autres font fi des formalités par souci de discrétion, pour éviter de s'exposer aux jalousies familiales. Les héritiers adoptent un comportement similaire lorsqu'il s'agit de transférer le patrimoine du défunt et d'effectuer les formalités afférentes. Les successeurs négligent le passage devant notaire et la transmission officielle du patrimoine qui leur revient. Or, l'acte de notoriété permet d'identifier les héritiers, pour ensuite procéder à la mutation des titres de propriété du nom du défunt à celui des héritiers. « Mais souvent c'est négligé, aucun héritier ne s'en occupe », déplore maître Césaire, ancien président de la Chambre des notaires. À la génération suivante, procéder à une vente régulière nécessitera des mutations et des vérifications en cascade.

Une seconde source de confusion concerne les donations d'une génération à une autre, souvent réalisées sans traces. Dans le bureau de maître Césaire, une vieille dame se présente, expliquant qu'elle souhaite vendre un terrain soi-disant donné à sa mère, Germaine – dont elle est l'unique héritière – par sa grand-mère. Le notaire explique : « S'il n'y a pas de traces écrites de la donation, elle est juridiquement nulle. Dans ce cas, le terrain, c'est un héritage »

(Cotonou, février 2010). Il faut donc vérifier au nom de qui la parcelle est inscrite au registre de la mairie. Si c'est le nom de Germaine qui y figure, on doit effectuer les mutations qui s'imposent avant de procéder à la vente. Le cas échéant, il faudra contacter les autres héritiers afin qu'ils marquent leur accord. Le montant de la transaction sera alors partagé entre tous les héritiers. En d'autres termes, des conflits naissent parce que des donations sont faites sans traces et, par conséquent, des terrains répertoriés au nom de parents décédés depuis parfois plusieurs dizaines d'années.

Même lorsque les formalités sont remplies, les terrains sont parfois répertoriés au nom d'un seul acheteur alors que plusieurs personnes ont investi. C'est la troisième source de conflit à Cotonou. Sur base des preuves écrites, les générations suivantes réclament parfois pour leur propre compte des biens qui constituent en réalité un patrimoine commun au reste de la famille. Alfred, le père de Christiane, revendeuse à Cotonou, était copropriétaire d'une parcelle. Son nom n'était pourtant pas mentionné sur la convention de vente. De son vivant, Alfred avait acheté cette parcelle avec sa sœur, Cécile. Il avait ensuite suggéré, comme elle était l'aînée, que la convention de vente soit établie en son nom.

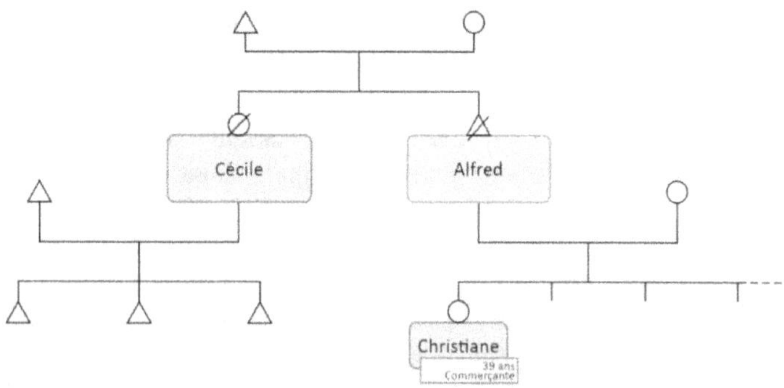


Lorsque Cécile décède, c'est son fils aîné qui vient vivre aux côtés d'Alfred. Mais Alfred tombe malade et remet alors les papiers de la parcelle à son neveu, le fils de Cécile et le cousin de Christiane.

> « Lui, mon cousin, il a donné le papier à ses enfants et il a dit que si le vieux il meurt, de tout faire pour avoir le carré [la parcelle]. Parce que ce carré, c'est le nom de sa maman qui est dessus. C'est sa maman qui a payé le carré. Or c'est l'héritage de nous tous », explique Christiane (Cotonou, novembre 2012).

Une quatrième source de confusion porte sur la validité des ventes. Une fois le propriétaire décédé, certains héritiers mettent en question des ventes réalisées par leurs parents. Si les acheteurs n'ont pas procédé aux mutations après la vente, ils en arrivent parfois à devoir racheter la parcelle qu'ils occupent à la génération suivante, alors qu'ils l'ont pourtant déjà payée. Maître Yves, avocat à Cotonou, explique :

> « Mon client s'est dit qu'il n'était pas normal, vis-à-vis de quelqu'un qui est alité, de lui demander de faire une convention de vente. Il a donné de l'argent, une première fois, une deuxième fois, au total il a donné trois millions. Mais au moment de formaliser la convention, son cocontractant décède. Les héritiers du défunt contestent maintenant la réalité de la vente » (Cotonou, mars 2010).

Dans certains cas, l'administrateur des biens désigné par la famille dispose des parcelles à sa guise. Autrement dit, il vend des biens communs sans l'accord des autres propriétaires. En effet, il n'existe pas (ou du moins pas encore) de cadastre[33], même pour les biens immatriculés, de sorte que certains parviennent régulièrement à vendre des biens qui ne leur appartiennent pas. Ils fournissent alors aux acheteurs, qui signent une convention de vente, un faux permis d'habiter ou un faux titre foncier. Dans la mesure où ceux qui effectuent les formalités de mutation immédiatement sont rares, ils ne se rendent compte de la supercherie que lorsque le véritable propriétaire se manifeste.

Enfin, pendant la période révolutionnaire où le pouvoir privilégiait des politiques d'inspiration marxiste, les citoyens n'étaient autorisés à posséder qu'une seule parcelle. Cette période correspond, à partir de 1972, au régime militaire du président Kérékou, centré sur la nationalisation des entreprises et le recrutement de nombreux fonctionnaires. Elle prendra fin avec la transition démocratique de 1990. Pour contourner cette règle, de nombreux Béninois achetaient des biens au nom de leurs épouses ou, plus fréquemment, de leurs enfants. Aujourd'hui, ces situations sont source de problèmes lorsque certains enfants, dont le nom figure sur les conventions de vente ou les titres de propriété, se déclarent propriétaires alors que leurs frères et sœurs estiment qu'il s'agit d'un bien commun, autrefois acquis par leur père. Certains ayants droit héritent par conséquent de parcelles en litige, des parcelles qu'à leur tour, ils vendent ou partagent, perpétuant ainsi le cycle des litiges fonciers dans le sud du pays.

Ces cinq types de pratiques contribuent à créer un climat d'insécurité généralisée concernant les biens immobiliers. Elles contribuent également à rendre les successions d'autant plus complexes que les

---

33 Le nouveau Code foncier prévoit la création d'un cadastre.

héritiers ne se disputent pas uniquement quant à la clé de partage des biens, mais aussi sur le contenu exact de la succession et la possibilité d'y ramener, si nécessaire, les biens « donnés » ou immatriculés au nom de certains d'entre eux.

### *1.4.3. L'héritage comme mode privilégié d'accès à la terre*

Aujourd'hui, la ville de Cotonou compte 679.012 habitants (INSAE, 2013), contre 320.348 en 1979 et 536.827 en 1992 (Grisoni-Niaki, 1984; INSAE, 2002). Face à cet accroissement démographique considérable, le centre-ville affiche « complet ». « Il n'y a plus un seul mètre carré de terre qui ne soit pas immatriculé à Cotonou », explique maître Simon, notaire (Cotonou, février 2013).

Cette augmentation de la population va de pair avec une augmentation tout aussi considérable du prix des terres dans la capitale. Selon Grisoni-Niaki (1984), le phénomène débute dans les années 1980. Dans un article publié en 1984, il explique qu'une parcelle de taille moyenne dans un quartier du centre de Cotonou qui valait environ 150.000 FCFA en 1974 en vaut 9 millions dix ans plus tard, soit près de soixante fois plus. Cette même parcelle vaut probablement plus de dix fois ce montant aujourd'hui.

Or, pour la plupart des résidents de la capitale, devenir propriétaire est le signe d'un certain statut. C'est l'un des objectifs principaux de nombreux hommes et de certaines femmes, en particulier si elles vivent seules avec leurs enfants. Posséder sa propre parcelle est non seulement synonyme d'une certaine sécurité financière, mais représente également un accomplissement personnel et social. C'est une manière de laisser une trace de sa présence, mais aussi de léguer quelque chose à ses enfants. Les maisons des parents représentent alors un refuge, une forme de garantie : filles et garçons pourront toujours y bénéficier d'une chambre s'ils ont des problèmes relationnels ou financiers. Paradoxalement, il est de moins en moins question de vivre ensemble à Cotonou aujourd'hui : la plupart des jeunes générations ont pour référence la famille nucléaire, composée du couple et de ses enfants. Les familles monoparentales sont de plus en plus nombreuses, de sorte que les femmes prennent désormais part au marché immobilier.

Pour des héritiers dont les parents sont propriétaires d'une parcelle acquise il y a plusieurs dizaines d'années, le patrimoine familial représente donc un enjeu de taille, mais aussi un mode d'accès privilégié à la terre. De nos jours, la plupart des habitants de Cotonou sont incapables d'acheter sur base de leurs propres revenus. « Les seuls qui sont capables d'acheter à Cotonou, ce sont les étrangers. Les Libanais ou ceux qui travaillent pour une institution internationale », confirme Tiburce, chef du service foncier de la mairie de Cotonou (Cotonou, avril 2012).

Dans un tel contexte, vendre le patrimoine permet à chacun d'acheter sa propre maison dans la périphérie. Ce sont en effet souvent ceux qui ne sont pas encore propriétaires qui insistent pour partager ou vendre les biens communs. Ils décrivent alors leur héritage comme un moyen de s'en sortir ou de venir à bout de difficultés. Les autres disent par contre se désintéresser des biens familiaux : il vaut mieux « faire pour soi »[34] et éviter ainsi les ennuis avec la famille.

La question du foncier sur le continent africain fait l'objet de nombreuses publications qui insistent avant tout sur les conditions d'accès à la terre en milieu rural et leur ancrage fondamentalement social et politique (Chauveau & Colin, 2010). Les auteurs insistent notamment sur l'idée que la propriété foncière est loin d'être incontestée et inaliénable, bien au contraire : elle fait l'objet de négociations, de compétition, d'accaparements (Berry, 2002 ; Kuba & Lentz, 2006 ; Gardini, 2012). Si ces chercheurs remarquent également que la formalisation des titres, destinée à empêcher les conflits, n'a fait que renforcer le phénomène, peu d'entre eux se penchent par contre sur la manière dont l'accès au foncier est négocié dans ce genre de contextes (Berry, 2009). Les sections qui précèdent permettent de souligner l'importance des documents et des registres dans les stratégies des individus pour sécuriser leurs droits à la terre à Cotonou. Dans un contexte où l'ensemble des terres sont immatriculées, il ne s'agit pas uniquement de mobiliser des récits ou des relations pour obtenir des droits sur le foncier : l'accès à la terre se gagne ou se négocie aujourd'hui sur base de preuves écrites.

## 1.5. Hériter en ville et au village

La plupart des conflits d'héritage concernent des immeubles situés en ville, même si le défunt possédait des biens ailleurs. À Cotonou, on ne se dispute pas les parcelles du village. Elles sont considérées comme des biens communs, comme un patrimoine à transmettre et non à partager ou à s'approprier. Pourquoi les biens du village sont-ils

---

34 Construire sa propre maison.

spontanément exclus des conflits qui aboutissent devant les tribunaux ?

La réponse à cette question se trouve, en partie, dans la section qui précède : contrairement aux parcelles immatriculées, les terres situées en milieu rural ne s'inscrivent pas dans une économie de marché. La plupart des citadins s'y intéressent donc assez peu. Il n'est pas question de les vendre, ni de les occuper : nombreux sont les héritiers qui ont assez peu de contacts avec leur village d'origine, voire qui refusent de s'y rendre par crainte de cet univers inconnu. Ils insistent également sur les normes qui régissent le partage des biens qui s'y trouvent, différentes de celles qui concernent les maisons de la capitale. Quel sens donner à cette distinction formulée par la plupart des héritiers ? Je ne reviendrai pas ici sur la question bien plus large des relations ville-village au Bénin, ni sur la gestion des conflits d'héritage en milieu rural. Je m'intéresserai par contre au discours des citadins dont l'héritage se situe, en partie, dans le village de leurs parents.

### *1.5.1. Les représentations des citadins : droit « moderne » et « traditions »*

*Juliette Tossou, une commerçante de 54 ans, m'explique comment s'est réglée la succession de son père. Originaire d'un village de la région de Lokossa, cet ancien policier possédait deux maisons à Cotonou et plusieurs hectares de palmeraies au village. À sa mort, en 1992, les funérailles ont été organisées par les enfants – dont Juliette et Éric, mes informateurs – avec le concours de la « grande famille » (ou famille élargie).*

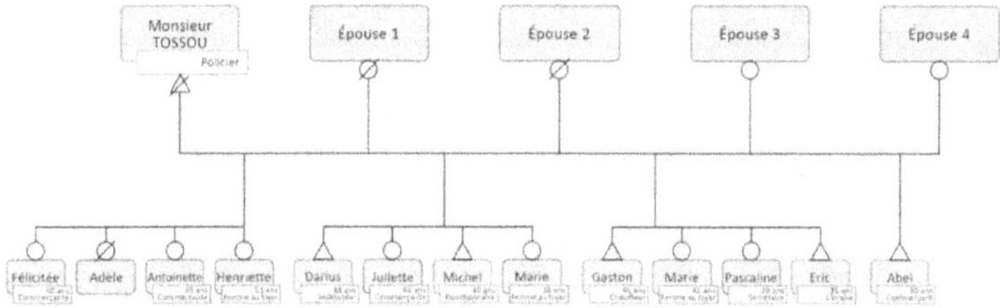


*Quelques mois plus tard, les dix-sept enfants, assistés des oncles et tantes, convoquent un conseil de famille. Le fils aîné, Darius, est nommé administrateur des biens et chargé de les gérer. Mais cette gestion semble loin d'être un long fleuve tranquille. Les terres du village sont accaparées par des cousins, contre lesquels des procédures judiciaires sont engagées. Certains enfants tentent ensuite de s'approprier l'un des immeubles, immatriculé au nom de leur mère, sans succès. Finalement, les maisons de Cotonou sont partagées entre les enfants des différents lits.*

*Aujourd'hui, ceux qui disposent d'une chambre dans l'une des maisons familiales sont libres d'y habiter ou de louer leur espace. Ils empochent alors, à titre personnel, le montant du loyer. Le reste des revenus des maisons – les loyers des boutiques et des chambres inoccupées – est récolté par l'administrateur et versé dans une caisse commune. La somme obtenue permet notamment de payer les impôts, les charges et les réparations éventuelles. En cas de décès ou de fête familiale, « l'argent de la maison » permet de couvrir la participation des enfants. Éric précise cependant que les héritiers ne sont pas égaux dans cet arrangement : certains bénéficient d'une chambre, d'autres non. Les femmes mariées, logées chez leur époux, ne disposent pas de l'espace commun alors que d'autres y habitent depuis leur enfance. C'est l'ensemble de ces frustrations qui aurait, semble-t-il, conduit à la requête la plus récente. Éric attribue cette décision à l'influence des enfants de ses sœurs et à cette idée que, dans les familles, les droits d'une génération s'éteignent souvent avec elle :*

> « Maintenant que ça fait vingt ans après la mort de papa, les filles elles ont su qu'elles partagent à parts égales avec les hommes[35], mais les gens leur ont dit que le jour où elles ne seront plus là, leurs enfants n'auront plus les mêmes droits que les enfants des garçons.

35 Éric fait ici référence aux nombreuses activités de sensibilisation liées au Code des personnes et de la famille et au fait que la plupart des femmes de la capitale sont aujourd'hui informées de leurs droits.

Je ne sais pas si elles sont aidées par cette pensée, ou bien de leurs enfants, mais elles en sont venues à la conclusion qu'il faut liquider l'héritage pour qu'elles en fassent leur propriété en même temps. Donc elles sont parties à la justice, au parquet, et elles ont porté plainte contre nous. Elles ont demandé la reddition de compte, et après elles ont inséré le truc de vendre le reste de l'héritage », raconte Éric (Cotonou, mars 2013).

*En 2011, les filles aînées saisissent le tribunal, demandant la reddition de compte et la licitation*[36] *des biens de la succession. Mais dans le cadre de cette requête, c'est uniquement des maisons de Cotonou dont il est question. « Les biens de Cotonou, on va partager ça à parts égales [...]. Pour ce qui est au village, on a fait un conseil de famille », explique Juliette (Cotonou, mars 2013).*

*Indépendamment du tribunal et des démarches officielles qui y sont liées, l'oncle des héritiers a procédé au partage des terres de Lokossa. Il explique : « On partage aux garçons, mais les filles on leur donne quelque chose. Mais compte tenu de la tradition, c'est moins » (Oncle Tossou, Lokossa, avril 2013). Suivant ce principe, les hommes de la famille se sont vu attribuer deux parcelles chacun. Les femmes, quant à elles, ont reçu un domaine de plusieurs hectares comme héritage commun. « Si jamais on veut cultiver ou bien construire pour nos enfants », explique Juliette avant de poursuivre, « si la fille, on l'oblige de prendre la terre, est-ce que ça va suffire aux hommes ? » (Cotonou, avril 2013).*

Dans la plupart des groupes ethniques du sud du pays, la filiation est patrilinéaire et l'héritage des hommes – les terres en particulier – est transmis à leurs fils. Mais dans la famille de Juliette comme dans beaucoup d'autres, ces normes sociales « traditionnelles » ne s'appliquent qu'au village :

> « En ville maintenant, c'est officiel. On a tout noté pour amener au parquet. On doit partager ça légalement. Ce qui est au village, c'est les anciens qui ont déjà instauré ça dans la famille. Même si le parquet dit qu'il y a une loi qui dit ça ou ça là, nous on ne peut pas accepter. On ne peut pas faire ça comme l'article a dit », explique Juliette (Cotonou, avril 2013).

Dans l'imaginaire de la plupart des citadins, le village et la ville apparaissent comme deux entités différentes. Il s'agit de deux aires

36 Dans les affaires d'héritage, cette procédure consiste à nommer un notaire pour organiser une vente aux enchères des biens. J'y reviendrai dans le chapitre 6.

géographiques distinctes, où, selon eux, les normes applicables – le droit étatique d'un côté, la « tradition » de l'autre – diffèrent.

Si la « tradition » désigne à la fois les normes familiales et les principes du droit coutumier, c'est souvent la première acception qui est utilisée par les Béninois. Ainsi, elle est intimement liée à la famille élargie, au village et à ses normes. Les « traditions » dépendent des villages et des groupes ethniques. Dans certains cas, c'est l'aîné qui est privilégié, dans d'autres, le benjamin. Ces principes sont largement partagés au Sud-Bénin, quel que soit le statut socio-économique des héritiers.

**Le 19 novembre 2013, Porto-Novo**

Attablée avec un notaire et ses cousins, j'assiste à une discussion sur leur patrimoine familial, resté indivis depuis plusieurs générations. Les cousins s'adressent au juriste : « En tant que notaire de la famille, tu ne peux pas partager ça ? » Ce dernier rétorque que, en tant « qu'enfant de femme », il ne peut être impliqué, voire, qu'il sera exclu du partage. Sa remarque fait rire et suscite de nouveaux calculs : « Si on enlève les femmes, ça veut dire qu'il y en aura plus pour nous. » L'un des cousins objecte alors : « Mais tu es le notaire de la famille quand même ! » « Non, je suis enfant de femme », rectifie l'officier public (Extrait du journal de terrain).

Cette conversation illustre la réticence des citadins, quels que soient leur statut socio-économique ou leur profession, à enfreindre les normes familiales, en particulier lorsqu'il s'agit des terres du lignage. Cette réticence est liée à deux éléments. D'une part, elle s'inscrit dans les relations qu'entretiennent les héritiers en tant qu'émigrés avec leur village d'origine. D'autre part, elle est liée aux configurations familiales du village, distinctes de celles de la capitale, qui diffèrent des principes de la loi.

Ceux qui résident à Cotonou se considèrent en effet comme en partie « étrangers » à leur village d'origine, qu'ils considèrent dès lors généralement comme un lieu potentiellement dangereux. Les héritiers tentent donc souvent de limiter les contacts avec la famille, abandonnant, si nécessaire, les terres du village. Ces discours sur « le village » varient néanmoins en fonction des familles, ou plus précisément en fonction des générations et de leur lien, plus ou moins éloigné, avec leur village d'origine. Les jeunes, souvent nés en ville, n'ont que très peu, voire pas de contact avec le village de leurs parents. William me confie qu'il avait 23 ans lors de sa première visite et n'est ensuite retourné au village que lors de la mort de son père. Les jeunes citadins ignorent les règles à y respecter, le rôle et la position de chacun. Certains ne parlent qu'approximativement la langue de leur région et ne rencontrent que rarement la famille élargie. « On ne sait pas qui est qui là-bas, donc il faut se méfier », m'explique mon ami Amos, âgé d'une quarantaine d'années. La génération précédente, par contre, a souvent gardé un lien avec le village d'origine. Juliette Tossou, dont la mère réside « au village », s'y rend par exemple à intervalles réguliers. Bien qu'ils n'y résident plus, ces héritiers que l'on pourrait qualifier d'émigrés de « première génération » rendent visite au village, voire y construisent une maison. Ils participent aux cotisations, assistent aux funérailles. Pour eux, il ne s'agit plus d'y vivre, mais bien d'y passer quelques jours, en emportant dans ses valises une part du confort de la capitale. Les biens du village ne sont pas abandonnés, mais ils sont souvent gérés ou partagés d'après les règles familiales, sous la supervision des oncles ou du chef de famille. Alors que les plus jeunes et les veuves abandonnent souvent les biens qui s'y trouvent, la génération précédente, par contre, connaît les terres qui lui reviennent et refuse de les laisser aux villageois.

Quel que soit leur rapport au village, les héritiers de Cotonou considèrent que le « droit moderne » n'y est pas d'application. Da C., chef de famille dans un village d'Abomey, explique :

> « Si la fille est éclairée, si elle est allée à l'école, elle peut assigner la famille en justice, ça se passe. Mais pour la plupart du temps, elles ont peur d'être envoûtées. On dira : "Elle est intellectuelle, elle veut faire sa loi ici." Et là elle est obligée de se taire. Vous lui demandez même d'aller au tribunal, elle refuse » (Abomey, avril 2013).

En effet, les héritiers insistent, à des degrés divers, sur les dangers auxquels on s'expose si l'on enfreint les normes familiales au village. Ces normes sont décrites comme une forme d'organisation sociale, où les hommes cultivent la terre et les femmes résident dans la famille de leur époux. Où les filles sont destinées à partir vivre ailleurs et les hommes à subvenir aux besoins de leur famille. En ville, par contre, les femmes travaillent, participent aux charges de la famille et élèvent fréquemment seules leurs enfants. Les dispositions légales, qui mettent l'accent sur l'individualisme, sont donc bien plus pertinentes et plus justes à Cotonou.

### *1.5.2. Le statut des biens*

Dans les exemples qui précèdent, les biens dont il est question ont deux caractéristiques communes. Ils sont situés au village, mais ils ont également un statut similaire : ce sont des biens collectifs, qui appartiennent à la famille et qui sont transmis, ou plutôt répartis, de génération en génération. L'exemple qui suit, par contre, implique un autre type de biens hérités.

**Le 20/04/2013, Abomey**

Je passe la journée dans les environs d'Abomey, guidée par un clerc d'huissier. Il m'emmène notifier un acte à une famille. Nous entrons dans la concession et sommes accueillis plutôt chaleureusement : l'officier public est aussi un ami de la famille. Il explique le contenu de l'acte et prodigue des conseils quant à la meilleure manière de réagir. Il est question du patrimoine du père, âgé de presque une centaine d'années. La gestion de ce patrimoine fut confiée à un administrateur, un ami de la famille. Les enfants le soupçonnent de servir les intérêts de l'une des veuves, sans enfants. Je m'adresse alors aux enfants pour connaître les éventuelles pistes explorées pour résoudre le conflit – l'intervention de la famille et des frères et sœurs du défunt, notamment.

« C'est pour les enfants. C'est eux qui décident ce qu'il faut en faire. La famille n'a rien à voir dedans, à moins que le défunt n'ait donné des choses de son vivant. Mais sinon, il n'y a plus la grande famille qui intercède dans le partage des biens. On ne peut pas amener ça vers le chef de famille, parce que c'est un bien privé », m'explique Jean, l'un des héritiers (Extrait du journal de terrain).

Comme l'illustre la remarque de Jean, les biens « privés » du défunt sont généralement gérés par les enfants, qui décident seuls des modalités de partage. Les biens familiaux par contre, transmis de génération en génération au sein du lignage, sont considérés comme des biens collectifs. Or, si les biens à Cotonou sont souvent la propriété individuelle du défunt et le résultat d'un achat, les parcelles situées au village relèvent le plus souvent de la propriété collective. Au-delà du lieu, c'est donc le statut des biens qui s'avère déterminant.

Lorsque les terres sont perçues comme un patrimoine familial, destiné à être conservé et transmis à la génération suivante, elles sont alors uniquement exploitables. Elles ne peuvent être vendues par ceux à qui elles ont été attribuées. Lorsque ceux-ci décèdent sans descendance, ces terres reviennent à la famille comme entité collective et sont susceptibles d'être à nouveau réparties. L'on retrouve ici l'idée d'un patrimoine « en transition », qui n'appartient pas réellement aux héritiers : il est destiné à être transmis (Gotman, 2006; Weber, 2005). À l'inverse, les biens individuels, déjà inscrits dans un circuit de transactions marchandes, peuvent être partagés, vendus ou faire l'objet d'une décision du juge. La plupart du temps, cette distinction correspond également à une différence de lieu : les terres du village font généralement partie du patrimoine familial alors que les maisons de Cotonou appartiennent au défunt. Pourtant, ce n'est pas toujours le cas : les maisons familiales en sont le parfait exemple.

Cet exemple montre par ailleurs que le statut des biens est loin d'être fixe. Autrefois incontestablement considérées comme un patrimoine collectif, ces maisons et leur statut font aujourd'hui l'objet de nombreux débats et de conflits au sein des familles. Le phénomène témoigne d'un changement social important, lié au mode de résidence, à la crise immobilière et aux dynamiques familiales dans la capitale. Vendre une maison familiale signifie la faire passer du statut de bien collectif à celui de patrimoine individuel du défunt. Les héritiers peuvent alors acheter leur propre maison avec l'argent obtenu. Cette pratique permet de garantir sa part aux générations suivantes : de nombreux héritiers disent demander le partage ou la vente car ils savent qu'après leur mort, leurs enfants pourront difficilement avoir accès aux biens communs. Rendues possibles par le nouveau Code, qui étend à tous le principe selon lequel « le partage peut toujours être provoqué », ces ventes contribuent à redéfinir les rapports familiaux sur une base plus individuelle, centrée sur la famille nucléaire.

## Conclusion

Ce chapitre avait pour objectif d'étudier les différents éléments susceptibles d'aider à comprendre l'importance des questions d'héritage et les enjeux qui y sont liés dans la capitale. Après un décès, les modalités de partage ou de répartition des biens communs s'inscrivent dans le cadre des relations familiales, des rapports de genre et de générations qui les caractérisent. Dans un contexte où la polygamie de fait est généralisée, les héritiers sont souvent divisés en plusieurs groupes issus de différentes mères. En cas de désaccord, ces groupes mobilisent les différents aspects du lien de filiation comme arguments pour justifier leur qualité d'héritiers et pour défendre une clé de partage des biens. Certains valorisent le lien biologique, et dès lors, la loi, d'autres insistent sur la morale et l'importance du quotidien partagé avec le défunt.

L'héritage représente également l'une des modalités d'accès à la propriété foncière dans un contexte où les prix de l'immobilier ont littéralement explosé ces dernières années, de sorte qu'un terrain vaut aujourd'hui près de vingt fois plus qu'il y a dix ans. Pour certains héritiers incapables d'acheter « pour eux » dans la capitale, l'héritage représente une source de revenus susceptibles d'être réinvestis, selon qu'ils souhaitent occuper, louer ou vendre les biens communs. Cette marchandisation des biens familiaux est aujourd'hui favorisée, entre autres, par le nouveau Code des personnes et de la famille, qui étend à toutes les successions les principes du droit français. Ce Code, souvent associé aux femmes, promeut en effet ouvertement le principe de l'égalité mais aussi plus largement l'individualisme. Il devient, dès lors, « l'arme des petits » dans les familles. La loi permet à ceux qui s'estiment lésés dans la répartition des biens familiaux de faire valoir leurs droits en tant que copropriétaires et d'accéder, dès lors, à la propriété foncière grâce à une nouvelle répartition des biens ou à la vente du patrimoine qui leur permettra, le plus souvent, d'acheter leur propre parcelle.

Ces débats concernent essentiellement les maisons situées à Cotonou. Souvent réparties dans les mêmes réunions familiales, les terres du village sont rarement source de conflits entre les héritiers, et ce, pour plusieurs raisons. Tout d'abord, parce qu'elles ont en général peu de valeur financière aux yeux des citadins. Ils y voient un patrimoine symbolique, commun à la famille plutôt qu'une ressource à s'approprier. Elles se trouvent également dans un lieu auquel de nombreux héritiers sont étrangers : si la première génération d'émigrés vers la capitale garde généralement des liens avec son village d'origine et y retourne régulièrement, ce n'est pas le cas des générations suivantes qui se tiennent à bonne distance d'un univers qu'elles estiment dangereux. Cette distinction mérite cependant d'être nuancée. Bien plus que le lieu, c'est le statut des biens qui influence la manière dont ils sont gérés – et disputés – par les héritiers. Certains sont considérés comme un patrimoine commun, en transit et transmis d'une génération à une autre, d'autres comme des acquis individuels du défunt. L'exemple des successions permet dès lors d'introduire un élément supplémentaire lorsqu'il s'agit d'analyser les modalités d'accès au foncier au Bénin : le statut des biens. Selon qu'ils sont individuels ou collectifs, les biens sont transmis et partagés de manière différente dans les familles. Les immeubles sont également susceptibles de passer d'une catégorie à l'autre et les procédures judiciaires en matière d'héritage sont un excellent moyen de transformer un bien commun auquel l'accès n'est accordé qu'à certaines personnes en propriété individuelle de chacun des héritiers.

Ces différents éléments aident à mieux comprendre pourquoi les héritiers sont de plus en plus nombreux à mobiliser la loi pour réclamer leur part de biens communs. Ils permettent également de réfléchir aux effets du nouveau Code des personnes et de la famille : s'il vise à promouvoir la notion d'égalité, il contribue également au phénomène de marchandisation des terres et à l'individualisation des rapports familiaux. Partager des biens communs, c'est mettre fin au collectif au profit de la famille nucléaire, et d'une certaine manière, privilégier ses propres enfants au détriment de la lignée et des collatéraux. Les conflits d'héritage permettent enfin de réfléchir à la place du droit et du formel – par opposition aux pratiques informelles – lorsqu'il s'agit non seulement du recours à la justice et aux administrations publiques, mais aussi de l'accès à la terre. Pour gagner dans leur dossier, les héritiers mobilisent les registres du droit et de la morale, mais ils se basent également sur des documents : les titres de propriété. Falsifiés, contestés, établis par une personne au nom d'une autre, ces documents sont indéniablement utilisés par les habitants de la capitale, mais pourtant peu analysés par les spécialistes du foncier en Afrique.

## *Chapitre 2*

# « Se soulever » : le tribunal comme forum privilégié ?

•

**Le 15/02/2012, Cotonou**

Il est 8h30. Je passe la grille qui mène au tribunal de première instance. Je cherche l'audience de la chambre état des personnes, qui traite, entre autres, des conflits d'héritage. On m'indique la salle D. Près d'une cinquantaine de personnes se trouvent debout tout autour, à proximité des portes et des fenêtres. La salle est bondée. Impossible de se frayer un passage parmi la centaine de personnes, voire davantage, agglutinées sur les bancs et dans les couloirs. Le juge et le greffier sont déjà installés, ils procèdent à l'appel du rôle – qui consiste à « prendre les présences » en début d'audience. Les justiciables présents tentent donc tant bien que mal d'entendre leur nom (Extrait du journal de terrain).

Toutes les semaines, lorsque je me rendais aux audiences de la chambre état des personnes, les justiciables faisaient la queue dehors pendant l'appel du rôle, s'installaient ensuite dans l'herbe ou sur les bancs à proximité de la salle en attendant que leur dossier soit appelé pour les débats. Comme l'ont confirmé les greffiers et les magistrats par la suite, les conflits d'héritage représentent une part significative des questions traitées par le tribunal de première instance de Cotonou, malgré les pressions familiales et les menaces occultes qui vont souvent de pair avec ce type de dossiers.

Bien sûr, tous les héritiers qui s'estiment lésés n'ont pas recours à la justice. Certains renoncent à faire valoir leurs droits, d'autres se tournent vers d'autres forums (Benda-Beckmann, 1981). Les familles peuvent ainsi solliciter les autorités locales ou familiales, les leaders religieux ou les ONG d'assistance juridique pour les aider à régler leur différend. Dans ce chapitre, je reviendrai sur les instances de recours mobilisés par les héritiers qui décident d'amener le conflit qui les oppose hors de l'arène familiale. Je m'intéresserai, dans un premier temps, aux origines des conflits entre héritiers. Je me concentrerai ensuite sur ces familles qui mobilisent non seulement les principes du droit, mais aussi ses institutions. Je détaillerai les procédures possibles, les situations familiales et le parcours des héritiers depuis « la maison » jusqu'au tribunal. Quelles sont les raisons qui poussent les héritiers à saisir la justice, leurs attentes et les représentations du droit et de l'État que ces dernières laissent transparaître ? Je traiterai ensuite des autres voies de recours possibles à Cotonou et dans ses environs : qui recourt à leurs services et pourquoi ?

## 2.1. Comprendre les itinéraires juridiques

Les premiers chercheurs à aborder la question de la résolution des conflits se concentrent, dans un premier temps, sur la justice étatique. En effet, les justiciables ne saisissent généralement le tribunal qu'au terme d'un processus complexe. Analysé par de nombreux chercheurs dans les sociétés anglo-saxonnes, ce processus implique une série de transformations, d'étapes au terme desquelles un problème, une expérience désagréable ou une dispute deviennent une « affaire » (Felstiner, Abel & Sarat, 1981 ; Miller & Sarat, 1981). Ces transformations sont fonction de l'influence de l'entourage, d'interactions avec un avocat éventuel, du niveau d'éducation et du statut socio-économique. Selon Felstiner, Abel et Sarat (1981), les justiciables doivent alors non seulement percevoir un dommage, mais aussi en imputer la faute à quelqu'un d'autre et souhaiter obtenir réparation avant d'engager une action en justice. Ils doivent également choisir le tribunal parmi les forums possibles. Autrement dit, un très petit nombre de contentieux aboutissent devant la justice : les étapes précédemment décrites font office de sélection.

Partant de l'idée que ce sont avant tout les riches et les plus influents qui l'emportent devant les tribunaux (Galanter, 1974), les juristes proposent alors une série de techniques qui permettent de résoudre les conflits hors les murs du tribunal (Nader, 1988 ; Nader, 1979). Il s'agit des « modes alternatifs de résolution des conflits », abordés dès les années 1970 dans la littérature scientifique aux États-Unis (Moore, 2001). L'« alternative » se définit donc ici par rapport à la justice étatique. À partir des années 1990, ces techniques seront « exportées » au-delà du continent américain. Dans le but de rendre la justice plus accessible pour tous, la médiation, la concertation et l'arbitrage font désormais partie de l'arsenal des techniques de résolution des conflits dans de nombreux pays, y compris sur le continent africain, où ils sont perçus par les organismes internationaux comme plus adaptés aux formes « traditionnelles » de résolution des conflits (Nader & Grande, 2002). Alors que ces pratiques se généralisent, les recherches sur ces modes de résolution des conflits deviennent pluridisciplinaires. Il ne s'agit plus uniquement de développer des instruments techniques permettant d'éviter les procédures contentieuses, mais également d'interroger les modes alternatifs de résolution des disputes comme reposant sur une idéologie particulière, ancrés dans des rapports de pouvoir (Cobb & Rifkin, 1991 ; Edwards, 1986 ; Nader & Grande, 2002). Si la résolution alternative d'un conflit est plus rapide et moins chère qu'un procès au tribunal, le résultat est-il pour autant meilleur (Edwards, 1986 ; Nader, 1988) ? La médiation permet-elle réellement d'améliorer l'accès à la justice pour tous (Davis & Turku, 2011) ? Sur ces questions, les opinions divergent : pour certains, la médiation permet de résoudre les conflits sans rompre les relations sociales, pour d'autres, l'orientation des débats vers le consensus permet de masquer les différences d'intérêts et les rapports de pouvoir (Nader & Grande, 2002). Certains auteurs se penchent également sur la position du médiateur, loin d'être neutre, et sur les présupposés idéologiques sur lesquels se base l'idée même de résolution alternative des conflits (Cobb & Rifkin, 1991). Autrement dit, il s'agit souvent d'analyser, voire même d'évaluer le processus.

Bien que de nombreux auteurs observent les débats au sein de ces instances de médiation et les solutions trouvées, peu d'entre eux s'intéressent par contre au point de vue des usagers. Pourquoi les acteurs d'un conflit décident-ils de recourir à la médiation plutôt qu'au tribunal ? Comment le droit y est-il approprié par les parties et par les médiateurs ? J'adopterai donc ici une perspective non normative, qui vise à comprendre, du point de vue des acteurs, le fonctionnement des instances de médiation. Cette analyse me permettra de mettre en question le label des « modes alternatifs de résolution des conflits » : pour ceux qui y ont recours, s'agit-il réellement d'une « alternative » à la justice étatique ?

Lorsqu'il s'agit de saisir le tribunal par contre, les chercheurs du *Law and Society Movement* s'intéressent au parcours des justiciables. Merry (1990) retrace les trajectoires des usagers qui saisissent la justice de proximité dans une petite ville de Nouvelle-Angleterre. Elle aborde la manière dont la conception qu'ont les usagers du droit et de la justice évolue et dont, au fil des procédures, cette conception se complexifie. Elle s'intéresse tout d'abord aux problèmes qui se posent. Entre voisins, les disputes sont souvent liées à la notion de propriété, à l'empiètement et aux nuisances dues au bruit ou aux animaux. Saisir le tribunal vise alors à mettre fin, une fois pour toutes, à une relation problématique. Entre époux, il s'agit souvent de faits de violence et, dès lors, d'obtenir la protection de l'État. Au tribunal de la jeunesse, les parents demandent que l'État se substitue à eux pour élever leurs enfants. Merry (1990) aborde la médiation, tantôt ordonnée par le tribunal, tantôt pratiquée par le greffier, mais dans aucun des cas spontanément explorée par les parties. Pourquoi les usagers se tournent-ils plutôt vers le tribunal que vers une autre instance de résolution des conflits ? Les héritiers de Cotonou espèrent-ils, eux aussi, mettre fin à une relation problématique ?

Sur le continent africain, Crook (2004) explique, dans une enquête quantitative, qu'une majorité de citoyens préfèrent le tribunal à la médiation, perçue comme partiale et comme moins efficace car n'ayant pas force exécutoire. En prenant pour point de départ la question « Pourquoi les Congolais vont-ils au tribunal ? », Rubbers et Gallez (2012) se sont intéressés au parcours des usagers de deux tribunaux de paix de Lubumbashi et à leurs discours sur la justice. Ils insistent, notamment, sur le profil des justiciables : la plupart d'entre eux avaient au moins terminé l'enseignement primaire, voire secondaire. Certains détenaient même un diplôme universitaire. Selon les auteurs, l'éducation a, entre autres, permis aux futurs justiciables de se familiariser avec les institutions publiques, leurs procédures et leur langage : l'usage du français et de documents écrits, notamment. À Lubumbashi, les gens saisissent également plus facilement les tribunaux s'ils n'ont pas de lien avec leur adversaire : on assignera plus facilement en justice un étranger qu'un membre de sa famille, par exemple. Enfin, selon Rubbers et Gallez (2012), si les citoyens saisissent le tribunal, c'est avant tout pour que leur conflit soit résolu par une autorité supérieure et indépendante. C'est aussi pour riposter à une attaque, humilier un adversaire, pour se venger ou parce qu'un tort a été causé et que quelqu'un doit être responsable et sanctionné – ou tenu de dédommager.

Les auteurs qui précèdent s'intéressent à un seul type de forum : soit la justice étatique, soit la médiation, c'est-à-dire les « modes alternatifs de résolution des conflits ». Dans leur article *What do plaintiffs want?* Merry et Silbey (1984) tentent de comprendre pourquoi les justiciables saisissent le tribunal et non une instance de médiation, souvent plus rapide et moins coûteuse. Selon elles, dans la littérature sur la résolution des conflits, les actions des parties sont considérées comme rationnelles, comme le résultat de stratégies et de calculs instrumentaux. Ces contributions font donc abstraction de la dimension culturelle des conflits : les raisons légitimes de se battre, différentes d'une culture à une autre, la manière de se battre ou de répondre aux insultes ou aux provocations. Les deux chercheuses se penchent alors sur les disputes entre voisins de trois quartiers différents de Nouvelle-Angleterre et montrent que, souvent, les riverains considèrent que les conflits doivent être tus, ou résolus entre soi. Les désaccords restent latents, jusqu'au moment où les reproches sont tels qu'un accord amiable devient impensable : la seule solution, pour les riverains, est alors d'engager une procédure au tribunal.

Dans ce chapitre, je tenterai de comprendre la place du tribunal dans le parcours des héritiers. Pourquoi est-il souvent décrit comme le forum le plus adapté dans un contexte où, comme l'écrivent Merry et Silbey (1984), la médiation est moins coûteuse et plus rapide ?

## 2.2. L'origine du conflit

Si cette recherche porte sur les familles qui ont recours à la justice, les tensions entre héritiers remontent souvent bien avant l'introduction des procédures. Porter un conflit en justice n'est pas un acte que l'on pose à la légère. Certains aboutissent devant les juridictions après une longue période d'attente et de réflexion, de tractations familiales. Cette section abordera les différents éléments que les héritiers évoquent lorsqu'ils racontent l'origine du conflit, bien avant le recours au tribunal : les tensions lors des funérailles, la gestion difficile d'un patrimoine commun, le climat de suspicion qui règne dans les familles.

### *2.2.1. La justice comme ultime recours*

À Cotonou, comme partout ailleurs probablement, le tribunal n'est saisi qu'en dernier recours dans le cadre des conflits familiaux. Les héritiers qui s'estiment lésés attendent généralement de nombreuses années avant de revendiquer leurs droits. La première étape consiste, souvent, à formuler une demande en famille : à l'attention des cohéritiers tout d'abord, devant la famille élargie ensuite, si les premiers refusent d'accéder à leurs demandes. Si ces démarches échouent elles aussi, certains font appel aux autorités religieuses ou au chef de quartier comme médiateurs. Il s'agit alors de solliciter quelqu'un qui connaît l'ensemble de la famille et qui, à titre d'autorité, est susceptible de ramener certains à la raison. D'autres préfèrent renoncer à leur héritage ou taire leurs désaccords quant à la gestion qui en est faite.

C'est le cas de Charles. Ce haut fonctionnaire de l'administration béninoise, âgé d'une quarantaine d'années, m'explique que son père est décédé en 2005, laissant trois femmes et six enfants. Ce sont aujourd'hui les aînés, issus de la seconde épouse, qui gèrent le patrimoine. Une gestion largement critiquée par Charles et par ses oncles et tantes. Dix ans après le décès, Charles avoue n'avoir encore entrepris aucune démarche :

> « Ma tante veut organiser un conseil de famille, c'est moi qui refuse. Parce que, lorsque parmi les frères, il y en a qui ne veulent rien faire, c'est dangereux. Et puis moi je n'ai pas le temps de m'occuper de ça. Ça ne presse pas », m'explique-t-il (Cotonou, octobre 2013).

Les questions d'héritage sont en effet souvent considérées comme des sujets « dangereux » dans les familles. Dans ce contexte, engager une procédure implique aussi d'en assumer la responsabilité. Rudy, brièvement mentionné dans le chapitre précédent, est héritier au second degré dans une grande famille. Son grand-père possédait de vastes domaines dans la commune d'Abomey-Calavi[37]. Depuis son décès il y a plusieurs dizaines d'années, certains de ses oncles et tantes gèrent à leur guise les biens communs. Ils louent les maisons, vendent des parcelles, mais ne donnent qu'une infime partie des montants récoltés aux autres héritiers. Les enfants des héritiers décédés – dont Rudy fait partie – sont totalement exclus des décisions familiales et du partage des biens. Lors de notre première rencontre, par l'intermédiaire d'un ami en 2012, le jeune homme m'explique qu'il trouve cette situation injuste,

> « [...] mais personne ne peut s'en plaindre, parce que si tu veux t'en plaindre, on te fera la peau. À la limite, on pourrait saisir la justice. Mais moi je ne veux pas, parce que je suis fils unique. Ils vont me faire la peau » (Rudy, Cotonou, novembre 2012).

Un an plus tard, il m'explique qu'une requête a été rédigée, avec l'aide d'un ami juriste :

> « La requête est là, mais elle est pour l'instant anonyme. Parce qu'il faut maintenant que quelqu'un prenne la décision de lancer la requête. Qu'il accepte de mettre son nom dessus. On ne sait pas qui va le faire. Jusqu'ici personne ne veut prendre le risque » (Rudy, Cotonou, novembre 2013).

37 Voir Annexe 3.

Au-delà des représailles éventuelles, saisir le tribunal équivaut également à reconnaître, de manière formelle et indéniable, que l'on est en conflit avec sa famille. Les affaires entendues par le tribunal ont donc généralement débuté plusieurs mois, voire plusieurs années auparavant : c'est avec le décès, les circonstances qui l'entourent[38] et l'organisation des funérailles que tout commence.

### *2.2.2. L'organisation des funérailles, une première pomme de discorde*

L'organisation des funérailles et leurs différentes étapes au Sud-Bénin furent analysées en détail par Noret (2010), qui voit cet événement comme la rencontre de plusieurs mondes sociaux et religieux au sein des familles. Il étudie les différents types de rituels, les choix et les compromis des familles des défunts entre obédience chrétienne et cérémonies lignagères. Je me suis, pour ma part, intéressée aux récits des héritiers, souvent des années après les funérailles, et aux éléments qu'ils identifiaient comme générateurs de conflits.

Certains de ces éléments, soulignés également par Noret, ont trait à l'identité du défunt. Les désaccords opposent alors souvent la « grande famille »[39] et les représentants du lignage aux enfants du défunt qui résident à Cotonou. Les premiers souhaitent souvent récupérer le corps, les seconds plaident pour des cérémonies chrétiennes et un enterrement en ville. Si le défunt avait gardé des liens étroits avec son village d'origine, c'est souvent là qu'auront lieu les cérémonies. Il y sera également enterré. Dans le cas contraire, l'enterrement a lieu à Cotonou – la preuve, selon Noret (2010), d'un processus de reterritorialisation des familles en ville. Dans la plupart des familles, l'on trouve alors un compromis en enterrant les ongles et les cheveux du défunt au village et en permettant à la « grande famille » d'y accomplir certaines cérémonies après les funérailles en ville. Le détail de ces cérémonies dites « traditionnelles » est souvent mal connu des citadins, qui s'en remettent aux résidents du village pour les accomplir. La plu-

38 Ces circonstances ont toute leur importance au Bénin, en particulier lorsque le défunt était encore jeune. On réfléchit alors aux causes et aux individus potentiellement responsables du décès – des considérations qui reviennent ensuite lorsqu'il est question de répartir l'héritage. J'y reviendrai dans les sections suivantes.

39 Pour rappel, cette expression, fréquemment utilisée au Sud-Bénin, fait référence à la famille élargie. La « grande famille » s'oppose à la famille nucléaire, la « petite famille », qui correspond à la maisonnée. Dans le cas des familles polygames, la « petite famille » fait généralement référence aux enfants d'une seule femme.

part d'entre eux insistent, par contre, sur la répartition des tâches et des dépenses lors de l'organisation des funérailles et de la réception qui se tient ensuite. Lorsqu'il est question d'héritage, c'est la participation aux funérailles, dans le sens d'une contribution financière mais aussi d'une présence physique, qui fait office d'argument pour exclure certains héritiers.

Cette organisation comprend différentes étapes (Noret, 2010) : l'annonce du décès et la préparation des funérailles tout d'abord, les cérémonies et l'enterrement, suivis d'une réception, ensuite. Enfin, des prières ou des rites « traditionnels » peuvent être accomplis dans les semaines, voire les mois qui suivent l'enterrement. Selon que le défunt est d'obédience chrétienne, musulmane ou « traditionnelle », les funérailles sont organisées différemment. Les familles musulmanes font ici figure d'exception : le défunt est généralement enterré le jour du décès ou le lendemain. Des prières sont organisées le jour même, puis 3, 8 et 41 jours après le décès. La famille organise souvent un repas à cette occasion, mais les funérailles sont généralement modestes. Pour les familles d'obédience chrétienne et traditionnelle, par contre, les funérailles et leur préparation s'étendent souvent sur plusieurs mois. Il s'agit alors de décider du registre rituel des cérémonies, de la date et de réunir l'argent nécessaire pour recevoir dignement les invités à la réception. C'est souvent ce dernier aspect des préparatifs qui est ensuite mobilisé comme argument lorsqu'il est question de partager l'héritage du défunt.

Tout débute par l'annonce du décès. Cette première étape peut s'avérer délicate, en particulier vis-à-vis des personnes jugées fragiles. Dans certains cas, la mort est gardée secrète pendant plusieurs jours, voire plusieurs semaines. Ce délai permet aux enfants de s'organiser avant d'affronter la famille (Noret, 2010 : 36-37). Les premières réunions ont lieu entre les enfants du défunt. Elles ont pour objectif de décider de la date et des modalités pratiques des funérailles avant de les soumettre à l'approbation de la famille élargie – le chef de famille, les frères et sœurs du défunt s'il y en a, les cousins. Selon Noret (2010), les préparatifs impliquent principalement de se mettre d'accord sur un scénario, sur un ou plusieurs registres rituels pour les cérémonies. Les premières discussions prennent donc en compte l'identité du défunt : son obédience religieuse, mais aussi le ou les lieux auxquels il est attaché. Si les enfants sont jeunes, ce sont les oncles et tantes qui prennent l'essentiel des décisions.

Un autre aspect important des débats concerne l'organisation financière. Il s'agit de trouver un équilibre entre dépenser trop et trop peu. La date des funérailles impliquera de laisser le corps plus ou moins longtemps à la morgue – c'est là l'un des premiers postes de dépenses pour les héritiers. Le délai avant l'enterrement permettra aux héritiers de prévenir leur entourage et celui du défunt, mais aussi d'organiser les funérailles : imprimer les faire-part, choisir le cercueil et les tissus destinés à être portés par la famille, prévoir les cérémonies religieuses et lignagères s'il y a lieu et, enfin, la réception. Il faudra également décider de l'endroit où enterrer le défunt : au cimetière ou au village. Avec le chef de famille et les oncles et tantes, les enfants confirment la date et les modalités des funérailles, après consultation du Fa[40] dans de nombreux cas. Souvent, la famille fixe une « cotisation » pour chaque enfant, à verser à un responsable des dépenses. L'argent commun permettra souvent d'imprimer les faire-part, d'acheter les tissus, voire même le cercueil. La responsabilité des achats est alors confiée à une ou plusieurs personnes, envoyées au marché (Noret, 2010 : 68). Les enfants peuvent également prendre individuellement en charge des postes de dépenses spécifiques, tels les frais de morgue ou l'achat du cercueil. Les décès sont généralement l'occasion pour les membres de la famille et pour les amis de montrer leur solidarité : les collègues, les conjoints et leur famille, les amis, les cousins remettront alors aux enfants des enveloppes destinées à financer une partie des funérailles.

Le jour de l'enterrement, le corps est exposé dans la maison familiale. Des rénovations sont souvent effectuées pour « rafraîchir » la maison et y accueillir les invités. La plupart des familles décorent de tissus la pièce où est exposé le corps : c'est la chapelle ardente. Les invités peuvent s'y recueillir avant l'enlèvement du corps pour la messe ou pour le trajet vers le village. Après l'enterrement, les enfants du défunt organisent une réception. À Cotonou, ils louent généralement de grandes tonnelles, des tables et des chaises, et servent à leurs invités repas et boissons, le tout en musique. Certains choisissent de recevoir leur famille ensemble sous la même « bâche », d'autres se groupent par enfants issus d'une même mère. Dans ce cas, les membres de la famille élargie se rendent d'une réception à une autre.

---

40 Le Fa est un oracle qui fait partie du panthéon vodun. Il est souvent consulté sur l'organisation de fêtes ou de cérémonies familiales, mais peut aussi désigner un administrateur ou un « successeur » du défunt.

Quelle que soit la formule choisie, l'enjeu consiste alors à recevoir « dignement » ses invités pour faire honneur au défunt.

Lorsque l'on parlera ensuite d'héritage, les contributions respectives des héritiers représenteront une source de conflit ou un argument aux mains de ceux qui ont davantage « participé » à l'organisation des funérailles.

> « Les gens ont l'habitude d'organiser des cérémonies grandioses ici et ça nécessite des investissements, ça nécessite des sous, de gros sous. Les gens dépensent beaucoup, parfois des millions, et on répartit les dépenses entre les enfants. Lorsque vous êtes un enfant paresseux et que vous ne cotisez pas, et qu'on dit que vous n'avez pas droit, vous ne devez pas réagir ! Vous-même vous aurez honte de demander, parce que, quand on va faire la réunion de famille là, si tu demandes, on va te dire quoi : "Quand on t'a demandé de cotiser, tu as donné combien ?" », explique mon ami Rodrigue (Cotonou, décembre 2012).

Il arrive parfois que les héritiers et leur famille ne parviennent pas à réunir l'argent nécessaire à l'organisation des funérailles. Dans ce cas, deux solutions sont possibles : les enfants peuvent emprunter la somme manquante ou décider de vendre certains biens du défunt.

*Le père de Dieudonné décède le 27 avril 2011, laissant quatre enfants de deux femmes différentes. Une première femme, avec laquelle il n'était pas marié, lui a donné deux enfants : Dieudonné est instituteur, il a 30 ans, sa sœur en a 32. Une seconde épouse a deux enfants, l'un âgé de 18 ans, l'autre de 14.*

*Quelques semaines après le décès, Dieudonné ne parvient pas à réunir l'argent nécessaire à l'organisation des funérailles : sa belle-mère, Marielle, ne lui a rien donné, ses frères, les enfants de Marielle, non plus. La famille suggère alors de vendre certaines des parcelles situées à proximité du village. Dieudonné en vend deux pour 300.000 FCFA (450 euros). « Comme ils ont vu qu'on avait besoin d'argent, les gens ont acheté ça à vil prix », se plaint-il. Il donne 100.000 FCFA (150 euros) à Marielle pour subvenir aux besoins des enfants et consacre le reste à l'organisation des funérailles. Quelques mois plus tard, la veuve le convoque à une séance de médiation à l'association Droits des femmes, Marielle explique :*

> « Le corps était encore à la morgue et il fallait faire une cérémonie d'inhumation. Donc il fallait en parler entre les frères et sœurs et consorts, discuter de comment les choses vont se passer, s'il y aura des cotisations à faire, etc. On était là lorsque brusquement, on

entend qu'il allait céder des parcelles au village » (Abomey-Calavi, avril 2012).

*Marielle et ses fils se plaignent donc de n'avoir pas été associés à la vente et à l'organisation des funérailles au village. De retour à Cotonou, c'est Dieudonné qui gère la maison. Les autres héritiers se plaignent de ne rien recevoir. Dans l'impossibilité de payer les frais de scolarité de ses enfants, Marielle se tourne vers l'association.*

Cette pratique, qui consiste d'une certaine manière à disposer de l'héritage de manière anticipée, est souvent controversée à Cotonou. Le modèle idéal d'un enfant qui remplit son devoir, c'est aussi celui qui parvient à enterrer dignement ses parents sans « brader les biens ». Lorsque les enfants sont mineurs, les oncles et tantes – les frères et sœurs du défunt – mettent souvent un point d'honneur à enterrer leur frère sans vendre son patrimoine.

Chacune des étapes qui précèdent constitue une source de tension potentielle entre la famille et les héritiers, mais aussi entre les héritiers eux-mêmes. Parfois, c'est l'obédience religieuse du défunt qui fait l'objet de désaccords, parfois c'est le lieu de l'enterrement ou celui des cérémonies. Dans de nombreux cas, les tensions portent sur la répartition des dépenses et les montants fournis par chacun, mais aussi sur la présence des uns et des autres lors des funérailles et des cérémonies à accomplir ensuite (Noret, 2010).

Ces cérémonies traditionnelles sont parfois réalisées avec méfiance par les familles de Cotonou, qui se plient aux exigences de la famille « parce qu'il faut bien » ou pour éviter les ennuis avec les villageois. C'est surtout le cas des jeunes générations d'héritiers, nés à Cotonou et qui ont gardé peu de contacts avec leur village. Les plus âgés participent à ces cérémonies et en connaissent les différentes étapes. Ainsi, Juliette Tossou[41] m'explique que, dans sa famille, il y a les cérémonies à Cotonou et les cérémonies du village. Certaines ont lieu avant l'enterrement, d'autres pendant, d'autres encore après les funérailles. Elles diffèrent en fonction des régions et des familles.

Dans le cas des chrétiens évangéliques, la participation aux pratiques « traditionnelles » est formellement interdite. Les membres d'une famille qui appartiennent à cette Église refusent donc fréquemment de participer à certains aspects des funérailles, en particulier si elles se déroulent au village. C'est le cas de Marielle, mentionnée plus haut :

---

41 Voir Chapitre 1.

> « Elle a dit que les cérémonies coutumières, elle n'a pas à faire ça. Elle a brandi comme argument qu'elle est "évangéliste", qu'elle ne fera pas. Donc les gens ne l'ont pas forcée, ils ont dit : "Alors cela signifie que tu n'es pas l'épouse du monsieur." Ils l'ont abandonnée, personne ne la regarde. Et moi je n'ai pas les moyens pour subvenir à ses besoins », explique Dieudonné (Cotonou, avril 2012).

Ne pas assister aux funérailles d'un être cher, qu'il s'agisse d'un époux ou d'un parent, est souvent considéré comme un aveu de culpabilité. Dans le cas des chrétiens évangéliques, la famille est généralement tolérante, mais leur absence ne manquera pas d'être soulignée s'ils réclament ensuite leur part d'héritage.

Les funérailles représentent donc l'un des premiers moments de contradictions entre normes familiales et principes du droit en ce qui concerne la gestion et la répartition du patrimoine du défunt. Qui est autorisé à vendre et pour quel montant ? Qui hérite et de quelle portion du patrimoine ? Les conflits opposent tantôt les héritiers entre eux, tantôt les différentes générations de la famille. Ils concernent à la fois l'argent donné et dépensé, mais aussi la présence lors de l'enterrement. Enfin, les funérailles représentent surtout le moment à partir duquel on commence à compter, à calculer en famille.

### *2.2.3. L'indivision comme source de désaccord*

Avant l'adoption du nouveau Code, les biens étaient rarement partagés par les héritiers après un décès. Ils restaient en général dans l'indivision pendant de nombreuses années. Vouloir partager ou vendre, c'est être gourmand. C'est détruire le collectif, souiller la maison familiale et sa valeur symbolique en la réduisant à son prix sur le marché immobilier. C'est, enfin, être pressé de bénéficier du patrimoine de ses parents plutôt que d'accomplir des choses par soi-même. Or, cette longue période de gestion collective des biens hérités est souvent source de tensions dans les familles. Bon nombre des affaires traitées par le tribunal concernent des successions ouvertes parfois plusieurs dizaines d'années plus tôt.

> *Monsieur Bédié est décédé en 1970, laissant plus d'une vingtaine d'enfants et de vastes domaines dans la périphérie de Cotonou. Le fils aîné, Amédéo, fut choisi comme administrateur, de manière informelle tout d'abord, officiellement ensuite dans un PVCF homologué par le tribunal en 1983. Ce dernier désignait un collège de sept hommes à la tête de la succession. En pratique, c'était Amédéo qui gérait l'ensemble des biens jusqu'à son décès en 1998. C'est ensuite Jules qui prit le relais,*

*mais sans être expressément désigné par ses frères et sœurs. Sans consulter ses cohéritiers, il vendit de nombreux domaines et empocha ainsi, seul, les revenus de la succession. Thérèse et sa sœur Annie, les filles de l'une des plus jeunes des épouses de monsieur Bédié, demandent à en savoir plus sur la gestion des biens, mais Jules leur répond que seuls les hommes peuvent bénéficier du patrimoine de leur père. En 2005, soit un an après l'adoption du nouveau CPF, il finit par céder et accorde aux filles de la famille un domaine, délimité par un géomètre. Il s'agit d'un terrain de cinq hectares, situé dans la commune d'Abomey-Calavi, à quelques kilomètres de Cotonou. Deux ans plus tard, Thérèse et Annie apprennent que ce domaine a été vendu : pour elles, c'est « la goutte qui fait déborder le vase ». Elles décident de saisir le tribunal.*

> « Nous on a dit : "Non, ça suffit." C'est ce qui a fait qu'on est rentrées dans l'affaire du tribunal [...] C'est pour lui montrer qu'il y a des gens qui peuvent lui tenir tête, qui n'ont pas peur », explique Thérèse, infirmière à la retraite (Cotonou, mai 2010).

*En 2008, avec l'aide du fils d'Annie et d'un avocat, les deux sœurs saisissent le tribunal, demandant la reddition de compte et la licitation du patrimoine*[42].

Dans leur récit, Thérèse et Annie mentionnent deux aspects de l'économie familiale : les revenus et les dépenses. Dans de nombreuses familles, lorsqu'un événement ou une fête familiale doivent être organisés, une « cotisation » est souvent fixée. L'argent mis en commun permettra d'aider les enfants à organiser les funérailles de leurs parents, d'organiser les mariages, les différentes fêtes familiales, de construire ou d'entretenir des bâtiments situés au village, d'assurer éventuellement la surveillance et le maintien des terres. Dans certains cas, ces dépenses peuvent être couvertes par les revenus du patrimoine familial. En effet, si le défunt a laissé des maisons, les chambres peuvent être attribuées aux enfants, mais elles peuvent aussi faire l'objet de locations. Certains terrains peuvent être vendus, d'autres, s'ils sont cultivables, exploités. Cette gestion et ses responsables sont souvent décidés lors d'un conseil de famille, organisé dans les mois qui suivent le décès.

Or, lorsqu'il s'agit de décider en famille, chacun a son rôle, sa place selon la position qu'il occupe. La parole est répartie selon les générations, l'âge et le sexe : le chef de famille prend la parole le premier, suivi des vieilles générations, du plus vieux au plus jeune. Généralement,

42 Je reviendrai plus en détail sur les procédures possibles dans la section qui suit.

les hommes s'expriment d'abord, les femmes ensuite. Rudy, héritier de deuxième génération, explique :

> « S'il y a des personnes plus âgées que moi qui n'ont pas parlé et puis moi je parle, ça ne va pas. C'est toute une culture coutumière africaine quoi. Ce n'est pas le droit qui est dit, ce n'est pas le droit qui se fait, mais si une personne, une seule, a le courage et le culot de saisir la justice, tout sera ordonné » (Cotonou, décembre 2012).

Mais les hiérarchies familiales sont loin d'être fixes ou déterminées uniquement par l'âge et le sexe. Il est aussi question du statut socio-économique et du niveau d'éducation :

> « Il y a une chose, en Afrique, le droit d'aînesse c'est vrai il est important, mais il y a des cas où il n'est pas important, où le droit d'aînesse se confond au droit matériel. Quand le petit frère ou la petite sœur a un bien matériel plus élevé, il devient par la force des choses "aîné" de tout le monde. De toute façon c'est psychologique, il agira comme s'il est le grand frère parce qu'il aura le bien matériel » (Rudy, décembre 2012).

Lorsqu'il s'agit de choisir un liquidateur – autrement dit, la personne chargée de régler la succession, autrefois appelé administrateur – ce sont tous ces éléments qui sont pris en compte. C'est souvent l'aîné qui représente le premier choix, mais s'il n'a pas reçu d'éducation, on attribue parfois cette tâche à l'un des enfants plus jeunes et plus éduqués. Dans certaines familles, les hommes sont privilégiés, mais chez la plupart des citadins, le genre ne fait aucune différence et les femmes sont fréquemment désignées comme liquidatrices. Aujourd'hui, la mission des liquidateurs s'exerce pour une durée déterminée – six mois, selon le nouveau Code – mais avant 2004, les administrateurs géraient les biens communs pendant de nombreuses années. Alors que le droit autorisait les héritiers à demander la sortie de l'indivision, cette règle était peu connue des citoyens ordinaires et rarement utilisée. En pratique, c'était d'un mandat à vie dont disposaient ceux qui géraient le patrimoine. C'est le cas notamment des administrateurs Bédié. Dans ce genre de situations se pose alors la question de la gestion et de la répartition des ressources entre les héritiers, aujourd'hui au cœur de nombreux litiges. L'administrateur s'appropriait en effet souvent une grande partie des revenus du patrimoine, en sa qualité d'aîné et de gestionnaire. Il lui arrivait de vendre des biens indivis et de répartir la somme obtenue entre les héritiers. Dans ce genre de configuration, les femmes mariées étaient presque systématiquement exclues du partage : elles vivaient « chez leur mari » et n'avaient donc pas besoin de cet argent. Dans certaines familles, l'administrateur – ou l'administratrice – rendait compte des opérations effectuées lors d'une réunion annuelle : il s'agissait alors de lister les loyers collectés, les éventuels terrains vendus, les factures payées, les rénovations effectuées avec cet argent. Dans d'autres, le gestionnaire agissait comme bon lui semblait.

Aujourd'hui, ces pratiques semblent rencontrer l'opposition des « petits » de la famille, systématiquement exclus, ou du moins lésés, dans le partage des ressources. Ces contestations s'inscrivent dans un contexte où les individus sont désormais indépendants de leur famille : les femmes travaillent, participent aux cotisations familiales et aux funérailles au même titre que les hommes. Lorsque les hommes s'estiment lésés, ils demandent, eux aussi, la vente et le partage de l'héritage commun.

Enfin, ces frustrations liées à la gestion du patrimoine et à la répartition des richesses débouchent souvent sur un autre débat au sein des familles : faut-il vendre les biens et partager les bénéfices ? Dans un contexte où c'est la gestion qui pose problème, ceux qui s'estiment lésés demandent souvent à sortir de cette situation d'indivision. Les conflits entre héritiers portent alors tantôt sur le fait de vendre ou non, tantôt sur le prix ou sur les ventes opérées par un administrateur sans l'accord des autres héritiers. Nombreux sont ceux qui changent d'avis en cours de procédure, qui s'opposent à la vente dans un premier temps, puis y consentent ensuite, devant les difficultés flagrantes à « vivre ensemble ». Dans toutes ces situations, la loi fait office d'argument. Elle permet d'identifier un forum où les jeunes générations peuvent tenir tête à leurs aînés, les femmes aux hommes, les benjamins à leurs grands frères. Elle permet aussi de s'approprier, à titre individuel, sa part de biens collectifs.

### 2.3. Saisir le tribunal

Dans le cadre des conflits d'héritage, les parties peuvent engager différents types de procédures au tribunal, selon les problèmes posés par la succession et les résultats souhaités. Ces procédures peuvent aussi, dans certains dossiers, se succéder comme des étapes. Elles vont de la désignation d'un liquidateur, chargé de dresser la liste des biens, à la vente judiciaire du patrimoine, en passant par le partage amiable des biens communs. Après avoir détaillé le statut socio-économique de ceux dont l'affaire aboutit au tribunal, j'examinerai les différentes procédures possibles et la manière dont elles sont introduites par les héritiers et leurs avocats.

### *2.3.1. Le profil des parties*

Dans les affaires évoquées jusqu'ici, les héritiers ont des profils socio-économiques assez semblables. Des trois sœurs mentionnées dans l'introduction, Éloïse est employée dans une association, Rachel est couturière et Arlette est coiffeuse. Dans le cas Pognon, Clémentine et Françoise sont commerçantes, Pascal et Abel travaillent tous deux au port. La famille Agossou compte une déléguée commerciale, un comptable, une infirmière, une secrétaire, trois commerçantes et trois étudiants. En ce qui concerne la famille Tossou, la majorité des femmes sont ménagères ou commerçantes. Certaines n'ont fréquenté que l'école primaire, d'autres ont obtenu un diplôme de l'enseignement secondaire. Ce sont elles qui décident de saisir le tribunal.

Ces études de cas montrent bien que les familles présentes devant le juge de la famille sont somme toute des familles « ordinaires », appartenant à la classe moyenne de la capitale. Jacquemot (2012) décrit en effet les classes moyennes africaines comme une population avant tout urbaine, qui travaille tantôt dans le secteur privé, tantôt comme enseignants, comme infirmiers, comme petits commerçants ou comme fonctionnaires de rang intermédiaire. En 2013, le taux d'alphabétisation des 15 ans et plus dépassait les 75 % à Cotonou. Cette même proportion de la population active est occupée dans le secteur informel, contre 5 % dans le secteur formel de l'État et 18 % dans le secteur formel privé (INSAE, 2013). Parmi l'ensemble des héritières rencontrées dans le cadre de cette recherche, environ 40 % exerçaient une activité dans le secteur informel, comme coiffeuses, couturières ou commerçantes. Plus de 30 % étaient employées ou fonctionnaires. Environ 15 % étaient femmes au foyer, environ 10 % étudiantes. Les activités des hommes étaient souvent plus diversifiées. Un petit nombre d'entre eux appartenaient à une certaine élite sociale et économique : j'ai notamment rencontré un avocat, un architecte, un ingénieur, trois hommes d'affaires et plusieurs hauts fonctionnaires de l'administration. Près de 40 % d'entre eux travaillaient comme employés dans le secteur privé ou comme agents administratifs. La moitié étaient commerçants, agents d'entretien, chauffeurs, menuisiers, tailleurs, etc. Cette « surreprésentation » du secteur formel s'explique entre autres par le fait que ceux qui y exercent une activité font généralement partie de la tranche la plus éduquée de la population. Ils disposent du capital social, culturel et économique nécessaire pour recourir aux administrations publiques, dont ils maîtrisent la langue officielle : le français.

Les études de cas détaillées tout au long de cet ouvrage permettront donc de décrire des processus, des logiques et des parcours de familles qui ne sont certes pas représentatives de l'ensemble des habitants de la capitale, mais dont le profil socio-économique correspond néanmoins à un scénario fréquent et relativement proche des caractéristiques générales de la population à Cotonou. Un profil qui se rapproche également de celui des « classes moyennes » de nombreuses villes africaines (Jacquemot 2012 ; Darbon & Toulabor 2014).

### *2.3.2. Les différentes procédures*

En matière de successions, les procédures possibles se déclinent de manière progressive selon le degré de « mésintelligence »[43] entre les héritiers. Ces procédures peuvent se succéder ou se combiner devant le juge état des personnes, compétent pour appliquer le Code des personnes et de la famille. En vertu de l'ancienne situation de dualisme juridique et du lien étroit entre héritage et conflits fonciers, certaines affaires ne suivent cependant pas ce modèle. C'est sur ces différentes procédures que je reviendrai ici. Quelles sont les demandes que les héritiers peuvent adresser au tribunal ?

Comme mentionné dans l'introduction, la première étape, lorsqu'une personne meurt, consiste à faire homologuer le procès-verbal du conseil de famille. L'homologation de ce document permet de désigner légalement deux coliquidateurs, chargés temporairement de gérer les biens et de payer les dettes et de proposer ensuite un plan de liquidation, qui détermine la gestion ou la répartition du patrimoine pour les années à venir[44]. Cette formalité n'est pas nécessairement effectuée par tous les héritiers à Cotonou. Lorsqu'il n'y a ni comptes bancaires, ni droits au Trésor, la plupart des familles se contentent d'organiser la réunion et de désigner des gestionnaires de manière informelle. Certains rédigent un procès-verbal, d'autres non. L'homologation du PVCF par le tribunal s'apparente donc souvent à une formalité administrative, qui valide et officialise une décision familiale.

Pour certains, « faire les choses légalement » signifie aussi s'assurer que leurs droits seront respectés. C'est le cas de nombreuses

---

43 Terme utilisé par les juristes pour faire référence à une mésentente entre héritiers.

44 Il peut s'agir d'un plan de partage des biens, de planifier des ventes, de désigner un administrateur pour des biens indivis pendant une période déterminée – lorsque les héritiers sont encore jeunes, notamment.

veuves, qui saisissent le tribunal lorsqu'elles craignent que les enfants de leur coépouse ou leur belle-famille accaparent les biens. Pour d'autres, il s'agit simplement d'éviter les contestations et les malentendus futurs, en validant du sceau de l'État les arrangements familiaux. Cette première étape peut cependant devenir bien plus qu'une formalité si les héritiers ne parviennent pas à s'accorder quant au choix des liquidateurs. Par exemple, lorsque les enfants sont issus de plusieurs femmes, ce sont souvent les différents « lits » qui s'opposent, se soupçonnant mutuellement de vouloir s'approprier le patrimoine. C'est aussi le cas des veuves qui craignent le reste de la famille alors que celle-ci nourrit les mêmes suspicions à leur égard. Dans ces conditions, si les parties ne parviennent pas à se mettre d'accord, le juge désigne un administrateur séquestre – autrement dit, une personne « neutre », souvent le greffier en chef, un huissier ou un notaire – pour gérer, temporairement, la succession.

Le CPF prévoit une durée maximale de six mois pour la mission des liquidateurs désignés dans le PVCF. Ils devront ensuite remplir un PV à homologuer par le juge. Ce délai, bien que rarement respecté, constitue l'une des innovations du nouveau Code : auparavant, les administrateurs de la succession étaient choisis pour une durée indéterminée. Or, c'est dans ce contexte de gestion prolongée des biens communs que de nombreuses actions en justice ont été introduites. Les héritiers, estimant qu'une ou plusieurs personnes gèrent sans rendre compte un patrimoine censé profiter à tous, demandent une reddition de compte[45] et/ou le changement de l'administrateur de leur succession. Il faut alors, dans ce cas, homologuer un nouveau PVCF.

Le désaccord est parfois tel que ceux qui s'estiment lésés souhaitent renoncer à cette situation de propriété collective. Ils demanderont alors non seulement une reddition de compte à l'administrateur, mais diront également vouloir sortir de l'indivision[46] – de la propriété commune. Les héritiers peuvent proposer un plan de partage au tribunal. Chacun sera libre de garder ou de vendre ce qui lui revient, s'il s'agit toutefois d'immeubles distincts. La convention de partage, ainsi rédigée, peut éventuellement exclure la maison familiale, qui reste un bien commun.

---

45 L'administrateur des biens communs doit alors fournir une sorte de bilan comptable au tribunal, qui reprend l'ensemble des actes qu'il a posés en tant que gestionnaire : les loyers collectés, les biens vendus, les réparations effectuées, l'argent redistribué aux autres héritiers, etc.

46 Autrement dit, partager ou vendre la succession.

Dans certains cas, le partage n'est pas une option, tantôt parce qu'il n'est pas possible de partager – s'il s'agit d'une seule maison par exemple –, tantôt parce que vivre ensemble est devenu problématique. Les héritiers expriment alors leur désir de vendre les biens communs. Une fois encore, plusieurs options sont possibles. Une première possibilité consiste, pour les parties, à demander une autorisation de vente au tribunal. Le juge peut éventuellement, dans sa décision, désigner un ou deux vendeurs parmi les parties. La vente aura lieu à l'amiable, conclue d'un commun accord entre les héritiers. Ce cas de figure implique un minimum de collaboration entre les héritiers qui devront s'accorder sur l'acheteur et le prix des biens. Le cas échéant, le juge nomme alors un notaire ou un huissier pour procéder à la vente.

Une seconde option consiste à demander la licitation-partage de la succession. Il s'agit d'une procédure au cours de laquelle le juge nomme un notaire pour procéder à l'adjudication[47] des biens. Dans ce cas, il ne s'agit plus, pour le notaire, de procéder à une vente de gré à gré entre acheteurs et vendeurs, tous consentants et dès lors signataires de l'acte de vente, mais bien de procéder à une vente publique des biens, indépendamment de la volonté des héritiers.

L'ensemble de ces procédures est aujourd'hui géré par le juge état des personnes, compétent en matière de successions. En vertu du lien étroit entre successions et conflits fonciers, certains litiges, classés comme « contestation de droit de propriété », sont cependant toujours traités par le juge traditionnel. Ces dossiers sont, en quelque sorte, des contestations foncières « déguisées » qui cachent en réalité un désaccord entre héritiers – ou qui en découlent. C'est le cas, notamment, lorsque les héritiers demandent l'annulation de la vente d'un bien indivis. En effet, bien que les administrateurs, aujourd'hui liquidateurs d'une succession, ne soient légalement habilités qu'à gérer les biens, certains procédaient également à des ventes à l'insu de leurs cohéritiers. Afin de « ramener » les immeubles vendus en fraude dans la succession, les héritiers peuvent donc demander l'annulation des transactions irrégulières – avant de changer d'administrateur, de partager ou de vendre l'ensemble des biens. Libre à l'acheteur de se retourner ensuite contre le vendeur – et de poursuivre ce dernier pour fraude ou abus de confiance. Les victimes de la vente irrégulière pourraient également introduire une procédure pénale à l'encontre du gestionnaire indélicat, mais c'est chose rare, voire inexistante.

47 Autrement dit, à la vente judiciaire. Je décrirai cette procédure en détail dans le Chapitre 6.

En effet, la plupart des héritiers saisissent le tribunal non pour punir, mais pour résoudre un problème, pour « ramener l'ordre » dans la famille. Dans ce but, les procédures pénales ne sont pas perçues comme adaptées par les héritiers qui, même devant les juridictions civiles, craignent que la révélation de certaines informations ne pousse le juge à « enfermer » leur adversaire. C'est le cas lorsqu'un administrateur a vendu des biens communs. Les héritiers savent que les contestations foncières aboutissent parfois devant le juge pénal et que les « bandits » du foncier, qui falsifient des documents pour vendre des biens qui ne leur appartiennent pas, sont régulièrement condamnés à des peines de prison lorsque leurs victimes portent plainte. Les héritiers s'imaginent alors qu'en tant que représentant de la loi, le juge civil pourrait sanctionner des ventes irrégulières.

Ces craintes formulées par les héritiers illustrent donc, d'une part, l'image du juge comme figure d'autorité pour les justiciables et, d'autre part, la confusion entre droit civil et droit pénal, fréquente à Cotonou. Nombreux sont ceux qui, par exemple, font référence au tribunal de première instance en parlant du « parquet » – l'ensemble des magistrats du ministère public. Cette confusion s'explique par une méconnaissance généralisée des institutions judiciaires par les citoyens ordinaires. Avoir affaire à la justice est spontanément associé aux procès d'assises dont on entend parler dans les médias, à la police ou à la gendarmerie dont l'intervention et la présence sont visibles au quotidien. Mais cet amalgame s'inscrit également dans un contexte historique : jusqu'en 1946, les tribunaux indigènes réglaient tous les types de dossiers, traités par un juge unique[48].

### *2.3.3. L'option choisie : un concours d'acteurs et de circonstances*

Quels sont les éléments déterminants dans le choix des procédures pour les héritiers ? Lorsque les demandeurs sont assistés d'un avocat, c'est lui qui formule les différentes requêtes au tribunal. Le choix de la procédure à introduire est à la fois un choix stratégique, selon les documents dont les parties disposent, et une négociation entre l'avocat et ses clients. Le premier propose en effet généralement une série d'options, sur base des explications des seconds. Selon les moyens financiers dont les clients disposent, les risques qu'ils acceptent de prendre et le degré d'antagonisme qui règne au sein des familles, ils

48 Voir Chapitre 1.

décident ensemble de/des procédures à introduire et des ramifications possibles au fur et à mesure de l'évolution du dossier.

Ceux qui saisissent le tribunal sans avocat, par contre, expliquent le plus souvent leur situation et ce qu'ils attendent du juge dans une lettre. En effet, hormis le formulaire destiné au PVCF, il n'existe pas de document « type » pour introduire une requête. Il est simplement conseillé aux héritiers d'écrire au tribunal en expliquant leurs attentes vis-à-vis du juge. C'est le secrétariat du président qui donne un intitulé à cette demande et qui la transmet à la chambre qu'il estime compétente. Lors de la première audience, après avoir vérifié l'identité des parties, le juge demande aux requérants d'expliquer pourquoi ils ont saisi le tribunal et ce qu'ils attendent de lui. Selon les réponses, le juge modifie, si nécessaire, l'intitulé de la requête, voire renvoie le dossier vers une autre chambre s'il estime qu'il n'est pas compétent.

Les parties saisissent souvent le tribunal pour un problème spécifique mais, en fonction des témoignages et des questions formulées à l'audience, les objectifs peuvent changer. Par exemple, si l'une des parties marque son désaccord, le juge peut nommer un administrateur séquestre comme liquidateur plutôt que des membres de la famille. Les parties qui demandent une annulation de vente devant le juge traditionnel introduisent souvent simultanément une demande de partage de la succession. Une demande d'autorisation de vente ou de partage amiable peut se transformer en licitation-partage. Autrement dit, les procédures énoncées plus haut ne sont pas mutuellement exclusives, elles s'enchaînent ou se superposent selon les dossiers. Ces questions de procédure reflètent, en outre, la manière dont un conflit familial et les positions respectives des uns et des autres peuvent être « traduits » dans des termes juridiques – ou plus précisément, comment ces situations de la vie quotidienne peuvent entrer dans des catégories légales.

## 2.4. Les objectifs des justiciables

Lorsqu'un dossier aboutit au tribunal comparaissent, d'une part, ceux qui l'ont saisi, et d'autre part, ceux qui y sont convoqués par leur adversaire. Ces derniers n'ont pas choisi de « saisir l'État », mais se trouvent, malgré eux, devant la justice. Certains mettent en question la légitimité du juge pour gérer des conflits familiaux, d'autres s'en remettent à l'autorité de l'État et à la décision qu'il va rendre. Si les chapitres qui suivent reviendront sur la manière dont tous les héritiers utilisent le droit, le tribunal et ses règles, je me pencherai ici sur le point de vue des demandeurs. Pourquoi choisissent-ils le tribunal parmi l'ensemble des forums possibles ?

Au TPI de Cotonou, deux types de procédures existent en matière d'héritage : d'une part, les procédures visant à homologuer un PVCF après un décès, d'autre part, celles qui résultent d'un désaccord entre héritiers ou avec certains membres de leur famille. Dans le premier cas, le tribunal est souvent saisi quelques mois à peine après le décès, comme c'est le cas pour les héritiers Agossou[49]. Dans le second, la procédure n'est entamée qu'après de nombreuses années d'indivision et de gestion commune. Assigner sa famille en justice n'est pas un acte que l'on pose à la légère : il s'agit ici d'une procédure contentieuse, pleinement perçue comme un procès, dans le cadre duquel le juge va trancher, comme l'a démontré le cas des héritiers Bédié, notamment.

### *2.4.1. « Faire les choses légalement » : la justice comme formalité ?*

Dans le cas d'une homologation, le tribunal est souvent saisi d'un commun accord, sans tergiverser, par l'ensemble des héritiers. Ils choisissent cette voie lorsque le défunt était fonctionnaire ou s'il disposait de fonds sur des comptes bancaires. Les banques réclameront le PVCF pour accorder aux héritiers l'accès aux comptes du défunt et l'administration publique octroiera une pension au conjoint survivant. S'il existe des biens immatriculés que les héritiers souhaitent vendre ou muter à leur nom, ce document est également nécessaire.

Dans les autres cas, la plupart des résidents de la capitale négligent les formalités qui permettent de transférer la propriété du défunt aux héritiers. Faire les choses « légalement » impliquerait, dès le décès, d'effectuer la mutation du titre de propriété – à la mairie, s'il s'agit d'un permis d'habiter, à la direction des domaines, si c'est un titre foncier. Cela signifie s'acquitter des frais de mutation auprès des différentes instances. Or, ces formalités ne sont nécessaires que lorsque les parties souhaitent vendre en effectuant toutes les formalités légales. Si les héritiers souhaitent gérer ensemble leur patrimoine commun, l'homologation du PVCF par le tribunal n'est, en pratique, pas nécessaire. Pour ceux qui choisissent de rendre leur choix officiel, reconnu par « l'État », la procédure d'homologation permet de valider la position de l'administrateur – aujourd'hui, du liquidateur – choisi, de lui donner un

---

49 Voir Chapitre 1.

poids et une légitimité. « C'est le tribunal qui m'a nommé », diront souvent ces derniers.

Si les procédures d'homologation s'apparentent clairement à des formalités administratives, les héritiers peuvent mobiliser le tribunal d'une manière similaire dans d'autres cas de figure. Ainsi, les demandes de partage ou d'autorisation de vente, plutôt classées parmi les procédures contentieuses, peuvent être introduites par des héritiers qui souhaitent officialiser une décision familiale.

*Robert est animateur de groupes pour la CTB, l'agence de coopération au développement belge basée à Cotonou. Sa mère décède en 2002, laissant deux garçons, Robert et Nathaniel, et trois filles. Tous sont majeurs à l'époque, âgés d'une quarantaine d'années. La maison familiale, achetée ensemble par les parents, est alors occupée par le veuf et les filles, alors que la seconde maison de la défunte est gérée par ses fils. Robert en occupe une partie, il loue l'autre et en transfère les bénéfices à son frère. En 2012, Nathaniel décide de revenir s'installer dans la maison de sa mère. La cohabitation entre les deux frères est difficile. Nathaniel, qui peine à s'en sortir financièrement, demande de l'aide à ses frères et sœurs. Lorsque ceux-ci refusent, il suggère de vendre la maison.*

> « Ça fait maintenant deux ans que mon petit frère a commencé à se plaindre de tout, on a décidé de tenir un conseil de famille. Où on a écrit un PV du conseil de famille, manuscrit, contresigné, et c'est lors de ce conseil de famille qu'on a pris la décision de vendre ce terrain parce que c'est la meilleure solution. Suite à cela, je me suis un peu renseigné avec les années et tout, parce que c'est toujours un peu… contestable. Après le conseil de famille, on a commencé à explorer les possibilités d'une vente juridique, légale, et on a cherché un avocat », raconte Robert, « j'aurais pu et ça j'ai voulu le faire, qu'on évalue la maison, mais je me suis dit dans deux ans, trois ans, ce gars-là il va me dire : "Oh tiens, il est de connivence avec les gens, ils ont sous-évalué la valeur de la maison, ils vont tout remettre en question." Donc j'ai dit : "Non, on le fait selon la loi." Et il n'y a rien de décidé en douce […] C'était une formalité juridique à faire pour qu'il y ait une décision qui ne soit pas seulement portée par nous, qu'il y ait un cachet », poursuit-il (Cotonou, février 2013).

Cette remarque rejoint celle de nombreux héritiers dans les différents types de procédures : c'est l'idée que le tribunal, comme autorité étatique, permet de donner un caractère officiel à une décision familiale et de la rendre ainsi incontestable.

Enfin, il y a ceux qui mobilisent ces procédures « obligatoires » comme prétextes, comme une opportunité pour marquer leur désaccord. L'homologation du PVCF fait alors office d'excuse pour, une fois la procédure engagée, faire part au juge d'éventuels désaccords ou d'une mauvaise gestion. C'est le cas de nombreuses veuves qui osent rarement s'opposer ouvertement à la famille de leur époux. Craignant d'être exclues de la gestion du patrimoine, chassées de la maison ou simplement de voir la procédure indéfiniment retardée par les enfants ou les frères et sœurs du défunt, elles préfèrent prétendre coopérer. Elles profitent ensuite de l'audience destinée à l'homologation pour marquer leur désaccord avec la décision prise en famille. Les veuves mobilisent également le tribunal pour demander la vente ou le partage des biens, en particulier lorsque les enfants sont mineurs et à leur charge. C'est le cas de la belle-sœur de Lucien, Francesca. Comme elle n'est pas mariée, c'est Lucien, le frère de son époux, qui a été nommé administrateur des biens par le tribunal. D'un commun accord avec l'ensemble de la famille, il est également décidé que le patrimoine ne sera pas vendu avant la majorité des enfants. Francesca mobilise alors le tribunal pour faire pression sur Lucien et ses frères afin qu'ils contribuent à leur éducation. Lucien raconte :

> « À chaque fois qu'on nous convoque, on va au tribunal, on dit : "On doit subvenir aux besoins des enfants." On a compris après que c'est la veuve qui est allée voir ses relations pour faire pression sur la présidente du tribunal. Je n'ai pas hésité, j'ai écrit aux banques. [...] J'ai remis les sous, contre décharge. Elle a signé devant la présidente du tribunal. [...] Des semaines après, on nous convoque encore. On nous demande le compte de la troisième banque. [...] Depuis ce jour-là, je ne veux plus me déranger pour ça. Je me suis gêné pour ça, je me déplace chez les banques sur mes propres sous. J'ai pris quelques sous, maintenant on dit de remettre tout à madame, on n'a pas pensé à mes frais de déplacement » (Cotonou, décembre 2012).

D'autres saisissent le tribunal de manière presque préventive : craignant que la famille de leur époux n'accapare les biens, elles introduisent une demande pour qu'un liquidateur soit désigné. Saisir le tribunal permet alors de se protéger :

> « Étant donné qu'on est en Afrique, je m'attendais à ce qu'ils s'accaparent des biens, mais ça n'a pas été le cas, fort heureusement. Ils ne sont pas venus récupérer les biens du mari défunt, ils n'ont rien réclamé. Peut-être parce qu'ils savaient que sinon, je retournerais au tribunal », explique Fatiha, une veuve d'une trentaine d'années.

*L'époux de Fatiha est décédé en 2011 et fut immédiatement enterré, selon la tradition musulmane. Il laisse une veuve, ses deux enfants ainsi que deux autres enfants – l'un mineur, l'autre majeur – nés hors mariage, issus de deux femmes différentes. Estimant qu'il serait mal vu de se soucier immédiatement des biens, les frères et sœurs du défunt ont alors demandé à Fatiha d'attendre l'organisation du conseil de famille. Fin 2011, elle se rend néanmoins au tribunal et demande la procédure à suivre pour liquider une succession. Elle y obtient le formulaire à remplir pour homologuer un PVCF. La réunion est organisée quelques mois plus tard : la famille choisit la veuve, conformément au Code, et le frère aîné du défunt comme coliquidateurs. Lors d'une seconde audience, six mois plus tard, Fatiha demandera que chacun des héritiers puisse obtenir sa part.*

Pour les veuves ou pour celles qui, bien que non mariées, sont mères d'enfants mineurs, mobiliser le droit permet de faire face à la famille de leur époux. Cela permet aussi de mettre à distance la famille élargie, parfois perçue comme une menace ou une source de problèmes potentiels :

> « Je me dis, étant donné que la maison aujourd'hui est gérée par la tante avec qui je n'ai pas de liens, je me dis que c'est plus facile de vendre et de savoir qu'on coupe tout lien et qu'on n'a pas de problème demain », explique Fatiha (Cotonou, mars 2013).

Pour les héritiers, effectuer ces formalités au tribunal représente une manière de s'affirmer face à la « grande famille », en particulier les frères et sœurs du défunt. Une fois le tribunal saisi, ces derniers estimeront souvent que la gestion de l'héritage n'est plus de leur ressort.

### 2.4.2. Réclamer des droits et des biens

Lorsqu'il ne s'agit pas de désigner officiellement un gestionnaire, mais plutôt de « se soulever » contre une injustice, les héritiers hésitent souvent plusieurs mois, voire plusieurs années, avant de saisir le tribunal. Les éléments déclencheurs sont divers, allant du ras-le-bol après de nombreuses années de tractations familiales, à une situation financière délicate ou à un acte interprété comme une provocation de la part de la partie adverse. Selon les circonstances et les conseils de leur entourage, l'urgence de la situation en termes de ressources financières et l'intervention plus ou moins grande de la famille, ils attendent plus ou moins longtemps avant de saisir le tribunal.

Dans ce genre de dossiers, comme dans celui des sœurs Bédié par exemple, les demandeurs contestent la répartition des biens communs et se basent, pour ce faire, sur les principes du Code. Saisir le tribunal a alors pour but de contester les hiérarchies familiales et les conditions d'accès aux biens communs. Bien plus que de tirer avantage de formalités administratives pour faire pression, il s'agit ici d'avoir recours au tribunal comme un forum bien plus avantageux que les assemblées familiales. L'on retrouve ici l'idée de *forum shopping* et du droit comme « arme des petits », ou comme un argument au service de ceux que les hiérarchies familiales relèguent au second plan, voire excluent du partage des biens. Les contradictions entre les deux types de normes et de forums, la loi et le tribunal d'un côté, les normes familiales et la sphère privée de l'autre, sont particulièrement bien illustrées par le discours de la famille Kokou.

*Le père Kokou, opérateur économique installé dans plusieurs pays d'Afrique, s'éteint en 1962 au Gabon. Il laisse une seule épouse officielle au Bénin, mère de sept enfants, tous mineurs à l'exception de Léon et Marius, les deux aînés. Il laisse également trois enfants hors mariage : une fille au Bénin et des jumeaux au Gabon, encore bébés.*

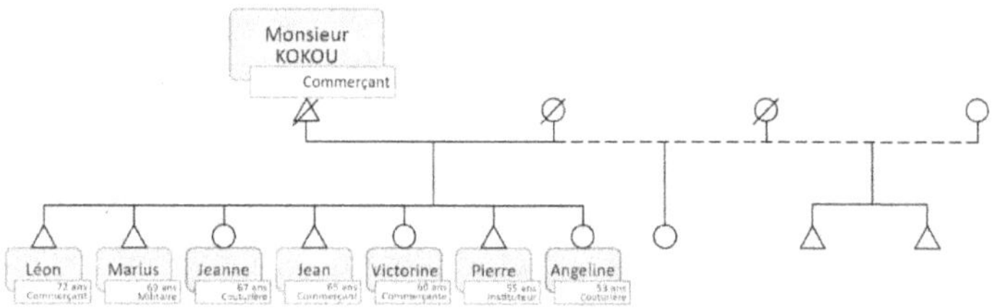


*Avec l'aide d'un notaire, on désigne deux administrateurs provisoires : la veuve et le frère du défunt. Celui-ci est également tuteur des enfants mineurs. À l'époque, Angeline n'a que huit ans.*

*Après les funérailles, Marius s'engage à l'armée et Léon retourne au Gabon, où il résidait avec son père avant son décès. La veuve lui demande de faire prospérer les biens qui s'y trouvent et d'agrandir la maison qu'elle occupe avec ses enfants. Gérant les biens situés au Gabon – deux maisons et un débit de boissons – Léon envoie régulièrement de l'argent à sa famille. D'après Victorine, l'une de ses sœurs, il profite largement des biens communs : les propriétés de leur père et les revenus qu'elles génèrent permettent à Léon d'acquérir de nombreux terrains au Bénin. Au début des années 1970, il fait construire sur la parcelle familiale de Cotonou, non seulement pour ses frères et sœurs, mais bâtit également une trentaine d'appartements dont il récolte les loyers.*

*La veuve décède en 1980. Son testament désigne Léon comme successeur en tant qu'administrateur des biens. En 1993, il rentre définitivement au Bénin. En 2003, après avoir réuni ses frères et sœurs, il décide de vendre le dernier immeuble situé à l'étranger. La vente rapportera plus de 60.000.000 FCFA (91.000 euros). En tant que « patron », Léon décide du mode de partage : chacun reçoit 3.500.000 FCFA (5.300 euros), à l'exception des jumeaux et de l'autre enfant hors mariage à qui l'on ne donne que 3.000.000. Léon prélève également 1.500.000 (2.250 euros) pour ériger la tombe de son père et organiser une messe – qui, selon Victorine, n'a jamais eu lieu. Les fonds restants permettent de payer les démarcheurs, ainsi que les frais de change. Une fois ces transactions effectuées, il reste 10.000.000 FCFA (15.000 euros). Léon décide de s'attribuer la somme :*

> « Je me suis dit : “Ce terrain qui a été vendu, c'est moi qui ai mis ça en valeur : c'est moi qui ai construit tout ce qui est dedans. Donc, je les prends, pour relancer mes affaires.” » (Léon, avril 2013).

*En 2010, les femmes de la famille décident de remettre ce partage en question. Elles convoquent tout d'abord Léon chez un huissier : ce dernier s'y rend, y présente la décision du juge qui le nomme administrateur et explique qu'il a mis en valeur le bien vendu. L'auxiliaire de justice le laisse partir.*

*Trois ans plus tard, la benjamine, Angeline, engage un avocat pour introduire une demande au tribunal. Elle y conteste la gestion de Léon. Si elle a agi seule, ses sœurs, une fois au courant de la procédure, approuvent en secret : bien qu'elles n'osent pas le dire ouvertement, elles s'estiment également lésées. Pour les aînés de la famille, par contre, cette convocation est un véritable manque de respect : « Une fille comme ça qui m'injurie. Ma petite sœur, que nous avions élevée [...] Sa première machine à coudre, c'est moi qui lui ai achetée », se rappelle Marius, à qui Léon avait confié la gestion des biens de nombreuses années plus tôt (Cotonou, avril 2013).*

Saisir le tribunal, c'est donc passer du domaine du partage à un esprit de calcul. Il faut formaliser les biens et les titres, évaluer les dépenses réalisées par l'administrateur des biens, les revenus de la succession, la manière dont ils ont été répartis. On passe d'une économie de la réciprocité à une logique comptable. Les réactions des deux frères, celle de Léon qui refuse de rendre compte de sa gestion, tout comme la dernière remarque de Marius, illustrent parfaitement cet aspect central du recours au droit et toutes les tensions que génère, ensuite, l'introduction d'une logique de calcul strictement économique dans la sphère familiale.

### *2.4.3. Mobiliser l'autorité de l'État*

« Le tribunal, c'est le sommet ». C'est ainsi qu'Agnès, une commerçante de 43 ans, conclut le récit du conflit qui l'oppose à ses frères et sœurs. Quelques années plus tôt, elle avait décidé d'engager un avocat pour saisir le tribunal et régler la succession de son père.

*Agnès est née dans une famille polygame. Son père avait trois femmes avec lesquelles il s'était marié selon la coutume. Sa première femme, la mère d'Agnès, lui a donné cinq enfants. La deuxième épouse eut trois garçons et une fille. C'est l'aîné de cette deuxième épouse, Gildas, qui s'oppose aujourd'hui au reste de la famille. La troisième femme eut trois enfants dont seule la benjamine est toujours en vie.*

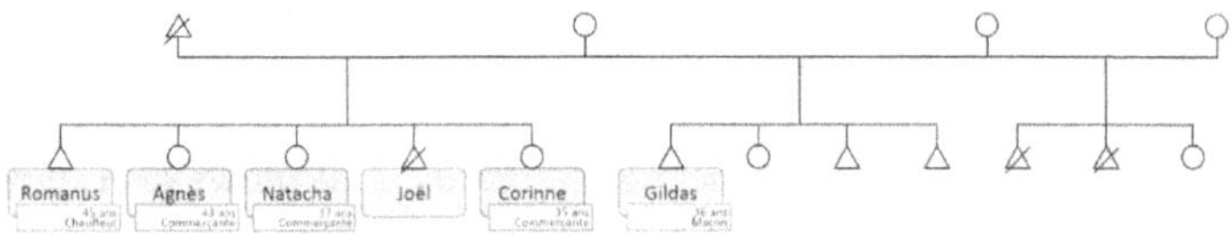


*Leur père était homme d'affaires et possédait de nombreuses parcelles à Accra, Lomé et Cotonou. Quelques mois avant sa mort, il confia à ses enfants que la maison familiale était immatriculée au nom de Gildas. En effet, sous le régime de Kérékou (1972-1990), les citoyens béninois ne pouvaient être propriétaires de plusieurs parcelles. Rédigée en 1988, la convention de vente fut établie au nom de Gildas, qui n'avait que douze ans à l'époque. Après les funérailles, les héritiers organisèrent un conseil de famille dans leur ville d'origine, à Abomey. C'est Romanus et Agnès, les aînés, qui furent choisis comme administrateurs. Mais lorsqu'il fut question d'établir la liste des biens, Gildas s'opposa à ses frères et sœurs et revendiqua la maison de Cotonou, dont il possédait le titre de propriété. Les oncles et tantes essayèrent de lui faire entendre raison, sans succès.*

> « C'est là que nous, on a décidé d'aller à la justice parce que tout le monde nous dit d'aller à la justice. Sinon, il y aura bagarre, des choses qu'on ne peut pas dire. C'est pour ça qu'on a suivi les conseils de nos parents, pour qu'il y ait la paix », explique Corinne, « si nos familles n'avaient pas dit ça, la bagarre viendra. Et comme nous nous

n'aimons pas nous bagarrer, nous sommes partis au tribunal » (Cotonou, novembre 2012).

*Malgré les inconvénients possibles et les éventuelles manigances de leur adversaire, le tribunal représente une forme d'autorité qui s'impose à tous les citoyens :*

> « Quand la justice fait, même si c'est un peu tard, ça serait raisonnable. Et si quelqu'un a appris cette histoire, il doit savoir que nous les enfants, nous sommes patients. [...] Même quand la famille nous appelle pour dire : "Où en est l'affaire ?" On dit : "Ah, c'est dans la main du gouvernement." » (Corinne, Cotonou, novembre 2012).

Associé à l'État, le tribunal est, pour les héritiers qui le saisissent, l'instance au sommet de la pyramide des modes de résolution des conflits. Il représente une forme d'autorité à laquelle les désaccords peuvent être confiés et propose par conséquent une solution qui s'impose à tous : à l'adversaire comme aux membres de la famille élargie. Autrement dit, saisir le tribunal permet de mobiliser le pouvoir symbolique de l'État et sa capacité à rendre des décisions contraignantes pour les parties.

Cette conception de l'État et de la justice, dans un contexte où les attentes des usagers contrastent avec les discours, largement répandus, sur la corruption et le dysfonctionnement des services publics, est loin d'être spécifique au Bénin. Gallagher (2006) évoque notamment le cas des travailleurs en Chine, qui placent de grands espoirs dans le système judiciaire. Selon elle, leurs attentes sont liées à une véritable propagande médiatique de la part de l'État qui, après avoir réformé le système judiciaire, y fait référence comme une arme que les citoyens peuvent saisir. Une fois leur plainte introduite, les travailleurs sont pourtant déçus du manque de résultats, estimant que la loi est une arme finalement peu efficace. Au Congo, Rubbers et Gallez (2012) décrivent eux aussi ces contradictions entre une vision idéalisée de l'État et l'expérience concrète des citoyens dans les services publics. Selon eux, c'est plutôt à travers l'éducation, les médias et les discours officiels que cette image est intériorisée. Face aux difficultés concrètes lorsqu'ils saisissent la justice, les justiciables se raccrochent à l'idée que, même s'ils sont corrompus, les juges sont malgré tout tenus de respecter la loi. C'est l'idée qu'un jour, la justice finira par triompher.

Le cas des héritiers béninois confirme ce constat selon lequel dans des pays « en voie de développement » où les administrations sont souvent décrites comme corrompues et dysfonctionnelles, les usagers n'évitent pas le système judiciaire pour autant. Ils y placent de grands espoirs, pour des raisons diverses.

## 2.5. Les « modes alternatifs de résolution des conflits »

Dans la plupart des pays du monde, les réformes de la justice les plus récentes incluent la possibilité pour les parties de procéder à un règlement amiable. Selon les pays et les matières, il s'agit tantôt d'un outil pour les juges qui peuvent le rendre obligatoire, tantôt d'une option avant le recours au tribunal de première instance, en droit commercial ou en droit familial. Cette résolution alternative d'un conflit peut prendre différentes formes : une conversation destinée à permettre un arrangement, une sensibilisation de manière à faire comprendre aux uns et aux autres leurs torts et leurs droits, une décision rendue par une tierce partie (Resnik, 1995). Elle s'applique à toutes les échelles, entre États souverains et entre particuliers. Sous l'impulsion des bailleurs de fonds internationaux, ces pratiques s'étendent aujourd'hui au continent africain (Nader & Grande, 2002). Au Bénin, les héritiers identifient différentes instances de médiation, plus ou moins officielles et institutionnalisées.

Le Code de procédure civile et judiciaire de 2001, adopté sous la pression du MCA, définit les tribunaux de conciliation[50] comme premier échelon de l'infrastructure judiciaire. Nombreuses sont également les associations qui organisent des activités de sensibilisation, de médiation à destination des citoyens. Les héritiers en identifient deux : l'une à Cotonou, sous la forme d'une radio, l'autre à Calavi sous la forme de l'un des centres d'aide juridique d'une ONG. Ces trois instances de médiation ont des points communs, tant dans leur manière de fonctionner que dans la manière dont les usagers les perçoivent. Elles sont également différentes à plusieurs égards : elles bénéficient de degrés d'institutionnalisation, de professionnalisation et de reconnaissance des pouvoirs publics très différents. Comment ces modes « alternatifs » de résolution des conflits sont-ils utilisés par les parties d'un litige potentiel ?

Enfin, si certains héritiers saisissent le tribunal après une tentative de médiation, aucun d'entre eux ne fait par contre la démarche inverse. Une fois le tribunal saisi, les parties ne font jamais « marche arrière »,

---

50 Je reviendrai sur ces tribunaux au point 2.5.3.

si ce n'est pour abandonner la procédure, confirmant ainsi cette représentation du tribunal comme « au sommet » de la pyramide des voies de recours. Dans les itinéraires des participants, ces instances de médiation représentent soit une première étape, soit une alternative. Se pose alors la question des solutions trouvées et du rôle du droit au sein des différentes instances.

### *2.5.1. Radio Cotonou, des « call in shows » à la médiation*

Depuis la vague de démocratisation qui a soufflé sur l'Afrique de l'Ouest au début des années 1990, les médias, et en particulier la radio, prennent une importance grandissante dans la vie quotidienne (Grätz, 2014). Au Bénin, des stations de radio existaient déjà depuis la période coloniale. Mais il fallut attendre 1990 pour que les ondes soient libéralisées, permettant ainsi l'apparition d'une série de radios indépendantes. En 1997, une nouvelle loi permet à des radios privées de s'installer. Elles abordent des sujets divers, critiquent le gouvernement et les politiques, mais proposent également des programmes d'actualité, de divertissement, des annonces. Dans ce contexte, grâce aux nouvelles technologies de la communication, un nouveau type d'émissions se développe : les *call in shows*, principalement axés sur les relations de couple et la vie quotidienne (Grätz, 2014).

Créée à la fin des années 1990, « Radio Cotonou » est une radio privée, l'une des rares du pays. Les programmes sont principalement diffusés en langue locale, à l'exception, plus récente, des émissions portant sur les événements politiques à l'échelle nationale. Les émissions qu'elle diffuse portent avant tout sur la vie quotidienne. Dans certains cas, les auditeurs participent : ils peuvent poser leurs questions, demander conseil aux citoyens et aux animateurs de la radio. Les questions soulevées concernent souvent la vie quotidienne : problèmes de couple, de famille, de voisinage. « Quand j'ai commencé cette émission, j'ai constaté que les gens avaient énormément de problèmes. Et je me suis dit : “On va les aider à résoudre leurs problèmes” », explique le directeur de la radio.

Les questions d'héritage sont fréquemment abordées, en particulier par les auditrices. Ainsi, Sandrine, une héritière d'une cinquantaine d'années, me raconte avoir entendu le cas d'une veuve, chassée par les enfants d'un premier mariage :

> « Quand les grands enfants sont rentrés après le décès, ils ont dit : “Tu sors, allez dehors. Et on reprend tout ce que notre père t'a laissé.” Et maintenant la femme est allée à la radio demander ce

> qu'elle doit faire. Les gens lui ont dit : "Écoute, si tu ne veux pas d'histoires, plie tes bagages avec tes deux enfants et tu leur laisses leur chose." Si ils ont l'amabilité de t'en donner dedans, c'est bien, mais même si on ne te donne rien, contente-toi de tes deux enfants », explique mon informatrice (Cotonou, novembre 2012).

L'émission a avant tout une fonction informative ou consultative pour les familles. Lorsque les héritiers souhaitent résoudre un conflit, ils doivent se présenter aux séances de médiation. Celles-ci se tiennent une fois par semaine dans le hangar qui jouxte les bâtiments de la radio. Organisées à la demande des auditeurs, ces séances étaient au départ animées par un groupe de volontaires qui comptait un ancien policier, un magistrat à la retraite, un avocat et un médecin. Le directeur de la radio avait, à l'époque, lancé un appel parmi les auditeurs afin de réunir ces volontaires et créer une association dont les membres auraient les compétences pour conseiller utilement. Mais les interventions de ces derniers se sont faites de plus en plus rares.

Aujourd'hui, l'unique médiateur est un fonctionnaire à la retraite, qui se fait appeler Da[51] par les participants. Âgé d'une septantaine d'années, il travaillait autrefois comme simple agent au ministère des Finances. À la radio, il reçoit ceux qui s'y présentent une fois par semaine, assis derrière un large bureau en bois. Après avoir écouté le(s) plaignant(s), il rédige une convocation à l'attention de la partie adverse, sur laquelle il appose le cachet de la radio. Il demande alors au « plaignant » de remettre l'enveloppe au chef de quartier[52], qui la délivrera. Si après deux tentatives, les parties concernées ne se présentent pas, la convocation est formulée à l'antenne. Si les parties se présentent, le médiateur écoute les versions des uns et des autres. Il demande ensuite des preuves des éléments avancés et, s'il y a lieu, « mène l'enquête » auprès des voisins. Il tente d'amener les parties à un accord amiable et, dans le cas contraire, les renvoie vers la police ou vers le tribunal.

L'initiative, à l'origine collective et supervisée par la radio, est donc aujourd'hui dans les mains de l'unique médiateur, Da Houénou. Cette position est devenue source de pouvoir pour ce retraité qui « mène

51 Pour rappel, ce terme, en fongbé, désigne le chef de famille.

52 Les chefs de quartiers sont des élus locaux. Ils sont choisis parmi les conseillers municipaux pour remplir le rôle de relais au niveau local. Ce sont eux qui gèrent les affaires administratives de leur quartier : ils délivrent, notamment, les certificats de résidence et cosignent les conventions de vente. Ils sont parfois sollicités pour régler les conflits entre résidents.

l'enquête » sur les « plaignants », utilisant ensuite les informations recueillies le mercredi suivant. Un pouvoir qui se manifeste aussi dans son attitude lors des séances, dont il s'estime le seul responsable. « Vous ne pouvez pas parler aux gens sans moi, sans mon accord », m'indiquera-t-il à plusieurs reprises, alors qu'il me surprend à prendre contact avec certaines familles. Ce « monopole » du contact avec les héritiers va de pair avec une forme de « shopping » (Benda-Beckmann, 1981) de la part du médiateur, qui tente de convaincre les usagers de recourir à ses services plutôt qu'à ceux du tribunal :

**Le 2/10/2012, Radio Cotonou**

Le dossier suivant concerne un abus de confiance : une mère explique avoir acheté une parcelle, pour laquelle son fils l'a aidée à réunir l'argent nécessaire. Il réclame aujourd'hui le terrain qu'il aurait payé dans son entièreté (700.000 FCFA). Da Houénou explique alors que les histoires de famille ne se règlent pas au tribunal, qu'elles se règlent ici, entre eux. Le fils proteste contre le simple fait qu'elle se soit rendue à la radio. Il estime que ce genre de choses se règle strictement en famille. « Au tribunal, le juge va te fixer, analyser tes actes, tu ferais mieux de parler ici. » Il refuse : il en parlera avec sa mère, à la maison. Le médiateur, quant à lui, s'oppose à ce que l'on parle « dans son dos » (Extrait du journal de terrain)[52].

Da Houénou insiste par ailleurs régulièrement sur le coût des procédures, la vénalité des fonctionnaires, mais aussi sur l'idée qu'une fois la procédure engagée, les parties perdront tout contrôle sur leur dossier. Si l'enjeu financier est faible – le médiateur n'est pas rémunéré, mais demande parfois une contribution financière lorsqu'il se déplace – les séances sont par contre l'occasion d'obtenir un certain statut, d'exercer une forme d'autorité sur ceux qui y participent. Certains auditeurs refusent pourtant de se présenter, estimant qu'une radio n'a pas à se mêler de ce qui relève soit de la famille, soit du droit. Ils accusent même parfois la radio de diffamation. Da choisit alors simplement de « se retirer » par sécurité.

Les gens qui ont recours à la radio pour résoudre un conflit sont souvent des résidents de la capitale dont les ressources sont limitées : il s'agit de conducteurs de taxi-moto, de vendeurs sur le marché, de femmes au foyer ou d'employés auxquels le salaire permet à peine de subvenir à leurs besoins et à ceux de leur famille. C'est le cas d'Eliott.

53 Traduit du fongbé.

*Le 20 février 2013, Eliott se présente à Radio Cotonou. Il vient s'y plaindre de sa grande sœur, qui, il y a plusieurs années, a vendu l'une des parcelles de leur père, décédé en 2005. Eliott n'a pas été consulté, ni associé à la vente. Aujourd'hui, de retour à Cotonou, il souhaite que l'on lui rende compte.*

> « J'entends, à la radio, que ce genre de problèmes, on les résout ici. C'est pour cette raison que je suis venu. Au tribunal, ils vont vous prendre tout votre argent. Ils vont vous traîner pendant des années, et votre problème ne sera peut-être même pas résolu », explique-t-il.

*Depuis le décès de leur père, c'est Anabelle, l'aînée, qui gère ses biens : une parcelle vide et une maison située entre Cotonou et Porto-Novo. Eliott est toujours resté à distance de la famille. Il appartient à une Église pentecôtiste : sa religion l'oblige à se tenir à l'écart des cérémonies familiales « traditionnelles ». Son absence, lors des funérailles notamment, est largement décriée par le reste de la famille. En 2008, Anabelle vend la parcelle vide pour investir dans la maison de leur père. Selon elle, Eliott a été contacté à plusieurs reprises pour participer aux réunions destinées à organiser la vente et décider des travaux à entreprendre, mais il n'est jamais venu. En 2010, il apprend que les terres de son père ont été vendues. Deux ans plus tard, l'oncle qui l'héberge décède. Eliott décide alors de réclamer l'héritage de son père et se rend à la radio.*

*Le médiateur, Da, rédige une convocation à l'attention d'Anabelle. À l'issue de la première entrevue, il fixe un second rendez-vous et demande à la vieille dame de fournir les preuves de ce qu'elle avance : la convention de vente de la première parcelle et la liste des travaux et des dépenses effectuées dans la maison familiale.*

Dans ce cas, Da donnera raison à Anabelle : selon lui, les fruits de la vente ont bel et bien servi à investir dans la maison familiale. Eliott n'a donc pas à réclamer sa part. Le médiateur part du principe que l'argent a été dépensé au bénéfice de tous les héritiers. Quant à la vente, elle a été validée par le reste de la famille. Pourtant, selon les principes du droit civil, cette vente est imparfaite : Anabelle a vendu un bien indivis, sans obtenir le consentement de son copropriétaire. Eliott pourrait donc non seulement réclamer sa part de la valeur de la parcelle, mais également demander l'annulation d'une transaction pour laquelle il n'a pas marqué son accord.

En insistant, notamment, sur la valeur des documents, Da mobilise les aspects formels du droit. Il en emprunte aussi certains des modes de fonctionnement, tel l'usage des convocations, ses « enquêtes » auprès des voisins qui s'apparentent à une expertise ou son avis sur le dossier qu'il présente comme une « décision ». Par contre, les décisions dont il est question sont rarement conformes aux dispositions légales, comme le montre l'exemple qui précède. Il mobilise davantage la morale, les normes familiales. Cet ancien fonctionnaire ne dispose en effet d'aucune formation juridique, un élément souligné par les différents professionnels du droit de la capitale qui ne voient pas toujours d'un bon œil ce type d'interventions, perçues comme une forme « d'empiètement » sur leur marché. « Qu'est-ce qu'une radio vient faire là-dedans ? », s'exclame maître Simon, notaire à Cotonou, avant d'ajouter : « Les successions, c'est quand même notre boulot. Pourquoi ils [les responsables de la radio] ne font pas appel à un notaire ? » (Cotonou, octobre 2013). Da ne dispose pas non plus de l'autorité de l'État pour faire respecter ses décisions : c'est la capacité de la radio à diffuser les informations qui constitue le principal moyen de pression du médiateur. Si les héritiers convoqués se présentent et respectent les « décisions » du Da, c'est avant tout pour préserver leur réputation et celle de la famille.

### *2.5.2. Conseils et assistance juridique : l'association Droits des femmes*

Créée en 1990, l'association « Droits des femmes » a pour but de promouvoir les droits des femmes au Bénin. Financée par différents bailleurs de fonds internationaux, elle contribue à la sensibilisation et à l'éducation locale sur les questions liées aux droits des femmes. À Cotonou tout d'abord, dans d'autres villes du sud du pays ensuite, l'association met sur pied des centres d'aide juridique où les citoyens peuvent se présenter pour obtenir des conseils. Ils peuvent y ouvrir un dossier moyennant quelques milliers de francs CFA. Leur problème sera ensuite pris en charge par l'association, qui les aidera à saisir le tribunal si nécessaire.

La plupart des dossiers concernent des problèmes de couple – garde d'enfants, pension alimentaire, violences conjugales, etc. – mais il s'agit aussi, parfois, de questions successorales. Dans le cas des conflits d'héritage, ce sont souvent des veuves, à qui la belle-famille refuse l'accès aux biens de leur défunt époux, qui franchissent la porte du centre. Parfois il s'agit de filles qui s'opposent à leurs frères ou à leurs oncles. Elles y racontent leur histoire, avant que les « parajuristes » – les conseillères formées par l'association – ne leur proposent de revenir pour une séance de médiation. Souvent, les plaignantes ne donnent pas suite. Dans le cas contraire, la directrice convie également la partie adverse. Juriste de formation, c'est elle qui jouera le rôle de médiatrice, assistée de l'une des secrétaires. Chacun raconte sa version de l'histoire. La médiatrice tempère les débats, avant de tenter de trouver une solution acceptable pour tous. En cas d'échec, elle renvoie les plaignants vers le tribunal.

Fondée par une avocate, l'association est clairement étiquetée « féministe » par l'ensemble des Béninois. Elle est donc perçue comme un forum avantageux par les femmes qui souhaitent y obtenir des conseils lorsqu'elles estiment leurs droits bafoués. Alors que les administrations publiques apparaissent souvent comme des lieux plus « masculins », où il est nécessaire d'avoir des relations pour être entendu, cette association, fondée et gérée exclusivement par des femmes, représente pour elles un espace de soutien.

*En novembre 2012, Clémence se présente à Droits des femmes : veuve depuis plus de six mois, elle ne parvient plus à subvenir aux besoins de ses trois enfants. Son époux, un agent du ministère de la Santé, est décédé quelques mois plus tôt, laissant trois femmes. La première a trois enfants. Jonathan, l'aîné, est ouvrier. Ses deux frères sont étudiants. Clémence est la deuxième épouse. Elle a trois enfants mineurs. Une troisième épouse réside au village, elle aussi a trois enfants mineurs. En tant qu'unique épouse « légitime »*[54]*, Clémence a droit à une pension de veuve ainsi qu'au quart du patrimoine successoral. Mais sans l'homologation du PVCF, elle ne peut obtenir ces fonds. Elle souhaiterait que l'association fasse pression sur les enfants de ses coépouses qui, jusqu'ici, refusent d'organiser une réunion.*

*Début décembre, l'association convoque Clémence et son beau-fils, Jonathan, pour une conciliation. Celui-ci explique qu'au décès de son père, c'est lui, en tant qu'aîné, qui a pris en charge l'organisation des funérailles. Ce n'est qu'ensuite qu'il a pu percevoir le capital décès – un montant forfaitaire versé par l'État à l'attention des familles de ses fonctionnaires, censé aider à l'organisation de leur enterrement. Dans ce cas, la somme s'élève à 600.000 FCFA (900 euros), dont la moitié permet de rembourser les dépenses du jeune homme. Il dit également avoir remis 100.000 FCFA (150 euros) à Clémence, malgré les protestations de la famille. Il a confié l'argent restant à son oncle, « pour éviter les ennuis ». Ce dernier paye les frais scolaires des enfants, mais en ce*

54 Légalement mariée.

*qui concerne le reste de leurs dépenses quotidiennes, Clémence et ses enfants ne reçoivent aucune aide.*

**Le 4/12/2012, Association Droits des femmes**

Clémence et Jonathan sont tous deux présents, convoqués pour une séance de médiation avec la directrice du centre. Je me trouve face à eux, installée entre la directrice et la secrétaire chargée de rédiger le compte-rendu des échanges. Chacun commence par présenter sa version des faits. La directrice intervient ensuite.

Directrice : « Mais vous êtes quand même d'un certain âge non, et c'est votre oncle qui va gérer les affaires de votre père ? »

Jonathan : « Moi je suis encore jeune, et la famille me voit d'une certaine façon »

Directrice : « Est-ce que vous allez réunir les documents pour la pension des orphelins, de la veuve ? »

Jonathan : « J'ai commencé. J'ai montré ça à l'oncle [ ] Il m'a dit de le faire moi, de remplir, ce n'est pas compliqué »

Directrice : « Il fallait lui refuser ça ! Pour le conseil de famille, il faut un certain nombre de personnes qui sont là pour que ce soit validé. Vous ne pouvez pas faire ça seul ! Faites la réunion ! »

Jonathan : « C'est que je n'ai pas les moyens [ ] Je suis encore en train de rembourser les dettes des cérémonies. Je vais remplir les papiers mais j'attends d'avoir un peu d'argent » (Extrait du journal de terrain).

*Les membres de l'association demandent à Jonathan d'accomplir ces démarches le plus vite possible. En attendant, elles conseillent à Clémence de reprendre son activité – qu'elle avait suspendue en attendant que les cérémonies liées au décès soient terminées : « Si ton mari était gardien, tu ne serais pas là à attendre son héritage, si ? Toi-même, tu peux faire pour tes enfants », conseille la directrice.*

*Découragée, Clémence ne retournera plus à l'association. Un an plus tard, ni les cérémonies, ni le conseil de famille n'ont été organisés. Clémence a contacté les anciens collègues de son époux, qui lui ont conseillé de saisir le tribunal. Mais sans les moyens nécessaires pour engager un avocat, elle préfère renoncer : « Qu'est-ce que je vais aller faire au tribunal, je ne connais personne là-bas ! » s'exclame-t-elle (Abomey-Calavi, mars 2013).*

Dans le cas de Clémence, le Code des personnes et de la famille la désigne comme liquidatrice de plein droit des biens de son mari. Elle pourrait également être tutrice de ses enfants mineurs, et après homologation du PVCF, toucher une pension de veuve. Ces démarches peuvent être entamées dès le décès, pourvu que les parties disposent de l'ensemble des pièces justificatives. En encourageant Jonathan à effectuer rapidement les démarches et en conseillant à Clémence de prendre patience, la directrice propose une solution qui tente de ménager les normes familiales, voire même qui se rapproche davantage de ces dernières que des règles légales, en reléguant la veuve à un rôle passif. Pour les parajuristes, ces conseils, formulés sous forme de compromis, sont une concession nécessaire : c'est l'idée qu'il faut privilégier ce qui est faisable ou socialement acceptable par la famille.

> « Je peux leur parler sur le plan juridique, mais si je leur parle uniquement sur le plan juridique, je vais fausser la chose. Parce qu'une fois chez eux, qu'est-ce qu'ils pourront faire ? Donc il faut aussi leur parler sur le plan sociologique, sur le plan religieux. Leur dire de voir comment ça se passe en famille, leur faire voir ce qui est bon », explique la directrice (Abomey-Calavi, novembre 2013).

Au-delà des principes légaux, les conseillères de l'association privilégient généralement une solution juste, qui tient compte des revenus et des possibilités de chacun.

Ces solutions proposées sont souvent perçues comme une sorte de jugement définitif par les usagers. C'est le cas de Clémence, notamment, lorsque la directrice l'a encouragée à subvenir elle-même aux besoins de ses enfants. Les parajuristes bénéficient de la légitimité de l'association, de ses bailleurs de fonds et de la formation spécifique qu'elles ont reçue. Les compromis proposés aux parties sont rédigés sous forme de contrats et signés par les clients qui s'engagent à respecter une série d'obligations. Aux yeux des professionnels du droit, le rôle de l'association est dès lors légitime – bien plus que celui de la radio. C'est là l'une des différences principales entre ces deux instances de la société civile : le médiateur de la radio ne dispose d'aucune formation spécifique, alors que les membres de l'association Droits des femmes sont juristes et formées aux techniques de la médiation.

### *2.5.3. Le tribunal de conciliation, de la justice indigène à la résolution alternative des conflits*

Loin d'être une innovation récente, la médiation fait l'objet d'une longue histoire dans les juridictions béninoises. Elle découle d'un système dualiste, dont les aspects « traditionnels » étaient destinés à être petit à petit assimilés au droit d'inspiration française (Kohlhagen,

2008). Je m'intéresserai ici au rôle des tribunaux de conciliation (TC), issus de la justice « indigène », dans la résolution des conflits d'héritage. Leurs fonctions ont été récemment redéfinies dans la loi sur l'organisation judiciaire de 2001. Qui y a recours, où et pourquoi ?

La création des tribunaux de conciliation au Bénin remonte à la Loi portant organisation judiciaire de 1964. Cette dernière mettait fin à la dualité des juridictions qui caractérisait la période coloniale en calquant l'ensemble de son système judiciaire sur celui du droit français. Désormais, les anciennes juridictions indigènes, devenues tribunaux coutumiers en 1946[55], devenaient des tribunaux de conciliation. Ils étaient compétents pour tous types de litiges, à l'exception des questions liées au droit du travail. Leurs décisions, confirmées par le tribunal de première instance le plus proche, avaient alors force exécutoire pour les parties (Loi n° 64-28 du 9 décembre 1964). Ce type d'organisation judiciaire prit fin en 1981.

Vingt ans après l'indépendance, la carte judiciaire du Bénin se trouva modifiée par le pouvoir dit « révolutionnaire ». En effet, si le régime militaro-marxiste modifia peu les lois applicables, il remplaça par contre l'architecture judiciaire. La justice était alors perçue comme corrompue et trop éloignée des justiciables. La loi du 23 mars 1981 portant organisation judiciaire créa donc de nouvelles juridictions, modifia leur composition et les tenues règlementaires et attribua davantage de pouvoir aux élus locaux. Le texte prévoyait ainsi la création de 81 tribunaux populaires de district – dont seulement 23 virent le jour – et de 6 tribunaux populaires de province. Les tribunaux de conciliation, dès lors qualifiés de « tribunaux populaires locaux » et « tribunaux populaires de commune », se firent plus nombreux dans les différents villages, les quartiers des villes et les communes. Les chefs traditionnels, les chefs de quartiers et d'arrondissements jouèrent un rôle central dans la résolution des conflits (Tchantipo, 2013). Cette organisation prit fin en 1990. Les juridictions créées durant les années qui précèdent furent supprimées et la loi portant organisation judiciaire de 1964 remise en vigueur (Loi n° 90-003 du 15 mai 1990).

Sous réserve des dispositions constitutionnelles et légales concernant la Cour suprême, la justice est rendue par des tribunaux de conciliation, des tribunaux de première instance, une Cour d'appel et une Cour d'assises (Loi n° 64-28, art. 2).

---

55 Cette date correspond, dans l'histoire judiciaire du Bénin, à la suppression du régime de l'indigénat et du double statut personnel, opposant citoyens et sujets dans les colonies françaises (voir Chapitre 1).

Aujourd'hui, les tribunaux de conciliation perdent petit à petit de leurs compétences : la loi de 2001 fixe un montant maximal aux objets des disputes dont ils peuvent être saisis, leur retirant également toute compétence en matière pénale. Alors qu'ils se chargeaient initialement des actes d'état civil, cette attribution leur est retirée après l'adoption du Code des personnes et de la famille (Tchantipo, 2013). Enfin, la Loi n° 01-2013 portant Code foncier et domanial en République du Bénin fait de la tentative de conciliation une étape indispensable de la résolution des conflits fonciers en milieu rural, mais prévoit par contre la saisie du juge de première instance dans les autres cas.

Si la loi prévoit plusieurs tribunaux de conciliation dans les communes à statut particulier, à Cotonou, il n'en existe en réalité qu'un seul, dont les audiences sont suspendues depuis fin 2012 : le président, décédé, n'a pas encore été remplacé. À Porto-Novo, il n'existe qu'un seul tribunal également. Situés dans les locaux des mairies là où ils ont été créés, les TC sont composés d'un président, d'un secrétaire et de deux ou trois assesseurs coutumiers selon les besoins de la localité. La formation de ces agents, assurée par le MCA, fait l'objet d'un canevas précis, repris dans *Le manuel de l'animateur du tribunal de conciliation*.

Le président est choisi par le président du tribunal de première instance sur proposition du maire et nommé par décret. Pour ce faire, le président du TPI compétent écrit au maire, lui demandant d'établir une liste de candidats. Un appel à candidature est lancé, visant à présélectionner six personnes sur base d'une lettre de motivation, d'un acte de naissance et d'un extrait de casier judiciaire. Accompagné du procureur ou d'un substitut, le président du tribunal se rend à la mairie pour entendre les candidats. Il en choisit deux parmi les personnalités respectées de la localité, sur les conseils du maire : un titulaire et un suppléant. Ces deux noms sont ensuite transmis au ministère qui, après consultation du maire, est censé nommer les animateurs par décret. Le président du TC doit être remplacé tous les deux ans, mais depuis 2004, à Calavi, c'est toujours le même tribunal qui siège. La dernière tentative de renouvellement date de 2013, mais la procédure est restée en suspens une fois transmise au ministère. « Pourquoi ça n'a pas abouti ? En Afrique, le ministère est mystique », remarque Salim, le secrétaire, avant de poursuivre : « Moi je me suis dit qu'ils n'accordaient pas d'importance à ça ».

Les six assesseurs – trois titulaires et leurs suppléants –, choisis parmi douze candidats, sont nommés par ordonnance. Ils font eux aussi l'objet d'une sélection par le président du TPI le plus proche avant d'être officiellement nommés par le ministère.

> « La loi n'a pas vraiment prévu de critères de sélection. Mais moi je fais quand même une sélection, une sorte d'interview. Comme ce sont souvent des gens qui sont à la retraite, je m'assure qu'ils ont toujours les capacités mentales. Je fais une interview où je leur demande pourquoi ils veulent être assesseur, je teste leur aptitude de calcul mental, je leur pose des questions d'actualité. Maintenant, pour le président du TC, on est plus exigeant, on tient compte des diplômes », explique le juge Alain, président du tribunal de Calavi (avril 2015).

Enfin, le secrétaire n'est autre qu'un fonctionnaire, choisi par le maire, détaché auprès du tribunal de conciliation. Salim, secrétaire du TC Calavi, raconte :

> « Parmi tous ceux proposés par le maire, c'est moi qui ai été choisi. Je ne sais pas pourquoi, moi je n'avais rien demandé. Avant, j'étais secrétaire d'arrondissement, chargé des affaires domaniales. Peut-être que c'est pour ça qu'on m'a choisi » (Abomey-Calavi, avril 2015).

Les anecdotes qui précèdent illustrent une représentation plutôt fréquente des sphères politiques comme opaques – dans ce cas, le ministère de la Justice. Elles laissent aussi entrevoir les arrangements pratiques qui permettent au tribunal de conciliation de fonctionner, malgré le manque de personnel : le fait de garder ses anciens membres, par exemple. Elles montrent, enfin, le sentiment de manque de reconnaissance des agents de ces tribunaux de conciliation, pourtant établis par la loi.

À Cotonou, le TC, situé en plein centre-ville, n'est jamais saisi pour résoudre des conflits : il est principalement sollicité pour obtenir des documents administratifs tels les copies d'actes de naissance. Lorsqu'il s'agit de résoudre un conflit, les héritiers se rendent prioritairement au tribunal de première instance. Dans l'agglomération voisine, par contre, il a joué pleinement ce rôle d'instance de résolution des conflits. Jusqu'en 2011, la ville d'Abomey-Calavi ne disposait pas encore de son propre tribunal de première instance. Le TPI le plus proche, celui de Cotonou, était donc relativement éloigné. Dès que le tribunal de deuxième classe d'Abomey-Calavi a été inauguré fin 2011, le nombre de demandes de conciliation déposées a diminué de manière significative. Au nombre de 47 en 2008, 27 en 2009 et 43 en 2010, elles passent à 18 en 2011, 30 en 2012, 14 en 2013 et seulement 11 en 2014. « Les gens, on les convoque, ils voient qu'on fait des enquêtes, et ils ne viennent plus. Ils vont au tribunal », raconte Salim[56] (Abomey-Calavi, décembre 2014). Le choix du forum est donc en partie fonction de l'éloignement géographique, mais aussi de manière plus large, de la familiarité des résidents avec les institutions de l'État.

Organisées dans une annexe des bâtiments de la mairie, les audiences du tribunal de conciliation de Calavi se tiennent tous les mardis. La salle, semblable à une salle de classe, compte une petite dizaine de bancs sur lesquels les parties peuvent s'installer. Pour saisir le tribunal, les usagers se plaignent à la mairie. La lettre qu'ils rédigent pour ce faire est alors transmise au secrétaire du tribunal de conciliation, qui leur donne une date à laquelle se présenter. La quasi-totalité des affaires au rôle portent sur des litiges fonciers, qu'il s'agisse d'un héritage commun, d'une contestation des limites d'une parcelle ou de l'identification du véritable propriétaire. Cette situation s'explique, d'une part, par la restriction des compétences du tribunal qui n'est désormais plus habilité à délivrer des actes de naissance. D'autre part, la question foncière et les conflits qui en découlent sont une préoccupation centrale dans cette zone en plein processus d'urbanisation.

Le président du tribunal, un ancien opérateur économique de la région, prépare l'audience dans la pièce adjacente, accompagné de son secrétaire. Ils y attendent également l'arrivée des deux assesseurs, spécialistes des différentes coutumes. L'audience se déroule ensuite sur le modèle de celles du tribunal de première instance. Bien qu'ils ne soient pas vêtus des robes noires des juristes, les membres du tribunal entrent dans la salle et le secrétaire, Salim, fait signe aux parties de se lever à son arrivée. Les quatre hommes s'installent ensuite, le président frappe la table de son marteau, déclarant l'audience ouverte. Il procède à l'appel du rôle, retient les dossiers dont les parties sont présentes, renvoie les autres à une date ultérieure, pour laquelle il consulte son secrétaire. Toutes les séances se déroulent en fongbé, ou en minan, les deux langues couramment parlées par les membres du tribunal. L'ambiance est plus informelle qu'au sein des juridictions étatiques, les parties sont plus décontractées, même si les références à l'État, mêlées à des normes sociales ou familiales, sont fréquentes pour justifier l'autorité du tribunal.

---

56 Cette remarque confirme également l'idée, énoncée plus haut, selon laquelle les instances de médiation privilégient le juste au légal.

**Le 26/10/2012, tribunal de conciliation de Calavi**

Alors que le témoin s'exprime, un jeune homme, le fils du demandeur, se lève soudain pour contester les résultats de l'expertise réalisée par le tribunal. Le président s'emporte :

Président : « Tu ne peux pas te lever pour parler à tort et à travers comme ça. Encore moins pour parler à la place de ton vieux, alors qu'il vit, qu'il est là même. C'est la loi qui nous a institués, tu ne peux pas te lever et commencer à parler. Il faut demander la parole. Tu ne peux pas être en train de nous narguer ici, tu peux même être ministre, tu dois nous respecter » (Extrait du journal de terrain).

Lorsque les parties sont présentes, on procède à leur audition. Le président demande alors à chacun de fournir deux témoins. Après les avoir entendus, le tribunal effectue un transport judiciaire : le président, son secrétaire et les assesseurs se rendent sur les lieux pour y évaluer la situation et interroger d'éventuels témoins. C'est l'étape de l'expertise[57]. Ensuite, le tribunal convoque à nouveau les parties, met en évidence leurs droits et leurs torts. Les résultats de l'expertise sont annoncés lors de l'audience publique, les détails concernant chacune des parties leur sont donnés individuellement, lors d'une séance privée avec le président et son secrétaire. C'est lors de cette séance qu'une conciliation est tentée. Le président essaye de raisonner chacune des parties. Si elles acceptent un règlement amiable, un extrait minute est rédigé, attestant de leur accord.

Le PV de conciliation est transmis au tribunal de première instance dont il dépend pour homologation. Les parties se présentent et marquent leur accord devant le juge. Dans le cas contraire, c'est le PV de non-conciliation qui est transmis. Le juge compétent est alors automatiquement saisi, le dossier enrôlé au tribunal de première instance. Le PV est destiné à aider le juge à rendre une décision plus rapidement.

## 2.6. Les usages de la médiation à Cotonou

Dans les lois, les politiques publiques et les textes scientifiques, la médiation est décrite comme appartenant à la catégorie plus large des « modes alternatifs de résolution des conflits ». Or, les instances de conciliation et la justice étatique ne représentent pas toujours deux

---

57 Il s'agit du terme utilisé.

solutions susceptibles d'être mises sur un pied d'égalité. Dans les paragraphes qui suivent, je reviendrai sur trois usages de la médiation à Cotonou et dans ses alentours : elle est tantôt décrite comme une passerelle vers le tribunal, tantôt comme un substitut lorsque le tribunal semble inaccessible ou, enfin, comme une alternative à la justice étatique.

### *2.6.1. La médiation comme passerelle*

Si l'expérience de Clémence à Droits des femmes[58] fait plutôt figure d'échec, dans d'autres cas, les plaignantes se sentent soutenues par les conseillères qui, lorsque la médiation échoue, leur proposent de saisir la justice. La conciliation est alors conçue comme une passerelle vers le tribunal. Ce constat est également valable dans le cas de Radio Cotonou : la plupart de ceux qui s'y rendent disent être incapables d'avancer les frais d'ouverture de dossier chez un avocat. C'est le cas de Bernadette, 68 ans, vendeuse sur le marché. Le 9 octobre 2012, elle se présente à Radio Cotonou pour exposer son problème : son frère Jean, à qui l'on avait confié les papiers des parcelles de leur père, refuse de partager l'héritage.

> *Décédé en 1958, le père de Bernadette avait laissé une maison au centre-ville ainsi que plusieurs terrains dans la région de Ouidah*[59]*. Il laisse quatre enfants : Gertrude, Patrick, Jean et Bernadette. Leur oncle gère la succession jusqu'à ce qu'ils soient majeurs. Ensuite, il remet les titres de propriété des biens aux enfants. D'un commun accord, ces derniers les confient à Jean : en tant que douanier, c'est lui l'intellectuel de la famille. Quelques années plus tard, Patrick décède. Seul homme survivant, Jean s'empare des biens. Il gère la maison de Cotonou et vend certaines des parcelles sans consulter ses sœurs.*
>
> *Au début des années 2000, Bernadette, dont le petit commerce lui permet à peine de subvenir à ses besoins, demande sa part de l'héritage paternel. En 2008, une première réunion familiale est organisée, sans qu'un accord puisse être trouvé : Jean refuse de vendre. Au cours des*

---

58 Pour rappel, Clémence souhaitait pouvoir accéder aux biens de son mari en remplissant les formalités d'homologation de PVCF au tribunal. La directrice du centre où elle s'est rendue l'a encouragée à prendre patience, tout en incitant son beau-fils à effectuer les démarches rapidement. Plusieurs mois plus tard, Clémence n'a toujours rien reçu de sa pension de veuve et des biens qui leur reviennent, à elle et à ses enfants.

59 Située à une quarantaine de kilomètres de la capitale, Ouidah est l'une des trois villes principales du Sud-Bénin (voir Annexe 1).

*mois et des années qui suivent, plusieurs réunions sont organisées, sans succès. Jean refuse de rembourser à ses sœurs la valeur des parcelles vendues ou de céder l'immeuble restant. En 2011, le chef de famille, un cousin des héritiers, propose de saisir le tribunal. Il accompagne Gertrude et Bernadette chez un avocat. Ce dernier demande 500.000 FCFA (750 euros) pour traiter l'ensemble du dossier, à payer par tranches. Jean refuse de participer et Bernadette n'a pas les ressources nécessaires. Gertrude, estimant qu'elle n'a pas à assumer seule les frais d'une procédure collective, renonce à saisir le tribunal.*

*Quelques mois plus tard, Bernadette se présente à Radio Cotonou : « J'écoute la radio. Au début, je voulais prendre un avocat. Et puis comme moi je n'ai pas un franc à mettre, j'ai dit : "Ok je vais venir" » (Cotonou, octobre 2012).*

Par rapport aux institutions judiciaires, Radio Cotonou s'apparente en quelque sorte à ces intermédiaires informels qui mettent à disposition du justiciable leurs connaissances des rouages administratifs ou leurs relations. À de nombreuses reprises, Da conseille à ceux qui se présentent de se rendre au commissariat du quartier, d'y présenter sa carte et de « dire que c'est lui qui vous envoie ». Il accompagne également au tribunal ceux qui doivent y retirer des documents ou qui sont convoqués.

### 2.6.2. La médiation comme second choix

*André est agent de nettoyage. Âgé de 34 ans, il a une femme et trois enfants. Il dispose d'un certificat d'études primaires (CEP), ainsi que d'un diplôme de soudeur. Son père était démarcheur et possédait par conséquent de nombreuses parcelles à Cotonou. En effet, selon l'acception la plus fréquente au Bénin, les démarcheurs sont des agents immobiliers informels[60]. À sa mort, il laisse vingt-deux enfants de trois mères différentes. La première femme a eu six enfants, dont Jeannot, l'aîné. Âgé de 55 ans, il occupe seul la maison familiale depuis plusieurs années :*

> « Personne ne peut y mettre pied. Il dit qu'il est héritier de cette maison-là, qu'on lui a attribuée. C'est notre papa qui lui aurait donné

60 De manière plus large, le « démarcheur » est aussi une forme de courtier : une personne chargée de nouer des contacts pour permettre à un client de bénéficier d'une ressource ou d'un document. C'est dans ce sens que l'on parle notamment, parfois, de « démarcheur judiciaire ».

ça, sans notre présence, sans notre avis ? Une maison dans laquelle nous sommes tous nés ? », se plaint André (Cotonou, novembre 2012).

*Dès le décès de leur père, la première épouse et ses enfants ont chassé André et ses frères et sœurs de la maison, sous prétexte qu'ils étaient « des enfants bâtards », issus d'une autre mère. Les enfants des deux dernières épouses ont attendu plus de quatre ans, espérant qu'une réunion s'organise et que l'héritage soit malgré tout partagé. Pendant ce temps, les enfants de la première femme ont vendu les parcelles entrant dans la succession.*

*En 2010, André décide de prendre un avocat pour introduire une requête au tribunal : n'ayant pas les moyens de subvenir aux besoins de sa famille, il souhaite pouvoir bénéficier de l'héritage de son père. Mais l'avocat n'entamera jamais la procédure*[61]*. Découragé par cette première expérience, André abandonne. Des voisins lui conseillent alors de se rendre à la radio du marché. Une option gratuite, mais aussi indépendante de l'État et des rumeurs de corruption qui lui sont associées :*

> « Si je maîtrise bien le tribunal, je vais aller seul là-bas. C'est le manque de moyens qui fait que ceux de là-bas, ils ne vont pas m'écouter sans l'argent. C'est ça qui m'a poussé à aller à Radio Cotonou. Les gens m'ont dit : "Si tu vas au tribunal, ils vont bouffer ton argent, ils vont te trainer pendant des années, tu n'auras rien." Ce qui se passe avec les citoyens béninois, c'est la corruption qui envahit le gouvernement » (Cotonou, novembre 2012).

Tout comme le cas de Clémence à l'association Droits des femmes, l'exemple qui précède montre que la justice étatique est parfois perçue comme inaccessible, réservée à ceux qui ont de l'argent et, par conséquent, spontanément écartée comme forum possible par certains héritiers. Si l'on n'y « connaît personne », comme Clémence, et si l'on n'a pas d'argent, impossible d'y obtenir gain de cause. La médiation semble alors représenter un second choix pour les héritiers : tantôt ils tentent leur chance au tribunal, comme André, tantôt ils y renoncent et saisissent directement les instances de conciliation.

### *2.6.3. La médiation comme alternative*

*Au tribunal depuis 2012, le dossier H. a fait l'objet d'un transport judiciaire et d'une expertise. Les héritiers sont aujourd'hui convoqués au*

---

61 Je reviendrai sur les déboires d'André avec cet avocat plus en détail dans le Chapitre 4.

*tribunal de conciliation pour entendre les résultats. Le désaccord concerne trois familles, membres de la même « collectivité ». Au Sud-Bénin, ce terme fait référence à un ensemble de familles issues d'un ancêtre commun.*

*Dans ce cas, leur ancêtre, le grand-père des parties, avait laissé trois enfants, aujourd'hui décédés : deux hommes et une femme. Le premier fonde une grande famille : il a dix enfants. Son frère cadet a deux enfants, alors que l'unique fille de la famille en a quatre. Quand elle s'en va vivre chez son époux, les deux autres héritiers et leurs enfants s'installent sur les terres de la collectivité – celles du grand-père.*

*Rémy H., descendant du fils aîné, raconte comment les enfants de sa tante, contestant le fait que leurs cousins profitent seuls de l'héritage du grand-père, se sont révoltés contre cette répartition qu'ils estimaient injuste. Ils ont déplacé les plaques qui se trouvaient sur les domaines et qui portaient le nom du propriétaire, conduisant ainsi toute la famille à la gendarmerie. Apposer des plaques sur un domaine constitue, en ville comme en milieu rural, l'un des moyens de matérialiser, et par conséquent de sécuriser, la propriété foncière. Arracher ou déplacer ces plaques est donc un acte symbolique fort. Souvent perpétré dans le cadre de contestations foncières, les victimes vont alors s'en plaindre aux forces de l'ordre. Dans ce cas, les gendarmes ont renvoyé la famille vers le tribunal de conciliation.*

*Les enfants de la tante de Rémy contestent les ventes réalisées par leurs cousins et réclament leur part de l'héritage familial, dont ils se sentent exclus. Rémy et ses frères et sœurs, en tant qu'enfants du fils aîné, occupent la plus grande partie du domaine. Ils sont également les plus nombreux : des raisons qui selon eux, légitiment la situation actuelle. Après l'expertise, le président du tribunal de conciliation rend une décision – il s'agit en réalité du résultat de l'expertise – qui servira de point de départ à la conciliation. Rémy raconte :*

> « Le tribunal a dit que la fille doit également hériter. Donc sur les 42 parcelles, chacun des enfants en auront 14. Et puis on nous a demandé de sortir. Comme suivant la loi, ils ont déjà fait le partage selon 14 parcelles. Mais comme nous sommes en matière de famille, il faut quand même qu'on s'entende » (Abomey-Calavi, avril 2013).

*Les enfants des plus jeunes cèdent alors respectivement deux et quatre parcelles aux descendants du fils aîné. Rémy et ses frères héritent donc de vingt parcelles, les descendants de son oncle, de douze parcelles et ceux de sa tante, de dix parcelles. La famille est fière d'être parvenue à s'entendre : impliquer l'État dans les affaires familiales, cela ne se fait pas ! Les frères et sœurs de Rémy décident d'ailleurs de partager d'ores et déjà la part qui leur revient :*

> « C'est ça là que nous les dix, on va partager. Les femmes prennent leur part, et tous les enfants prennent leur part. Parce qu'il ne faut pas que ce qui s'est passé recommence encore, et on va encore aller au tribunal. Non. Je peux aller au tribunal avec mon chapeau que j'ai acheté, mais avec l'héritage, et surtout la terre, que je suis venu voir ça et que je vais encore laisser, je ne peux pas aller au tribunal pour ça », explique Rémy (Abomey-Calavi, avril 2013).

Particulièrement claire dans le discours de Rémy, cette idée selon laquelle les affaires ne se règlent pas au tribunal, le plus souvent associé à la justice pénale, se retrouve chez de nombreux usagers des instances de médiation situées à l'extérieur de la capitale. La médiation est alors mobilisée non pas parce que plus facilement accessible, mais parce que considérée comme plus pertinente. Certains des héritiers qui y ont recours estiment en effet qu'une affaire de famille ne se règle pas au tribunal, associé à la notion de faute, de punition. La médiation, par contre, est perçue comme un espace de négociation. Ce n'est que lorsqu'elle échoue que les parties se tournent, éventuellement, vers le tribunal.

C'est le cas dans l'affaire qui pousse Thérèse, une commerçante d'une quarantaine d'années, à se présenter à Droits des femmes. Elle souhaite y régler les désaccords qui l'opposent à sa sœur, Rosaline, quant à la gestion de leur héritage. Les deux sœurs ne parviennent pas à se mettre d'accord sur la répartition des différentes parcelles de terre et les maisons, ni sur la manière de gérer les loyers de ces immeubles, jusqu'ici perçus par Rosaline. Devant l'échec de la médiation, les conseillères de l'association finissent par orienter les deux sœurs vers le tribunal.

> « Je sais que je ne peux pas amener ma sœur au commissariat devant la police. Donc je préfère aller là-bas [Droits des femmes] avec ma sœur, pour que la loi nous départage. Parce que j'ai beaucoup entendu que là-bas, on traite des affaires, on harmonise les gens. Mais comme elle ne voulait pas, elle ne voulait pas que Madame [la médiatrice] nous départage, elle s'est énervée, et c'est là que j'ai préféré aller au parquet pour que ceux qui gèrent les affaires familiales puissent nous départager et que ce qui est pour chacun de nous, qu'on nous remette » (Thérèse, Cotonou, avril 2013).

Rosaline accepte également d'aller au tribunal, bien qu'elle n'en voit pas l'utilité : « Je n'ai rien volé, je n'ai rien fait. Qu'est-ce que le parquet peut dire ? »

Lorsqu'elle se rend à l'association, Thérèse identifie clairement le problème comme légal – elle souhaite que « la loi nous départage » – mais comme ne relevant pas de la justice étatique. Pour elle, comme pour son aînée d'ailleurs, le tribunal est avant tout destiné à ceux qui troublent l'ordre public. La médiation devient alors une véritable alternative pour les héritiers. Elle remplace le tribunal et permet, elle aussi, de résoudre les conflits mais d'une manière différente : au lieu de « trancher », la conciliation « harmonise les gens ».

## Conclusion

Dans ce chapitre, j'ai choisi de me pencher sur les différents forums possibles pour les héritiers qui souhaitent résoudre leur différend hors de la sphère familiale. Quelles sont les différentes voies de recours et quelle place occupent-elles dans le parcours des héritiers ?

À Cotonou, les conflits éclatent lorsque l'on commence à compter dans les familles. On compte qui participe, qui était présent ou non aux funérailles. On compte qui profite du patrimoine ensuite. Dans ce contexte, si le tribunal représente un dernier recours pour la plupart des familles, le saisir permet de passer du registre de la solidarité à une logique comptable, mais aussi plus individualiste. En outre, introduire une action en justice permet de mobiliser l'autorité de l'État.

Certains saisissent le tribunal d'un commun accord, notamment lorsqu'il s'agit de désigner un liquidateur – autrefois administrateur. Les procédures s'apparentent alors à des formalités administratives, qui permettent de sécuriser des titres de propriété ou d'ouvrir un accès aux comptes bancaires du défunt. Lorsque le tribunal est saisi pour trancher un différend, par contre, le droit devient un instrument de contre-pouvoir, une « arme des petits » dans les rapports familiaux. Alors que de nombreux chercheurs décrivent le droit comme un instrument de domination qui renforce – ou du moins reproduit – les inégalités (Galanter, 1974 ; Scheingold, 1974 ; Rosenberg, 1991), les demandeurs dans les affaires de succession y voient au contraire un moyen de modifier les hiérarchies familiales, de renégocier non seulement la répartition des richesses, mais aussi les liens de parenté, notamment en « mettant à distance » ceux qui n'appartiennent pas à la famille nucléaire. Il ne s'agit donc pas de punir, mais plutôt de faire pression, d'impressionner ou de choquer. Le parcours des héritiers illustre, enfin, leur rapport à l'État, souvent décrit comme corrompu ou défaillant, mais pourtant mobilisé comme une instance légitime de résolution des conflits. Dans les discours des familles, le tribunal représente en effet l'institution la plus pertinente pour résoudre un différend : c'est celle qui est mentionnée en premier lieu, même par ceux qui décident, finalement, de ne pas y avoir recours.

Outre le tribunal, les héritiers de Cotonou et de ses alentours identifient trois autres forums qui permettent de régler un conflit hors de l'arène familiale. Ceux qui les saisissent ont, la plupart du temps, un profil différent de ceux qui saisissent les tribunaux. En effet, ces initiatives privées représentent, pour ceux qui n'ont ni les moyens financiers, ni le capital relationnel perçu comme nécessaire pour saisir le tribunal, une source d'assistance juridique gratuite ou un substitut à la justice étatique. Ces trois lieux de conciliation sont aussi davantage utilisés dans les localités voisines que dans la capitale. Ce constat permet de souligner l'importance du contexte dans la manière dont les héritiers perçoivent les services publics. Moins présents hors de la capitale, ils y sont considérés comme difficilement accessibles et par conséquent plus rarement mobilisés pour résoudre des conflits. Mais avec la construction de nouvelles juridictions, ces mêmes dynamiques évoluent : aujourd'hui, les résidents de la commune d'Abomey-Calavi mobilisent de manière croissante les institutions de l'État. Plutôt que de décharger les tribunaux, les forums qui précèdent proposent donc une « alternative » à ceux qui n'y auraient probablement pas eu recours. Les solutions proposées par des médiateurs plus ou moins professionnels, plus ou moins formés aux principes du droit, privilégient généralement un arrangement amiable juste – aux yeux du médiateur – quitte à enfreindre les dispositions légales.

Si les tribunaux et les « modes alternatifs de résolution des conflits » ont souvent fait l'objet d'analyses distinctes de la part des chercheurs, à Cotonou, les héritiers passent fréquemment de l'un à l'autre : la médiation est souvent mobilisée comme une passerelle vers le tribunal ou comme un second choix lorsqu'il s'avère inaccessible. Il est donc utile de penser en termes de parcours, ou d'itinéraire, plutôt que de choix de la part des usagers. En introduisant les héritiers auprès d'un avocat ou en les assistant dans leurs démarches, ces « modes alternatifs de résolution des conflits » sont un moyen d'obtenir le capital relationnel nécessaire pour saisir la justice.

Enfin, alors que de nombreux auteurs insistent sur le phénomène de coproduction et de privatisation des services publics sur le continent africain en général (Lund, 2006 ; Titeca & De Herdt, 2011) et au Bénin en particulier (Bierschenk, 2014b), les exemples développés dans ce chapitre permettent de montrer qu'à Cotonou, les citoyens ont massivement recours à l'État. Les initiatives privées sont peu nombreuses et rarement utilisées par les héritiers qui privilégient de loin les voies de recours officielles pour mettre un terme à leurs désaccords ou, plus exactement, pour modifier les hiérarchies familiales et la répartition des biens.

## *Chapitre 3*

# Faire l'expérience du tribunal : la justice pour les justiciables

•

*J'ai rencontré la famille Sita au tribunal de première instance de Cotonou en 2010. Christian Sita, décédé en 2003, avait laissé deux femmes et onze enfants. Quelques années plus tard, les enfants de la seconde femme comparaissent au tribunal, convoqués par la benjamine, Anna.*

*La première audience, à laquelle Pierre, l'aîné, se rend seul, est synonyme de cauchemar. « Le juge m'a harcelé, menacé, injurié », raconte-t-il. Lors de l'appel du rôle*[62]*, le juge cite les noms des parties convoquées. Ces dernières doivent alors répondre « présent » pour que leur dossier soit retenu. Dans le cas contraire, il sera renvoyé. Mais dans une salle bondée, en l'absence de micro pour le magistrat, Pierre n'entend pas son nom immédiatement. « Ce sont les gens qui m'ont appelé », raconte-t-il, « et le juge s'est énervé parce que je n'ai pas vite répondu ». Le juge retient le dossier puisque les parties sont présentes et l'évoque en chambre du conseil*[63] *deux heures plus tard. Pierre entre une nouvelle fois dans la salle et place ses lunettes sur son front : il a chaud, et la comparution devant le juge le rend nerveux, de sorte qu'il y a de la buée sur les verres. Le juge lui reproche sa désinvolture et le fait qu'il porte ses lunettes sur son front « comme un bandit ». Après cette première expérience, les héritiers décident de prendre un avocat : « On a vu qu'il faut nécessairement prendre un avocat pour défendre notre cause. [...]*

---

62 Au début de chaque audience, les juges « prennent les présences ». Ils citent les dossiers et les parties impliquées. Si ces dernières répondent « présent », le dossier est retenu. Dans le cas contraire, il est renvoyé à une date ultérieure, ou radié si les usagers ne se présentent plus depuis longtemps.

63 Les dossiers qui relèvent du droit de la famille sont entendus à huis clos, en « chambre du conseil », c'est-à-dire uniquement en présence du juge, du greffier et d'éventuels avocats. Je reviendrai sur le déroulement des audiences dans la suite de ce chapitre.

*Nous on n'est pas l'homme de la loi, on ne connaît pas les codes », explique Pierre (Cotonou, avril 2010).*

Cette anecdote illustre, entre autres, les difficultés rencontrées par les héritiers au sein des juridictions. Comme l'explique Pierre, ils n'en maîtrisent pas « les codes », qu'il s'agisse des règles de procédure ou simplement des normes implicites. Bien sûr, tous les récits des premières expériences ne sont pas similaires à celui de Pierre. Si les premiers chapitres de ce livre m'ont permis de décrire les discours de ceux qui ont saisi le tribunal et leurs attentes face à la justice, je m'intéresserai ici à la manière dont ils décrivent ensuite leur expérience au tribunal, une fois la procédure entamée. Quels sont les modes de compréhension de la justice et la manière dont les héritiers s'en approprient les principes pour obtenir gain de cause ?

Parmi les anthropologues qui s'intéressent à l'État local en Afrique, rares sont ceux qui se préoccupent du point de vue des justiciables (Rubbers & Gallez 2012 ; Crook 2004). Leurs attentes, leurs stéréotypes sur la justice et le fonctionnement des services publics en général se trouvent, une fois leur demande déposée, confrontés à l'expérience concrète du tribunal. Quelles sont les stratégies[64] mises en place par les héritiers pour améliorer le traitement de leur dossier ?

L'expérience des héritiers qui saisissent le tribunal est loin de se limiter aux contacts avec les greffiers et les secrétaires, aux interactions dans les couloirs. Il s'agit également de se rendre à l'audience, d'y plaider sa cause, d'interagir avec le juge et les avocats éventuels, qu'il s'agisse des siens ou de ceux de la partie adverse. Tout l'enjeu repose alors sur le témoignage des héritiers : il s'agit de convaincre le juge de leur donner raison ou, du moins, de trouver solution à leur problème. Ces différents aspects de l'expérience des justiciables me permettront d'identifier les spécificités de l'administration judiciaire comme service public. Je réfléchirai également, à l'instar de Rubbers et Gallez (2015a), à la place du droit et des normes formelles dans les tribunaux. Je m'intéresserai, enfin, aux conséquences des procédures sur les relations entre héritiers.

---

64 J'utiliserai le terme « stratégie » dans le sens de la sociologie des organisations : comme un ensemble de choix, d'actes rationnels qui visent à atteindre un objectif, à « jouer le jeu » et à remporter celui-ci. Je m'inspirerai également des critiques et de l'usage qu'en fait Olivier de Sardan (1995) : les stratégies décrites ici correspondent à des logiques d'actions observées et répétées sur le terrain.

## 3.1. Les administrations africaines et leurs usagers

Suite à la conférence nationale de 1990, l'État béninois décide de revoir le fonctionnement de ses services publics. En 1996, le rapport des états généraux de la justice fait office d'état des lieux en ce qui concerne l'administration judiciaire. Ce rapport constitue la première étape des nombreuses réformes entreprises au cours des années suivantes. Dix-sept ans plus tard, un second rapport dresse un nouvel état des lieux, insistant cette fois sur la notion d'« accès à la justice » pour les citoyens. Pourtant, si ces questions sont au centre des débats politiques, rares sont les chercheurs qui se penchent sur le fonctionnement concret de l'appareil judiciaire béninois (Bako-Arifari, 2006 ; Bierschenk, 2008).

### *3.1.1. Le système judiciaire comme administration publique*

Peu abordée jusqu'ici dans la littérature, la justice béninoise fait surtout l'objet de travaux qui visent à comprendre le fonctionnement des administrations publiques en Afrique. Ces travaux s'intéressent particulièrement à la thématique de la corruption ou, plus généralement, de la « gouvernance réelle » des tribunaux, au comportement des fonctionnaires et aux différentes logiques qui le sous-tendent.

Tidjani Alou (2007) s'intéresse notamment à la corruption dans le système judiciaire au Bénin, au Niger et au Sénégal. Selon lui, il règne dans ces trois pays un sentiment de soupçon généralisé à l'égard des juges et de leur intégrité. Aux registres classiques de la corruption dans les administrations publiques s'ajoute une pratique spécifique au milieu judiciaire : la négociation des peines. En découle, selon lui, un sentiment de peur et d'insécurité face au système judiciaire. Bako-Arifari (2006) se concentre sur le cas du Bénin. Il décrit l'organisation d'un système judiciaire obsolète : les lois, les bâtiments et les procédures datent, pour la plupart, des années qui précèdent l'indépendance. Alors que le nombre de tribunaux est identique à celui de 1960, la population du pays a doublé. Le personnel est largement insuffisant et par conséquent débordé, sous-payé et, en raison de l'absence de financement alloué aux juridictions, contraint de fonctionner sur base des frais d'actes imputés aux justiciables. Selon l'auteur, c'est ce contexte qui contribue, en partie, à expliquer les pratiques liées à la corruption. Bierschenk (2008) envisage cette question de la corruption dans le contexte plus large du fonctionnement de la justice au Bénin.

Le phénomène s'inscrit selon lui dans un cercle vicieux, où la privatisation informelle est nécessaire au fonctionnement quotidien de l'administration judiciaire, mais renforce également ses défauts. Il décrit les stratégies mises en place par les justiciables pour éviter de tomber dans ce « trou noir » que représente le système judiciaire : ils mobilisent le registre informel, recourent à des formes alternatives ou « privées » de résolution des conflits, ou mobilisent leurs ressources pour s'assurer un traitement favorable de la part des agents de l'État. Cette dernière pratique influence avant tout le rythme des procédures, de sorte que la lenteur du système judiciaire est souvent associée, pour ceux qui en sont victimes, aux manœuvres potentiellement illicites de leur adversaire. Le phénomène est donc non seulement lié au contexte et au manque de moyens des administrations, mais également au comportement des usagers.

À la suite de ces auteurs, je m'intéresserai moi aussi au fonctionnement concret des juridictions du sud du pays. Je compléterai leur analyse, en adoptant pour point de départ le point de vue des usagers, leur expérience, leurs stratégies. Je m'attarderai également sur les audiences comme moment clé des procédures, à travers le rapport au juge ou aux avocats et la gestion des débats. Il s'agit de l'une des activités principales des tribunaux, pourtant rarement explorée sur le continent africain et sur laquelle j'ai choisi de mettre l'accent dans ce chapitre.

Avec pour exemple précis le cas des héritiers de Cotonou, il s'agira donc, d'une part, de comprendre les discours et les pratiques des héritiers qui saisissent la justice, et d'autre part, d'identifier les caractéristiques spécifiques du système judiciaire parmi les autres services publics. Enfin, outre les arrangements pratiques qui visent à contourner les règles officielles, je m'intéresserai à la manière dont ces règles officielles sont mobilisées et instrumentalisées par les usagers. Quelle est la place et le rôle du droit dans l'expérience des héritiers au tribunal ?

### *3.1.2. Rapports et études sur la justice béninoise : l'« accès à la justice »*

Au centre de nombreuses réformes des systèmes judiciaires au Nord comme au Sud, la notion d'accès à la justice fait aujourd'hui partie du vocabulaire des bailleurs de fonds et des gouvernants, mais aussi des académiques. En droit international, l'accès à la justice fait référence à l'article 8 de la Déclaration universelle des droits de l'homme : « Toute personne a droit à un recours effectif devant les juridictions nationales compétentes contre les actes violant les droits fondamentaux qui lui sont reconnus par la constitution ou par la loi ». S'il s'agissait autrefois uniquement du droit d'assigner ou de se défendre devant les tribunaux, l'accès à la justice est devenu un droit de seconde génération : l'égalité des individus devant le droit (Bennett, 2012).

Dans les programmes des gouvernements et des bailleurs de fonds, l'accès à la justice au Bénin est défini par des facteurs quantifiables : le coût des procédures, leur durée, la distance qui sépare les usagers des tribunaux et des instances de médiation les plus proches ou encore la disponibilité et la publication des textes (MJLDH, 1996; 2013). En 1996, le Bénin comptait huit tribunaux de première instance et une cour d'appel, située à Cotonou. Aujourd'hui, on dénombre quatorze juridictions de premier degré ainsi que deux cours d'appel supplémentaires : l'une à Parakou, l'autre à Abomey. Même si l'on est loin d'atteindre les objectifs fixés par la Loi 2001-37 portant organisation judiciaire en République du Bénin, qui définit vingt-huit TPI sur l'ensemble du territoire, la carte judiciaire est très différente de celle d'il y a dix ans. Opérationnelles depuis 2011, les huit juridictions supplémentaires ont permis d'alléger la charge de travail dans les tribunaux existants et de réduire la distance à parcourir pour certains usagers (MJLDH, 2013)[65].

Ces éléments permettent de nuancer ou, du moins, d'actualiser le constat dressé par Bako Arifari (2006) et par Bierschenk (2008). Certes, les magistrats et leurs greffiers se plaignent toujours du manque de personnel et de leur charge de travail considérable, en particulier à Cotonou, mais la situation s'est améliorée de manière significative. Dans les tribunaux du sud du pays, chacun dispose d'un ordinateur. Les bureaux et les salles d'audience sont climatisés. La plupart des anciens textes ont été réformés par les différentes législatures, avec l'appui de certains bailleurs de fonds, de groupes professionnels ou d'organisations de la société civile selon les cas. En 2002, le nouveau Code des personnes et de la famille a été adopté par l'Assemblée nationale, mais c'est loin d'être le seul pan du droit qui fut « modernisé » ces dernières années. En 1998, un nouveau Code du travail a été adopté sous la pression des syndicats. En 2001, la Loi portant organisation judiciaire ainsi que celle portant statut de la magistrature ont été votées par l'Assemblée. Sous la pression de leurs

65 Pour plus de détails sur la mise en œuvre de la loi de 2001 et ses conséquences, voir Tchantipo (2013).

groupes professionnels respectifs, les statuts de la plupart des auxiliaires de justice ont été également revus au début des années 2000, ainsi que les décrets fixant les tarifs de leurs actes. En 2008, le nouveau Code de procédure civile, commerciale, sociale, administrative et des comptes est entré en vigueur, sous l'impulsion du MCA. Trois ans plus tard, c'est au tour du Code de procédure pénale et enfin, en 2013, du Code foncier et domanial, avec l'aide du PARJ[66] (MJLDH, 2013).

Si l'amélioration de ces éléments avait pour objectif de rendre le système judiciaire plus accessible pour les usagers, la notion d'accès n'est pourtant pas explicitement définie dans les rapports cités ci-dessus. On comprend, à travers les chiffres avancés, que les éléments déterminants aux yeux du ministère semblent être la distance avec les tribunaux, la quantité du personnel dans les juridictions et la « modernité » des lois. Qu'en est-il du point de vue des usagers ? La justice béninoise est-elle perçue comme accessible ?

Le rapport de 2013 inclut les résultats d'un questionnaire dans lequel les citoyens pouvaient formuler une opinion sur la justice. Le rapport ne fournit pas de détails sur la manière dont furent obtenus ces résultats, mais il précise que 65,5 % des personnes interrogées jugent le système « accessible » (MJLDH, 2013 : 173). Les autres, répartis dans les catégories « non » et « mitigé », « se justifient en affirmant que la justice a un coût élevé » (MJLDH, 2013 : 173). Qu'entendent les répondants par « accessible » ? Estiment-ils que la justice est proche ? Bon marché ? Pourquoi est-elle considérée comme accessible, selon quels critères et pour quelle partie de la population ? Enfin, les résultats mentionnés dans l'étude n'indiquent ni comment l'échantillon a été construit, ni comment le questionnaire a été administré à ceux qui y ont répondu. L'on peut donc se demander ce que ces chiffres quantifient et dans quelle mesure ils permettent d'évaluer réellement les perceptions des usagers.

C'est aussi l'utilisation même du quantitatif dans les réformes tout comme dans les études censées les évaluer qu'il convient de mettre en question. La question de l'accessibilité de la justice est loin de se limiter à la proximité géographique ou au nombre de magistrats par habitants, même s'il s'agit d'un facteur important. Elle est également liée aux représentations des citoyens et aux ressources dont ils disposent. Ces dernières dépendent du niveau d'éducation, du capital relationnel[67]

66 Voir Chapitre 1.

67 Ce terme, fréquemment utilisé dans la littérature sur les administrations publiques en Afrique (Blundo & Olivier de Sardan, 2007 ; Tidjani Alou, 2007), fait

des usagers, de leur familiarité avec les administrations. L'accessibilité de la justice est donc en partie fonction du parcours des justiciables, des difficultés rencontrées, bref, de leurs expériences. Elle est, enfin, fonction du type d'affaires. En matière de droit de la famille, outre les questions, communes à la plupart des administrations africaines, de « relations » avec les fonctionnaires, l'accès à la justice est aussi fonction des pressions familiales, qui souvent poussent les héritiers à retarder parfois indéfiniment un éventuel recours au tribunal.

Aspect central des usages et des pratiques du droit des citoyens ordinaires, l'« accessibilité » de la justice étatique telle qu'elle est perçue – et détaillée – par les justiciables permet de souligner l'importance d'éléments qui ne figurent pas dans les rapports officiels, tels que le rôle du capital relationnel ou les représentations de l'État lorsqu'il s'agit de mobiliser le droit. Pour les héritiers, cette question de l'accessibilité est inséparable des stratégies d'adaptation mises en place lorsque l'on saisit le tribunal. C'est parce que les procédures sont lentes et incertaines qu'il vaut peut-être mieux mobiliser ses relations, mais à quel prix? Comment garantir que celui à qui l'on confie son dossier ne sera pas lui-même contacté par l'adversaire? Les récentes réformes et la création de nouvelles juridictions font donc l'économie d'un élément central : le discours et la perception des usagers.

## 3.2. Deux tribunaux en question

Le TPI et la CA de la capitale, situés dans deux bâtiments adjacents, se trouvent entre la route de l'aéroport et l'avenue Jean-Paul II, où sont également établis de nombreux ministères. En face se trouve le palais du président de la République. Le ministère des Forces armées n'est pas loin, le ministère de la Justice, de la Législation et des Droits de l'homme (MJLDH) se trouve à quelques minutes de marche à peine[68]. Rénovés grâce au MCA en 2010, les bâtiments sont entourés de verdure, la plupart des salles et des bureaux équipés de climatiseurs. À une petite vingtaine de kilomètres, se trouve le tribunal de deuxième classe d'Abomey-Calavi, inauguré en octobre 2011[69]. De nombreux dossiers autrefois traités par les tribunaux de la capitale y sont aujourd'hui renvoyés, permettant de décharger en partie le per-

---

référence aux réseaux de sociabilité dans lesquels les usagers s'insèrent et qu'ils sont susceptibles de mobiliser pour saisir le tribunal.

68 Voir Annexe 2.

69 Voir Annexe 3.

sonnel de Cotonou. Selon le lieu du décès, les conflits de succession qui opposent les habitants de la capitale et ses alentours sont gérés par l'une ou l'autre juridiction.

Au Bénin, Cotonou fait figure d'exception. Créée en 1830 à l'initiative du roi Guézo d'Abomey, la ville abrite aujourd'hui près de 10 % de la population (Mairie de Cotonou, 2008). Le taux d'alphabétisation chez les quinze ans et plus y est de 69 % – 81 % chez les hommes, 57,2 % chez les femmes – contre 44,6 % pour l'ensemble du pays. L'espérance de vie, les revenus moyens, l'accès aux soins de santé et aux services publics sont également supérieurs aux autres régions du Bénin (Akomagni & Emmanuel, 2006; INSAE, 2013). Les justiciables y ont donc, le plus souvent, un profil socio-économique différent de ceux qui saisissent les tribunaux de l'intérieur du pays. Le type d'affaires y est également différent : l'essentiel des litiges commerciaux relèvent de la compétence du tribunal de Cotonou où l'activité économique formelle est centralisée. C'est le cas également pour les affaires sociales. Pour ceux qui y travaillent, le rythme est bien plus soutenu qu'ailleurs, mais les opportunités de gérer des dossiers de différents types y sont également plus nombreuses.

Le matin, le palais de justice grouille d'activité. Les huit salles sont occupées par les audiences des différentes chambres dès 8h30. Elles prennent fin vers 12 ou 13h pour la plupart, mais dans certaines matières – comme c'est le cas pour les successions et les conflits fonciers – elles se prolongent tard dans l'après-midi. Les avocats courent d'une salle à l'autre, les justiciables patientent, assis dans l'herbe au-dehors, les bancs ne suffisant souvent pas aux heures d'affluence.

Les greffiers se rendent à l'audience, puis, lorsqu'ils rejoignent leurs bureaux, se trouvent souvent assaillis par les collaborateurs d'avocats[70] qui ont manqué une date de renvoi ou la lecture d'une décision. La plupart d'entre eux définissent des heures de diligences, différentes pour les justiciables et pour les professionnels. C'est alors un constant va-et-vient qui anime leurs bureaux. Les collaborateurs consultent les registres, y trouvent les informations nécessaires. Ils sollicitent l'aide du greffier lorsqu'il s'agit de retirer des documents ou de retrouver un dossier perdu ou renvoyé de longue date. Les citoyens ordinaires, par contre, entrent souvent timidement et exposent leur problème. Ne maîtrisant pas le langage juridique, c'est à l'auxiliaire de justice de déchiffrer les explications souvent embrouillées des usagers,

---

70 Les collaborateurs d'avocats sont de jeunes juristes qui travaillent dans les cabinets d'avocats de la capitale. Voir Chapitre 4.

qui ignorent souvent la chambre devant laquelle leur dossier se trouve, ainsi que le type de documents qu'ils sont venus chercher. Quelle que soit leur demande, ils sont tributaires du bon vouloir du greffier. Les magistrats s'enferment dans leur bureau. Nombreux sont ceux qui affichent « Bureau du juge, ne pas déranger » sur leur porte. Impossible par contre de savoir quel magistrat se trouve dans quel bureau sans se renseigner auprès du personnel : les noms ne sont jamais affichés.

Inauguré en octobre 2012, le tribunal de deuxième classe d'Abomey-Calavi[71] fut érigé dans le cadre du projet « Accès à la Justice » du MCA-Bénin. Quelques années plus tôt, le rapport des états généraux de la justice (1996) insistait entre autres sur l'éloignement géographique de la justice pour les justiciables. Parmi les recommandations formulées figurait la construction de nouveaux tribunaux. Opérationnel depuis plus de deux ans, le TPI Calavi[72] a permis de décharger le tribunal de première instance de la capitale. Désormais, les dossiers qui relèvent de la compétence de ce tribunal en zone périurbaine y sont systématiquement renvoyés.

Le TPI d'Abomey-Calavi est bien plus calme que celui de la capitale. Certes, les justiciables et les auxiliaires de justice vont et viennent les jours d'audience, mais l'on n'y retrouve pas l'agitation et l'urgence constante de Cotonou. Les salles sont spacieuses et l'affluence est moindre, de sorte que tout le monde peut s'asseoir lors des audiences. Les magistrats procèdent calmement à l'appel. Lorsque, dans un dossier, le jugement est prêt, ils demandent aux parties de s'avancer avant de lire lentement le dispositif, s'assurant que les justiciables en comprennent le sens. Ils expliquent ensuite que les audiences se déroulent en chambre du conseil et demandent à l'assistance de quitter la salle – contrairement aux magistrats de la capitale qui appellent le premier dossier puis s'exclament « les autres, dehors ». Le nombre de dossiers et le nombre de chambres attribués à chaque juge sont loin d'égaler ceux de la capitale : à peine une trentaine de dossiers sont évoqués chaque semaine par le juge état des personnes. La plupart des fonctionnaires de la justice reconnaissent d'ailleurs le caractère spécifique des juridictions de Cotonou et la charge de travail supplémentaire de ceux qui y sont nommés.

Si Cotonou regroupe l'essentiel des affaires sociales et commerciales du Bénin, à Calavi, ce sont les conflits fonciers qui dominent. Le

71 Voir Annexe 3.

72 La commune d'Abomey-Calavi est également fréquemment appelée « Calavi ». J'utiliserai parfois moi aussi ce nom « raccourci » dans les pages qui viennent.

tribunal compte plus de dix chambres traditionnelles des biens. « À Calavi, le foncier a même contaminé le pénal », s'exclame un jour maître Daniel, avocat à Cotonou. La plupart des poursuites y concernent en effet des bagarres entre plusieurs prétendants à la propriété du même terrain.

### *3.2.1. Discours et stratégies : les aléas du tribunal*

Une fois le tribunal saisi, les attentes des usagers se trouvent confrontées à l'expérience concrète du système judiciaire. Je m'intéresserai ici à leurs discours, inévitablement rétrospectifs, sur les procédures. À Cotonou, la plupart des usagers font référence aux nombreuses incertitudes qui y sont liées. Il s'agit des rumeurs de corruption, de la lenteur de ce service public et du coût qui en découle. Des difficultés parfaitement résumées par l'adage suivant : « Le pauvre n'a jamais raison ». Le pauvre, c'est celui qui n'a pas les moyens nécessaires pour assumer le coût d'une procédure judiciaire. C'est celui qui n'a pas pu corrompre le juge au service de son adversaire. C'est aussi celui qui n'a pas les relations nécessaires à un traitement favorable au tribunal et dont le dossier tombera donc aux oubliettes. Ces discours sont communs à de nombreux héritiers, quels que soient leur niveau d'éducation, leur sexe, leur classe sociale et économique. Certes, certains sont plus nuancés que d'autres dans leurs propos, mais tous abordent néanmoins spontanément les thématiques qui suivent lorsqu'il s'agit de décrire leur expérience du tribunal. Je reviendrai donc sur la manière dont les héritiers décrivent leurs expériences des couloirs des tribunaux de première instance à Cotonou et à Abomey-Calavi, les difficultés qu'ils rencontrent, mais aussi les moyens mis en place pour les contourner.

### *3.2.2. « La justice, c'est la mafia »*[73]

Interrogés sur leur opinion à propos de la justice, les héritiers de Cotonou évoquent souvent la question de la corruption. Certains soupçonnent leur adversaire de mobiliser son capital relationnel – voire son capital économique – pour qu'un dossier tombe aux oubliettes. D'autres, estimant qu'on les a déboutés à tort, pensent que le juge a été « influencé » par leurs adversaires qui « passent par derrière ».

---

73 Pierre Sita, Cotonou, avril 2010.

Comme c'est le cas pour la plupart des administrations publiques, les discours sur la corruption permettent d'expliquer l'infortune dans le système judiciaire.

> « Tant la corruption que la sorcellerie fonctionnent dans un système de croyances circulaire, clos et s'autoalimentant, qui permet de comprendre le Malheur, la disgrâce, la maladie, l'insuccès d'une démarche administrative, la perte d'un procès en justice » (Blundo, 2003 : 84).

Nombreux sont ceux qui, convaincus d'avoir raison, estiment avoir perdu « parce que le juge a été influencé ». À l'inverse, d'autres, interrogés sur leur opinion par rapport à la justice, répondent : « Je ne peux que dire que c'est bon, j'ai gagné ! ». Enfin, il y a ceux, à l'image de Marianne, qui pensent que malgré les « interférences », le droit triomphe.

> « Je sais qu'au Bénin il faut souvent soudoyer les juges, mais moi je n'ai pas les moyens de faire ça. [...] C'est pour ça que le dossier a traîné d'abord, mais c'est pas mon problème, moi je sais qu'on change de juge tous les deux ans, donc il [son adversaire] ne peut pas continuer à payer les juges », déclare-t-elle (Cotonou, mars 2012).

Selon Marianne, tôt ou tard, malgré les interventions possibles, la justice sera rendue : c'est somme toute, l'idée d'un service qui fonctionne « malgré tout ». Cet exemple montre également que les rumeurs de corruption sont parfois entretenues par les auxiliaires de justice qui les colportent, voire soutirent de l'argent aux justiciables en accusant les magistrats :

> « Il y a aussi des agents de la maison, des secrétaires, des coursiers et autres qui prennent de l'argent chez les justiciables. Récemment, deux agents ont été poursuivis et envoyés en prison pour corruption. L'un a pris 15.000, l'autre 55.000. Et tout ça contribue à l'image d'une justice corrompue dans ce pays », raconte Rodrigue, jeune magistrat (Cotonou, novembre 2012).

De nombreux avocats soupçonnent également leurs collègues de pratiques illicites lorsque leurs décisions ne semblent pas conformes aux principes du droit.

Ces différentes explications concernant les rumeurs de corruption sont loin d'être limitées à la capitale béninoise. Budniok (2015) mentionne l'ancrage social des magistrats, le mécontentement des justiciables quant aux décisions et leur incompréhension face aux règles de procédures comme étant à l'origine de nombreux soupçons envers les juges ghanéens. Selon lui, les petits incidents lors des procédures sont régulièrement interprétés comme révélateurs d'un malaise de la part du magistrat et, dès lors, source de soupçons. Il évoque aussi le rôle des intermédiaires et des avocats qui véhiculent ces rumeurs de corruption :

> « Structurally speaking, judges face an inextricable dilemma of conflicting expectations, norms and projections from the various groups in court. Already, discontent is inherent to legal process. Judgements can be seen as a zero-sum game: half of the cases are lost, and judges think it is easier for losing parties and their legal counsel to accuse the judge than admit an error » (Budniok, 2015: 81).

Au Bénin, la question fait également l'objet d'une attention accrue de la part des médias depuis les années 1990. Les politiques publiques, influencées par l'agenda des bailleurs de fonds et le discours de « bonne gouvernance » de la banque mondiale, mettent l'accent sur la lutte contre la corruption, qui fait régulièrement la une des journaux. Au début des années 2000 notamment, « l'affaire des frais de justice criminelle » éclate au grand jour. Accusés de détournement de deniers publics, 95 magistrats et greffiers comparaissent devant la Cour d'assises de Cotonou. Au total, près de 8 milliards de FCFA auraient été détournés (Messaoudi & N'Dyae, 2004). Certains sont radiés, d'autres condamnés à des peines d'emprisonnement fermes, accusés d'avoir dépensé à des fins personnelles des fonds publics destinés à la gestion d'affaires criminelles. Le procès, impliquant des dizaines de fonctionnaires de plusieurs secteurs de l'administration publique, fait la une des journaux pendant plusieurs mois. Pour les usagers comme pour les fonctionnaires de la justice, l'affaire marque les esprits. Les uns y voient la preuve irréfutable de la vénalité du système judiciaire, les autres, l'importance des sanctions possibles. Nombreux sont d'ailleurs ceux qui y font référence comme preuve irréfutable du caractère corrompu de la justice béninoise.

Pourtant, selon les magistrats, contrairement à d'autres matières où le juge dispose d'une certaine marge d'appréciation, « en droit civil, le droit ne ment pas, c'est mathématique. On ne peut pas tordre le cou au droit » (Rodrigue). Ainsi, lorsqu'il s'agit des successions, les liquidateurs potentiels sont définis par la loi, tout comme leur mission. « Nul ne peut être contraint à demeurer dans l'indivision », de sorte que si l'un des héritiers demande la vente du patrimoine, le juge ne peut la lui refuser. Il irait alors directement et incontestablement à l'encontre de la loi.

> « La corruption dans la justice c'est un secret de polichinelle. Certains de nos collègues prennent de l'argent dans les dossiers. Mais ça se passe surtout en matière pénale, où on donne la largesse au juge de décider », poursuit le jeune magistrat (Cotonou, novembre 2012).

En effet, s'il existe une liste de délits et d'infractions ainsi que des sanctions qui s'y appliquent, en matière pénale, les magistrats peuvent « qualifier » ces infractions de différentes manières. Un simple vol peut devenir une escroquerie ou un abus de confiance. Les magistrats peuvent décider de poursuivre les prévenus avec ou sans mandat de dépôt à la prison civile. Ces décisions se prennent dans les bureaux du procureur et de ses substituts, qui, contrairement aux juges, sont régulièrement en contact avec les prévenus. Ces conditions, plus favorables à la « négociation des peines » dont parlait Tidjani Alou (2007), expliquent la mauvaise réputation de la magistrature debout[74] et des procédures de droit pénal.

Le discours des juges béninois se trouve à l'opposé de celui de leurs homologues ghanéens (Budniok, 2015). Dans un système basé sur la *common law*, les procédures civiles reposent sur le principe de plausibilité : entre les différentes versions proposées par les parties, le juge donnera raison à celui dont le discours est le plus plausible. En matière pénale par contre, la décision est rendue sur base de preuves irréfutables. À Cotonou, où le droit civil est largement inspiré du système français, les juges se basent sur les preuves apportées au dossier : c'est souvent celui qui parviendra à fournir des documents écrits confirmant ce qu'il avance qui « gagnera » le procès. En matière pénale par contre, les affaires sont souvent basées sur les récits des plaignants et des prévenus, auxquels s'applique le principe de plausibilité mentionné plus haut. Droit civil et droit pénal occupent donc, dans les discours respectifs des juges des deux pays, des positions inverses quant à la marge de manœuvre du magistrat et la « subjectivité » de ses décisions.

Une chose est certaine : si la corruption peut prendre plusieurs formes, du gris clair au gris foncé (Tidjani Alou, 2007), c'est souvent de la première version dont il est question dans les litiges successoraux. Sollicités par des parents ou des connaissances, certains juges admettent « rendre service » en influençant la célérité des procédures, mais expliquent qu'il leur est par contre difficile – sous peine d'éveiller les soupçons – de rendre une décision contraire aux principes du droit. Bien sûr, ils ne pourraient être condamnés pour corruption que si des preuves d'une telle manœuvre étaient disponibles et ces cas sont rares. Mais, s'ils enfreignent les principes du Code, leur décision ne manquera pas d'attirer la curiosité des avocats ou, s'il y a appel, de leurs collègues.

74 Ce terme fait référence aux magistrats du parquet.

### 3.2.3. « *Le tribunal, c'est compliqué* »

> « Le tribunal est un peu compliqué parce que déjà il n'est écrit nulle part "Vous avez telle chose, allez faire ceci". La première fois que j'ai été au tribunal pour faire une légalisation[75], on m'a indiqué l'endroit parce que ce n'était pas marqué. Il a fallu que je demande c'est où qu'on fait la légalisation. Il y a des trucs qui compliquent, donc si tu ne connais pas les gens là-bas, ça ne va pas. Il n'y a rien qui est indiqué », raconte Cédric, 25 ans (Cotonou, mars 2013).

Comme l'illustre le témoignage qui précède, pour les justiciables, il s'agit de trouver son chemin dans un bâtiment où les indications à l'attention des usagers sont rares, mais aussi dans une institution dont ils ne maîtrisent ni le langage, ni les procédures.

Le père de Cédric est décédé en décembre 2010 des suites d'un accident. Ancien diplomate, il laisse deux femmes et trois enfants, tous issus de son second mariage. Devant l'absence de collaboration de la première femme de son père, qui refuse d'assister aux réunions, Cédric décide de saisir le tribunal. Une fois la requête introduite, il faut « suivre le dossier ». Cédric raconte toutes les difficultés liées à l'information des usagers dans l'appareil judiciaire :

> « Quand vous frappez à un bureau, il y a un certain nombre de personnes qui travaillent dedans. Si votre dossier n'est pas là, vous allez de l'autre côté pour voir si le dossier est venu, là-bas on vous dit : "Non ce n'est pas venu ici." Mais pourquoi c'est bloqué ici ? On ne sait pas » (Cotonou, mars 2013).

Dans le discours de Cédric, cette idée de « blocage » est aussi une manière de sous-entendre que certains fonctionnaires font volontairement obstacle à l'évolution des affaires. Cette hypothèse se trouve par la suite renforcée par d'autres incidents : le dossier se perd à de nombreuses reprises, les fonctionnaires sont parfois désagréables et rabrouent le jeune homme ou lui conseillent indéfiniment de « revenir plus tard ». Pour Cédric, ces difficultés sont symptomatiques de l'emprise de son adversaire sur les fonctionnaires : sa belle-mère a pour cousin par alliance l'un des juges.

Au tribunal, les relations avec les fonctionnaires sont perçues comme une ressource. Elles permettent de pallier l'incertitude, la lenteur et le caractère opaque du monde judiciaire. Si on les attribue à l'adversaire, elles contribuent alors à renforcer ces éléments. Pour certains héritiers, elles sont presque une condition indispensable à

75 Il s'agit d'une formalité administrative qui atteste de la véracité d'un document.

l'aboutissement d'une procédure : « Quand tu n'as pas de relations, c'est foutu, personne ne te regarde », s'exclame Anastasia, une veuve d'une quarantaine d'années. L'on retrouve ici une caractéristique courante dans les administrations publiques : l'idée que les usagers anonymes sont négligés, voire maltraités par les fonctionnaires (Blundo & Olivier de Sardan, 2007 ; Tidjani Alou, 2007 ; Bierschenk, 2008).

L'une des spécificités du monde judicaire, par contre, c'est qu'il existe des intermédiaires, des « courtiers » (Bierschenk, Chauveau & Olivier de Sardan, 2000; Blundo, 2001) officiels : les avocats. Lorsqu'ils ne connaissent personne ou qu'ils souhaitent accélérer le traitement de leur affaire, les usagers peuvent substituer le capital relationnel et les connaissances juridiques des professionnels à leurs propres relations. Pour certains usagers, même les intermédiaires suscitent la méfiance. Ils constituent, comme le soulignent Rubbers et Gallez (2015a), une source d'incertitude pour les justiciables. Marianne explique :

> « Le tribunal, c'est toujours compliqué les premiers jours. J'avais un avocat, mais j'ai compris qu'il n'était pas très sérieux, et j'ai changé [...] c'était comme s'il connaissait mon adversaire, il ne réglait pas les problèmes comme je le voulais. Quand j'ai changé d'avocat, ça a commencé par marcher, les dossiers ont évolué normalement » (Cotonou, mars 2012).

Les interactions amicales entre collègues sont parfois perçues comme un manque de professionnalisme par les usagers, qui y voient une complicité suspecte. Après tout, les juristes appartiennent à une même corporation, « les hommes de droit », ceux qui sont « en robe » se « comprennent entre eux ». Les relations avec différents intermédiaires sont donc à double tranchant : elles permettent de sortir de ce statut d'« usager anonyme », mais elles peuvent aussi se retourner contre celui qui les mobilise si les personnes sollicitées en venaient à passer à l'ennemi. Les héritiers entretiennent donc souvent des relations « double face » avec leurs intermédiaires : ils leur confient leur dossier mais s'en méfient, tentent de se rapprocher d'eux tout en restant soupçonneux.

### *3.2.4. « Il faut de l'argent »*[76]

La question du coût des procédures judiciaires est abordée dans les rapports du ministère, où il est question de la distance parcourue pour

76 Thérèse, avril 2013 (voir Chapitre 2).

atteindre le tribunal, des honoraires des avocats et du prix des différents actes administratifs (MJLDH, 2013 : 150-153). Ainsi, les frais d'ouverture de dossiers des avocats s'élèvent entre 50 et 150.000 FCFA (entre 75 et 225 euros), les frais d'huissiers, entre 25.800 et 35.800 FCFA (entre 37 et 54 euros) selon le type de litige – et donc de procédure à effectuer – et la distance à parcourir. Les frais de procédure, autrefois fixés à 2.000 FCFA (3 euros) pour l'introduction d'une requête, s'élèvent à 3.000 FCFA (4,5 euros) depuis 2008.

Selon une étude de l'Union économique et monétaire ouest-africaine (UEMOA), le revenu mensuel moyen à Cotonou s'élevait à 37.000 FCFA (55 euros) en 2002. Pour 80 % de la population, ces revenus proviennent du secteur informel. Dans le cadre d'un emploi déclaré, le salaire minimum est fixé à 40.000 FCFA (60 euros) par mois. S'ils représentent une somme importante, les frais de procédure ne sont donc pas démesurés, en particulier si l'on considère l'enjeu de la plupart des conflits : une ou plusieurs maisons à Cotonou.

Le problème est qu'il faut attendre de nombreux mois, voire de nombreuses années pour jouir des biens. Le coût des procédures est mentionné par l'ensemble des justiciables, des plus riches aux plus démunis. Dans le second cas, le manque d'argent rend les procédures difficiles : il les ralentit, arrête momentanément leur progression, voire pousse les héritiers à abandonner. C'est le cas de Marie, qui après s'être rendue à l'association Droits des femmes a décidé de saisir le tribunal. Elle explique :

> « À chaque fois que je me suis présentée, le juge dit de lui [mon oncle] envoyer encore une convocation, jusqu'à ce que moi je me suis lassée de ça. Tu vois et aussi, les moyens, je dois payer mon avocat, l'huissier, voilà que la chose ne marche même pas et moi je dépense mon argent pour rien. Je me tracasse pour quelque chose qui n'est pas en train d'aboutir [...] la justice n'a pas pu le faire déplacer de force, jusqu'à ce que j'aie pris un notaire, malgré ça niet, puis ma maman est tombée malade, ça m'a pris tout le temps et j'ai abandonné » (Marie, Cotonou, février 2012).

Dans un contexte où les étapes qui précèdent la première audience sont nombreuses et où, en l'absence de « relations », l'assistance d'un avocat est souvent perçue comme nécessaire, le coût des procédures pour les justiciables ne se limite pas aux frais liés à l'introduction du dossier. Il comprend non seulement le prix des actes de procédure, des convocations et des formalités administratives, mais aussi des trajets jusqu'au tribunal. Au coût du transport s'ajoute le coût d'opportunité : les journées de travail manquées pour chaque audience, mais aussi pour se rendre chez le greffier, chargé de rédiger les convocations adressées à la partie adverse. Quant aux honoraires de l'avocat, ils varient en fonction des dossiers : de 200 ou 300.000 FCFA (de 300 à 450 euros) pour une cause relativement simple et rapide, à plusieurs millions[77].

En matière de successions, le tribunal est saisi par requête. Les frais d'enrôlement s'élèvent alors à 3 000 FCFA. À cette somme se greffe le prix d'éventuelles convocations, à retirer auprès du greffier de la chambre (200 FCFA par convocation). Enfin, lorsqu'après l'instruction du dossier, la décision est rendue, les justiciables peuvent en retirer la copie exécutoire au greffe, moyennant 20.000 FCFA (30 euros) de frais d'enregistrement, augmentés des frais de timbres (1.200 FCFA par page). Il s'agit là de la procédure la plus simple, pour laquelle les parties se présenteraient sans l'assistance d'un conseil. Si elles ont recours aux services d'un avocat, il faut alors s'acquitter de ses honoraires. Une fois la décision rendue, un notaire est souvent désigné pour procéder soit à une vente amiable, soit à une licitation-partage. Au coût de la grosse[78] et aux honoraires de l'avocat s'ajoutent alors les différents frais de la procédure de licitation, les impôts à payer, les mutations à effectuer, ainsi que les honoraires du notaire[79]. Si le total varie selon la valeur du patrimoine, la facture s'élève généralement à plus de 500.000 FCFA (750 euros). Lorsqu'il s'agit d'une ou de plusieurs maisons, le jeu en vaut la chandelle, mais encore faut-il que les procédures aboutissent. Or, nombreux sont ceux qui, comme Marie, se découragent : la jeune femme a dépensé près de 150.000 FCFA (225 euros) sans rien obtenir de la part de la justice. Cette somme représente plus de quatre fois le salaire mensuel moyen dans la capitale. Dans ce contexte, la multiplication des frais encourus est proportionnelle à la durée des démarches. Les frais d'avocats, les trajets vers le tribunal se multiplient alors que le dénouement de l'affaire semble quant à lui constamment reporté.

Plus que le coût du procès, c'est donc la multiplication des étapes et des dépenses qui décourage les héritiers. Un coût qui, selon l'enjeu du litige, le statut socio-économique des parties et leur connaissance du milieu judiciaire, est perçu différemment. En outre, quels que soient l'enjeu et les ressources dont ils disposent, les héritiers sont souvent

77 Voir Chapitre 4.

78 La copie exécutoire d'un jugement, délivrée par le greffe. Ce document est nécessaire pour exécuter la décision.

79 Voir Chapitre 6.

peu informés du coût des démarches. Seuls les frais des documents à retirer au tribunal (grosse, convocations, extraits, demandes, etc.) sont affichés au secrétariat du greffe. Le juge, n'ayant pas un rôle de conseil, évite souvent d'expliquer aux justiciables les autres dépenses possibles : c'est le rôle des avocats. Ceux-ci se gardent souvent d'évaluer le coût total d'une procédure lors des premières rencontres avec leurs clients. Ils soulignent également le caractère imprévisible des dossiers : certaines affaires, a priori simples et rapides, peuvent nécessiter plus de travail que prévu.

Maître Awa, avocate à Cotonou depuis quelques années, m'explique notamment que dans une affaire de divorce, elle avait introduit une demande de divorce par consentement mutuel, l'option la plus rapide – et la plus simple – pourvu que les époux soient d'accord. Elle avait contacté le mari, qui avait accepté de se rendre au tribunal et de collaborer dans la procédure. Mais le jour de la première audience, il s'oppose au divorce. L'avocate raconte :

> « Il a osé dire au juge que je ne suis pas son avocat. Que c'est la première fois qu'il entend parler de moi. Que c'est dans la rue qu'on lui a fait signer la requête conjointe et que son épouse doit revenir. Donc voilà, il ne consent pas, on ne peut rien faire. Et j'ai expliqué à ma cliente qu'il faut engager une procédure de divorce pour faute » (Cotonou, décembre 2012).

Il s'agit d'une méthode plus longue, plus complexe et, par conséquent, plus coûteuse. Les procédures judiciaires sont en effet parfois parsemées d'impondérables et dans de nombreux cas, les avocats se gardent de détailler les différents scénarios possibles et leurs coûts respectifs. Le coût des procédures est donc imprévisible pour les justiciables qui, souvent, se découragent au fur et à mesure que les frais s'accumulent.

### *3.2.5. « Il y a une lenteur qui ne dit pas son nom »*[80]

À Cotonou, la plupart des justiciables soulignent la lenteur du système judiciaire : certains dossiers restent parfois au rôle du tribunal pendant plusieurs années. Tandis qu'il attend que son dossier soit évoqué, Robert (48 ans, animateur à la CTB)[81] souligne le « manque de professionnalisme » du monde judiciaire :

---

80 Robert, Cotonou, février 2013.

81 Voir Chapitre 2.

> « Ils sont là à prendre note sur papier, à transporter des dossiers en carton, alors que tout cela pourrait être informatisé. Puis ça traîne, on vient et on passe toute la journée. Les gens attendent dehors, ils s'assoient par terre [...] Ils ne peuvent pas prendre moins de dossiers à la fois ? » (Cotonou, février 2013).

À chaque audience, les juges état des personnes ont en effet plus d'une cinquantaine de dossiers sur leur table. Certains dossiers se perdent et, par conséquent, disparaissent du rôle des audiences. Les délais s'allongent alors de manière parfois indéfinie. Maître Daniel explique :

> « Parfois, il arrive qu'un dossier se glisse dans un autre. Et si le juge continue de renvoyer ce dossier-là, on a beau chercher, on ne le retrouve plus. Jusqu'au jour où il décide de prendre le dossier, il ouvre la farde et il se rend compte qu'il y avait un autre dossier dedans. C'est pour ça que tu as des dossiers qui disparaissent du rôle pendant des années, et puis un beau jour, tu es à l'audience, et tu entends qu'on appelle ton dossier » (Cotonou, mars 2013).

Outre les retards liés à l'arriéré judiciaire et aux dossiers égarés, ces dernières années, de nombreuses grèves ont paralysé le système judiciaire pendant plusieurs mois d'affilée. Les fonctionnaires expriment leur mécontentement concernant leur sécurité, leur salaire qu'ils estiment insuffisant et la charge de travail trop élevée[82]. Aux yeux des justiciables, ces grèves ne font que confirmer une conception de la justice comme lente, voire même inefficace. Anastasia explique :

> « Nous on avait tous nos papiers. Mais c'est le juge, des fois on va là-bas et il est occupé, il dit qu'il ne peut pas vous recevoir. Ou bien il y a des moments où ils sont en grève, ou bien il nous voit mais il n'a pas le temps. Donc, vous allez rentrer... des gens qui ont fait 400, 200 km pour arriver. Ou bien tout le monde arrive, et le juge dit au greffier que c'est encore reporté... c'est ça les difficultés qu'on a rencontrées » (Cotonou, mars 2010).

La longueur des procédures dépend aussi de la complexité du dossier, de la diligence des justiciables et de celle de leur avocat s'ils en ont un. En effet, si les procédures nécessitent souvent plusieurs années, c'est d'abord parce que les principaux intéressés ne répondent pas toujours aux convocations envoyées, ne fournissent pas les documents nécessaires. Entre les défendeurs qui pratiquent « le dilatoire » et les demandeurs qui maîtrisent parfois mal les exigences et les règles de procédure, la lenteur de la justice est loin d'être de l'unique responsabilité des magistrats.

---

82 Voir aussi Chapitre 5.

Le président Magali, juge de la chambre traditionnelle à la Cour d'appel de Cotonou, explique :

> « Il y a des dossiers qui datent d'avant 2000. Les gens, quand ils font appel, ils ne se présentent pas pour bloquer la procédure ; et on renvoie. Après ils commencent à s'agiter : "La justice est lente, on ne fait pas ceci, on ne fait pas cela !" Alors qu'on les appelle, et ils ne se présentent pas [...] Ce dossier, par exemple, a été ouvert en 2003 et on a commencé par faire des renvois jusqu'en 2008 ; et c'est pour convoquer les parties toujours. Il s'est présenté en 2010. Finalement, je l'ai délibéré le 13 décembre 2011 » (Cotonou, février 2012).

Lorsqu'une demande est déposée, elle est ensuite enrôlée et attribuée à une chambre compétente. Les parties sont convoquées pour une première audience. Commence alors l'instruction du dossier : le juge doit entendre les divers témoignages, réclamer les documents nécessaires avant de pouvoir entendre les plaidoiries et rendre une décision.

Dans ce contexte, éviter de comparaître ou de produire les documents nécessaires sont des pratiques bien connues de ceux qui s'estiment en tort et qui savent que la décision sera rendue contre eux. C'est également l'une des méthodes privilégiées des avocats : à défaut de faire gagner leur client, ils tentent de retarder à l'infini le moment où une décision sera rendue. Il s'agit pour eux de gagner du temps, en espérant que l'adversaire « se fatigue » et renonce – une stratégie qui, comme le montre l'exemple de Marie, a prouvé son efficacité.

Dans d'autres cas, les justiciables ignorent simplement que leur présence est indispensable et, fatigués d'attendre, renoncent à se présenter. Convoquée pour régler la succession de son père, Monique, une ménagère de 48 ans, explique s'être présentée pour l'appel du rôle. C'est la deuxième affaire de succession pour laquelle elle se retrouve au tribunal : en 2012, le juge avait déjà rendu une décision concernant la succession de son époux[83]. Cette fois, elle a patienté plusieurs heures, puis elle est rentrée chez elle, avant que leur dossier ne soit débattu devant le juge. Le dossier a donc été renvoyé pour que le juge puisse l'entendre. « Mes frères sont restés là, mais moi je suis partie. Mon activité, je n'ai personne pour me remplacer. Si j'étais restée, c'est toute une journée de travail que j'aurais été perdre là-bas », raconte-t-elle (Cotonou, février 2013).

Nombreux sont ceux qui se présentent avec des documents incomplets ou sans valeur légale. Les procurations doivent être légalisées

---

83 Voir Chapitre 6.

pour être valides devant le tribunal, les convocations notifiées par un huissier de justice. À de nombreuses reprises, le juge renvoie les dossiers parce que les documents fournis sont incomplets – et que les justiciables n'ont pas compris quels documents produire ou n'ont pas les moyens de se les procurer. Lors de leur second passage au tribunal, Olga[84] et ses sœurs devaient fournir au juge les titres de propriété des parcelles de leur père, indispensables pour prononcer la licitation ou ordonner le partage du patrimoine. Les jeunes femmes expliquent qu'elles n'ont pas pu les obtenir auprès de leur frère, détenu à la prison civile. Le juge soupire :

> « Je suis fatigué de cette affaire. L'ordonnance de liquidation que je vous ai demandée, vous ne m'avez pas encore amené ça. Votre grand frère, il s'appelle comment? Bon, allez voir le greffier pour lui prendre une convocation. Vous allez donner ça à la prison, pour qu'ils l'amènent. Renvoi au 28 mars! » (TPI Cotonou, février 2013).

Parfois c'est le coût des documents à produire, comme dans le cas des enfants d'Eugénie Pognon[85], qui les empêche de fournir les pièces nécessaires.

*Pour rappel, les héritiers Pognon saisissent le tribunal fin 2009, lorsqu'après le décès de leur mère, leur oncle Rodrigue leur fait part de la vente de la maison dans laquelle elle vivait. Lors de la première audience, début 2010, Clémentine, Pascal, Abel et leur oncle Rodrigue se retrouvent devant le juge traditionnel. Le dossier est placé dans la catégorie « contestation foncière » par le secrétariat général du tribunal. Le magistrat prend l'identité des parties, maître Vital explique que ses clients contestent la vente d'un bien indivis, opérée par Rodrigue. Il demande donc l'annulation de cette vente, qui à défaut du consentement de l'ensemble des indivisaires, est nulle. Lors de la deuxième audience, le juge entend les héritiers. Il renvoie le dossier pour convocation de l'acheteur. En contact avec ce dernier, maître Vital consulte la convention de vente : elle a été falsifiée. L'acheteur reconnaît avoir versé 18.000.000 (27.000 euros) pour la parcelle, alors que le document stipule seulement 10.000.000 (15.000 euros). Une somme qui par ailleurs, n'a jamais été partagée. Outre le fait que la parcelle ait été vendue par leur oncle pour un montant supérieur à celui inscrit sur l'acte de vente, les héritiers doivent également prouver que la parcelle aurait pu être vendue plus*

---

84 Suite à l'emprisonnement de son frère qui gérait seul les biens de leur père, Olga et ses sœurs ont saisi le tribunal.

85 Voir Chapitre 1.

*cher. En effet, selon Clémentine, elle a été largement sous-évaluée : on leur en avait proposé 20 millions quelques mois plus tôt.*

> « Le juge a donné une convocation pour donner au type, celui qui a dit 20 millions. Maintenant je ne peux pas aller directement comme ça. Ils ont dit de prendre un huissier. Ils ont dit que l'huissier, c'est 35.000 qu'il va prendre avant. Moi je n'ai pas l'argent pour partir, donc c'est ça qui m'arrête maintenant. [...] Si on avait ce papier-là, ce serait déjà fini », m'explique Clémentine (Cotonou, avril 2012).

La lenteur de la justice résulte donc, en partie, de l'attitude des justiciables : incompréhensions pour certains, refus de fournir certains documents ou certaines informations pour d'autres, qui craignent que les procédures n'aboutissent à l'emprisonnement de leur adversaire. Le coût des formalités à remplir représente également un obstacle ou un frein. Cette dimension temporelle des procédures constitue également un moyen au service de certains usagers, qui tirent avantage des « zones d'incertitude » du système judiciaire – et notamment du fait que le juge peut renvoyer de nombreuses fois un dossier sans pour autant sanctionner les parties absentes, en particulier si la convocation n'est pas notifiée par un huissier. Si Rubbers et Gallez (2015a) mobilisent cette notion pour expliquer les pratiques des fonctionnaires, à Cotonou, les « zones d'incertitude » sont également mobilisées par les justiciables pour retarder, parfois indéfiniment, une décision qui les déclarerait perdants.

### *3.2.6. Les spécificités de l'administration judiciaire : l'adversaire comme « troisième joueur »*

Comme le montrent les exemples qui précèdent, le discours des justiciables sur le tribunal décrit des caractéristiques similaires à celles de nombreux autres services publics en Afrique : la lenteur du processus et le manque de productivité des administrations, l'importance des relations, le mépris des usagers anonymes et les nombreux soupçons, les rumeurs et les accusations de corruption (Olivier de Sardan, 2004). Ces inconvénients s'inscrivent dans des logiques de (dys)fonctionnement présentes dans de nombreuses administrations en Afrique et ailleurs (Blundo & Olivier de Sardan, 2007 ; Bierschenk & Olivier de Sardan, 2014). Mais dans la plupart des services publics ayant fait l'objet de recherches jusqu'ici, les interactions entre fonctionnaires et usagers se jouent généralement en binôme, avec les agents de l'État d'un côté, les citoyens ordinaires de l'autre. Les stratégies d'adaptation mises en place par les usagers visent, dès lors, à améliorer leurs rapports avec les fonctionnaires en mobilisant leurs relations ou leur capital économique. Dans le cas des justiciables – ici, des héritiers – à Cotonou, il ne s'agit pas uniquement de s'attirer les faveurs des fonctionnaires, mais également de gagner face à un adversaire ou à son avocat.

Cette partie à trois joueurs – au moins – a des conséquences sur la manière dont les justiciables perçoivent l'administration judiciaire, mais aussi sur la manière dont ils agissent ensuite, pour contourner les difficultés. Les rumeurs de corruption ne sont pas uniquement attribuées à la vénalité des agents, mais aussi à la malhonnêteté de leur contradicteur, voire à celle des différents conseils impliqués. Cette conception des choses laisse dès lors place au doute mais aussi à l'idée que, malgré certaines manœuvres illicites, la vérité pourrait triompher.

Tout comme les logiques et les inconvénients souvent imputés aux administrations publiques, ces stratégies d'adaptation des usagers qui tirent parti des « zones d'incertitude » du système judiciaire ou de ses inconvénients sont également observables dans d'autres contextes : « enfouir son adversaire sous les procédures » est une méthode bien connue des avocats belges dans le cadre d'affaires de famille (maître Oscar, avocat au barreau de Liège).

Les discours et les pratiques des justiciables sont, enfin, en partie fonction des raisons pour lesquelles ces derniers saisissent le tribunal et, par conséquent, des matières concernées. En droit pénal, celui qui saisit le tribunal porte plainte. Son adversaire est alors convoqué et entendu par le substitut, qui décide des suites de l'affaire. Il y a, à ce stade, peu d'interactions entre plaignant et prévenu. Pour celui qui porte plainte, il ne s'agit pas de modifier des hiérarchies sociales ou de renégocier la répartition de certaines ressources comme c'est le cas en droit de la famille, mais bien d'obtenir une compensation, voire une punition envers l'adversaire. Pour le suspect, l'enjeu consiste à prouver son innocence, à éviter les poursuites ou à minimiser la peine reçue. Dans le cas des conflits d'héritage, l'enjeu n'est pas de rester libre ou d'éviter une amende, mais bien de conserver une place dans la famille, un accès aux biens ou aux revenus qu'ils génèrent.

## 3.3. Le déroulement des audiences

**Le 14/03/2012, tribunal de première instance de Cotonou**

Il est 8h40, le juge[85] et son greffier se dirigent vers la salle d'audience. À la porte latérale située à l'avant de la salle, ils sonnent un coup bref, puis trois coups consécutifs. La salle se lève. Le juge s'installe au milieu de l'estrade, le greffier à sa gauche, sur le coin du bureau. « Asseyez-vous ! » Avant l'appel du rôle, le juge rend les décisions des dossiers mis en délibéré : elle désigne un liquidateur de succession et prononce un divorce. Ensuite, l'appel du rôle commence. Je m'installe avec les collaborateurs comme d'habitude. J'entends l'un d'entre eux mentionner à une vieille dame que « normalement, ici, c'est pour les collaborateurs, vous ne pouvez pas rester ici ».

Le juge soupire : elle semble de mauvaise humeur. Elle cite les noms des parties, avant de donner presque instantanément la date de renvoi. Ce n'est que s'ils l'interrompent d'un « présent » qu'elle retient le dossier ou s'enquiert de la présence de la partie adverse. [...] Les avocats se pressent devant l'estrade. Une fois l'appel terminé, le juge demande s'il reste des personnes qui n'ont pas entendu leur nom : ils sont deux. « Allez voir le greffier après l'audience. Soit j'ai vidé votre dossier, et vous pourrez prendre la décision, soit vous n'avez pas entendu votre nom et vous allez prendre la date de renvoi. » Les avocats se précipitent pour identifier leur dossier et établir l'ordre de préséance. L'avocat le plus ancien plaide en premier lieu, suivi du deuxième dans l'ordre du tableau et ainsi de suite jusqu'au plus inexpérimenté, qui plaide en dernier lieu. Les autres dossiers – ceux dans lesquels aucun avocat n'est impliqué – sont évoqués ensuite. « Tout le monde dehors », ordonne le magistrat. Les conseils présents demandent aux gens de vider la salle à l'exception d'un couple. C'est une affaire de divorce (Extrait du journal de terrain).

Ce n'est que lorsque le juge les autorise à s'asseoir que les personnes présentes peuvent s'installer. Les premiers bancs sont réservés aux avocats, les seconds à leurs collaborateurs. Pourtant, aucun signe ne l'indique. Les règles ne sont explicitement formulées que lorsque les justiciables les enfreignent, de sorte qu'ils les apprennent au fur et à mesure des procédures et de leurs erreurs. Lors des audiences où l'affluence est grande, les avocats réclament régulièrement les places

---

86 « Le juge » fait ici référence à une femme. J'ai choisi d'utiliser ce terme sans le féminiser pour plusieurs raisons. Tout d'abord, parce que cela correspond à la manière de faire au Bénin. Ensuite, parce qu'il est utilisé, tout au long de ce livre, comme un terme général qui fait référence à la fonction *de juge*, indépendamment du genre. Je procéderai de manière identique en ce qui concerne les notaires et les huissiers.

qui leur sont attribuées, demandant aux justiciables de se lever. Mais il ne s'agit pas uniquement de savoir comment se tenir. Dans l'enceinte du tribunal, il convient de s'adresser aux professionnels du droit avec un respect particulier. Le juge devient « Président(e) », les auxiliaires de justice sont des « Maîtres » – une règle que les usagers ignorent souvent également.

Enfin, à ces règles de comportement s'ajoutent celles des procédures : il s'agit des règles de prescription et de forme pour les actions judiciaires. Acquises par les juristes au cours de leur formation, elles ne sont souvent connues que d'eux seuls. Les usagers doivent alors, s'ils veulent défendre leur dossier eux-mêmes, accumuler un « capital procédural » (Spire & Weidenfeld, 2011)[87] en cours de procès afin de progressivement maîtriser les rouages du système judiciaire, ou recourir à un spécialiste pour les assister.

### *3.3.1. Une communication en fonction des acteurs*

Dans ce contexte, le déroulement des audiences n'est pas uniquement fonction du type de dossiers et des parties. Selon qu'il y a un ou plusieurs avocats dans la cause, l'attitude du magistrat varie, tout comme le contenu des débats (Truffin, 2007).

Lorsque demandeurs et défendeurs sont tous deux accompagnés d'un avocat, on assiste avant tout à un débat technique entre professionnels. En matière de droit de la famille – et de droit civil en général – les décisions sont prises sur base de preuves écrites. Il s'agit donc, pour les avocats, de fournir tous les éléments nécessaires au dossier. Avant d'être transmis au juge, ils sont communiqués à l'adversaire. Le juge entend les témoignages des parties, demande éventuellement des documents supplémentaires prouvant les éléments avancés par chacun – relevés bancaires, titres de propriétés, fiches d'imposition. Une fois le dossier complet, il entend les plaidoiries, puis le dossier est mis en délibéré. Dans un délai de deux semaines, le magistrat doit rendre sa décision.

Dans certains cas, il y a lieu de débattre de l'authenticité ou de la validité de certaines pièces. Dans d'autres, les témoignages des parties se prolongent : si le dossier est complexe, le juge peut les entendre plusieurs fois. Il distribue le temps de parole, règle les conflits éventuels lorsque les conseils s'emportent. Les avocats expliquent ou

---

87 Selon Spire et Weidenfeld (2011), le capital procédural fait référence à la capacité des usagers à s'adapter à l'institution judiciaire et à son fonctionnement.

réprimandent leurs clients lorsqu'ils se tiennent mal – s'ils s'asseyent au lieu de rester debout par exemple – ou qu'ils interrompent le juge.

Lorsqu'une seule des parties est assistée d'un professionnel, le débat est souvent inégal. Alors que l'avocat malmène parfois la partie adverse, le juge tente d'équilibrer la situation. C'est la posture « rééquilibrante » décrite par Truffin (2007) dans les tribunaux belges. Le juge s'assure que tous comprennent la procédure en cours, explique les étapes à ceux qui se présentent sans avocat.

Ainsi, le 4 mai 2012, lors d'une affaire de garde d'enfants, la mère se présente sans avocat. Son ancien compagnon, lui, est assisté d'un conseil. Lors des débats, le juge lui explique qu'elle ne peut interrompre son adversaire lorsqu'il a la parole, lui indique également quels documents fournir et la nécessité d'en faire une copie pour son adversaire. Lors de l'audience suivante, le magistrat annonce les plaidoiries. C'est la mère, demanderesse dans le dossier, qui commence. Le juge lui explique que c'est l'occasion pour elle de le convaincre, d'expliquer pourquoi elle demande la garde de ses enfants. L'avocat de la partie adverse fait part de ses conclusions en réplique[88]. Le juge demande : « Madame, vous voulez répliquer ? ». Cette dernière hésite. Le juge : « Madame, est-ce que vous voulez prendre un avocat ? Si vous me dites que vous voulez vous faire assister, je renvoie le dossier tout de suite ». Le juge joue ici pleinement sa fonction rééquilibrante : devant l'incompréhension de la demanderesse, elle interrompt les débats pour lui permettre d'engager un avocat. Le magistrat endosse presque, ici, le rôle de défenseur des plus faibles – ou en tout cas de ceux qui, selon les hiérarchies familiales ou les conventions sociales, sont définis comme tels.

Enfin, dans certains dossiers, les héritiers comparaissent seuls. Le rôle du juge devient alors presque un rôle d'information, ou de vulgarisation du droit. Il s'agit d'expliquer quels documents produire, mais aussi comment les obtenir. Tantôt le juge devient médiateur, tantôt il réprimande. D'une certaine manière, la tâche est plus complexe : nombreux sont ceux qui se présentent avec des procurations non légali-

88 Dans les affaires civiles, la première étape consiste, pour le juge, à établir l'identité des parties et le motif du litige. Ensuite, il instruit le dossier : il demande des preuves écrites, recueille les témoignages des personnes impliquées. Une fois l'instruction clôturée, il entend les plaidoiries des parties ou de leur avocat. Le demandeur plaide en premier. Ensuite, le défendeur réplique. Le demandeur dispose enfin d'une dernière possibilité de s'exprimer. Le juge mettra ensuite le dossier en délibéré : cela signifie qu'il étudiera l'ensemble des pièces et qu'il rendra sa décision à la prochaine audience.

sées, qui ne savent quels documents fournir ou qui ne comprennent simplement pas le langage utilisé par le magistrat.

> « Si vous prenez l'article 752 par exemple [...] Il y a des gens qui disent : "Mon père a dit que la maison ne sera jamais vendue" parce qu'ils en profitent par exemple. Et donc il faut lui expliquer que si l'un des indivisaires veut la vente, il n'a pas le droit de s'y opposer. On a aussi un rôle éducatif en tant que juge, surtout quand les gens viennent sans conseil », explique le juge Constant (Cotonou, mars 2010).

Quelle que soit son attitude, le magistrat est perçu comme une figure d'autorité par les justiciables qui l'appellent « Monsieur » ou « Maître » lorsqu'ils ignorent son véritable titre. Il est assis sur l'estrade. Ceux qui comparaissent devant lui doivent se tenir debout. C'est lui qui contrôle la parole à l'audience. Il la donne, la reprend, pose les questions. Les justiciables ne peuvent parler que s'il les y autorise. S'ils enfreignent ces règles, le juge ne manque pas de les rappeler à l'ordre. Les avocats, libres de s'exprimer, s'adressent à lui avec respect, entamant leurs interventions par « Monsieur le Président ». Finalement, c'est lui seul qui décide de l'issue de leur dossier. Cette figure d'autorité est tantôt perçue comme un allié, tantôt comme celui de l'adversaire et peut réprimander ou compatir.

### *3.3.2. Les audiences état des personnes et le huis clos comme « norme pratique »*

Au tribunal, les audiences sont publiques. Cependant, dans certaines matières, la loi prévoit des exceptions : en droit de la famille, c'est le cas des audiences de divorce, tenues en chambre du conseil (CPF, art. 245). Cette procédure à huis clos signifie que seuls les juristes assermentés et les parties au dossier peuvent assister aux débats. Il s'agit des magistrats, des auxiliaires de justice et des éventuels collaborateurs assermentés, tels les clercs des huissiers de justice. L'appel du rôle reste quant à lui public, tout comme la lecture des décisions.

Lors des audiences état des personnes, la confidentialité des divorces est étendue, par facilité, à l'ensemble des dossiers. Le juge vide la salle après l'appel du rôle et appelle les affaires une à une. Cet arrangement pratique est aujourd'hui largement intégré par les juristes, de sorte qu'ils considèrent généralement que les audiences en matière familiale sont confidentielles, ignorant que les dispositions du Code ne concernent que les questions matrimoniales. Autrement dit, la confidentialité des débats fait office de norme pratique (Chauveau, Le Pape & Olivier de Sardan, 2001) : c'est la répétition du huis clos dans tous les cas qui en fait une norme. Mais dans les discours des magistrats, cette « norme pratique » est assimilée à une norme officielle. Ils décrivent souvent cette confidentialité comme une exigence légale.

Cette interprétation erronée du Code est illustrée par mes difficultés à assister aux audiences. Devant la réticence de certains avocats, je sollicite l'autorisation du ministère de la Justice pour assister aux débats. Je suis reçue par un conseiller du ministère, qui marque son étonnement : les audiences sont publiques. À condition d'exclure de ma recherche les questions de divorce, traitées en chambre du conseil, il n'y voit aucun inconvénient. Quelques semaines plus tard, alors qu'un avocat souhaite me voir quitter la salle d'audience, je présente au juge cette autorisation. Délivrée quelques semaines plus tôt, elle stipule qu'« entendue, la requérante exclut de sa demande les audiences en chambre du conseil ». Autrement dit, selon le Code, celles qui concernent les divorces. Pourtant, ce n'est pas l'interprétation qu'en fera le juge qui se rallie à l'avis des conseils présents : je me suis, selon lui, moi-même « exclue de toutes les audiences état des personnes ».

Pour les usagers, cette organisation des audiences signifie deux choses : d'une part, leurs familles respectives ne peuvent assister aux débats, d'autre part, les audiences ne sont pas perçues comme confidentielles, dans la mesure où les avocats sont souvent nombreux à y être présents. Alors qu'ils attendent que leur dossier soit évoqué, les conseils s'installent dans la salle et assistent aux débats des dossiers qui précèdent les leurs – une situation qui met certains mal à l'aise. Aïchatou[89], liquidatrice de la succession de son père, raconte :

> « Je me souviens un jour on sortait de la salle et quand les deux avocats sortaient, j'entends cet avocat dire en fon, à mon avocat, que "vous savez ce qu'il y a dans la marmite, nous aussi on a envie d'en profiter" » (Cotonou, février 2013).

Parce qu'ils sont assermentés, les avocats sont tenus au secret professionnel. Leur présence dans les salles d'audience n'est donc pas considérée comme problématique. « Moi je ne trouve pas nécessairement ça normal », précise Aïchatou. Par ailleurs, l'appel du rôle et la lecture des décisions restent, quant à eux, publics, ce qui met également certains justiciables mal à l'aise :

> « L'une des choses qui m'a gênée c'est que les audiences sont publiques, donc tout le monde est là dans la salle, et je me souviens

89 Je reviendrai sur cette histoire en détail Chapitre 4.

que pour un ADD[90] que le juge devait faire, il a eu à lire tous les comptes bancaires de mon père devant tout le monde. Il a cité toutes les banques à Cotonou, il y en avait une dizaine, puis il est passé en France, il y en avait cinq, puis il y a eu le Luxembourg, bref, tu voyais tout le monde dans la salle : "Mon dieu!" Le Bénin, c'est un petit pays, tout le monde se connaît d'une certaine manière », raconte Aïchatou (Cotonou, février 2013).

Cette confidentialité partielle accordée aux dossiers illustre aussi la position privilégiée des professionnels du droit, habilités à entendre l'ensemble des débats dont le reste de la population est exclu. Pour accéder à l'ensemble de la procédure, il faut être « initié », c'est-à-dire avoir prêté serment devant le tribunal – et porter le signe distinctif de cette initiation, la robe noire[91]. C'est le cas des magistrats, des greffiers et des avocats. Cette robe noire donne donc accès à des espaces privilégiés : les bancs à l'avant de la salle d'audience, les débats à huis clos, mais elle permet aussi à ceux qui la portent de circuler d'un bureau ou d'une salle à l'autre au tribunal. Elle contribue dès lors à marquer une séparation entre profanes et professionnels – une séparation en ce qui concerne l'espace, mais aussi le droit à la parole face au juge.

### *3.3.3. Plaider sa cause : les arguments des parties*

Dans le monde anglo-saxon, les chercheurs s'intéressent au poids du langage lors des procédures judiciaires. Appliquant l'analyse de discours aux audiences des tribunaux d'instance, ces auteurs étudient la manière dont les justiciables s'expriment, l'influence de l'attitude des juges, ou encore l'importance du langage lors des témoignages (Mather & Yngvesson, 1980-81 ; Conley, O'Barr & Lind, 1978). S'ils s'intéressent avant tout à l'activité des juges, ils démontrent également que la manière dont les parties présentent les faits a toute son importance (Jeffery, 2006 ; Lind, Erickson, Conley & O'Barr,1978). C'est de ce constat que je m'inspirerai dans cette section. Laissant de

90 Une décision avant dire droit (ADD) est une décision par laquelle le juge, au cours de l'instruction du dossier, ordonne une expertise tout en annonçant déjà les principes sur lesquels il basera ensuite sa décision. Les débats peuvent ainsi se poursuivre. C'est ce type de décision qui permet au juge de désigner un administrateur séquestre ou un liquidateur en attendant la licitation-partage d'une succession.

91 S'ils sont habillés en civil, les avocats ne peuvent pas entrer en salle du conseil, ni prendre la parole devant le juge. Aux yeux du tribunal, ils ne sont avocats que s'ils portent leur robe.

côté les aspects linguistiques du débat, je décrirai les arguments des parties et la manière dont elles mobilisent le droit à l'audience.

*« Après le décès, il y a toujours des problèmes avec la grande famille », m'explique Catherine (Cotonou, mars 2013). Infirmière, cette jeune veuve d'une trentaine d'années, mère de deux enfants, décide de saisir le tribunal quelques mois après la mort de son mari. Elle explique que c'est la disparition de certains fonds sur le compte en banque de celui-ci qui l'a poussée à saisir la justice. Selon elle, les deux premiers enfants de son mari, issus d'un autre mariage, se sont associés à la famille pour vider les comptes et, ce faisant, la priver de ses droits.*

*Pierre est décédé en janvier 2011, laissant une veuve, Catherine, et quatre enfants – dont deux d'un premier mariage. Lui-même est le cadet d'une fratrie de six enfants. Germaine, l'aînée, est revendeuse. Pierre, plus jeune de quelques années, était fonctionnaire. Viennent ensuite une autre fille, Giselle, femme au foyer, et deux hommes, respectivement chauffeur et commerçant.*

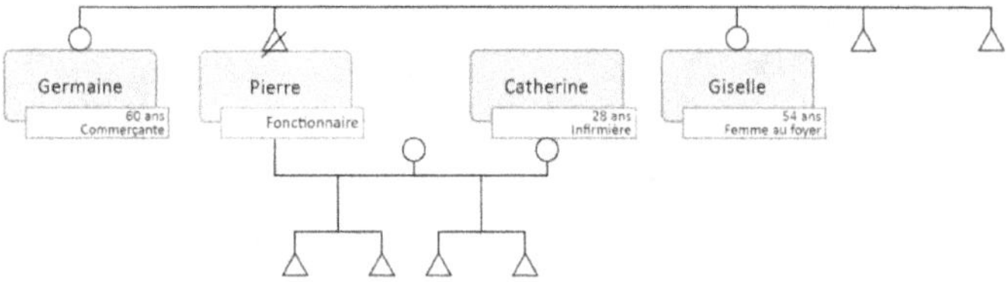


*Germaine m'explique que Pierre a visiblement été empoisonné. Ses soupçons se portent sur la veuve : depuis quelques mois, le couple ne s'entendait plus. Pierre soupçonnait sa femme d'être infidèle et envisageait même de mettre son téléphone sur écoute. Il refusait de manger ses plats, de sorte que c'est Giselle, sa sœur, qui cuisinait pour lui. Quelques jours avant sa mort, son jeune frère lui rend visite : Pierre est malade. Lorsqu'il est admis à l'hôpital, toute la famille s'y rend, mais Catherine tarde à les rejoindre.*

*Après son décès, le chef de famille, oncle du défunt, organise une réunion à laquelle il invite la veuve. Selon Germaine, il s'agissait de comprendre les circonstances de la mort de leur frère. Catherine s'y présente avec ses parents et ses frères et sœurs : elle se sent menacée, accusée par sa belle-famille. « En Afrique, quand un homme meurt là, on dit que c'est sa femme qui l'a tué », explique-t-elle.*

*Les frères et sœurs de Pierre se chargent d'organiser les funérailles : oncles, tantes, cousins et cousines, tout le monde cotise. Catherine explique qu'elle a rempli son rôle, cotisant pour ses enfants, apportant les tissus destinés aux cérémonies. Mais selon Germaine, c'est loin d'être suffisant :*

> « Quand ton mari meurt et que tu n'es pas impliquée dans sa mort, tu dois demander comment ça se passe. Qu'est-ce que je dois cotiser, qu'est-ce que je peux faire ? [...] Le linceul, c'est la veille de l'enterrement qu'elle l'a donné. Parce qu'elle n'a pas eu le courage de regarder le visage du corps, normalement, quand tu n'as rien à voir avec la mort, toutes ces choses tu peux les faire », explique-t-elle (Cotonou, avril 2013).

*Dans ce qu'elle perçoit comme un manque d'implication de la part de Catherine dans l'organisation des funérailles, Germaine voit un aveu de culpabilité de la veuve, qui n'aimait pas réellement son mari et qui l'a peut-être même tué.*

*Deux mois après le décès, une réunion est organisée pour décider de la gestion des biens. Parmi les enfants, les aînés ont respectivement 19 et 23 ans, mais tous deux refusent d'être coliquidateurs. Selon la veuve, ils sont intimidés par leur tante, Germaine. C'est cette dernière qui sera choisie par la famille comme représentante des intérêts des enfants, avec la veuve comme adjointe. Début 2012, la famille se rend au tribunal pour homologuer le PVCF. Catherine les accompagne, espérant que le juge protégera ses intérêts.*

> « Tu sais, en Afrique, quand la belle-famille s'assoit et qu'elle [Germaine] dit qu'elle veut être liquidatrice, c'est la sœur directe du défunt, qu'est-ce que les autres peuvent dire ? Même s'ils savent qu'il y a la loi. Mais au tribunal, ils ont dit : "Non c'est elle la femme mariée." » (Cotonou, mars 2013).

*Germaine raconte : « Le jour de l'audience, le juge a tout bouleversé, elle nous a même humiliés. Elle a dit que c'est le Code de famille, ceci cela, et elle a exigé que la veuve soit choisie comme première liquidatrice ».*

> « Notre oncle a dit qu'il va nous suivre, qu'au cas où je voudrais contester que je sois la liquidatrice, lui il va s'expliquer. On est allés avec la famille, mais le juge nous a refoulés, pourquoi les autres sont venus, que je devais être seule avec la veuve. Que l'aînée de mon frère, ça suffit. Pas tant de monde ! Non non non. Puis elle a dit que ce qu'on a fait là, elle n'accepte pas, que c'est la veuve qui sera liquidatrice », poursuit Germaine (Cotonou, mai 2013).

*Un an plus tard, Catherine écrit une nouvelle demande, se plaignant de sa coliquidatrice et des difficultés que pose leur collaboration.*

**Le 13/02/2013, audience de la chambre état des personnes**

Juge : « Pourquoi vous avez écrit au tribunal ? »

Catherine : « Parce que on m'a pris liquidatrice pour les biens de mon mari. Ma belle-sœur est ma coliquidatrice. On devait faire les démarches ensemble. Je l'appelle pour qu'on fasse les démarches ensemble, elle ne décroche pas [...] j'ai besoin de sa signature pour aller sur le compte de mon mari. J'ai aussi remarqué que ma belle-sœur est venue à la maison, prendre ses biens. Elle a pris ses effets, vendu les voitures. »

Juge : « Maintenant qu'est-ce que vous voulez ? »

Catherine : « Je voudrais que les choses soient claires » (Extrait du journal de terrain).

*Le juge propose alors un rendez-vous entre les deux femmes le mercredi suivant pour effectuer ensemble les démarches liées à la succession. Le dossier est renvoyé au 27 mars 2013.*

*Germaine, de son côté, me raconte les difficultés qu'elle éprouve avec l'épouse de son frère. « Depuis que le juge l'a choisie, c'est fini. Dès qu'il y a quelque chose, elle court au tribunal », explique-t-elle. Selon Germaine, Catherine se rend seule dans les banques et dans les institutions chargées de verser sa pension de veuve ainsi que le capital décès, destiné à tous les héritiers. Elle insiste pour recevoir sa part de la succession, qui, aux yeux de la famille, est avant tout destinée aux enfants.*

*À travers les explications de Germaine, c'est toute la différence entre ce qui est légal et ce qui est juste ou socialement acceptable qui émerge :*

> « Elle a posé le problème du partage de sous, parce qu'on doit fermer les comptes de mon frère. Parce qu'elle dit que comme elle est légalement mariée, elle va prendre le quart. Je lui dis : "Madame, tu m'excuses, toi, tu peux te remarier à tout moment, et tu as la pension, mais les autres enfants, ils n'ont pas la pension[92]." » (Cotonou, mai 2013).

*Elle conclut :*

> « Pour moi, la veuve, à son âge, si on me demande de voter, je dirais qu'elle ne pourrait pas avoir droit à l'héritage. Parce qu'elle peut se

92 Lorsqu'elles sont légalement mariées et que leur époux décède, les veuves ont droit à une pension.

marier à tout moment. L'héritage, c'est aux enfants. Pourquoi le texte qu'on applique aux gens à l'OBSS[93] on ne l'applique pas au trésor ? À l'OBSS, quand ton mari meurt, si tu n'as pas 50 ans, tu ne touches pas la pension » (Germaine, Cotonou, mai 2013).

*C'est précisément sur cette question que se centreront les débats lors de l'audience suivante : alors que Catherine demande sa part, Germaine insiste sur un partage destiné avant tout aux enfants.*

Si le tribunal a initialement été saisi d'un commun accord par l'ensemble de la famille pour y homologuer le PVCF, Catherine en profite pour mobiliser les principes du droit moderne à son avantage. Le juge l'a nommée liquidatrice et, suite à cette décision, la jeune femme n'hésite pas à écrire à nouveau au tribunal lorsqu'elle se sent lésée. Consciente de la réticence de sa belle-sœur à lui accorder sa part, elle soulève la question devant le juge, espérant qu'elle – dans cette affaire, le juge est une femme – se prononce en sa faveur et qu'elle oblige Germaine à lui donner sa part.

En anthropologie du droit, les chercheurs s'accordent souvent sur l'idée que les procédures judiciaires contribuent à renforcer les inégalités sociales (Felstiner, Abel & Sarat, 1981 ; Galanter, 1974). À Cotonou, les héritiers qui disposent de moins de ressources ne sont pas nécessairement perdants au tribunal. Nombreux sont les cas où, comme dans l'exemple qui précède, le juge leur donne raison. De la même manière, au lieu de confirmer l'ordre établi, la décision du juge vient souvent bouleverser les hiérarchies et la répartition du patrimoine. L'intervention du tribunal constitue alors un point de départ pour renégocier non seulement la gestion des ressources, mais aussi de la parole et du droit de décider en famille. En excluant la famille élargie de l'audience et en nommant Catherine première liquidatrice, le juge lui donne une nouvelle place. Et lorsque cette place de gestionnaire ne lui paraît pas respectée par sa belle-sœur, la jeune veuve se tourne à nouveau vers le tribunal. Les témoignages de Catherine et Germaine montrent également que, pour ceux qui sont convoqués, les dispositions légales ne sont pas toujours considérées comme justes ou adaptées aux situations familiales. Au droit qui fait de la veuve une héritière quel que soit son âge, Germaine oppose l'équité : l'idée que cet argent revient avant tout aux enfants et que la jeune femme, susceptible de se remarier, n'en a pas besoin. Pourtant, Germaine se plie, elle aussi, à l'autorité du tribunal.

---

93 Il s'agit de l'Office béninois de sécurité sociale (OBSS), aujourd'hui appelée CNSS, caisse nationale de sécurité sociale.

### 3.3.4. *Le droit, les normes familiales et l'intervention du juge*

Pour les demandeurs, introduire une procédure au tribunal, c'est aussi « saisir l'État » comme autorité supérieure aux hiérarchies familiales. C'est alors toute la question de l'ingérence de l'État dans les affaires de famille qui émerge et qui est débattue lors des audiences.

Convoqués au tribunal, les frères et sœurs Kokou, dont il était question dans le chapitre précédent, ignoraient tout de la requête de leur jeune sœur. Ce n'est que lors de la première audience qu'ils ont constaté qu'il s'agissait d'une affaire d'héritage. Une affaire qui, pour eux, était censée se régler « à la maison ». À l'audience, ils tentent d'ignorer les questions du juge, sous prétexte, précisément, qu'il s'agit d'une affaire familiale. C'est alors au juge de rappeler les « règles du jeu » dans l'enceinte du tribunal : c'est le droit qui s'applique. Dans les arguments des parties, par contre, l'on retrouve l'idée que, dans une affaire privée, ce sont les normes familiales qui priment :

**14/03/2013, Audience de la chambre état des personnes (suite)**

Juge : « C'est vous qui l'avez battue ? »

Marius : « Quand nous sommes venus la fois passée, on ne savait pas qui nous avait convoqués. C'est quand on est arrivés ici qu'on a constaté que c'était elle. Quand on est sortis de la salle, elle a commencé par nous injurier. Je l'ai ramenée à l'ordre. »

Juge : « La loi vous le permet ? »

Avocat : « Si on porte plainte, vous irez en prison. »

Marius : « C'est une affaire de famille. »

Juge : « Ici, ce n'est pas une affaire de famille. Personne n'a le droit de porter des coups. »

Marius : « C'est ma petite sœur. »

Avocat : « Si elle vous insulte, vous allez à la brigade. »

Marius : « Je n'ai pas besoin d'aller à la brigade pour corriger ma sœur. »

Juge : « Vous savez qu'il y a une loi contre les violences faites aux femmes, vous savez ? Maintenant Madame Angeline, il ne faut plus insulter vos frères. Et si on vous frappe, vous allez vous plaindre [...] Le tribunal est saisi, désormais vous ne réglez plus ça à la maison, vous réglez ça ici ! » (Extrait du journal de terrain).

Pour les défendeurs, l'intervention du juge et par conséquent de l'État dans les affaires familiales est parfois perçue comme illégitime.

À l'audience, ces usagers insistent sur toute l'importance des relations et des hiérarchies familiales, tandis que le magistrat met l'accent sur la compétence du tribunal et les règles légales qui régissent ces relations privées. Dans d'autres cas, comme celui des héritiers Sita, mentionnés dans l'introduction de ce chapitre, les héritiers s'en remettent à la décision du juge. Pour rappel, la benjamine, Anna, a convoqué ses frères et sœurs au tribunal, demandant la vente de la maison familiale – une vente à laquelle le reste de la famille s'oppose fermement. « C'est le tribunal qui va décider maintenant », déclare pourtant Christine une fois la procédure engagée.

*Dès la seconde audience, les frères et sœurs se présentent avec un avocat pour pallier leur manque de connaissances sur le droit et la justice, mais aussi pour se trouver à égalité face à Anna qui se présente accompagnée d'un conseil.*

> « Au début le problème était tellement choquant, on avait tellement honte, entre frères, de se traîner devant les tribunaux. C'est en posant le problème à des amis qu'ils ont dit : “Non, si vous ne prenez pas un avocat, elle va gagner” », complète Christine (Cotonou, mars 2010).

*Le juge procède à l'instruction du dossier, permettant à chacun de s'exprimer sur le problème qui les amène. Devant le tribunal, Anna demande la licitation-partage de la succession. La parole est alors à la partie adverse. Daniel raconte :*

> « J'ai dit : “Cette maison n'est pas une maison à vendre. Elle [Anna] a sa part d'héritage, et elle a sa part d'héritage de son côté, mais elle doit attendre et puis quand sa maman n'est plus.” Elle ouvre la bouche et elle dit : “Quand est-ce que sa maman va mourir et qu'elle va commencer par jouir.” Je dis : “Ah bon, donc tu veux sa mort à cause de ton héritage ?” » (Cotonou, mars 2010).

*Le magistrat, s'adressant une nouvelle fois à Anna, demande, alors : « Pourquoi tu veux vendre la maison ? » La jeune femme explique que depuis le décès de son père, dix ans plus tôt, elle ne bénéficie d'aucun des revenus de la succession. Daniel explique pourquoi il s'oppose à la vente :*

> « Moi je veux faire la maison pour que le nom de papa ne s'efface pas, pour que les gens voient qu'après la mort du papa, les enfants ont bien géré la maison. Et notre benjamine, elle s'est levée un jour, et devant la vieille, en disant qu'il faut qu'elle aussi, elle jouisse de quelque chose. Alors que l'argent que la maman prend, c'est pour s'occuper des filles. »

*À l'écoute des témoignages, la salle commente, marque sa désapprobation face à l'attitude de la jeune femme. Le juge lui-même s'insurge : « Ta maman est vivante et toi tu te conduis ainsi ? » Dans ce cas, le magistrat privilégie les normes familiales, l'idée du « juste » au-delà du légal. Cette remarque ne l'empêchera pas, ensuite, de rendre une décision en faveur d'Anna conformément aux dispositions légales.*

Dans le cas de la famille Kokou, les héritiers insistent sur le caractère familial, et donc privé, du conflit qui les oppose, alors que le juge rappelle la compétence du tribunal et les règles de droit qui s'appliquent. Dans le cas de la famille Sita, c'est le magistrat qui, au lieu d'insister sur les dispositions du Code à l'audience, évoquera plutôt la morale et les normes familiales. Dans les deux cas, le juge prend la défense de la personne qu'il estime avoir besoin d'une protection : Angeline, susceptible d'être violentée par ses frères dans le premier cas, Marianne, la veuve, dans le second, qui n'aura nulle part où vivre si la maison est vendue. N'étant pas légalement mariée, cette dernière se trouve exclue de l'héritage de son époux[94]. Dans ce genre de situations, lorsque la veuve a passé plusieurs dizaines d'années aux côtés de son conjoint, les magistrats s'inquiètent souvent du sort qui lui sera réservé si les biens sont vendus ou partagés. « Elle a passé des années à ses côtés. Ce qu'il a pu réaliser dans sa vie, c'est grâce à elle. Et maintenant vous me dites qu'elle n'a droit à rien ? Ce n'est pas juste ! », s'exclame le juge Angeline à l'audience.

Au-delà des registres normatifs mobilisés par le juge, les exemples qui précèdent posent, enfin, la question de la légitimité du droit pour les familles. Ewick et Silbey (1998) définissent trois idéaux types de rapport au droit pour les citoyens ordinaires d'Amérique du Nord : invoquer la loi, éviter de le faire ou s'y opposer. Les héritiers des familles qui précèdent évitaient la loi jusqu'au moment d'être convoqués au tribunal. Une fois le juge saisi, Marius et Léon s'y opposent alors que Christine, par contre, s'y soumet même si elle considère que les règles sont injustes. Sa position est intéressante, parce qu'elle représente une sorte d'entre-deux – entre la reconnaissance de l'autorité de l'État, à travers le tribunal, et la mise en question de la pertinence de ses lois.

94 Je reviendrai plus en détail sur la position des juges dans le Chapitre 5.

## 3.4. Les conséquences sur les familles

Au Bénin comme ailleurs, convoquer sa famille au tribunal n'est pas un acte anodin. Dans les chapitres qui précèdent, j'ai abordé les raisons pour lesquelles les héritiers saisissent le tribunal et les conséquences possibles des procédures judiciaires sur les hiérarchies familiales. C'est ici sur les relations familiales en cours de procès que j'aimerais m'attarder. Comment les héritiers décrivent-ils l'ambiance qui règne en famille ? Quelles sont, selon eux, les conséquences lorsque l'on saisit le tribunal ?

*J'ai rencontré les héritiers Awalé par l'intermédiaire de leur avocat, maître Thomas. Les deux branches de la famille se disputent l'héritage de leur tante, décédée sans enfants. La tante Awalé partageait sa maison avec certains de ses neveux dont elle s'occupait depuis le décès de leur père, son frère. Ainsi, depuis des années, ses neveux Pierre, Yvonne, Félicitée, Pascal, Pascaline et Charles occupaient une grande maison du centre-ville. Commerçante, elle possédait également un immeuble en France et trois autres dans les zones résidentielles de Cotonou. Ils sont occupés par d'autres neveux, les enfants de Basile, son frère « même père même mère » comme on dit à Cotonou.*

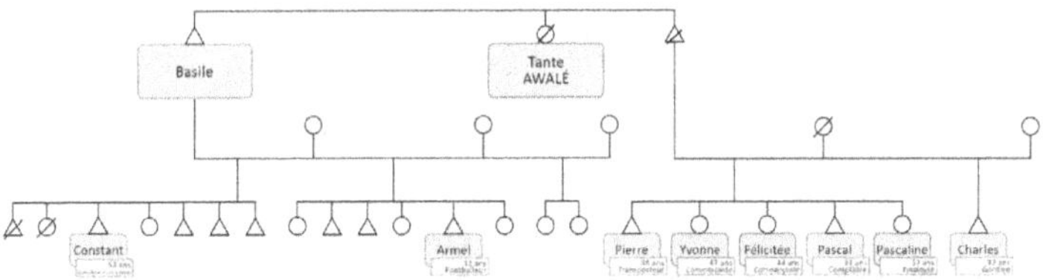


*La première épouse de Basile lui a donné sept enfants, dont la majorité sont commerçants. Deux d'entre eux sont aujourd'hui décédés. Deux autres vivent à l'étranger, l'un au Cambodge où il est professeur, l'autre au Gabon, comme commerçante. Constant, l'adversaire des neveux qui habitent la maison, et ses deux autres frères sont commerçants au grand marché de Cotonou. La seconde épouse de Basile eut six enfants, trois filles, toutes commerçantes, et trois garçons. Une troisième épouse est mère de deux filles, mères au foyer et résidant chez leur époux respectif.*

*Anaïs Awalé décède le 12 janvier 2005. Elle ne laisse pas d'enfants. Son enterrement, organisé par ses neveux d'un commun accord, aura lieu trois mois plus tard. Ses économies leur permettront d'organiser les funérailles, sans pour autant dépenser leurs fonds propres. Les résidents de la maison principale décidèrent de convoquer leurs cousins pour une réunion familiale. Yvonne explique que les héritiers appelèrent leur aîné, Constant :*

> « Parce que nous comme on est des femmes, normalement on ne peut pas gérer les biens de la famille comme ça. Comme au début il était sympa, on lui a tout laissé. Puis on a appris qu'il a décidé lui-même d'être administrateur. Il est parti faire les faux papiers pour être administrateur » (Cotonou, avril 2010).

*En tant qu'aîné de la famille, Constant estime que l'administration de la succession lui revient :*

> « La tante n'a pas d'enfants, mais elle a un frère germain même père même mère qu'elle, dont je suis l'aîné. Donc ça veut dire à qui de droit. Ça nous revient. Donc on a hérité. Comme je suis l'aîné, j'ai pris le commandement de la succession », explique Constant Awalé, 63 ans, commerçant (Cotonou, octobre 2012).

*Les autres neveux expliquent alors comment, pendant plus de trois ans, leur cousin a géré de manière unilatérale les biens de la famille. Il s'est installé de force dans la maison, allant même jusqu'à provoquer une bagarre dont les suites vaudront à Pascal et à Yvonne trois mois d'emprisonnement pour coups et blessures en 2006. C'est à cette époque également que les neveux de la maison font appel à un avocat.*

*Constant explique que certains des biens appartenant à la succession faisaient l'objet de litiges. D'autres connaissaient des arriérés d'impôts, que la tante n'avait plus payés depuis plus de quinze ans. Constant signe une reconnaissance de dettes et pendant deux ans, versera 500.000 FCFA (760 euros) par mois pour régulariser la situation. « Et donc après les deux ans, il est tout à fait normal de commencer par prendre les choses en main et de commencer par remettre l'argent dans mon compte », estime-t-il. Quelques années plus tard, devant la réticence de leur cousin qui refuse toujours de rendre des comptes, les neveux d'Anaïs introduisent une demande de reddition de compte et de changement d'administrateur de la succession.*

*Le juge rend sa décision quelques mois plus tard, en 2009, désignant un collège d'administrateurs destinés à assister Constant : Agathe, Félicitée et Pascal. Alors que toutes les femmes de la famille sont commerçantes, Pascal est comptable. C'est donc à leur benjamin que les sœurs aînées confient les aspects administratifs de la gestion, tandis qu'elles collectent les loyers. À cette époque, les cousins Awalé ne cessent de se convoquer réciproquement devant les juridictions. Chacune des branches de la famille accuse l'autre d'accaparer les bénéfices de la succession. Constant porte plainte à la gendarmerie, accusant ses coadministrateurs de percevoir les loyers de manière illicite. À l'audience, constatant qu'il s'agit en réalité d'une affaire de succession, le procureur ne donnera pas suite.*

*Devant la chambre état des personnes, l'avocat des neveux Awalé demande la désignation d'un administrateur séquestre – un officier de justice*[95] *à qui l'on confiera la gestion du patrimoine – pour la succession :*

> « Monsieur le Président, la mésintelligence est telle dans cette famille, que mon adversaire a tenté de faire jeter ses frères en prison. Ils ne peuvent pas gérer ensemble cette succession, Monsieur le Président », plaide-t-il (Cotonou, mars 2010).

Cet exemple illustre bien les tensions qui règnent dans les familles pendant les procédures au tribunal. Les désaccords latents font place à un conflit ouvert entre héritiers. Une fois la justice saisie, tous les coups sont permis. Nombreux sont ceux qui ne se parlent plus en cours de procédure.

Cette rupture de contact est loin d'être anodine : elle est également liée au climat de méfiance, de suspicion qui entoure ce type d'affaires où tous craignent les manœuvres occultes de la partie adverse. Lorsque la procédure est engagée d'un commun accord par les héritiers et vise avant tout à faire les choses dans les règles, les tensions sont presque absentes. Mais lorsque l'on convoque ses frères et sœurs, c'est une véritable guerre que l'on déclare. En cours de procédure, la famille est souvent décrite comme une menace – en particulier la famille élargie et les frères et sœurs consanguins.

> « Gare à vous si vous vous plaignez, que vous allez au tribunal, vous avez toute la famille au dos, et vous savez que nous sommes en Afrique. Les gens contournent facilement le droit moderne, ils ont des pratiques occultes pour vous atteindre. Donc si vous avez la famille au dos, vous devez vous préparer en conséquence. Le juge lui va faire son travail, mais la nuit les gens vont t'envoûter, les gens vont t'attaquer », explique Anastasia, une commerçante de 54 ans (Cotonou, mars 2010).

---

95 Autrement dit, un notaire ou le greffier en chef du tribunal.

Dans ce contexte de soupçons, de dangers et de rivalités constantes, beaucoup décident de « mettre à distance » les membres de la famille. Certains déménagent et évitent de communiquer leur nouvelle adresse. On évite également les contacts téléphoniques et les réunions familiales. C'est le cas des veuves qui craignent la famille de leur époux, mais aussi celui des frères et sœurs. « Maintenant, plus personne ne connaît chez lui. [Plus personne ne sait où il habite] Ça c'est grave, là il n'y a plus de famille », constate Anastasia à propos de l'un de ses frères. Dans le cas des héritiers Sita, depuis la première audience au TPI, Anna n'assiste plus aux réunions familiales ni aux cérémonies.

> « Ça fait quatre ans qu'on a ce problème, et quatre ans qu'elle n'a plus mis pied ici. Même les cérémonies familiales, elle ne vient pas. Il y a quatre mois, on a eu le décès de notre grand-mère, elle n'a pas assisté. Elle a juste envoyé la cotisation », raconte Christine.

Même le numéro de téléphone de la jeune femme reste inconnu de ses frères et sœurs. Les procédures au tribunal permettent donc de renégocier les hiérarchies familiales et de prendre ses distances, en vendant ou en partageant l'héritage, mais cette « mise à distance » s'opère déjà avant la décision – et de manière bien plus radicale. Les héritiers rompent généralement tout contact durant les procédures pour, souvent, renouer par la suite. En effet, les tensions s'apaisent généralement une fois la décision rendue. En désignant un liquidateur ou un administrateur pour la succession, en ordonnant le partage ou la vente, voire en nommant un notaire pour y procéder, le juge redéfinit la place de chacun dans la famille et la part des biens communs qui lui sera réservée.

## Conclusion

Qu'il s'agisse de l'accès à la justice ou du fonctionnement des tribunaux comme administrations publiques, peu de chercheurs s'intéressent au point de vue des usagers. Ce chapitre avait pour but d'étudier l'expérience des parties dans les juridictions et d'identifier les spécificités de l'administration judiciaire.

En effet, si les discours des héritiers sur la justice sont similaires à ceux des usagers de nombreuses administrations publiques en Afrique de l'Ouest, au tribunal, il s'agit avant tout de gagner une dispute contre un adversaire. Ce troisième joueur représente une différence fondamentale avec d'autres services publics qui n'impliquent généralement que fonctionnaires et usagers. Dans ce contexte, le véritable enjeu des procédures se joue lors des audiences, où chacun plaide sa cause.

C'est pourquoi, dans un second temps, je me suis intéressée aux audiences comme moments clés des procédures. Les débats sont l'occasion pour les héritiers d'être confrontés au juge, à la manière dont il perçoit son rôle et interprète les dispositions légales. Il s'agit, pour les demandeurs, de mobiliser le tribunal comme un forum plus avantageux que l'arène familiale. Dans un contexte où la loi vise à protéger les droits des femmes et des cadets, ce sont souvent eux qui font appel au juge comme une ressource et qui utilisent le droit comme argument – un constat qui confirme cette idée selon laquelle le droit fait, en matière d'héritage, figure d'« arme des petits » à Cotonou. Mais mobiliser le droit, c'est aussi s'attirer les foudres de la famille. Dans de telles affaires, les défendeurs font souvent valoir toute l'importance des normes familiales, du juste et de l'équitable au-delà du légal. Il s'agit là d'arguments mentionnés face au juge, mais aussi au sein même des familles. Les exemples qui précèdent permettent de souligner toute la pertinence de s'intéresser à un type d'affaires en particulier plutôt qu'au fonctionnement de la justice en général. Les lois et les pratiques des juges, tout comme la manière dont ils sont perçus par les justiciables, sont fonction des questions traitées – de la « matière », comme on dit en droit. En droit successoral, il ne s'agit ni de vengeance, ni de réparation, mais bien de renégocier les relations familiales, les droits et les devoirs de chacun.

Ce chapitre permet donc de montrer les multiples facettes du rapport des héritiers à l'État et à ses administrations, dont ils se plaignent tout en étant persuadés que « la justice » finira par triompher – une conviction par ailleurs partagée par les justiciables congolais (Rubbers & Gallez, 2012). Une fois la procédure engagée, ils se trouvent confrontés aux aléas du système judiciaire, mais contrairement à leurs homologues des pays industrialisés qui décrivent les tribunaux comme inefficaces, insensibles aux difficultés personnelles et aux problèmes rencontrés par les « citoyens ordinaires » (Merry 1990:171), ils restent convaincus que le système judiciaire fonctionne « malgré tout ».

Ce constat contraste avec celui dressé par Bierschenk à propos du traitement des affaires pénales, selon lequel pour ceux qui y sont confrontés,

> « [...] the system seems like a vacuum cleaner which functions on the basis of obscure mechanisms and which, once it aims its hose at the target group of a legal norm, threatens to suck it up in a vortex leading to the unknown » (Bierschenk, 2008: 119).

Selon lui, les avocats et leurs clients décrivent l'issue des dossiers comme aléatoire. Néanmoins, les héritiers sont convaincus que le droit sera « dit » par le tribunal, indépendamment des incertitudes liées au processus et au temps qui y est consacré. Leurs conseils décrivent l'issue des affaires certes comme aléatoire dans le temps, mais inévitable et prévisible.

Les différences entre les deux études s'expliquent, d'une part, par les types d'affaires concernées. En matière de justice familiale et en matière pénale, le profil des usagers, les ressources dont ils disposent, les enjeux des procédures et le type de droit applicable varient – autant de facteurs qui influencent directement la manière dont « la justice » est perçue. Les deux enquêtes furent, d'autre part, réalisées avec près de dix ans d'écart. Le système judiciaire a donc considérablement changé d'une étude à l'autre. Alors que Bierschenk insistait, début des années 2000, sur le caractère désuet et inapplicable des lois datant pour la plupart de l'époque coloniale, lors de l'étude de Rubbers et Gallez, la plupart des textes avaient été réformés, sous l'impulsion des bailleurs de fonds et des groupes professionnels concernés.

Enfin, contrairement à la plupart des travaux les plus récents sur la justice en Afrique, ce chapitre n'aborde la question de la corruption que de manière marginale. Comme le soulignent Blundo et Olivier de Sardan (2007), le phénomène est avant tout lié aux discours, à la rumeur et aux soupçons. Lors des conflits d'héritage, il est parfois mobilisé comme une interprétation possible lorsqu'un dossier traîne ou lorsqu'une cause est perdue. Cette interprétation est souvent jugée moins pertinente en droit de la famille que dans d'autres matières – en droit pénal, notamment – où la marge de manœuvre du juge dans l'interprétation de la loi est considérée comme plus importante. À Cotonou, la pertinence de la corruption comme interprétation possible est donc proportionnelle à la conception du degré de latitude des magistrats dans leur travail. Elle est aussi fonction de l'enjeu des litiges et des ressources des parties impliquées. Tout comme la sorcellerie, la corruption fonctionne comme une « attitude face à la contingence » (Marquis, 2014 : 176) : plus les impondérables sont nombreux, plus elle est susceptible d'être mentionnée comme explication possible.

*Chapitre 4*

# Les héritiers, leurs défenseurs et le « marché » de l'intermédiation judiciaire à Cotonou[96]

•

Dans un contexte où les tribunaux sont souvent perçus comme difficilement accessibles pour les citoyens ordinaires, les intermédiaires susceptibles d'aider les héritiers dans leurs démarches jouent un rôle central dans leur parcours. Après avoir rappelé les différentes manières d'aborder l'intermédiation judiciaire dans la littérature, je tenterai de répondre à la question suivante : à Cotonou, qui sont ces intermédiaires, quelles sont leurs relations avec les usagers et comment contribuent-ils à la compréhension du droit des héritiers ?

Ce chapitre se base sur les récits des usagers et des personnes qu'ils sollicitent, en vertu de leur position, de leur expérience ou de leurs connaissances, pour faciliter leurs démarches au tribunal. J'aborderai donc, en premier lieu, le point de vue des héritiers et les raisons pour lesquelles ils engagent un conseil. À travers plusieurs études de cas, je présenterai la manière dont ils choisissent leur défenseur et dont ils décrivent son intervention dans leur dossier. J'analyserai également les conséquences de cette intervention, tant sur les relations familiales que sur la manière dont les héritiers perçoivent la loi et le système judiciaire.

J'aborderai ensuite le point de vue des défenseurs, leur place sur le marché de l'intermédiation judiciaire et la manière dont ils organisent leur travail. Je m'intéresserai tout d'abord à la position des « démarcheurs », ces intermédiaires informels ou « courtiers administratifs », souvent mentionnés dans la littérature africaniste sur les administrations publiques (Blundo, 2001 ; Tchantipo, 2006 ; Tidjani Alou, 2007). S'ils font partie du paysage judiciaire dans la capitale béninoise, ils y sont pourtant minoritaires. Qui sont ces « démarcheurs judiciaires » et

96 Une version antérieure de ce chapitre a fait l'objet d'un article dans la revue *Politique Africaine* (Andreetta, 2018a), dont je remercie les éditeurs pour leurs commentaires et leurs conseils.

quelles stratégies emploient-ils pour s'assurer une clientèle? Je me pencherai ensuite sur les avocats, leur parcours, la manière dont ils gèrent leurs clients et leurs dossiers.

La question des professionnels du droit sur le continent africain, et plus particulièrement celle des avocats, est rarement abordée par les chercheurs en sciences sociales : seule une poignée d'auteurs s'intéressent à la structure sociale et professionnelle des champs juridiques africains, à leurs rapports avec le pouvoir (Dezalay, 2015; Gould, 2006) ou aux juristes comme défenseurs des droits de l'homme dans les démocraties naissantes (Englund, 2004 ; Pommerolle, 2009). À la suite de ces travaux qui insistent sur la place des juristes dans les sociétés africaines contemporaines et sur la nécessité de comprendre la structure des champs juridiques, je m'intéresserai au rôle des avocats au niveau micro, comme conseils dans les tribunaux. Je décrirai leur parcours professionnel, leur statut social et la manière dont ils organisent leur travail. Les avocats appartiennent en effet à une catégorie socio-professionnelle particulière : les professions libérales. Ils détiennent une compétence technique et des savoirs qui leur sont propres, appartiennent à une communauté professionnelle organisée et soumise à des règles éthiques et bénéficient, pour les services qu'ils fournissent, d'un monopole protégé par l'État (Champy, 2009).

Il s'agira donc ici d'analyser le rôle et la place des défenseurs dans leurs activités ordinaires, à travers l'exemple précis des affaires d'héritage. Cette question permettra de réfléchir à la manière dont ces intermédiaires influencent les usages du droit des familles et leur compréhension du système judiciaire, mais aussi à la façon dont ils « recrutent » leurs clients et gèrent les différents dossiers. Cette approche « par le bas » permettra de comprendre le rapport des avocats et des « démarcheurs » au droit, leurs interactions avec des clients potentiels et finalement, l'économie de l'intermédiation judiciaire dans la capitale béninoise.

## 4.1. L'intermédiation judiciaire et les sciences sociales

Cette section présentera la façon dont différentes disciplines abordent l'intermédiation judiciaire. Selon les approches et les contextes, les chercheurs s'intéressent à différents types d'acteurs, mettant tantôt l'accent sur leur place dans le fonctionnement des administrations publiques, tantôt sur leur parcours professionnel, sur leur rapport à l'État ou au politique, ou encore sur la manière dont ils influencent la façon dont les justiciables comprennent le droit.

Dans leurs travaux sur la justice en Afrique, les socio-anthropologues s'intéressent aux intermédiaires informels plutôt qu'aux professionnels du droit. Autrement dit, la figure de l'avocat, son parcours et ses interactions avec les clients d'une part, et avec le système judiciaire d'autre part, sont assez peu abordés par ceux qui font l'ethnographie des tribunaux en Afrique. Ils soulignent, par contre, le rôle de l'intermédiation judiciaire au sens large dans le fonctionnement des tribunaux – et la manière dont elle contribue à y expliquer la « petite corruption quotidienne ». Blundo (2001) décrit notamment la figure du « courtier administratif » au Sénégal, présent à l'entrée du tribunal et prêt à proposer son aide dans les dédales de l'administration. Ces « agents d'affaires », parfois appelés également « démarcheurs », mobilisent un capital social ou une expérience professionnelle acquise auparavant au sein des administrations publiques. S'ils permettent, dans une certaine mesure, d'« huiler la machine » des services publics, ils contribuent également à leur mauvaise réputation lorsqu'ils réclament aux usagers le payement d'actes gratuits. Au Bénin, Bako-Arifari (2006) parle d'intermédiation officielle pour faire référence aux avocats, d'intermédiation ethnique ou notabiliaire lorsque des citoyens ordinaires mobilisent leur capital social au service des usagers du système judiciaire. Décrits comme parties prenantes dans le phénomène de la corruption, ces deux derniers types d'intermédiaires contribuent, dans les juridictions éloignées de la capitale où les avocats sont absents, à pallier le manque de personnel dans les tribunaux (Tchantipo, 2006). L'intermédiation judiciaire est ici définie au sens large : elle fait, certes, référence aux avocats, mais aussi au dédoublement des fonctions des membres du personnel des tribunaux, qui s'improvisent conseils ou facilitateurs, et à ces citoyens ordinaires qui mobilisent leurs relations au service des autres. C'est surtout sur ses formes « informelles » que se penchent les auteurs cités ici.

Ceux qui traitent de l'intermédiation judiciaire dans les pays industrialisés se concentrent par contre sur les avocats, leur parcours professionnel et leurs relations avec leurs clients. Lejeune et Orianne (2014 : 225) définissent d'ailleurs les intermédiaires juridiques comme des

> « *legal professionals* active in a range of transactions as intermediaries, between citizens, government agents, organizational members including employers and the law as a body of texts and set of processes and practices. »

Les premiers travaux s'intéresseront à leur profil, leur parcours et à la manière dont la profession s'est construite (Abel, 1986 ; Karpik, 1995 ; Halliday & Karpik, 1997). D'autres tenteront d'analyser le rôle des avocats face au pouvoir – le *political lawyering* – ou leurs motivations lorsqu'ils mobilisent le droit et les tribunaux pour défendre des idéaux politiques – le *cause lawyering* (Lejeune, 2011b). Ces analyses des auxiliaires de justice comme acteurs du (contre)pouvoir sont également mobilisées sur le continent africain, à travers, notamment, la problématique des droits de l'homme, de la justice de transition et de la démocratie (Englund, 2004 ; Gould, 2006 ; Pommerolle, 2009).

Dans une tout autre perspective, certains sociologues analysent les interactions entre les justiciables et leur conseil et la façon dont elles contribuent à construire la compréhension du droit des citoyens (Lejeune & Orianne, 2014 ; Sarat & Felstiner, 1988). Il ne s'agit donc plus ici de s'intéresser à des questions de formation, de statut social ou de revenus, mais bien aux interactions entre les usagers et leur conseil. C'est de ces travaux que je m'inspirerai dans ce chapitre, qui vise avant tout à comprendre la place des avocats dans le parcours des héritiers. Je m'intéresserai à leurs interactions avec les justiciables, à la manière dont les dossiers sont gérés, les tarifs négociés et le travail organisé au sein des cabinets.

Alors que de nombreux chercheurs se sont penchés sur les avocats aux États-Unis et en Europe, seules quelques études concernent les membres des barreaux du continent africain. Gould (2006) se penche sur le lien entre droit et politique à travers le cas particulier des avocats et de leur influence sur les politiques publiques en Zambie. À travers le cas des élections présidentielles de 2001, notamment, il montre comment les juristes ont pu former un collectif, accompagné de l'Église et de mouvements féministes, de manière à définir le droit comme un élément central de l'État postcolonial. Cette question du droit en lien avec le politique sera développée, quelques années plus tard, dans un numéro spécial piloté par Dezalay (2015), qui s'intéresse aux acteurs du droit, à leur carrière et à leur place dans les sociétés postcoloniales. Les différentes contributions soulignent le rôle joué par les juristes,

> « […] dans la longue durée, à travers les transitions et les moutures successives de l'État colonial à l'État postcolonial, ils sont eux aussi les intermédiaires d'histoires connectées impliquant des formes d'engagement à différents niveaux entre le local et l'international » (Dezalay, 2015 : 15).

Ainsi, Gobe (2011, 2012, 2015) s'intéresse au barreau tunisien et à son évolution selon le contexte politique. Il revient ainsi sur le régime de Ben Ali et sur le statut des avocats sous sa présidence. À partir des années 1990, ceux-ci étaient de plus en plus nombreux et l'État en profitait pour pratiquer une politique clientéliste, distribuant les affaires selon les affinités politiques des avocats et privilégiant les partisans du régime. Avec la chute de Ben Ali en 2011, le barreau devint suffisamment puissant pour redéfinir un monopole professionnel des avocats indépendamment du pouvoir. Il revendique un contrôle plus strict de l'accès à la profession ainsi que des mesures destinées à exclure les magistrats, mais aussi les cabinets de conseils juridiques « concurrents » des diplômés en droit (Gobe, 2011, 2012). Gobe analyse donc l'influence des variables politiques et économiques sur la profession.

Ce chapitre s'inscrit dans le prolongement de ces travaux, mais s'intéressera plutôt à la place des professionnels du droit dans une perspective synchronique. Qui sont-ils les avocats béninois, quels rapports entretiennent-ils avec leurs clients et comment contribuent-ils à « rendre la justice » ? Il ne s'agira donc pas ici d'examiner la manière dont la profession d'avocat s'est construite depuis l'époque coloniale, mais bien de décrire leurs activités ordinaires. Ces aspects routiniers de la profession permettront de mieux comprendre les enjeux des dossiers pour les membres du barreau ainsi que la place du droit et la manière dont ils l'utilisent dans leurs activités quotidiennes – une question jusqu'ici peu abordée par les auteurs cités ci-dessus.

## 4.2. Le marché de l'intermédiation judiciaire à Cotonou

S'ils détiennent le monopole légal de l'assistance au tribunal, les avocats ne sont pas les seuls intermédiaires sur le marché de l'assistance juridique. Bien qu'ils ne soient pas habilités à porter la robe et à plaider devant le juge, il existe, à Cotonou, d'autres types d'intermédiaires, dont l'activité est plus ou moins formelle et plus ou moins légitime.

Mentionnées dans la littérature, ces figures de l'intermédiation judiciaire font concurrence aux avocats en mettant à la disposition du justiciable des connaissances du droit et un capital relationnel dans le monde judiciaire. Dans les juridictions de l'intérieur du pays, il s'agit des notables, des leaders locaux qui mobilisent leurs relations afin d'intervenir auprès du tribunal. Dans ce contexte, ils sont également identifiés comme des acteurs clés des réseaux de sociabilité et d'échanges de faveurs au sein des administrations publiques (Bako-Arifari, 2006 ; Tidjani Alou, 2007). Ces courtiers de la justice, communément appelés « démarcheurs », se retrouvent également dans les juridictions de Cotonou et ses environs. Réputés moins onéreux que les avocats, ils sont pourtant peu sollicités par les usagers de la capitale. À la mention de cette option, la plupart des héritiers rétorquent que « la justice, c'est l'affaire des avocats ». Seuls ceux qui, grâce à leurs études ou leurs relations familiales, connaissent personnellement l'un de ces intermédiaires informels les sollicitent.

Cette conception de l'intermédiation judiciaire légitime comme réservée aux avocats est matérialisée par leur omniprésence dans les juridictions. Tous les cabinets du pays se trouvent dans la capitale. Les conseils ne se rendent dans les tribunaux plus éloignés qu'à titre exceptionnel, cantonnant leurs interventions aux quatre juridictions du sud du pays. Dans ce contexte, alors qu'il existe, ailleurs, un véritable « marché » pour l'intermédiation judiciaire informelle, à Cotonou, il est monopolisé par les avocats. Ils y sont également beaucoup plus visibles pour les usagers : ils plaident à l'audience, leur nom figure sur le tableau de l'ordre et leurs cabinets sont ornés d'une plaque annonçant leur profession. Certains font la une des journaux dans les affaires particulièrement politisées. D'autres participent à des émissions de vulgarisation juridique. En d'autres termes, les démarcheurs, ces intermédiaires « de l'ombre », sont la plupart du temps peu visibles et illégitimes aux yeux des justiciables. La majorité des usagers de la capitale n'y ont, dès lors, pas recours.

## 4.3. Le point de vue des justiciables

Pourquoi les usagers engagent-ils un intermédiaire lorsqu'ils saisissent la justice? En matière de successions, le recours à un avocat n'est pas obligatoire en première instance[97]. Les héritiers peuvent donc choisir de se présenter soit seuls, soit assistés d'un avocat ou d'un conseiller de leur choix. Au-delà des attentes initiales des clients, je m'attarderai ici sur la façon dont les parties perçoivent et évaluent le travail de leur défenseur. À qui les héritiers ont-ils recours et, enfin,

97 Il l'est, par contre, pour saisir les juridictions supérieures.

comment leurs relations avec leur conseil influencent-elles leurs usages et leurs pratiques du droit ?

### *4.3.1. « Constituer »[98] un avocat – ou les attentes des usagers*

> « Dès que j'ai introduit la requête, j'ai pris un avocat [...] Parce que dans notre société, il se passe beaucoup de choses qu'on ne voit pas. En fait je voulais une protection. Comme j'ai un avocat, il peut me dire : "Tu restes avec moi ici, tu attends ici." Il y a des petits trucs, des astuces par rapport à la justice » (Flora, Cotonou, novembre 2012).

*Jeune veuve, Flora est mère d'un seul enfant. Son concubin avait une deuxième compagne, avec qui il a eu deux enfants. Tous les enfants étant mineurs au décès de son concubin, c'est la famille – les frères et sœurs du défunt – qui a organisé les funérailles, avec la contribution des deux compagnes. Ensuite, craignant que les parents du défunt n'accaparent les biens, la jeune femme a saisi le tribunal. Elle a demandé la garde de son fils, que la famille semblait vouloir lui arracher, ainsi que la désignation d'un administrateur « neutre » pour la succession.*

> « Le problème qui se posait, c'est qu'ils me demandaient de leur remettre les biens pour qu'ils puissent faire le partage, et en garder une partie. Mais j'ai dit non, pas question. Parce que, même du vivant du monsieur, il a dit que ses biens reviennent à ses enfants. Donc il fallait recourir tranquillement au tribunal pour éviter les problèmes... Ce que je sais, c'est que quand vous avez des problèmes, vous allez là-bas, on vous rend justice », explique-t-elle (Cotonou, novembre 2012).

Flora engage son avocat une fois la procédure entamée. C'était l'avocat de son concubin, qu'elle sollicite en tant qu'« avocat de la famille » – au sens nucléaire du terme.

Certains choisissent d'engager un conseil avant même de déposer une demande au tribunal. Il s'agit alors de recourir à un intermédiaire susceptible de les aider à « introduire le dossier » ainsi qu'à naviguer dans les méandres du tribunal. C'est somme toute l'idée d'un guide dans un univers inconnu – ou la figure du courtier comme intermédiaire, décrite notamment par Blundo (2001). « Moi j'ai vu qu'avec un avocat ça va être plus rapide, parce que lui c'est son domaine, il

---

98 Expression fréquemment utilisée au Bénin, par les juristes surtout, et qui fait référence au fait de prendre un avocat. La « constitution » aux intérêts d'un client fait donc référence à l'intervention d'un avocat dans un dossier.

connaît ça. Sans un avocat, tu ne peux pas te défendre », déclare Valentin, 46 ans, commerçant (Cotonou, février 2013). Il fait appel à un ancien camarade de classe, dont il sait qu'il a étudié le droit.

D'autres, enfin, n'en ressentent la nécessité qu'au fil des audiences, lorsque leur dossier ne prend pas la tournure voulue, ou simplement parce qu'ils se trouvent face à un adversaire qui se présente accompagné d'un conseil : « On a pris un avocat parce qu'on a vu qu'eux aussi, ils sont venus avec un avocat », m'expliquent les héritiers Sita. Avoir recours à un spécialiste permet alors d'équilibrer la situation.

Les attentes des clients dépendent en partie du moment auquel ils décident de « constituer » un avocat, bien que les différentes motivations citées ci-dessus ne soient pas mutuellement exclusives. Il s'agit tantôt d'engager quelqu'un capable de les représenter, de les protéger au tribunal, tantôt d'y avoir un guide, quelqu'un « du métier » qui connaît les lieux et les ficelles de la justice, tantôt de pallier leur propre manque d'expertise et de connaissances, voire même tout à la fois.

Quant aux critères qui guident le choix de l'avocat, ils diffèrent selon la situation des héritiers. Les tarifs des avocats sont en effet fonction de leur expérience et de leur renommée, bien qu'ils soient néanmoins négociables. Dans ce contexte, les héritiers qui disposent de relations haut placées ou de ressources financières importantes peuvent se permettre de contacter de « grands avocats ». Ceux-ci ne traitent par contre des affaires de succession qu'à titre exceptionnel – j'y reviendrai plus loin. Les héritiers « ordinaires » mobilisent leurs relations, à l'image de Valentin. Les veuves se tournent généralement vers les collègues ou les amis de leur époux, qui deviennent également leurs protecteurs face à leur belle-famille. Dans certains cas, c'est l'avocat lui-même qui leur propose de prendre en charge leur dossier, lorsqu'il les croise par hasard au tribunal. Ce sont parfois aussi leurs enfants qui engagent, pour elles, un conseil. Les femmes mariées suivent l'avis de leur époux. Dans d'autres cas, c'est l'entourage qui formule des recommandations : un avocat du quartier, quelqu'un à qui l'on a soi-même eu recours ou qui est « connu » pour sa spécialisation dans certains types d'affaires. Ces parcours des usagers vers leurs avocats sont révélateurs des différentes sociabilités selon le genre et la situation matrimoniale dans la capitale : les femmes mariées se reposent sur leur époux ou sur leurs enfants, celles qui ne le sont pas, sur les gens du quartier. Les hommes mobilisent d'autres réseaux : ceux de leur village d'origine, de leur scolarité ou de leur vie professionnelle.

Confirmée ou infirmée par la suite en cours de procédure, la présomption d'honnêteté et de fiabilité envers un avocat repose avant tout sur son lien social avec les héritiers – un lien à géométrie variable. Rares sont ceux qui engagent un membre de leur famille pour les défendre. On préfèrera souvent une connaissance, susceptible de « connaître le dossier », sans pour autant être directement impliquée.

### *4.3.2. La pratique comme désillusion : « Il faut toujours être derrière eux »*

*J'ai rencontré Aïchatou par l'intermédiaire de son avocat, maître Vital. Elle est issue d'une famille riche et instruite. Son père, Christian, a laissé un héritage considérable, comprenant des fonds sur des comptes bancaires au Bénin et à l'étranger, un patrimoine immobilier et des sociétés de microfinance (IMF) en Afrique de l'Ouest.*

*Cadette de quatre enfants issus d'un premier mariage, Aïchatou a passé plusieurs années en Suisse, où elle a obtenu une maîtrise en droit et un DESS. Lorsqu'elle est rentrée au Bénin, elle a travaillé avec son père avant de se retrouver sans emploi à son décès. Son frère aîné, Michel, est professeur au Canada. Vient ensuite Florence, secrétaire, et enfin Yves, qui a repris la direction de la société de leur père. Suite au décès de son épouse, Christian s'était remarié. Avec sa nouvelle compagne, Valentine, il a également eu quatre enfants. Tous vivent au Canada. Vient, enfin, un dernier enfant hors mariage, mais qui n'entretient aucun contact avec le reste de la fratrie.*

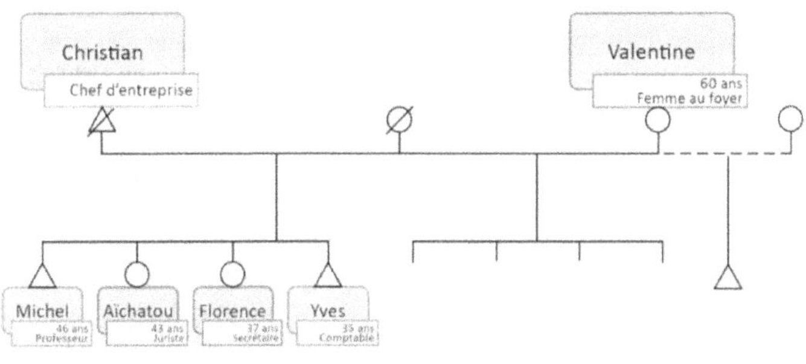


*Christian s'éteint en Suisse, en 2008. Ses enfants organisent ses funérailles au Bénin. Quelques mois plus tard, un conseil de famille est organisé. Les enfants choisissent le fils aîné, Michel, assisté de Valentine, comme liquidateurs de la succession. La décision sera homologuée par*

*le tribunal. Les héritiers ne parviennent cependant pas à s'accorder sur le partage des parcelles et les démarches à effectuer auprès des banques nécessitent souvent de nombreux déplacements dans la capitale. Fatigué des difficultés liées au processus, Michel rentre au Canada quelques mois plus tard. Les frères et sœurs décident de nommer Aïchatou pour poursuivre les démarches.*

*Elle m'explique comment, alors qu'elle tente de contacter une institution financière auprès de laquelle leur père avait déposé des fonds, elle apprend que l'argent a déjà été versé à Valentine, mentionnée sur le contrat comme bénéficiaire en cas de décès. Il s'agit là du premier point de désaccord. Les enfants sont d'avis qu'il s'agit d'un patrimoine commun, Valentine estime que les fonds lui reviennent. La veuve propose ensuite une répartition des maisons et des parcelles, mais dont elle refuse de discuter avec les enfants de la première épouse. C'est la seconde source de conflit entre les héritiers.*

*Aïchatou contacte un avocat, maître Vital, avec qui elle a réalisé une partie de son cursus universitaire, en vue d'organiser une réunion avec Valentine et son avocat. Maître Vital refuse cependant de jouer le rôle de médiateur : selon lui, le rôle d'un avocat se limite aux procédures judiciaires. En 2009, il introduit une procédure de licitation-partage, bien que cette dernière ne corresponde pas exactement à la volonté des héritiers. Florence explique :*

> « Moi je me disais qu'on aurait pu s'entendre, que ça aurait pris le temps qu'il fallait, mais que ce n'est pas comme s'il fallait aller devant les juges pour régler nos différends. Puis j'ai appris que, dans ce domaine-là, il suffit qu'une seule partie fasse une demande au niveau du juge, et tous vous êtes obligés d'y aller. Mais si on ne l'avait pas fait, ça aurait été un autre de nos frères qui l'aurait fait » (Cotonou, novembre 2012).

*Quelques mois plus tard, le juge rend une décision avant dire droit (ADD)*[99] *désignant les avocats comme médiateurs et demandant aux parties de convenir d'un plan de partage des biens et de liquidation de la succession à homologuer par le tribunal.*

> « Quand on s'est présentés devant le juge, je crois qu'il n'a pas perçu un vrai conflit entre nous. Je crois qu'il a compris qu'on voulait tous le partage, mais qu'on ne savait pas trop comment le faire », explique Aïchatou (Cotonou, novembre 2012).

99 Voir lexique.

*Après un an et de multiples réunions sans accord, Aïchatou finira par céder et se rallier à la proposition de partage de la veuve, craignant que, en l'absence d'un consensus, le juge n'ordonne la vente judiciaire de leur patrimoine. Des experts sont désignés pour évaluer certaines maisons, tandis que le juge est chargé de trancher les débats concernant les fonds de l'IMF, dont l'attribution est restée problématique.*

*Aïchatou m'explique que, selon elle, les avocats béninois se contentent souvent d'initier les requêtes et de suivre les procédures, « mais ce qui concernait l'argumentation, la protection du client, je ne retrouvais pas ça ». Revenant sur le principal point de désaccord entre les deux parties, à savoir l'argent cotisé au sein de cette IMF, Florence, la jeune sœur d'Aïchatou, raconte :*

> « Le juge a demandé quel est le problème et l'avocat a juste expliqué que oui, nous on estime que c'est à nous et que la veuve estime que c'est à elle parce que ça a été écrit. Moi je n'appelle pas ça une argumentation. Le juge a attribué les fonds à notre belle-mère [...] Certaines personnes me disent que les avocats ont tellement de dossiers qu'il faut être après eux pour qu'ils vous défendent » (Cotonou, avril 2013).

*Aïchatou raconte comment elle contactait régulièrement son avocat pour connaître l'avancement du dossier, suggérait l'écriture des courriers et leur contenu.*

> « Les avocats ne vous contactent pas, ne vous appellent pas pour vous dire comment vont les choses... parce que dans un truc comme ça on a besoin d'être rassuré. D'avoir plus d'informations sur comment les choses vont se passer. Donc il fallait appeler, chercher sur Internet », raconte-t-elle (Cotonou, avril 2013).

Pourtant, dans les dossiers « juteux »[100] comme celui dont il est ici question, les avocats sont souvent largement rémunérés. Leurs honoraires font l'objet d'une négociation avec le client, au cours de laquelle ils fixent un pourcentage des « gains » des héritiers comme rémunération. Dans leur dossier, Aïchatou m'explique que maître Vital n'a pas prélevé les habituels frais d'ouverture, la jeune femme étant recommandée par un ami. Ils avaient convenu d'un pourcentage, à verser en fin de procédure : entre 3 et 5 %. Lorsqu'un an plus tard, Aïchatou souhaite connaître le montant des honoraires, son avocat parle alors de 15 % par héritier. Elle se renseigne auprès de son adversaire,

100 Les juristes qualifient ainsi les dossiers où les enjeux financiers – et donc, les possibilités de rémunération – sont substantiels.

Valentine, dont l'avocat prélève 5 % par client. Maître Vital accepte de s'aligner sur son confrère.

Dans son récit, Aïchatou décrit les différents éléments de sa relation avec l'avocat : la discussion des honoraires, qui intervient à divers moments de la procédure et qui y prend des formes différentes, les courriers rédigés par ce dernier et ses interventions à l'audience, souvent jugées insuffisantes. Mais son récit fait aussi état d'une situation qui relève du « meilleur des cas ». De nombreux héritiers estiment que leur conseil, qu'ils décrivent comme continuellement absent aux audiences, fournit un travail insuffisant dans leur dossier. Enfin, c'est aussi l'impact de l'intervention de l'avocat sur les relations familiales qu'il convient d'analyser : dans ce cas, maître Vital a contribué à renforcer les désaccords, en définissant la situation comme « contentieuse ».

Si le dossier de leur client est « bon » – autrement dit, leurs actions et leurs revendications conformes au droit – les avocats plaident rarement en faveur d'un accord amiable. Ils les encouragent à saisir le tribunal, leur expliquant – ou les confortant dans l'idée – qu'ils sont victimes d'une injustice ou qu'ils peuvent obtenir davantage. Les avocats contribuent dès lors à pousser les usagers à calculer, à compter dans la sphère familiale. C'est d'ailleurs, plus largement, ce que fait le droit aux relations familiales en général. L'intervention de l'avocat contribue alors, la plupart du temps, à renforcer les ressentiments envers la partie adverse. Si le dossier est « mauvais », l'avocat explique à son client ce qu'il risque. C'est alors, pour les héritiers, l'occasion de prendre conscience de la différence entre le légal et le juste – comme c'est le cas dans l'affaire qui oppose les héritiers Sita à leur jeune sœur[101]. Peut-être même plus que celle du juge, l'intervention d'un avocat introduit une dimension juridique dans les conflits familiaux, en expliquant aux héritiers les aspects légaux et illégaux de leurs actions – et de celles de leurs adversaires.

### *4.3.3. Les avocats et les héritiers : entre méfiance et légitimité*

Un an après notre première rencontre à Radio Cotonou, j'ai rendez-vous avec André, cet agent de nettoyage qui souhaite pouvoir bénéficier des biens de son père, jusqu'ici gérés par l'aîné de la famille[102]. Ce

101 Voir Chapitre 3.
102 Voir Chapitre 2.

dernier avait déchiré à plusieurs reprises les convocations de la radio, refusant de s'y présenter. Da propose alors aux héritiers de les introduire auprès d'un avocat. Attablé dans une buvette de la capitale, André me raconte ses déboires avec les auxiliaires de justice :

> « Les avocats, ils te prennent ton argent, ils vont se promener [...] Nos démarches, ça ne donne rien, au contraire, le peu qu'on a, ces gens-là bouffent. Au lieu d'aider les pauvres gens, ils bouffent » (Cotonou, avril 2015).

*Il me raconte alors en détail sa première expérience en 2010, à la suite de laquelle il s'est présenté à la radio. Sur les recommandations de diverses connaissances, il s'est rendu chez maître Xavier. Ce dernier demanda 200.000 FCFA (300 euros) comme frais d'ouverture de dossier. André parvint à réunir 100.000 FCFA, qu'il déposa au cabinet. L'avocat lui proposa alors de récupérer le reçu du payement auprès de la secrétaire. André raconte : « Elle m'a dit de revenir, qu'il va signer le papier. Je viens, il n'a pas encore signé. Je suis passé par là pendant des jours. Il n'a jamais signé. » Or, le dossier n'a pas progressé. Selon le jeune homme, l'avocat ne posa pas un seul acte dans son dossier. Lorsqu'il lui exprima son mécontentement, il répondit qu'il n'avait pas le temps. Pris par ses activités politiques, il proposa à ses clients de se rendre chez un confrère – moyennant, une nouvelle fois, le payement de frais d'ouverture de dossier. André souhaita alors récupérer la somme versée à maître Xavier : « S'il ne fait pas le travail, normalement, tu vas récupérer ton argent non ? Quand je suis retourné le voir, il m'a dit : "Tu as versé 100.000 francs ici, quel est le papier qui me le prouve ?" » (Cotonou, octobre 2013).*

Comme beaucoup d'autres usagers, André renonce à lutter même s'il s'estime lésé par son avocat. Pour lui, les juristes se connaissent, se protègent mutuellement : impossible, pour un citoyen ordinaire, de gagner un recours contre un membre du barreau. André se rend donc à Radio Cotonou. Lorsque les tentatives de médiation échouent, le jeune homme se tourne à nouveau vers la justice étatique.

*Da, le médiateur, l'accompagne chez un autre avocat. Celui-ci demande une provision de 300.000 FCFA (450 euros), en raison de la complexité du dossier. André et ses frères et sœurs parviennent à réunir 100.000 FCFA et promettent à l'avocat de verser le solde restant dès que possible. L'avocat accepte de commencer les démarches. Deux mois s'écoulent et, sans nouvelles, André conclut :*

> « J'ai compris que la justice de ce pays, c'est fait pour les riches. Pour ceux qui ont de l'argent. Ce n'est pas fait pour nous qui n'avons pas les moyens. Si j'avais de l'argent, j'aurais pu lui donner 500.000. Là il n'aurait pas pu rester les bras croisés. Mais là, comme il ne peut pas gagner plus, il est en train de lambiner. Alors que la situation est très importante pour nous » (Cotonou, avril 2015).

*Après avoir vainement tenté de trouver un intermédiaire susceptible d'intervenir en sa faveur auprès de l'avocat, André retourne seul chez son conseil. Il explique son mécontentement. « Il a commencé par remuer la tête, par dire que je ne comprends pas, que la façon dont eux font leur chose, eux seuls comprennent, que c'est différent. » Le jeune homme conclut :*

> « Le Bénin, le gouvernement, c'est l'argent qui bouge [qui fait bouger les choses]. Sauf si l'un de tes parents est un avocat ou bien un juge. C'est ça que je ne comprends pas. Le gouvernement c'est le père de la nation. Et c'est lui qui a nommé les juges et les avocats. Si tu vas vers ceux-là, normalement ils doivent t'aider à t'en sortir » (Cotonou, octobre 2013).

Ce discours d'André sur les avocats, associés au gouvernement et à l'État, correspond d'une certaine manière à cette conception « double face » de la justice comme corrompue, mais aussi comme une autorité compétente pour trancher, « une fois pour toutes », les disputes familiales. Il y associe les avocats à l'État, à des rumeurs de corruption identiques à celles qui concernent les fonctionnaires des services publics (Bierschenk, 2008 ; Blundo & Olivier de Sardan, 2007).

Différente du premier cas de figure, l'expérience d'André permet d'identifier d'autres aspects des relations entre avocats et clients. Aïchatou décrit la communication avec son avocat comme parfois difficile, mais elle parvient malgré tout à obtenir des informations, des explications sur son dossier. André, par contre, n'en obtient aucune. Ses interactions avec les membres du barreau se caractérisent par l'absence et le manque de communication. C'est le cas pour de nombreux autres justiciables, qui se plaignent de « se sentir abandonnés » lorsque leur avocat ne les accompagne pas à l'audience. Les relations client-avocat sont en partie fonction du statut social du client et de l'enjeu du dossier : une différence fondamentale entre le cas d'Aïchatou et celui d'André, notamment.

Dans ce contexte, un « bon avocat », c'est un avocat qui est disponible et qui communique avec ses clients. C'est aussi un avocat qui argumente, face au juge et à la partie adverse. C'est surtout, enfin, un avocat qui obtient une décision favorable pour ses clients. Une fois le jugement rendu, la plupart des héritiers mentionnent son aide précieuse, son dévouement à leur cause. Mais ce n'est qu'à l'issue des procédures qu'intervient ce type de discours : en cours de procès, c'est plutôt un climat de méfiance qui caractérise les relations avec l'avocat.

## 4.4. Les intermédiaires de l'ombre

Les « démarcheurs » ne sont pas avocats, mais ils maîtrisent le fonctionnement des tribunaux. Ils connaissent, plus ou moins bien, les principes du droit ainsi que les fonctionnaires de la justice. Ils informent ceux qui s'adressent à eux sur les procédures à suivre, les accompagnent à l'audience et les aident à fournir au juge les documents nécessaires. Qui sont ces courtiers du monde de la justice et comment interagissent-ils avec les avocats et avec les héritiers ?

### *4.4.1. Le profil des « démarcheurs »*

**Le 2/12/2013, Cotonou.**

Je passe l'après-midi avec Hervé. Ancien collaborateur d'avocat, il a donné sa démission suite à un désaccord avec sa patronne. Je le rejoins au tribunal, où il attend Gildas, un ami et client, arrêté pour escroquerie. Hervé a associé maître Hermann au dossier, qui s'est « constitué » pour le défendre, moyennant 100.000 FCFA. L'avocat plaide en sa faveur à l'audience, mais le substitut veut faire de Gildas un exemple et le punir sévèrement : depuis le matin, le client patiente dans la salle des détenus. Le substitut doit encore déterminer s'il sera relâché ou poursuivi sous mandat de dépôt[102].

Hervé se charge de « briefer » son client avant sa rencontre avec le substitut, intervient auprès du plaignant pour tenter de le convaincre de demander la mise en liberté du prévenu : s'il est en prison, comment pourrait-il rembourser la victime ? Nous patientons pendant près de trois heures, lorsque le substitut délivre finalement un mandat. Nous nous rendons ensuite au supermarché. Sur le parking, un autre client attend Hervé, le charge d'effectuer un payement en son nom ainsi que de négocier un échelonnement de sa dette, qui s'élève au total à plusieurs millions (Extrait du journal de terrain).

103 Lorsqu'un délit est commis, le parquet décide, selon la gravité des faits et la complexité du dossier, tantôt de libérer le prévenu pendant l'instruction, en attendant la

Hervé explique qu'outre ceux qui, tel Gildas, le sollicitent pour des questions ponctuelles comme des démarches à l'état civil, il a deux clients principaux. Le premier est avocat, pour lequel il travaille comme collaborateur « à distance ». Il effectue les mêmes tâches que les jeunes juristes engagés comme employés dans les cabinets, mais au lieu d'y être présent à temps plein, il traite chez lui les dossiers qui lui sont confiés. Il joue, en quelque sorte, le rôle d'un consultant. Le second client est un homme d'affaires. Le jeune juriste se charge de gérer les aspects juridiques routiniers de son activité : il négocie l'achat et la vente de terrains, ses dettes avec les banques ou avec ses fournisseurs. C'est également lui qui gère ses contentieux devant les tribunaux s'il y a lieu. Si les choses se compliquent, Hervé confie son client à l'un de ses amis avocats, mais continue malgré tout de suivre le dossier. Ces deux clients lui rapportent un salaire « fixe » de 150.000 FCFA (225 euros) par mois.

> « Je gagne la même chose que quand j'étais au cabinet, mais je peux dormir jusqu'à 10 h et rentrer chez moi à 17 h si je veux », m'explique-t-il, « Et encore, là où j'étais, j'étais très bien payé. Dans les autres cabinets ce n'est pas comme ça » (Hervé, Cotonou, décembre 2013).

Les démarcheurs de la justice sont généralement de jeunes juristes, qui ont travaillé pendant quelques années comme collaborateurs pour un cabinet d'avocat. C'est le cas de Sedjro, juriste de formation, qui n'a jamais réussi à obtenir le certificat d'aptitude à la profession d'avocat (CAPA)[104]. Il décide alors de quitter le cabinet qui l'emploie pour mener sa propre activité, de manière informelle.

Il s'agit également de parajuristes qui, dans le cadre de projets de développement arrivés à leur terme[105], continuent à dispenser des conseils moyennant rémunération. Oscar a ainsi travaillé « à l'intérieur du pays » dans le cadre d'un projet d'appui aux femmes et aux filles victimes de violences. Sa position de juriste au sein du projet lui a permis de se faire connaître, si bien qu'aujourd'hui, il prend en charge

---

première audience du procès, tantôt de délivrer un mandat de dépôt qui déclenchera la détention préventive de la personne interpellée.

104 Le certificat d'aptitude à la profession d'avocat est un examen destiné à garantir l'entrée au sein du barreau béninois. Il comprend une épreuve écrite et une épreuve orale. J'y reviendrai dans les sections qui suivent.

105 Je pense ici aux projets destinés à promouvoir certains textes ou certains principes – dans le cas du WILDAF, les droits des femmes – et qui mettent en place des actions de sensibilisation ou de conseil juridique gratuit.

toutes sortes de dossiers dans les tribunaux de deuxième classe[106] du Sud-Bénin – depuis les dossiers d'état civil, jusqu'aux litiges fonciers.

Ces intermédiaires, dont la réputation se fait essentiellement de bouche à oreille, sont perçus comme une option financièrement plus abordable – même si ce n'est pas toujours le cas. Oscar par exemple, demande régulièrement 400.000 FCFA (600 euros) à ses clients pour une contestation foncière – des contestations auxquelles s'apparentent, selon lui, les conflits de succession. Il versera une provision de 100.000 FCFA (150 euros) au géomètre, le reste représentera son propre salaire. Bien que les tarifs varient en fonction des cabinets et de la complexité du dossier, ces mêmes clients auraient probablement payé 100.000 FCFA (150 euros) de frais d'ouverture de dossier et 200.000 ou 300.000 FCFA (450 euros) de frais d'honoraires chez un avocat.

Tout comme les avocats, ces intermédiaires informels de la justice éprouvent des difficultés pour obtenir la rémunération qui leur est due. Hervé explique qu'il invente de « faux frais » de procédure, sur lesquels il prélève sa rémunération :

> « Si je leur demande 50.000 ou 100.000 pour moi, ils vont fuir et ne plus revenir. Donc j'invente de faux frais. Je leur dis que pour introduire la requête, c'est 20.000. Alors que c'est 3.000 que le tribunal prend [...] Puis quand le dossier est au rôle, je leur dis qu'il faut donner 10.000 ou 20.000 pour le greffier. Et comme ce n'est pas pour toi, ils donnent. Comme ça même s'ils ne me donnent rien, au moins je sais que je me suis payé déjà dedans » (Hervé, Cotonou, décembre 2013).

Au tribunal de première instance de Cotonou, le prix des actes n'est affiché qu'à un seul endroit : au secrétariat du greffe. Cette liste ne mentionne pas le prix de l'introduction d'une demande ou du retrait d'une convocation, par exemple. Elle concerne uniquement les actes délivrés par le greffe[107]. Dans certains cas, il faut ajouter au montant de l'acte des frais de timbres ou d'enregistrement, calculés par les agents. Il s'agit là de frais officiels, mais dont les usagers ne connaissent que rarement l'existence ou le montant exact. Les « démarcheurs judiciaires » tirent donc parti de la mauvaise réputation de la justice et des connaissances partielles des usagers. Ces pratiques, bien qu'assez rares dans la mesure où les héritiers privilégient les profes-

---

106 Pour rappel, il s'agit des tribunaux situés dans les communes de moins de 100.000 habitants.

107 Voir Chapitre 3.

sionnels comme intermédiaires, contribuent pourtant à la mauvaise réputation de la justice béninoise.

Les questions d'héritage sont loin d'être des dossiers sans intérêt pour ces « démarcheurs » de la justice : moins techniques que les affaires commerciales, elles ne nécessitent pas toujours la présence d'un avocat à l'audience. Ils peuvent dès lors agir facilement « dans l'ombre », soufflant discrètement les arguments à leurs clients. Hervé, par exemple, rédige les PVCF et les demandes de licitation-partage à soumettre au tribunal. Il aide ses clients à en formuler les motifs et dépose les documents au secrétariat. C'est lui qui se charge de les informer des dates d'audience et des documents à y apporter. Il rédige des conclusions, que ses clients remettent au juge comme s'ils les avaient produites.

Cette qualité de « démarcheur » à Cotonou rappelle, en de nombreux points celle des « agents d'affaires » du Sénégal (Blundo, 2001). Ils interviennent principalement lorsqu'il s'agit d'obtenir des documents administratifs, tels les actes de naissance et les légalisations, ou dans les procédures pénales où les contacts entre fonctionnaires et usagers sont fréquents. Ils contribuent à la mauvaise réputation de la justice lorsqu'ils réclament le payement d'actes gratuits. Mais les intermédiaires dont il est question ici ne mobilisent pas uniquement un capital social ou une familiarité avec les lieux et les démarches à remplir : il s'agit de jeunes juristes, formés dans les cabinets d'avocats, qui mettent par conséquent à disposition de leurs clients une connaissance technique des lois et des pratiques de l'administration judiciaire.

### *4.4.2. Les ASBL d'assistance juridique*

Il existe, au Bénin, un petit nombre d'associations d'assistance juridique ou de sensibilisation au droit[108]. La plupart d'entre elles ne jouent pas le rôle d'intermédiaire, mais se contentent d'orienter, de conseiller ceux qui font appel à leurs services. Souvent spécialisées dans les questions des droits des femmes et des enfants, elles sont financées par des bailleurs de fonds internationaux. Elles prodiguent des conseils, informent leurs bénéficiaires sur leurs droits et les voies de recours possibles lorsqu'ils sont bafoués. La plupart du temps, elles n'accompagnent pas les usagers dans des procédures judiciaires. Il s'agit juste, si nécessaire, d'indiquer la marche à suivre ou d'aider à la rédaction d'une requête ou d'une plainte.

108 J'ai pu en compter cinq durant mon séjour à Cotonou.

Il existe pourtant des associations qui accompagnent leurs bénéficiaires tout au long des procédures. C'est le cas de l'association « Landy », une ASBL d'aide juridique spécialisée dans les questions successorales et foncières. Son fondateur, Monsieur Landy, est à la tête d'une société immobilière à Cotonou. Suite à des poursuites dont il a fait l'objet, il décide de reprendre une formation en droit et de créer l'association. Moyennant 50.000 FCFA (75 euros), les justiciables peuvent confier leur dossier à l'ASBL, qui se chargera de l'ensemble des procédures. Les frais d'avocat, d'huissier ou même de notaire sont avancés par l'association. Lorsque les héritiers n'en ont pas les moyens, elle traite gratuitement des dossiers. Dans le cas d'une vente, par contre, elle prélève un pourcentage sur la part de ses bénéficiaires. L'ASBL Landy passe alors par l'intermédiaire d'un avocat. Les héritiers pris en charge par l'association consacreront 20 % de la part qui leur revient au payement des intermédiaires : 12 % pour l'avocat, 8 % pour l'association Landy. Cette répartition dépasse donc largement celle généralement pratiquée par les avocats. Les statuts de l'ASBL ne lui permettant pas de tirer profit de son activité, l'ensemble de la somme est tout d'abord versé à l'avocat, qui rétrocède une partie de ses honoraires. En outre, lorsque les héritiers souhaitent vendre, monsieur L. les oriente vers son agence immobilière, une manière détournée de tirer malgré tout profit du règlement successoral. Ces pratiques, la première illégale, la seconde discutable d'un point de vue moral, permettent à l'ASBL de compenser les dépenses réalisées dans les autres cas.

Pour les justiciables, l'association joue alors le rôle d'intermédiaire capable de les guider dans les méandres de l'appareil judiciaire, comme l'explique Victor, ancien camarade de classe de Monsieur L., qui se présente à l'association après la mort de son père :

> « Parce que quand on vous programme, qu'il y a audience, on peut vous programmer pour le 25 novembre par exemple, et vous ne saurez pas. Eux ils vous ont programmé, mais pour être au courant de cela, c'est difficile. Tu dois appeler tous les jours, ou bien chaque semaine aller demander [...] Bon, comme nous on n'a pas le temps pour cela, ils suivent les dossiers. Et ils restent au tribunal avec nous le jour de l'audience. Arrivés là-bas, on sait à qui s'adresser », explique-t-il (Cotonou, novembre 2013).

Il apparaît donc que, si les successions ne sont pas toujours considérées comme des dossiers « intéressants » par tous les avocats, elles constituent par contre le fonds de commerce de certains intermédiaires, qui y voient une possibilité de tirer profit des transactions immobilières qui y sont liées, particulièrement lucratives à Cotonou. L'existence de cette ASBL, notamment, est avant tout ancrée dans le climat foncier de la capitale : son fondateur est agent immobilier.

Pour les avocats, les dossiers de contestation de propriété – tout comme les successions – demandent plusieurs années de procédures devant les tribunaux, pendant lesquelles leurs clients n'ont souvent pas les moyens de les payer. Ce genre de dossier représente donc un investissement à long terme où les honoraires ne sont perçus qu'une fois la décision exécutée. Alors que les associations sont souvent saisies par les plus démunis, les avocats interviennent dans les affaires commerciales, les questions de droit social ou les procédures en référé, qui impliquent souvent une clientèle plus riche. Ces procédures sont plus rapides et les sommes en jeu tout aussi importantes, voire même supérieures : en droit commercial, les dommages et intérêts peuvent atteindre plusieurs dizaines de millions. Il s'agit également de dossiers nécessitant une connaissance plus précise, plus technique des rouages du droit. Dans ces matières, l'avocat n'assiste pas, il représente – un service que les autres intermédiaires ne sont pas habilités à fournir.

### *4.4.3. Les « apporteurs de dossiers »*

Parce que seul l'avocat est habilité à plaider devant le tribunal, les deux catégories d'intermédiaires qui précèdent constituent également, pour certains avocats, des « apporteurs de dossiers ». Ce terme désigne des intermédiaires au rôle plus ou moins établi, allant du démarcheur au simple ami ou parent, qui recommandent l'avocat à de nouveaux clients. Certains fonctionnaires, qu'ils soient magistrats ou greffiers, peuvent également jouer ce rôle. L'avocat marquera alors sa gratitude par une invitation au restaurant, un cadeau ou une enveloppe. Cette pratique, qualifiée de « rabattage » dans la littérature sur la corruption, correspond en effet aux principes de l'échange des faveurs, de l'ancrage social et de l'importance des relations dans les administrations publiques (Bako-Arifari, 2006 ; Blundo & Olivier de Sardan, 2007).

Mais dans le cas des deux types de courtiers dont il est question plus haut, il ne s'agit pas de rendre service en espérant une récompense, mais plutôt d'occuper une position d'intermédiaire pleinement rémunérée, la plupart du temps en « sous-traitant » certains aspects d'un dossier à un avocat. Sedjro explique :

> « Ici, si tu n'as pas ton CAPA, même quand tu fais dix ans, tu n'es pas en mesure de saisir le tribunal. Tu ne peux pas aller devant le juge, tu ne peux pas plaider. Il faut passer par un avocat pour le faire. Donc

> c'est là où nous on les aide, on a plus de facilités à rencontrer ces avocats » (Cotonou, décembre 2013).

Lorsqu'un dossier dont ils se chargent requiert l'intervention d'un avocat, les démarcheurs, tout comme l'association Droits des femmes et les autres ASBL de conseil juridique, aident leurs clients à en trouver un.

Certains se contentent de mettre leur client en contact avec l'avocat, qui prend le dossier en charge. L'intermédiaire accompagne son client lors de sa première visite au cabinet, mais laisse ensuite à l'avocat l'entière liberté d'intervenir dans le dossier et de négocier ses honoraires. L'avocat sollicité récompensera ensuite son « apporteur de dossiers » en lui rétrocédant une partie des honoraires perçus. Cette pratique est pourtant formellement interdite par le règlement du Conseil de l'Ordre :

> « Le partage d'honoraires avec des personnes autres que des Avocats, ou toute remise d'honoraires ou de commissions faites à des tiers, constitue un manquement professionnel grave » (Règlement intérieur du barreau de la République du Bénin, art. 67).

Sedjro précise :

> « Les avocats, il ne leur est pas permis dans la déontologie de parler d'eux pour attirer la clientèle. Donc nous qui sommes du domaine, ça les aide. Mais on ne va pas chez n'importe qui, parce que si tu vas chez quelqu'un que tu ne connais pas, il ne va peut-être rien te donner en retour » (Cotonou, décembre 2013).

D'autres tenteront par contre de renforcer leur position en percevant l'ensemble des payements. Ils sollicitent l'avocat, mais ce dernier n'interagira que très peu avec le client. Cette position est bien plus inconfortable pour les membres du barreau qui s'estiment alors lésés dans le partage des honoraires. Nombreux sont ceux qui refusent par conséquent de s'impliquer dans ce genre de situations, où ils deviennent presque consultants du démarcheur. Ceux qui acceptent sont généralement de jeunes avocats dont la réputation reste à faire et qui n'ont pas encore de clients. Bien qu'ils soulignent leur manque de légitimité en tant qu'intermédiaires pour le justiciable, les avocats participent et encouragent, indirectement, les activités de ces démarcheurs.

## 4.5. Les avocats, leur travail et leur parcours

**Le 18/04/2013, Cotonou.**

Je rejoins maître Daniel au TPI de Cotonou dès 8h30. Il a deux dossiers. Mais à 9h30, les audiences n'ont toujours pas commencé. « Ça perturbe mon programme » m'explique-t-il. Nous croisons un juge – il l'accompagne un moment pour lui parler d'un dossier. Ensuite, il passe chez un greffier, sollicité la semaine précédente pour qu'il « fasse vite » pour rédiger une décision. Nous apprenons alors que les audiences ont commencé [...] Il m'explique qu'il n'aura pas le temps matériel de se rendre à Porto-Novo. Il y a envoyé un collaborateur. Par contre, il pourra se rendre à Calavi. « L'autre dossier je vais le faire renvoyer, ils n'ont toujours pas amené les prévenus. Je vais confier ça à un confrère », m'informe-t-il.

Nous quittons Cotonou pour le tribunal de première instance de Calavi. Maître Daniel y plaide un autre dossier. Il sort ensuite de la salle et tente de trouver ses clients pour leur expliquer ce qui vient de se dire : le dossier a été renvoyé pour convoquer les défendeurs par voie d'huissier. Il leur explique que l'huissier va leur délivrer la convocation et rédiger un compte-rendu. Ses clients précisent alors que leur adversaire était dans la salle, mais qu'il n'a pas répondu à l'appel de son nom. L'avocat explique qu'ils auraient dû le dire au juge – ne serait-ce que pour que celui-ci comprenne la mauvaise foi de leur adversaire.

Il croise son collaborateur, à qui il demande de « se débrouiller pour le faire substituer »[108] lors de l'audience de référé en cours. Il doit absolument se rendre à Cotonou pour obtenir la liberté provisoire d'un autre client. Une fois au tribunal de la capitale, maître Daniel se rend également dans le bureau d'un juge. Il me demande d'attendre dehors. Il m'explique ensuite qu'il a demandé une composition multiple[109]. « On fait ça lorsque l'on sent que le juge n'est plus objectif, qu'il prend parti, pour éviter de le récuser. On prend comme prétexte la complexité du dossier, la difficulté des points du droit à aborder », m'explique-t-il. Dans ce cas, ce sont les décisions intermédiaires rendues par le juge qui lui laissent penser que celui-ci prend parti. La composition multiple est donc une façon diplomate de contourner cette difficulté. Chez le greffier, nous prenons également la copie d'une décision pour laquelle il y a urgence. La décision n'a pas encore été signée, maître Daniel demande si l'on ne peut pas aller voir le juge directement. Le greffier accepte mais le juge n'est pas là. L'avocat glisse 5000 FCFA au greffier pour le remercier de son aide (Extrait du journal de terrain).

---

109 La substitution est un mécanisme par lequel l'avocat peut se faire « remplacer » par un confrère pour déposer un document, demander un renvoi, voire même plaider un dossier. Le confrère parle alors en son nom : tout se passe « comme si » l'avocat titulaire était présent.

110 Contrairement aux dispositions prévues dans la loi de 2001, dans les tribunaux de première instance, les chambres ne sont présidées que par un seul juge. Mais lorsqu'un dossier est particulièrement complexe, les avocats peuvent demander – ou le juge peut lui-même introduire – une composition multiple. La décision sera alors prise par un collège de trois magistrats.

La matinée de cet avocat permet d'illustrer différents aspects du métier, sur lesquels je reviendrai dans les paragraphes qui suivent. Les avocats gèrent fréquemment plusieurs dossiers traités au même moment dans des juridictions différentes. Ils doivent donc non seulement impliquer leurs collaborateurs, voire leurs confrères dans la gestion des dossiers, mais également expliquer la situation aux clients qui s'attendent, souvent, à comparaître aux côtés de leur avocat. Pour les membres du barreau, la pratique du droit est loin de se limiter à une bonne connaissance des textes : une grande partie du métier repose sur leurs capacités relationnelles (Sarat & Felstiner, 1988). Il s'agit également de pouvoir mobiliser les règles du jeu à son avantage dans les procédures, d'avoir recours à la bonne tactique. Je m'intéresserai, dans cette section, au parcours professionnel des avocats et à leurs activités quotidiennes : la gestion d'un cabinet, des dossiers, des affaires. Qui sont les avocats béninois et que font-ils ?

### *4.5.1. Le choix du métier, une source de prestige ?*

En 2015, le barreau du Bénin comptait 166 avocats inscrits ainsi que 21 stagiaires, exerçant presque tous à Cotonou. Leur trajectoire professionnelle varie selon leur âge, leur milieu familial et les épisodes de leur vie professionnelle passée.

C'est surtout le critère de l'âge qui est discriminant dans le cheminement des avocats inscrits au tableau de l'Ordre, mais même parmi ceux qui appartiennent à la même génération, les trajectoires professionnelles diffèrent. Certains sont devenus avocats après une première expérience dans les administrations publiques ou comme conseillers juridiques dans le secteur privé, d'autres sont passés par le parcours, plus classique, de collaborateur dans un cabinet avant de passer l'examen d'entrée. Pour certains, le droit est une affaire de famille, alors que d'autres ont des parents commerçants ou simples fonctionnaires. Le choix du métier représente tantôt une évidence, voire même une obligation familiale, tantôt une possibilité d'ascension sociale. Ces différents parcours sont en partie fonction du genre : les femmes sont généralement issues de familles aisées, souvent déjà impliquées, d'une manière ou d'une autre, dans le milieu judiciaire. Ce n'est pas nécessairement le cas pour les hommes : dans les familles plus modestes, leur éducation est souvent privilégiée au détriment de celle des filles.

La question de l'âge et les différences de parcours qui y sont associées sont souvent liées à l'époque à laquelle les avocats ont été formés. Ainsi, parmi les premiers avocats inscrits au barreau du Bénin, nombreux sont ceux qui ont étudié en France. Ils sont ensuite « rentrés au pays » pour y exercer. D'autres ont été formés par des avocats-défenseurs français nommés au Dahomey durant la période coloniale. La jeune génération de juristes fut, pour sa part, majoritairement formée au Bénin.

En 1965, la Loi n° 65-6 du 10 avril crée le barreau du Bénin, définit son règlement d'ordre intérieur, les conditions d'accès à la profession et les droits et devoirs des avocats. Mais il n'existe pas encore, à cette époque, d'examen d'entrée, de sorte que l'accès à la profession était, en pratique, principalement déterminé par les relations des futurs avocats :

> « Quand je suis rentré dans ce métier, j'ai vu un peu de tout. [...] Parce que le CAPA qui devait être un filtre, un examen de jauge sérieuse de ceux qui sont capables de faire le métier, n'existait pas. On devenait avocat par cooptation, par sympathie, par adoption. Il y avait même des avocats qui n'avaient jamais fait le droit. Ou ils ont commencé, ils ont abandonné. Il y avait des ingénieurs », raconte maître Alfred L., 69 ans (Cotonou, avril 2013).

En 1988, le Décret portant organisation du certificat d'aptitude à la profession d'avocat (CAPA) instaure un examen pour accéder à la profession. Organisé tous les ans par les membres du barreau et la Faculté de droit, le concours d'admission au CAPA comprend un examen écrit suite auquel les candidats ayant obtenu une note supérieure à 12 peuvent se soumettre à l'épreuve orale. Pour pouvoir se présenter au concours, les jeunes juristes doivent s'inscrire à la formation du CAPA et suivre un an de cours ex cathedra, dispensés sur le campus. La plupart d'entre eux sont collaborateurs d'avocat, mais certains sont aussi des juristes employés dans des entreprises ou des administrations publiques qui souhaitent changer d'orientation professionnelle. Les frais d'inscription, qui s'élevaient à 150.000 FCFA (225 euros) il y a quelques années, sont aujourd'hui fixés à 300.000 FCFA (450 euros). L'épreuve comprend des questions de culture générale destinées à tester les connaissances des candidats sur leur propre société, ainsi qu'une série de questions de procédure sur une matière tirée au sort.

De nombreux étudiants disent vouloir devenir avocats en commençant leurs études de droit. Ils sont généralement plus d'un millier chaque année à intégrer la Faculté de droit, entre 300 et 500 à obtenir un diplôme de maîtrise[111]. Pourtant, le CAPA ne compte en général

---

111 Secrétariat général de la Faculté de droit et des sciences politiques (FADESP) de l'Université d'Abomey-Calavi.

qu'une dizaine d'admis par promotion. En 2007, trois futurs avocats furent admis parmi 145 candidats. On compte deux admis seulement en 2008, cinq en 2009. Le nombre de candidats augmente au fil des années, mais l'examen reste tout aussi sélectif : 14 admis sur 210 candidats en 2012, 8 sur 296 en 2013, 4 sur 259 en 2014. Un grand nombre d'avocats ont présenté cet examen à plusieurs reprises avant d'y être admis : maître Aline a échoué trois fois, maître Tiburce, deux fois, avant de réussir. Certains collaborateurs multiplient les échecs : Alexandre a passé l'examen sept fois, sans succès. Tous les avocats s'accordent sur la difficulté de l'examen, justifiée par la recherche d'une forme d'excellence auprès de ceux qui intégreront le corps. « S'il y a autant d'échecs, c'est parce que les gens n'ont pas le niveau », explique maître Alfred L., examinateur du CAPA. Selon lui, avec pour unique prérequis une formation universitaire, le concours est impossible à réussir.

Une fois diplômés de la Faculté de droit, les jeunes juristes béninois tentent donc de décrocher un stage dans un cabinet de la capitale. En tant que collaborateurs, ils y apprennent les bases du métier. Ils effectuent des « diligences » au tribunal : suivre les dossiers lors des audiences, prendre note des débats et des dates de renvoi des affaires. Ils font substituer leur patron pour déposer des pièces ou formuler une demande succincte : seul un avocat assermenté peut s'adresser directement au juge. Les collaborateurs doivent donc demander à un membre d'un barreau de solliciter un renvoi ou de déposer des documents au nom de leur patron. Lorsqu'une date de renvoi est manquante, qu'une décision a été rendue ou qu'une convocation doit être délivrée, ils ont également pour mission de se rendre chez les greffiers du tribunal pour y obtenir les documents et les informations nécessaires. Il s'agit, de manière générale, d'un travail assez peu considéré : les collaborateurs gagnent, pour la plupart, entre 30.000 (45 euros) et 100.000 FCFA (150 euros) par mois, pour les plus anciens. Leur présence au tribunal est requise dès 8h30 et leurs journées se terminent souvent après 19 h. Cette étape, bien qu'elle ne soit pas obligatoire, est considérée par les juristes comme une préparation indispensable au CAPA, mais aussi comme une formation complète vers n'importe quelle profession du milieu judiciaire. C'est cependant souvent l'avocature qui constitue l'objectif privilégié des jeunes juristes béninois.

Après avoir été admis au CAPA, les anciens collaborateurs prêtent serment devant la Cour d'appel. Ils sont désormais avocats stagiaires, habilités à exercer pendant deux ans sous l'autorité d'un maître de stage. N'importe quel avocat inscrit au tableau peut remplir ce rôle. La plupart des stagiaires sont payés entre 150 et 300.000 FCFA (450 euros) par mois par l'avocat titulaire, auxquels s'ajoutent les honoraires perçus dans d'éventuels dossiers personnels. La recherche de nouveaux clients représente donc une part importante des activités des jeunes avocats : dans leurs propres dossiers, ils perçoivent directement les honoraires demandés au client. Dans le cas contraire, les frais sont perçus par le cabinet – autrement dit, par l'avocat titulaire. Après deux ans de stage, les futurs conseils sont évalués par leur patron, qui décide, seul, s'ils sont aptes ou non à rejoindre le corps. En pratique, les stages sont validés de manière presque automatique. Les nouveaux avocats titulaires exercent alors de manière quasi indépendante : seul le conseil de l'Ordre est à même de prendre des sanctions disciplinaires à leur égard. Si cette forme d'autocontrôle garantit aux professionnels un quasi-monopole sur leurs activités – un monopole par ailleurs validé par l'État –, cette situation se trouve renforcée, à Cotonou, par le petit nombre d'avocats inscrits au barreau du pays.

Une fois autorisés à ouvrir leur propre cabinet, la majorité des avocats béninois deviennent « généralistes » : formés dans toutes les matières, ils acceptent tous types de dossiers, bien que certains aient leur domaine de prédilection. Certains cabinets sont dès lors réputés spécialistes en droit social, en droit traditionnel ou encore en droit fiscal, mais ces derniers font figure d'exceptions. De la même manière, rares sont les avocats qui s'associent : on ne compte, à Cotonou, que deux cabinets collectifs. Pour expliquer cette différence frappante avec les pays industrialisés, les avocats béninois mentionnent les difficultés liées à la gestion commune du budget et au partage des éventuels honoraires. À l'issue de leur stage, les jeunes praticiens préfèrent quitter leur employeur. Pour les avocats comme pour de nombreux Béninois, « réussir » équivaut souvent à devenir « chef » – un objectif que les jeunes juristes réalisent en ouvrant leur propre cabinet. Dans ce cadre, la plupart des cabinets d'avocats comportent, à leur tête, un avocat assermenté, assisté de divers collaborateurs juristes et, dans certains cas, d'avocats stagiaires. On y trouve également une ou plusieurs secrétaires, selon la taille du bureau.

Le métier d'avocat constitue l'un des plus prestigieux dans le monde judiciaire au Bénin :

> « L'avocature me permet de régler un problème d'appartenance, parce que quand même, n'est pas avocat qui veut. Donc, il y a une certaine considération pour l'avocat, dans toutes les sociétés du monde et dans la nôtre. Ça vous inspire le respect, la considération,

et vous vous sentez également utile », explique maître Awa, avocate depuis cinq ans (Cotonou, mai 2012).

Nombreux sont les magistrats, les greffiers et les huissiers de justice qui avouent que leur profession n'est en réalité qu'un second choix. En 2013, deux greffiers du tribunal de première instance de Cotonou, admis au CAPA, abandonnaient leur poste au profit d'une carrière dans un cabinet d'avocat[112].

Ce constat est avant tout valable pour les jeunes professionnels : avant les années 1990 et l'entrée du Bénin dans une économie de marché, la profession était bien moins populaire[113]. Aujourd'hui, les avocats sont considérés comme appartenant à l'élite sociale de la société béninoise. Au tribunal comme en dehors, ils se font appeler « Maître ». Ce titre leur vaut, la plupart du temps, d'échapper aux contrôles de la police. La plupart d'entre eux arborent d'ailleurs l'écusson du barreau bien en évidence sur leur pare-brise. Comme les autres professionnels du droit, ils échappent fréquemment aux tentatives de rançonnage des forces de l'ordre qui craignent des représailles – sous forme, par exemple, de dénonciation à leur supérieur hiérarchique. Leur statut leur vaut également d'échapper à des contraventions totalement justifiées. Ainsi, un soir d'avril 2010, maître Aline et moi nous rendions à son cabinet. Elle était au volant d'un véhicule prêté par un ami, tout en utilisant son téléphone portable. Arrivée à un feu rouge, elle est interpellée par les forces de l'ordre : l'usage d'un téléphone au volant est interdit. Le policier lui demande ses papiers, avant de décider : « Maître, je vais vous laisser partir, à cause de votre titre. » Certains se lancent dans la politique : nombreux sont les ministres de la Justice qui furent également membres du barreau béninois. Contrairement aux magistrats qui se font souvent plus discrets, ils participent à de nombreux événements mondains, fréquentent les réceptions des grands hôtels et les bars prisés de la capitale.

Dans leur dossier sur les nouvelles figures de la réussite en Afrique, Banégas et Warnier (2001) présentent de « nouveaux itinéraires d'accumulation » indépendants du pouvoir politique, basés sur l'astuce, la malice, la débrouille. Selon eux, ces nouvelles figures du succès remplacent celles du directeur général, des fonctionnaires ou

112 Autrefois engagés uniquement sur base d'un diplôme de bac, les greffiers doivent, depuis 2007 (Loi n° 2007-001 du 29 mai 2007) être titulaires d'un master pour être recrutés. Ils seront ensuite formés à l'École nationale d'administration et de la magistrature (ENAM) pendant un an avant d'être affectés dans les juridictions.

113 J'y reviendrai dans le chapitre suivant.

des intellectuels diplômés qui, jusqu'à la fin des années 1980, étaient presque automatiquement recrutés par l'État. Aujourd'hui, elles sont issues de l'économie informelle, de la musique ou du sport, voire même des Églises pentecôtistes (Banégas & Warnier, 2001 : 11). L'exemple des avocats béninois permet de nuancer cette idée d'une rupture entre « nouvelles » et anciennes formes de la réussite. Le prestige social dont ils jouissent est entre autres basé sur leur diplôme, sur un titre qui leur est accordé et reconnu par l'État – même s'ils exercent de manière indépendante, en lien avec le monde du commerce international. Le confort matériel dont ils bénéficient leur vient d'un travail assidu et non de ruses opportunistes. Ils ne sont pas non plus totalement détachés de la vie politique : nombreux sont ceux qui deviennent ministres ou parlementaires. Leur statut témoigne de la permanence d'une culture du diplôme au Bénin, d'une réussite toujours en partie liée à l'État et au politique. Une forme de réussite par ailleurs jugée plus légitime que celles des « hommes d'affaires » dont l'opportunisme est fréquemment critiqué à Cotonou.

Le cas du Bénin contraste, enfin, avec celui de la Tunisie où, en lien avec la massification de la profession ces vingt dernières années, les avocats parlent d'une dévalorisation de la profession et d'un sentiment de dégradation sociale (Gobe, 2011, 2012). Cette différence s'explique, en grande partie, par le contrôle de l'accès au barreau dans ces deux pays : à peine plus de 1.000 au début des années 1990, les avocats tunisiens sont aujourd'hui au nombre de 8.000, contre à peine 200 au Bénin pour une population similaire – environ dix millions d'habitants. Le caractère « rare » – et dans ce cas, lucratif – ou difficilement accessible du barreau béninois contribue donc également au prestige de l'image.

### *4.5.2. La gestion quotidienne d'un cabinet*

Pour la majorité des avocats comme pour leurs collaborateurs, la journée commence par des audiences au tribunal. Elles débutent à 8h 30 ou à 9h dans la plupart des tribunaux de deuxième classe du Sud-Bénin. Les avocats doivent alors passer d'une salle d'audience à l'autre, voire même d'une juridiction à l'autre pour intervenir dans les dossiers inscrits au rôle.

Pour un même cabinet, près d'une dizaine de dossiers peuvent être traités le même jour, dans différentes chambres et parfois même au sein de différents tribunaux. Les affaires à suivre sont réparties la veille au soir entre les membres du personnel. Les avocats identifient les dossiers pour lesquels leur présence est indispensable, confient les autres à leurs collaborateurs. Il s'agit là d'une difficulté évidente, et souvent particulièrement problématique dans le cadre des relations entre avocats et justiciables. La multiplication des juridictions dans le cadre d'une politique d'« accès à la justice », ainsi que le nombre considérable de dossiers pris en charge par les cabinets rendent parfois la présence physique de l'avocat impossible. « On ne peut pas être partout à la fois, les clients ne comprennent pas ça », explique maître Sabine, avocate depuis cinq ans. Et si, dans la plupart des cas, les dossiers sont malgré tout « suivis » par un membre du cabinet, les clients blâment leur avocat pour son absence.

Une fois leurs diligences[114] au tribunal terminées, il est généralement 12 h, l'heure de la pause déjeuner. Celle-ci prend fin à 16 h, heure à laquelle les juristes retournent à l'audience ou reçoivent leurs clients pour des consultations. Les amis proches, les connaissances sont parfois reçues durant la pause. Les autres devront attendre l'heure à laquelle les activités reprennent. Les collaborateurs expérimentés sont généralement habilités à recevoir les clients, alors que les autres sont chargés de la rédaction des écrits dans les dossiers – corrigés, ensuite, par un avocat titulaire ou un stagiaire – et de la réalisation de diligences au tribunal. La réception des clients prend généralement fin entre 19 et 20 h. Il s'agira ensuite de préparer les écrits nécessaires aux audiences du lendemain. La journée se termine moins d'une heure plus tard, dans la plupart des bureaux. Si l'ensemble des cabinets d'avocats fonctionnent sur ce modèle, il existe néanmoins des variantes d'un praticien à l'autre. Ces différences sont en particulier liées à l'expérience et à la renommée de l'avocat qui, selon son propre statut social, sera plus ou moins prévenant et attentif vis-à-vis de ses clients. L'ensemble des cabinets partage néanmoins une éthique professionnelle qui met l'accent sur un travail assidu : les longues soirées consacrées à la gestion des dossiers, les week-ends au bureau sont des pratiques valorisées. Nombreux sont les avocats qui mentionnent, par conséquent, les sacrifices personnels qui vont de pair avec leur activité : les hommes, en particulier, insistent sur le fait qu'ils sont peu présents pour leur famille.

Les femmes, moins nombreuses au sein du barreau – elles sont aujourd'hui au nombre de 23 sur 158 avocats inscrits au tableau de

---

114 Il s'agit des démarches à effectuer au tribunal : obtenir les dates de renvois des dossiers, les extraits ou les copies des décisions rendues, les grosses (copies exécutoires), etc.

l'Ordre – disent gérer différemment certains aspects de leurs activités professionnelles. Elles participent, certes, à la vie sociale de la capitale, mais de manière plus discrète. Elles déclinent régulièrement les invitations à sortir le soir, soucieuses de préserver leur réputation. Elles se font aider dans les tâches ménagères, confiant notamment les achats à effectuer au marché à leurs collaborateurs, à d'éventuels neveux et nièces ou à une domestique. Les week-ends sont habituellement centrés autour de la maison, alors que leurs confrères masculins multiplient les activités sociales. Comme leurs collègues magistrates, elles sont fréquemment impliquées dans des associations de défense des droits des femmes et des enfants et dans la mise en place de consultations juridiques gratuites. Ces attitudes différentes vont de pair avec les positions respectives des hommes et des femmes avocats dans leur ménage. Les premiers se définissent comme les principaux pourvoyeurs de revenus, responsables du bien-être de leur(s) épouse(s) et de leurs enfants, les secondes destinent leurs honoraires à l'achat de biens qui leur sont propres – un constat qui s'applique par ailleurs également aux magistrats[115].

### *4.5.3. Les successions, des dossiers indésirables ?*

Si la plupart des avocats béninois acceptent tous les types de dossiers, certaines affaires sont cependant considérées comme plus ou moins intéressantes. La « désirabilité » des dossiers est souvent fonction de deux facteurs : le caractère lucratif et leur intérêt juridique.

Dans l'ensemble des dossiers et des matières, les successions sont considérées par beaucoup comme peu avantageuses. « Ce sont souvent des gens démunis, ils n'ont que leurs terres », explique maître Quentin. « Et dans ce genre de dossiers, on doit souvent convoquer la partie adverse, qui ne se présente pas. Comme les gens n'ont pas l'argent pour payer l'huissier, le dossier n'évolue pas », continue-t-il. Le fait de ne pas s'acquitter de certains frais de procédure, souvent à partager entre les parties, comme ceux liés aux transports judiciaires – entre 100 et 200.000 FCFA (entre 150 et 300 euros) – et aux expertises – environ 500.000 FCFA (750 euros) – constitue, pour les avocats comme pour les usagers, une technique dilatoire bien connue. Il s'agit alors de « forcer » la partie adverse à payer l'entièreté des frais si elle souhaite que le dossier progresse. Dans le cas contraire, la situation stagne.

115 Voir Chapitre 5.

Non seulement certains clients sont incapables de prendre en charge les frais de procédure – sans parler des honoraires de leur conseil – mais pour certains avocats, les questions d'héritage s'apparentent également à des disputes familiales futiles. « Le droit de la famille, ce n'est pas du droit », s'exclame maître Pierre, avocat depuis cinq ans. « Les gens viennent à l'audience et ils commencent à embêter tout le monde avec leurs problèmes qui n'ont rien à voir. » Ces dossiers sont souvent associés aux dossiers « traditionnels »[116], qui présentent des inconvénients similaires :

> « Nous on n'aime plus trop prendre des dossiers traditionnels, parce que les dossiers traditionnels ils ne finissent pas du jour au lendemain. À l'audience, l'avocat va transpirer pendant des heures. On le fait hein, et on est quand même bons, mais c'est agaçant parce que ce sont les parties qui gèrent leur dossier », explique maître Quentin (Cotonou, février 2012).

L'avocat confirme ainsi le caractère « non juridique » du dossier et des débats à l'audience. Si les avocats s'accordent sur les caractéristiques qui précèdent, un petit nombre d'entre eux acceptent par contre volontiers les affaires d'héritage. Ils expliquent alors que si ces dossiers nécessitent une certaine patience, ils permettent néanmoins de gagner une procédure sans trop d'efforts :

> « La loi est claire : "Nul ne peut être contraint à rester dans l'indivision." Ces dossiers, certes, prennent du temps, mais le juge n'a pas le choix que de finalement rendre la décision. Et si la succession est importante, c'est des millions que tu peux gagner. Ça traîne, mais ce n'est pas comme si l'avocat travaillait beaucoup pour rien. Il n'y a pas grand-chose à faire dans ces dossiers », explique maître Daniel (Cotonou, avril 2013).

Pour la plupart des juristes, avocats y compris, les dossiers de succession ne présentent pas un intérêt significatif d'un point de vue strictement juridique : ils relèvent davantage de la morale que du droit et ne font dès lors pas appel à leurs compétences de juristes. Si les gains sont souvent certains, ils sont cependant reportés dans le temps, contrairement à d'autres types de dossiers où les procédures sont rapides et tout aussi lucratives.

---

116 Les avocats font ici référence à l'ancien système du droit de la famille, un système dualiste où de nombreuses successions étaient réglées par le droit traditionnel. Toujours en vigueur en matière de droit foncier, les successions, qui touchent elles aussi aux terres et aux maisons, y sont souvent associées.

## 4.6. Défendre et assister, à quel prix ?

Le coût de la justice, et par conséquent de la représentation juridique, est un aspect central de la manière dont les citoyens perçoivent le droit et la justice, tout comme du caractère accessible des institutions judiciaires. Mais les honoraires sont également une grande préoccupation des avocats souvent confrontés à de mauvais payeurs. Comment les avocats et les usagers négocient-ils le montant des honoraires dans leurs dossiers ?

### *4.6.1. Les règles officielles*

> « Les honoraires de l'Avocat sont fixés de gré à gré entre lui et son client. Ils doivent toujours être proportionnés au travail nécessité par l'affaire, à la situation du client et au service rendu. À défaut d'accord, l'Avocat soumet sa note d'honoraires à l'avis du Conseil de l'Ordre et il est autorisé, s'il y a lieu, à communiquer cet avis. Il est interdit à l'Avocat de plaider pour réclamer ses honoraires ou sur la restitution de la provision, sans avoir obtenu l'autorisation écrite du Bâtonnier.
>
> Il lui est également interdit de stipuler un pourcentage sur l'intérêt du procès.
>
> L'Avocat est en droit de réclamer une provision, mais cette provision ne doit jamais être considérée comme acquise en tout état de cause » (Règlement intérieur du barreau, art. 68).

Dès la première consultation, l'avocat demande généralement le payement de frais d'ouverture de dossier. Selon les cabinets, ils varient entre 50 et 150.000 FCFA pour une personne physique, le montant le plus courant étant de 100.000 FCFA (150 euros). Assimilés à des frais administratifs, ils permettent, aux yeux des avocats, d'éviter de délivrer « gratuitement » des conseils à des usagers susceptibles d'aller ensuite ouvrir un dossier dans un cabinet concurrent.

L'avocat demande alors à son client de verser une provision sur honoraires au cabinet. Celle-ci varie avec la complexité du dossier et s'élève généralement entre 50 et 500.000 FCFA (750 euros). Elle permet à l'avocat d'entamer la procédure, mais dans de nombreux cas, il s'agit également de garantir un certain montant, au cas où le client, malhonnête, refuserait de payer son conseil en fin de procédure.

C'est en effet une fois le dossier clôturé et la décision rendue que l'avocat négociera le montant total à payer par son client. Maître Quentin, avocat-stagiaire, me soumet une note d'honoraires qui se présente comme suit :

| | |
|---|---|
| *I Montant des honoraires* | *500.000 FCFA* |
| *II TVA* | *90.000 FCFA* |
| Montant TTC | 590.000 FCFA |
| | |
| *III Provision versée le 9/02/1981* | *25.000 FCFA* |
| | |
| *IV Débours* | |
| Copie du PV numéro | 28.000 FCFA |
| Assignation du 10/05/87 | 14.580 FCFA |
| Enrôlement de l'assignation | 10.000 FCFA |
| Photocopie de la grosse | 2.100 FCFA |
| Photocopie de l'extrait d'acte de décès | 100 FCFA |
| Photocopie du certificat de guérison | 200 FCFA |
| | |
| *Net à payer* | *594.790 FCFA* |

La facture s'élève donc, dans ce cas, à près de 900 euros, soit plus de seize fois le revenu mensuel moyen en 2002. Les assurances de protection juridique sont peu fréquentes – voire inexistantes – au Bénin, de sorte que les frais de procédure et les honoraires des avocats sont entièrement à la charge des justiciables. Maître Quentin m'explique que dans l'affaire dont il est question ci-dessus, « depuis le jour où ils ont pris ce document, les clients se sont enfuis dans la nature, ils ne sont jamais revenus ». En l'absence d'une adresse[117] à laquelle envoyer un huissier pour lancer une sommation de payer[118], les avocats ne disposent, dans ce genre de situation, d'aucune possibilité de recours – si ce n'est que le client ait à nouveau besoin de leurs services, auquel cas ils pourront enfin réclamer les sommes dues. Dans ce genre de cas, les conseils se trouvent littéralement pris en otages par

117 Au Bénin, les communes ne centralisent pas nécessairement les noms et adresses de leurs résidents. En l'absence d'une adresse donnée par le client ou si ce dernier déménage, les avocats n'ont donc aucun moyen immédiat de le retrouver.

118 Il s'agit d'une procédure permettant de forcer celui à l'encontre duquel elle est entreprise à régler ses dettes. S'il ne s'exécute pas, le montant dû pourra ensuite être saisi (voir Lexique des termes juridiques).

leurs clients. Ils peuvent soit abandonner le dossier et, dès lors, renoncer à être rémunérés pour le travail effectué jusque-là, ou mener la procédure jusqu'à son terme, espérant être payés une fois la décision rendue.

### *4.6.2. Dans la pratique : des tarifs variables*

Profitant d'un trajet en voiture vers le tribunal, je m'enquiers du montant des honoraires de maître Daniel. « C'est à la tête du client », répond ce dernier du tac au tac. Il précise ensuite qu'en l'absence de dispositions légales fixant les tarifs des conseils, les honoraires sont souvent le résultat d'une négociation avec les justiciables.

Les honoraires réclamés par les avocats constituent souvent une première proposition, « à discuter » par le client. Maître Salifou, avocat depuis près de vingt ans, explique :

> « Un instituteur qui gagne 100.000 francs par mois et qui veut divorcer de sa femme, c'est différent d'un milliardaire qui veut divorcer. Alors que peut-être qu'avec le milliardaire, il y aura moins à faire, par rapport à l'instituteur qui va vous emmerder tous les jours [...] dans ces conditions, même si vous demandez 250.000, ça représente 2 ou 3 mois de son salaire, alors que le milliardaire vous pouvez demander facilement 1 million, 2 millions, 10 millions[119] » (Cotonou, mars 2012).

Il s'agit là d'un principe largement admis à Cotonou, selon lequel le prix des biens et des services est tributaire des moyens de l'acheteur. Il est également fonction de son capital social : les amis, la famille, presque tous les clients recommandés seront souvent non seulement mieux servis, mais bénéficieront également d'un tarif préférentiel concernant les frais d'ouverture de dossiers. En cours de procédure, par contre, ils se verront généralement appliquer les mêmes tarifs que les autres clients, en fonction de leur statut social et des revenus dont ils disposent. Les prix varient aussi selon les matières : pour un dossier de flagrant délit, maître Hermann demande environ 150.000 FCFA (225 euros). Âgé de 29 ans, le jeune juriste est encore stagiaire – ce qui ne l'empêche pas de construire sa propre clientèle : « Pour un dossier en cabinet d'instruction, c'est 500.000 (750 euros), au moins. Un référé, 400.000, 500.000 parfois, même si c'est exceptionnel. »

---

119 Respectivement 1.500, 3.000 et 15.000 euros.

Des arrangements sont possibles lorsque les clients n'ont pas les moyens de payer immédiatement leur conseil. Certains conviennent d'un pourcentage ou d'un montant fixe à verser en fin de procédure. C'est le cas dans le cadre des litiges fonciers ou des successions, par exemple. Il peut s'agir d'un accord verbal ou d'une convention sur honoraires signée par les parties. Les avocats s'accordent alors, souvent, sur un montant de 10 % du gain obtenu par le client – en cas de vente ou de licitation, notamment. De tels contrats sont interdits par le règlement intérieur de la profession, en vertu du principe selon lequel il est impossible, pour l'avocat, de quantifier à l'avance l'étendue du travail à fournir dans un dossier (Règlement intérieur du barreau du Bénin, art. 68). Les avocats contournent généralement cette interdiction en assimilant ce pourcentage à une prime de réussite, calculée indépendamment des honoraires – qui correspondraient, quant à eux, aux frais d'ouverture de dossier ou à la provision versée. Bien qu'il s'agisse d'une situation plus rare, certains acceptent parfois les payements en nature – une pratique également interdite. C'est notamment le cas si le domaine objet du litige est situé dans une zone susceptible de prendre de la valeur. Les parties rédigent alors une convention de vente dont ils modifient la date – la loi déclarant les parcelles en litige indisponibles – que les clients ne signent qu'à l'issue de la procédure.

En matière de successions comme dans tous les domaines, les frais d'avocats dépendent donc de divers paramètres : le fait que les héritiers soient des clients anonymes ou recommandés, leur statut socio-économique, la complexité de la procédure à entreprendre et l'enjeu du litige, d'une certaine manière représentatif de la situation financière future des héritiers.

### *4.6.3. Gérer les mauvais payeurs*

> « Les clients sont ingrats, d'ailleurs on nous enseigne que nos clients sont nos premiers ennemis. Quand vous terminez l'affaire, gagné ou pas gagné, les clients pour la plupart, ils ne pensent plus à vous payer » (maître Hermann, Cotonou, novembre 2013).

Une fois les honoraires fixés, les avocats acceptent souvent d'être payés en plusieurs tranches. Les clients déposent, au fur et à mesure, l'argent nécessaire aux procédures. Dans ce contexte, leur stratégie principale pour diminuer les coûts consiste donc à ne payer qu'une partie des montants fixés. Cette situation de débiteurs place en réalité les usagers dans une position de force par rapport à leur avocat.

Ce constat est parfaitement décrit par Geertz dans le cas de l'économie du bazar, où les crédits sont un aspect central des relations interpersonnelles :

> « La remarque célèbre de Keynes selon laquelle si vous devez mille dollars à votre banquier, c'est vous qui êtes en son pouvoir, mais si vous lui en devez un million, c'est lui qui est en votre pouvoir, s'applique avec force, toutes proportions gardées » (Geertz, 2003 : 187).

Cette remarque s'applique dès lors aux relations entre les conseils et leurs clients, en particulier lorsque les clients « disparaissent » sans rien payer en cours de procédure : c'est alors leur défenseur qui se trouve dans une situation délicate.

Lorsque le tribunal rend sa décision, plusieurs situations se présentent. Dans certains cas, les avocats perçoivent leurs honoraires indépendamment du bon vouloir de leur client. En effet, lorsqu'une somme d'argent est remportée dans une affaire, elle est versée sur le compte du cabinet juridique qui gère le dossier. L'avocat déduit alors le montant qui lui est dû avant de remettre ses gains au client. C'est le cas lors des procédures de recouvrement de créance, par exemple, ou lorsque des dommages et intérêts sont accordés par le tribunal. En ce qui concerne les successions, lorsqu'un officier public est nommé pour vendre le patrimoine, il se chargera de payer les professionnels associés au dossier avant de verser leur part aux héritiers. Dans les autres cas, les avocats peinent souvent à obtenir le payement des frais réclamés. Face à cette difficulté assez courante, ils mettent en place une série de stratégies d'adaptation.

La première consiste à exiger le payement d'une provision sur honoraires avant de se rendre au tribunal. « Menacer de ne pas aller plaider » devient dès lors une méthode courante face aux mauvais payeurs. Une seconde stratégie vise à surévaluer le montant de la facture, sachant qu'il sera revu à la baisse ou seulement partiellement honoré par les clients. Maître Daniel raconte ainsi comment, dans un dossier commercial, il est parvenu à obtenir des dommages et intérêts à hauteur de 150.000.000 FCFA (230.000 euros) à la faveur de ses clients. À l'issue de la procédure, il demande des honoraires équivalents au tiers de la compensation obtenue (autrement dit, 50.000.000 FCFA), sachant que le client négociera le montant à payer. La somme demandée représente donc, somme toute, un « premier prix » à négocier. Pourtant, dans ce cas, la manœuvre échoue : « Je n'ai rien eu, j'ai juste eu un de ses collaborateurs qui est venu me verser

500.000 (750 euros) parce que j'avais menacé de ne plus me rendre devant la Cour d'appel pour suivre le dossier », se plaint maître Daniel.

De manière générale, les avocats ont tendance à négliger les dossiers des « mauvais payeurs ». Lorsque les clients se plaignent du manque de diligence de leur conseil, celui-ci en profite pour réclamer le payement d'une provision. Ainsi, maître Sabine, reçoit un message d'un client : « Maître, je n'ai plus de nouvelles de mon dossier, c'est très désagréable. » Elle y répond : « Il faudrait penser à créditer le cabinet d'une provision de 100.000 F. » C'est pour cette raison également que certains rédigent des conventions sur honoraires (Cotonou, octobre 2013). « C'est pour mettre la pression sur le client », explique maître Daniel. Enfin, il s'agit également, à l'image de maître Sabine, d'avoir recours au chantage en utilisant certains documents, nécessaires au client. Ainsi, lorsqu'une décision est rendue dans leur dossier, les usagers ne peuvent l'obtenir directement au tribunal : elle sera délivrée à leur avocat. S'ils veulent se la procurer, ou l'exécuter, ils devront donc se rendre chez leur conseil – et s'acquitter d'éventuelles dettes envers lui.

Au-delà des négociations explicites, les honoraires des avocats résultent donc des calculs et des stratégies mises en place par les uns et les autres. Les auxiliaires de justice augmentent leurs tarifs, sachant qu'ils n'en percevront souvent qu'une partie, les clients ne payant que les premières tranches des frais réclamés.

## 4.7. Les relations avocat-client à Cotonou

Si les clients disposent de moyens pour minimiser le coût de l'assistance judiciaire, la relation avocat-client reste malgré tout asymétrique. Tout d'abord, à cause de l'inégalité des savoirs entre un juriste et des clients qui ignorent souvent tout du fonctionnement de l'appareil judiciaire. Ensuite, parce que l'attachement émotionnel des clients face à leur problème contraste avec la distance professionnelle de l'avocat. La plupart de ces caractéristiques ne sont pas spécifiques au Bénin : elles se retrouvent ailleurs (Sarat & Felstiner, 1986, 1988) à des degrés divers. Cette section a pour objectif d'explorer les différents aspects de cette relation asymétrique, ainsi que les éléments susceptibles d'aider à en saisir les subtilités.

### 4.7.1. *Le « privilégisme » des avocats*

**Le 16 avril 2015, Cotonou.**

Maître Aline reçoit une cliente, qui, sur les conseils d'un autre auxiliaire de justice, lui réclame la grosse de son dossier. Le document n'est pas encore disponible. La cliente insiste, tient à raconter ce qui s'est passé au tribunal. Elle dit à l'avocate qu'elle ne fait pas correctement son travail. Maître Aline explique, un peu irritée, les détails de la procédure et le fait que la copie exécutoire de la décision n'est pas encore prête. La cliente : « Moi je ne maîtrise pas votre jargon. » L'avocate : « C'est ça, vous ne connaissez pas. » La dame revient alors sur son ressenti : le fait qu'elle avait confiance en l'avocate, qu'elle a l'impression que son dossier est délaissé. Maître Aline : « Laissez-moi, foutez-moi la paix, laissez-moi. » La cliente insiste, dit qu'elle se sent perdue, qu'elle ne sait plus quoi faire. L'avocate explique alors à nouveau la procédure, puis précise : « Madame, n'oubliez jamais, que vous êtes devant un avocat. N'oubliez jamais, vous parlez à un avocat » (Extrait du journal de terrain).

Cette anecdote, assez révélatrice des relations avocat-client dans la capitale, illustre deux aspects principaux de ces rapports : l'inégalité des savoirs, d'une part, entre l'héritier et son conseil, et la disparité des statuts, d'autre part, déterminants dans les relations sociales au Bénin. Cette remarque de l'avocate, qui refuse de fournir des explications à sa cliente mais qui exige également le respect dû à sa profession, rappelle l'attitude des fonctionnaires telle que décrite par Blundo et Olivier de Sardan (2003 : 32) en Afrique de l'Ouest :

Ces avantages de fonction sont aussi des formes de « distinction ». Elles marquent la distance entre l'usager et le fonctionnaire. Elles signalent qu'on a affaire à un homme (ou une femme) de pouvoir, à un personnage important, à quelqu'un « qui n'est pas n'importe qui ». On peut appeler cela le « privilégisme ».

Dans le cas des fonctionnaires, cette distinction est basée sur l'accès à des ressources publiques (Olivier de Sardan, 2001). Elle est rendue possible par une relation non marchande avec les usagers, incapables, par ailleurs, de se tourner vers un concurrent pour obtenir un service similaire. Comment expliquer, dès lors, les points communs entre l'attitude des avocats, exerçant une profession libérale, dont les revenus dépendent directement de leurs clients et celle des fonctionnaires de l'État? Il ne s'agit pas ici de comparer les avocats aux fonctionnaires, mais bien de réfléchir à cette attitude parfois similaire et à la manière dont elle s'explique dans le cas particulier des membres du barreau.

Les relations avocat-client s'inscrivent en effet dans un contexte d'échange particulier, que Karpik (2007) qualifie d'« économie des singularités ». Selon lui, les biens et les services qui s'y rapportent n'obéissent pas à la théorie économique classique de la loi de l'offre et de la demande. Ils sont incommensurables et leur échange empreint d'incertitude, non seulement quant à la valeur intrinsèque des biens, mais aussi quant à leur utilité pour les acheteurs ou les clients. Selon lui, les consultations avec les avocats en font partie. L'auteur insiste alors sur l'importance des préférences, du jugement du consommateur. Les paragraphes qui suivent s'inspireront de cette idée qu'il existe une « économie », une forme spécifique de marché et d'organisation des échanges différente selon le type de biens ou de services fournis.

### *4.7.2. L'offre, la demande et la multiplication des juridictions*

> « Maître, votre absence hier, bon Dieu, ça nous a tourmentés. » Il s'agit là de la première phrase des clients de maître Daniel lorsqu'ils franchissent la porte de son bureau cet après-midi-là. « Il n'y avait plus rien à dire. Le dossier avait été renvoyé pour dépôt des notes de plaidoirie, j'ai envoyé quelqu'un pour déposer mes notes », explique alors l'avocat (Cotonou, avril 2013).

Il s'agit là d'une situation particulièrement fréquente au Sud-Bénin. Sous l'impulsion du MCA et de son projet « Accès à la justice », six nouveaux tribunaux de première instance et deux nouvelles cours d'appel furent mis en place au Bénin (MJLDH, 2013). Bien que le personnel soit toujours largement insuffisant, de nouveaux magistrats, de nouveaux greffiers furent formés. Le nombre d'avocats, par contre, n'a pas sensiblement augmenté : les « recrutements » sont tributaires de la réussite de l'examen du CAPA. Dans ce contexte, si l'essentiel de l'activité judiciaire est concentrée à Cotonou, la plupart des avocats, établis dans la capitale, doivent malgré tout régulièrement intervenir dans les quatre juridictions du sud du pays : Cotonou, Calavi, Porto-Novo et Ouidah. Ils se trouvent dès lors contraints de choisir les dossiers qui requièrent leur présence et de confier les autres à leurs collaborateurs. La loi de 2001 sur l'organisation judiciaire prévoyait la création de barreaux spécifiques auprès de chaque Cour d'appel, mais cette mesure n'a pas encore été mise en place (Tchantipo, 2013). On peut également supposer que la création de nouvelles juridictions, en rapprochant la justice de certains citoyens, a contribué à augmenter le nombre de plaintes déposées de manière globale[120]. En d'autres termes, si les réformes de la justice ont rapproché les tribunaux des usagers, elles ont par contre éloigné ces derniers de ceux qui sont censés les représenter.

Cette situation s'inscrit dans le cadre d'un marché professionnel où l'offre est limitée – au détriment des clients anonymes qui, souvent, sont considérés comme superflus ou remplaçables. Pour une superficie de 114.763 km$^2$ et une population d'un peu plus de dix millions d'habitants en 2013, le barreau du Bénin comptait 176 avocats dont 18 stagiaires. En 2014, la Belgique comptait quant à elle 18.174 avocats pour 11.150.516 habitants, répartis en 14 barreaux dans différentes villes du pays[121]. Si la situation socio-économique de ces pays est radicalement différente, ces chiffres illustrent néanmoins le nombre restreint d'avocats au barreau du Bénin. Lorsque les clients se plaignent de leur travail, nombreux sont les avocats qui proposent simplement de se retirer du dossier. Or, comme ce fut le cas pour André, ses clients n'ont souvent pas les moyens nécessaires pour s'acquitter des frais d'ouverture de dossier et du payement d'une provision dans un autre cabinet que celui initialement « constitué ».

Les avocats ne sont donc pas en concurrence entre eux : dans la plupart des cabinets, les dossiers s'entassent et les conseils se plaignent du trop grand nombre d'affaires à gérer simultanément. La multiplication des juridictions contribue à cette situation, qui crée également une forme de concurrence entre les clients d'un même avocat qui souhaitent que leur affaire puisse bénéficier de toute l'attention de leur conseil.

### *4.7.3. L'information comme enjeu*

La relation avocat-client est, en bien des points, similaire à celle qu'entretiennent les médecins avec leurs patients. Toutes deux des professions libérales, ces occupations sont également liées à une forme spécifique d'organisation du travail où la disparité des connaissances et des savoirs entre profane et professionnel est centrale.

---

120 En l'absence de données chiffrées sur le nombre de dossiers introduits dans tous les tribunaux confondus avant cette période, cette hypothèse est cependant impossible à confirmer. En 2013, 41.585 nouveaux dossiers furent recensés dans les différents TPI, mais ces données sont indisponibles pour les années précédentes, qui ne recensent que les dossiers vidés et le stock d'affaires en cours.

121 http://www.ccbe.eu

Le 13 décembre 2013, maître Aline reçoit une nouvelle cliente : il s'agit d'une veuve qui souhaite entreprendre des démarches pour obtenir un PVCF au tribunal. Elle avait été reçue par un collaborateur quelques jours plus tôt, qui avait fixé pour elle un second rendez-vous. L'avocate lui parle des frais d'ouverture de dossier : « Il faut payer d'abord, pour que je puisse travailler. Sinon je ne prends pas le bic, je n'écris rien. » Elle promet à sa cliente qu'elle sera satisfaite du résultat.

Lorsque les usagers la consultent, maître Aline ne leur donne souvent que peu d'explications sur leur dossier. C'est le cas de nombreux autres avocats qui estiment que, pour une bonne gestion des affaires, les clients doivent leur faire entièrement confiance. À une amie qui explique s'être séparée de son conseil « parce qu'il ne faisait pas ce qu'elle voulait » et posait des actes sans même la consulter, la jeune avocate réplique : « La relation avec un avocat, ce n'est pas comme ça, tu ne peux pas lui dire quoi faire. » Pour elle, prendre un avocat, c'est engager un expert, à qui l'on donne carte blanche.

Les justiciables sont alors traités comme des profanes, et leurs interventions dans leur propre dossier souvent considérées comme contre-productives ou comme source de désordre pour leur conseil. Ainsi, maître Awa raconte comment, dans une affaire de recouvrement de créances, son client se plaint du comportement de son adversaire qui, bien qu'il se déclare insolvable, fait construire un immeuble dans la capitale. Alors qu'elle lui déconseille d'intervenir, il décide malgré tout de se faire justice lui-même :

> « Il ne vous écoute pas, il va s'arranger avec des policiers, il leur donne quelques billets de banque et puis il y a des voies de fait qui sont commises. Qu'est-ce que vous allez faire ? Quand ça arrive comme ça moi je vous dis : "Allez gérer ça seul !" », raconte l'avocate (Cotonou, mars 2013).

Dans le cadre de cette gestion « professionnelle » des dossiers qui vise à limiter l'ingérence des clients, les avocats recourent également au mensonge ou à la rétention d'informations. Ils évitent d'exposer les risques au client, prétendent parfois ignorer certaines informations lorsqu'elles lui sont défavorables. Ainsi, maître Sabine dit ignorer tout de l'arrestation du frère de l'un de ses clients lorsque ce dernier l'appelle – une arrestation dont elle est au courant depuis plusieurs jours. « Si je lui dis qu'on a arrêté son frère, il va commencer à s'agiter, faire du désordre », m'explique-t-elle. L'affaire concerne un accident de la route : son client était propriétaire d'un camion mal garé. Un homme est mort, percutant le camion avec sa moto. Le véhicule a été mis sous scellés par la police. Le client de maître Sabine voudrait le récupérer. Avec l'accord de l'avocate, il envoie son frère reprendre son camion, mais celui-ci est interpellé par la police et écroué. Selon maître Sabine, cette arrestation était inévitable : le propriétaire du camion pourrait être, du moins partiellement, responsable de l'accident. « Mais si je lui disais ça, il allait fuir », précise-t-elle. C'est donc « pour son bien » qu'elle a laissé arrêter son frère – pour que l'enquête puisse suivre son cours, que les responsabilités soient établies. « Il va se présenter à l'audience, on fera ce qu'on a à faire, il sera condamné et puis c'est tout. Il mettra ça derrière lui », conclut l'avocate.

L'on retrouve donc dans la relation client-conseil de nombreuses similitudes avec les interactions médecin-patient (Fainzang, 2006, 2009). La quantité des informations partagées varie selon le niveau d'éducation et le statut socio-économique du patient. La vérité n'est dite qu'à ceux qui sont « aptes » à l'entendre. De la même manière, les avocats ne livrent parfois qu'une partie des informations à leurs clients, « pour leur bien », mais aussi pour conserver leur supériorité dans un contexte où leur position d'intermédiaire est source de prestige – et de revenus.

Comme c'est le cas pour les patients dans le milieu médical, les justiciables cachent eux aussi certaines informations à leur avocat. Il s'agit d'éviter les réprimandes, voire le jugement de leur conseil dont ils ignorent parfois qu'il est soumis au secret professionnel. Plusieurs avocats me relatèrent en effet leurs mésaventures avec des justiciables dont les dossiers se sont avérés bien plus complexes une fois les procédures entamées. Autrement dit, si les clients font difficilement confiance à leur avocat, cette méfiance semble réciproque. L'on retrouve ici des caractéristiques semblables à celles d'une « économie du bazar ». Selon Geertz (2003), le bazar est en effet caractérisé par une concurrence entre marchands et clients plutôt qu'entre marchands entre eux, dont les articles sont généralement hétéroclites et de qualité diverse, et donc difficilement comparables. Les avocats, bien qu'ils fournissent un service relativement standardisé, se trouvent, comme les marchands, en concurrence avec leurs clients : ils éprouvent de nombreuses difficultés à se faire payer, voire à obtenir les informations nécessaires à leur dossier. Dans les deux cas, cette relation de concurrence avec le client s'inscrit donc dans un contexte où « l'information est en général pauvre, rare, mal distribuée, communiquée sans efficacité et intensément valorisée » (Geertz, 2003 : 59). Maître Awa explique :

> « Le client il vient vous donner sa part de vérité. On se rend compte en travaillant que le client, en fait, en vous donnant sa vérité garde par devers lui un certain nombre d'informations qui pourraient aider à résoudre son problème. Parce qu'il ne comprend pas toujours qu'il faut faire confiance à son avocat. Les justiciables perçoivent l'avocat un peu comme le magistrat. C'est lié au taux d'analphabétisme, comme il est assez élevé, le niveau de juridicité il est presque nul. Il y a certaines personnes, même des intellectuels, ils vous sortent des choses aberrantes. Les gens ne sont pas informés. Ils n'ont pas de connaissances en droit. Donc il y a des fois où on est obligés de se séparer parce que ça devient un dialogue de sourds entre le client et nous » (Cotonou, mars 2013).

Ce manque de communication, de partage des savoirs entre clients et avocats est donc, pour les seconds, à double tranchant. Il permet certes de conserver le monopole de l'intermédiation judiciaire et de créer une demande chez les clients, mais constitue également un obstacle dans la gestion de certains dossiers lorsque les parties ne livrent à leur conseil qu'une partie ou une version de la vérité.

Enfin, au-delà des situations qui précèdent, les avocats réprimandent régulièrement leurs clients pour leurs comportements : ils soulignent leur naïveté ou le fait qu'ils sont dans une telle situation parce qu'ils ont enfreint les dispositions légales. « Excusez-moi mais vous avez été bête », s'exclame maître Aline lors d'une consultation. « On ne prête pas de l'argent sans reçu, vous devez savoir ça », déclare maître Isidore dans le même genre de contexte. Pour un avocat, le juste et le légal sont deux choses distinctes, contrairement à leurs clients pour qui le droit se doit d'être « juste » – autrement dit, souvent, leur donner raison.

### *4.7.4. Une question de statuts ?*

Les exemples qui précèdent montrent que les avocats n'hésitent pas à rabrouer leurs clients ou à éviter leurs appels s'ils se font trop insistants. Tous les usagers ne sont cependant pas logés à la même enseigne. Alors qu'elle demande à une veuve, qui la consulte dans le cadre d'une succession, de revenir plus tard, maître Aline ajoute que sa cliente n'a encore rien payé au cabinet. À l'inverse, les directeurs de société qui payent souvent des frais d'ouverture de dossier importants[122] peuvent solliciter leur avocat à n'importe quel moment. Alors

122 La plupart des cabinets ont en effet un tarif pour les personnes morales et un autre pour les personnes physiques. Dans le premier cas, les frais d'ouverture de dossier

que les clients ordinaires sont tenus de se présenter au cabinet pour obtenir des conseils, lorsque c'est le directeur d'une banque qui appelle, maître Aline se déplace, parfois même le samedi.

Tout comme la précision des explications, la courtoisie d'un avocat lors d'une entrevue avec un client qui enfreint la loi varie en fonction du niveau d'éducation des usagers, du caractère plus ou moins prestigieux de leur occupation et de leur capital économique. Ce dernier aspect importe d'autant plus que, contrairement au milieu médical, une consultation avec un avocat implique une relation marchande. Les clients susceptibles d'apporter des dossiers financièrement intéressants seront donc d'autant mieux traités. Pourtant, les consultations avec l'avocat en cours de dossier ne sont pas facturées : l'avocat évalue de manière globale ses honoraires, auxquels il ajoute divers frais d'actes et de photocopies ainsi que le prix des convocations, des démarches ou des déplacements effectués. Vis-à-vis de ceux qui tardent à payer, les avocats créent alors des « files d'attente », délaissant leur dossier et laissant le juge le renvoyer à sa guise. Les usagers peuvent, certes, engager un autre conseil, mais changer d'avocat implique de payer de nouveaux frais. En outre, le contrôle du conseil de l'Ordre sur les membres du barreau est superficiel. L'Ordre vise avant tout à garantir les bonnes relations entre professionnels – notamment, un comportement respectueux à l'audience et une attitude courtoise vis-à-vis des confrères. Il protège donc assez peu les usagers. Tout comme dans les administrations publiques, c'est donc la règle du « chacun pour soi » qui prime.

De plus, au Bénin, s'adresser à quelqu'un, communiquer avec lui, implique presque automatiquement de se positionner comme le « petit » ou le « grand » et d'agir en conséquence. Dans de nombreuses situations, les avocats sont les « grands » des interactions : ils disposent d'un diplôme, d'un revenu important, du titre de « Maître », mais surtout de connaissances juridiques que leurs clients ignorent. Cependant, il leur arrive également, face à un client important, de se retrouver dans la position inverse. Ce principe des « positions » lors d'une interaction est parfaitement illustré par l'anecdote qui suit :

---

oscillent généralement entre 150 et 200.000 FCFA, soit près du double du montant réclamé aux personnes physiques.

**Le 18/04/2013, cabinet de maître Daniel**

Maître Daniel : « DG, vous allez bien? J'ai fait une correspondance, je ne sais pas si l'avez reçue? »

DG : « Oui, j'étais là. J'ai essayé de vous appeler après l'audience, mais vous n'avez jamais pris. »

Maître Daniel : « Donnez-moi votre numéro, comme ça, je vais l'enregistrer et quand vous m'appelez, je pourrai décrocher. »

DG : « J'ai reçu ton courrier disant que ma présence serait nécessaire à la prochaine audience, mais j'aurais souhaité te voir avant pour que nos voix soient concordantes. »

Maître Daniel : « Je vais vous faire un résumé de ce qui est la vision du tribunal. Le tribunal a estimé que dans cette affaire de disparition de moto, que la responsabilité de la Société était engagée. »

L'avocat explique, en détail, les différentes ramifications légales du dossier. Il explique le point de vue du tribunal, les raisons pour lesquelles la Société est responsable selon le juge. Il laisse le directeur s'exprimer. La consultation dure près d'une heure. Les deux hommes finissent par se donner rendez-vous le lendemain, jour de l'audience (Extrait du journal de terrain).

Le jeune avocat vouvoie son client, un directeur d'entreprise, qui le tutoie. Dans l'affaire qui les concerne, le directeur est en tort et pourtant sa situation ne fait l'objet d'aucune remontrance de la part de son conseil. Maître Daniel se contente de lui exposer les risques encourus en se basant sur « le point de vue du tribunal », mais sans jamais lui dire qu'il partage cet avis. La position des clients face à leur avocat varie donc en fonction de leur réseau de connaissances et du caractère plus ou moins lucratif des affaires qu'ils sont susceptibles d'apporter. Mais quel que soit leur statut, ils disposent toujours d'un moyen de pression non négligeable : leur habilité à disparaître sans payer.

## Conclusion

À Cotonou, saisir la justice est souvent décrit comme une expérience compliquée. Nombreux sont ceux qui font dès lors appel à un intermédiaire ou un défenseur qui pourra non seulement déchiffrer pour eux les codes du milieu judiciaire, mais aussi leur apporter une certaine protection. Qui sont ces intermédiaires? Quelles relations entretiennent-ils avec leurs clients et comment influencent-ils la manière dont ces derniers comprennent le droit et la justice ?

Ces questions sont rarement abordées dans les recherches sur le continent africain, où il est avant tout question de l'influence des juristes sur le politique et, par conséquent, du statut des avocats comme corps professionnel ou comme entrepreneurs de causes. Par ailleurs, si les chercheurs analysent les relations entre les avocats et leurs clients dans d'autres contextes, ils s'intéressent peu au travail des conseils « ordinaires » au quotidien. Ces aspects routiniers, tels la négociation des honoraires ou la gestion des dossiers indépendamment des consultations juridiques, permettent de penser les relations client/défenseur au-delà de l'inégalité des savoirs entre professionnels et profanes – bien qu'il s'agisse d'un élément central. Par la position qu'ils occupent, ces intermédiaires influencent indubitablement la manière dont les usagers comprennent le droit. Ce sont eux qui expliquent à leurs clients les étapes de la procédure, les différentes solutions possibles. Ils fournissent, en cours de procès, des interprétations des décisions du juge ou de son attitude. Dans de nombreux cas, ils contribuent également à renforcer les ressentiments des demandeurs envers leur adversaire, en insistant sur la nécessité d'engager un procès au tribunal – et sur les torts de la partie adverse.

Alors que dans les juridictions de l'intérieur du pays, ces formes informelles d'intermédiation judiciaire sont particulièrement fréquentes, à Cotonou, les avocats en ont le quasi-monopole. C'est vers eux que les justiciables se tournent, estimant que si leur formation et leur statut sont validés par l'État, ils sont les mieux placés pour les défendre devant les juridictions. La position et le rôle des « démarcheurs » est donc en partie fonction du contexte. À l'intérieur du pays, ils pallient l'absence des avocats et permettent à la justice de fonctionner « malgré tout », à Cotonou, ils deviennent les courtiers des intermédiaires officiels.

Après les premières rencontres avec leur conseil, nombreux sont les héritiers qui se plaignent de son manque de disponibilité. Ils soulignent également la violence symbolique de certaines de leurs interactions avec les membres du barreau, le manque d'explications dans un dossier qui était le leur et dont ils sont parfois tenus à l'écart. Cette relation particulière à l'information rappelle en bien des points l'économie du bazar décrite par Geertz (2003). Clients et avocats ignorent si la personne avec laquelle ils communiquent dit la vérité, mais pour l'un comme pour l'autre, l'obtention d'informations fiables est centrale.

L'avocat ne connaît généralement pas « toute l'histoire » du client, il ignore combien de temps le procès peut durer. Les clients, pour leur part, ne connaissent pas les détails de la procédure. Ils ne savent pas combien ils vont devoir payer ou si l'avocat a réellement effectué du bon travail. L'avocat ignore s'il sera payé. Les relations avocat-client s'inscrivent donc, entre autres, dans un jeu de stratégies où les uns tentent d'obtenir un service de qualité à un prix raisonnable, les autres de garantir un revenu minimum pour leur cabinet. Cette « économie de l'intermédiation judiciaire » est également liée à une organisation du travail et une répartition des connaissances communes à de nombreuses professions libérales. Au Bénin, les avocats disposent d'une forme de contrôle sur l'accès à la profession et à la formation qui y mène. Ce contrôle presque exclusif du barreau sur la sélection des candidats à l'examen d'entrée permet de créer une situation de pénurie organisée, qui contribue à maintenir le statut socio-économique des admis.

L'exemple des héritiers béninois et de leurs conseils permet, enfin, de montrer une nouvelle fois que les usagers privilégient les solutions officielles, valorisant dès lors le pouvoir symbolique de l'État et dans ce cas, des intermédiaires auxquels il attribue un monopole. Des intermédiaires avec lesquels, malgré le déséquilibre entre l'offre et la demande, la relation est pourtant loin d'être totalement asymétrique : dans un contexte où les avocats sont en concurrence avec leurs clients, les tarifs – et les prestations – sont négociables. Ces aspects des activités quotidiennes des avocats et de leurs relations avec leurs clients, jusqu'ici peu pris en compte par ceux qui s'intéressent à l'intermédiation judiciaire dans d'autres contextes, donnent à voir les stratégies des uns et des autres et, dès lors, la manière dont la justice fonctionne « pour de vrai ».

## *Chapitre 5*

# « Dire le droit » : la justice pour les juges

•

Hormis les avocats, les greffiers et les différents membres du personnel administratif qui interagissent avec les justiciables dans les couloirs, les principaux acteurs concernés par les affaires de succession sont les juges du droit de la famille. Ce sont eux qui entendent les héritiers, qui animent les débats et qui finalement, rendent une décision. C'est pourquoi je m'intéresserai ici au point de vue des magistrats béninois – dont les juges font partie – sur leur profession en général et sur les litiges successoraux en particulier. Qui sont les juges état des personnes et comment définissent-ils leur rôle dans le règlement des conflits d'héritage ?

La première partie de ce chapitre portera sur les magistrats en général, la seconde, sur le cas plus spécifique des juges des successions avec lesquels j'ai passé le plus de temps. Je me baserai ici sur les discours de quinze magistrats exerçant dans les juridictions de Cotonou, de Porto-Novo et d'Abomey-Calavi. Trois d'entre eux étaient dans les dernières années de leur carrière au sein de l'administration, trois autres venaient tout juste de terminer leur formation. Les autres se trouvaient à différentes étapes de leur carrière. J'ai également rencontré quatre magistrats à la retraite, tous recrutés pendant les années 1970. La dernière partie du chapitre s'intéressera aux spécificités du droit successoral, aux ambiguïtés qui y sont liées et à leurs implications pour les juges dans l'interprétation du droit de la famille. En effet, indépendamment du droit applicable, les successions font également appel aux normes familiales, à la morale – ce qui est « juste » ou non dans une famille. Comment les magistrats parviennent-ils à concilier faisabilité et légalité, éducation et décision dans le cadre des conflits d'héritage ?

Lorsqu'il s'agit des administrations publiques, les socio-anthropologues se sont, jusqu'ici, avant tout concentrés sur les pratiques informelles (Blundo & Olivier de Sardan, 2007 ; Blundo & Le Meur, 2009). M'inspirant des recherches récentes sur les magistrats africains qui portent, notamment, sur leur rapport aux normes légales et aux règles officielles, je m'intéresserai à la place de la loi dans le travail des juges de la famille (Budniok, 2015 ; Rubbers & Gallez 2015a ; Verheul 2013 ; Oumarou, 2008). Leur travail est généralement divisé en deux catégories d'activités : les audiences et la gestion des débats – autrement dit, l'instruction du dossier – d'une part, la lecture des dossiers et la rédaction des décisions, d'autre part. Il s'agira donc ici de décrire la manière dont les juges utilisent le CPF lors des audiences ou dans leurs décisions.

## 5.1. La magistrature et les sciences sociales

Je distinguerai ici trois courants de recherche. Tout d'abord, les études qui portent sur les magistrats africains comme fonctionnaires de la justice. Ensuite, celles qui, dans l'hémisphère nord, s'intéressent à la manière dont les juges interprètent le droit. J'aborderai, enfin, la sociologie des professions.

Parmi les chercheurs qui s'intéressent à la gouvernance sur le continent africain, certains se penchent sur les magistrats et leurs pratiques (Budniok, 2015 ; Rubbers & Gallez 2015a ; Verheul 2013 ; Oumarou, 2008). Rubbers et Gallez (2015b) examinent ainsi le fonctionnement des tribunaux de paix en République démocratique du Congo et la manière dont les fonctionnaires investissent les « zones d'incertitude » de l'administration judiciaire – des zones d'incertitude qui permettent d'expliquer les rapports de force, les interactions dans les tribunaux au-delà des discours sur la corruption. Ils se penchent ensuite sur le parcours des juges : les raisons pour lesquelles ils deviennent magistrats, l'importance de la socialisation professionnelle à travers le stage, dont dépendra leur affectation par la suite. Les membres du parquet qui refusent de prendre en compte les instructions ou les demandes sont rapidement isolés, voire transférés vers la magistrature assise. Dans ce contexte, les stratégies des juges sont fonction de leur position dans le ménage – et donc du genre : les hommes, qui doivent subvenir aux besoins de leur famille, ont davantage besoin de sources de revenus complémentaires que leurs collègues féminines.

Dans un autre contexte, Oumarou (2014) s'intéresse aux magistrats au Niger et à la manière dont ils exercent leurs fonctions. Selon lui, si le comportement des fonctionnaires africains est souvent décrit comme contribuant aux dysfonctionnements des services publics, les pratiques des magistrats à Zinder permettent au contraire à l'institution de fonctionner « malgré tout ». Ainsi, ils détiennent les suspects plus longtemps que la loi ne le permet pour permettre aux affaires de suivre leur cours ou font parfois fi de certaines étapes dans les procédures d'instruction ou dans la gestion des dossiers pour contourner les lenteurs administratives. Ces stratégies, qui impliquent souvent d'enfreindre les normes officielles, permettent de pallier le « manque d'État » et d'assurer le fonctionnement de la justice.

Verheul (2013) analyse, elle aussi, le discours et les pratiques des magistrats dans un contexte où les tribunaux sont souvent décrits comme corrompus, l'État et les services publics comme inefficaces ou « en échec ». Il s'agit ici d'étudier la justice dans le cadre de procès politiques au Zimbabwe. Elle s'intéresse notamment aux substituts du procureur à Harare dans les années 2000, pendant lesquelles l'ingérence du politique dans la justice fut dénoncée à maintes reprises. Selon elle, deux types de discours émergent : celui de la corruption et de la politisation du parquet d'un côté, et l'idée de justice et de professionnalisme de l'autre. Elle explique, en effet, que les substituts se divisaient en deux catégories : les « rebelles », qui désobéissaient aux instructions de leurs supérieurs, et les « bons garçons ». Elle montre notamment que, si les « rebelles » prennent le risque de se voir punis pour leur désobéissance, ils évitent par contre de paraître ridicules ou incompétents à l'audience, contrairement à leurs collègues qui semblent ignorer totalement la loi.

Budniok (2015), enfin, examine les discours des juges à propos des doutes souvent formulés à leur égard au Ghana : comment les magistrats font-ils face aux nombreuses rumeurs et aux soupçons de corruption dont ils font l'objet? Selon l'auteur, le mécontentement des justiciables et, dès lors, les soupçons envers les juges, sont presque inhérents au système judiciaire et aux administrations publiques en général. Les magistrats ghanéens tentent donc d'adopter un comportement irréprochable en évitant les hésitations ou les signes de nervosité pendant les audiences. Ils tentent également de garder une certaine distance avec leurs connaissances. Même les arrangements amiables sont conclus à l'audience, de manière à les rendre publics et à éviter les soupçons. Cette pratique de la « mise à distance » s'applique également dans leur vie sociale : « If you are a judge, there are things you can't do : you can't join public transport », explique l'un de ses informateurs. Spécifique aux magistrats, ce travail de « mise à distance » s'observe également à Cotonou, où les juges soulignent fréquemment l'obligation de réserve, de discrétion qui va de pair avec leur profession.

Ces travaux s'inscrivent dans le contexte plus large d'une littérature qui vise à comprendre les modalités pratiques de fonctionnement des tribunaux (Tidjani Alou, 2007 ; Bierschenk, 2008). Ces auteurs décrivent dès lors les écarts entre normes officielles et pratiques dans le travail des juges ou le caractère politisé de leurs nominations. Ils insistent sur l'idée qu'ils fournissent un service « malgré tout », dans un contexte où l'État est tantôt décrit comme démissionnaire, tantôt comme un instrument de pression politique. C'est dans la lignée de ces différentes recherches que s'inscrit ce chapitre, qui vise à poursuivre les réflexions sur le travail et les discours des juges tout en explorant une dimension particulière : la place qu'y occupe le droit. En effet, les auteurs qui précèdent reviennent peu sur la manière dont les magistrats interprètent et utilisent la loi dans les affaires qu'ils traitent. Or, il s'agit là de toute la spécificité de leur travail et du système judiciaire en général par rapport aux autres administrations publiques. Réfléchir à l'appropriation de la loi par les magistrats permet donc d'ouvrir la boîte noire du système judiciaire, de comprendre le processus par lequel les tribunaux « disent le droit ».

Gluckman (1955) est le premier à s'être intéressé de près aux audiences et à la manière dont les juges interprètent le droit, mais il se penche sur les tribunaux coutumiers. À travers de nombreuses études de cas observés lors des audiences, il montre que les juges cherchent avant tout à résoudre les causes profondes des désaccords, au-delà de l'affaire qui leur est soumise. Il s'intéresse également à la signification des concepts et à la manière dont les juges circonscrivent les éléments recevables. Ces questions, liées à la gestion des conflits lors des audiences formelles, au rôle du juge et à la manière dont il distingue les éléments pertinents, seront rarement abordées par la suite à propos du continent africain. Gluckman montre également que les principes logiques sur lesquels se basent les juges pour interpréter le droit sont communs à l'ensemble des systèmes juridiques. À la même époque, Bohannan (1957) postule, au contraire, le caractère intrinsèquement culturel du droit : selon lui, les concepts juridiques n'ont pas nécessairement de traduction exacte lorsque l'on passe d'une langue à l'autre. Plusieurs années plus tard, Rosen (1989) souligne, lui aussi, l'importance du contexte dans l'application du droit. À travers le cas des tribunaux religieux au Maroc, il montre que les juges prennent leurs décisions en fonction du contexte social et culturel. La marge d'interprétation dont ils disposent leur permet de rendre une décision basée, entre autres, sur leur connaissance de la vie de tous les jours. Ce constat s'applique-t-il également aux tribunaux étatiques ?

Ceux qui s'intéressent aux procédures judiciaires dans l'hémisphère nord insistent eux aussi sur l'importance des facteurs culturels lorsqu'il s'agit de comprendre et d'utiliser le droit, du point de vue des citoyens surtout (Merry & Silbey, 1984). Les anthropologues du droit s'intéressent également au rôle que les juges endossent lors des débats (Truffin, 2007), à la manière dont ils qualifient les dossiers dont ils ont la charge (Merry, 1990). Il ne s'agit donc pas, dans ce cas, de proposer un diagnostic des dysfonctionnements de la justice ou de comprendre son ancrage relationnel et politique, mais bien d'analyser la manière dont les affaires sont traitées et le droit, interprété. C'est de ces questionnements dont je m'inspirerai dans la seconde moitié de ce chapitre : comment les juges état des personnes gèrent-ils les audiences, les questions d'héritage et comment mobilisent-ils, ou non, le droit ?

Enfin, la sociologie des professions française traite du statut social des magistrats, de son évolution et de la question du genre. La féminisation de la profession dans les pays industrialisés pose question. Les femmes sont-elles « aptes à juger » (Boigeol, 1996) ? Rendent-elles leurs décisions d'une manière différente de celle des hommes (Hunter, 2013) ? La question se pose tout particulièrement dans les affaires familiales, qui opposent fréquemment un homme et une femme. Ainsi, selon Bessière et Mille (2013), bien que les femmes deviennent juges de la famille pour des raisons différentes de celles des hommes, elles rendent pourtant des décisions similaires. Les sociologues s'intéressent, enfin, au parcours professionnel des magistrates et aux implications de cette « féminisation de la profession » (Boigeol, 1993, 1996). Selon Kolloch (2014), lorsqu'il s'agit d'étudier les juges – et de manière générale, les fonctionnaires – en Afrique, les chercheurs s'intéressent peu à la question du genre.

Ce chapitre permettra donc d'apporter aux travaux sur les pratiques quotidiennes des magistrats comme fonctionnaires africains deux dimensions supplémentaires : celle du genre, d'une part, et celle du rapport au droit, d'autre part, comme caractéristiques spécifiques de l'institution judiciaire.

## 5.2. Devenir juge au Bénin

Parmi les magistrats, on distingue la magistrature « assise » – les juges – et la magistrature « debout » – le parquet. Les juges assis sont chargés de trancher les litiges dans les différentes matières. Bien qu'indépendants dans leurs décisions, ils exercent sous l'autorité du président du tribunal. Ils sont inamovibles, contrairement aux membres du parquet. Ces derniers répondent directement au procureur de la République. Ils sont chargés d'appliquer la politique pénale de l'État, sous l'autorité du garde des Sceaux. Les substituts du procureur reçoivent les plaintes, convoquent les parties et décident s'il y a lieu ou non de poursuivre les prévenus – avec ou sans mandat. Si le procureur décide de poursuivre le prévenu, le dossier sera jugé en flagrant délit ou renvoyé devant un juge d'instruction. Dans le cas contraire, l'affaire sera classée sans suite.

La procédure en flagrant délit, plus rapide, correspond aux infractions simples – les vols, par exemple. Lorsque, pour des questions plus complexes ou plus « graves », le juge d'instruction est saisi du dossier, il a pour mission de mener l'enquête. Si les preuves sont insuffisantes, il rendra un non-lieu. Dans le cas contraire, il devra qualifier les faits : les crimes seront jugés devant la cour d'assises, les délits et les autres infractions, devant le juge correctionnel. À l'audience, les membres du parquet sont les représentants de l'État : ils ont pour mission de présenter les éléments à charge et à décharge et de requérir une peine. Contrairement aux magistrats du siège, leur affectation est indépendante de leur volonté. Elle peut dès lors prendre la forme d'une « sanction » ou d'une récompense de la part du supérieur hiérarchique, le ministre de la Justice. Pendant toute leur carrière, les magistrats peuvent passer du parquet au siège, et vice-versa, selon les affectations qui leur sont proposées.

Dans cette section, je me pencherai sur l'histoire de la magistrature béninoise depuis l'indépendance. Comment l'accès à la profession, la formation, les conditions de travail ont-ils changé au fil des régimes politiques ? Au-delà des différentes réformes qui ont modifié les statuts de la magistrature, il s'agira de comprendre comment les parcours et les discours des juristes eux-mêmes ont changé au cours du temps.

### *5.2.1. Histoire politique et magistrature*

L'administration française crée, à partir de 1892, des tribunaux de paix à compétence étendue dans ses colonies. Ce sont des fonctionnaires en service dans les colonies qui y tranchent les conflits, tandis que les autorités locales se chargent des conflits entre indigènes (Manière, 2011 ; Brunet - La Ruche, 2013)[123]. Au début des années 1900, le fait que la justice française soit rendue par des administrateurs en fonction dans les colonies pose question. L'organisation judiciaire, jusque-là rudimentaire, semble avant tout servir les intérêts privés des commerçants établis sur la côte. Le ministre des Colonies décide alors d'une réorganisation de la justice, en affectant des magistrats dans les tribunaux français.

C'est le début de nombreuses tensions entre administrateurs coloniaux et juristes, d'une part, et entre respect des coutumes locales et assimilation du droit français, d'autre part. C'est également l'époque d'une réorganisation judiciaire dans toute l'AOF. Les tribunaux de paix sont remplacés par des tribunaux de première instance, désormais présidés par des magistrats professionnels, un juge et un procureur. Les gouverneurs des différentes colonies conservent leurs fonctions de juges de paix, mais leurs compétences sont restreintes à celles d'un tribunal de police.

La justice française, bien que jusque-là accessible aux indigènes, concerne les affaires qui impliquent des Européens ou assimilés. La justice indigène qui concerne, quant à elle, les litiges entre Africains, est placée sous le contrôle de l'administration dès 1903. Les jugements doivent désormais être rédigés et motivés par les administrateurs, assistés par des assesseurs chargés de les éclairer quant aux coutumes locales. Mais leur voix est uniquement consultative : le président du tribunal de cercle rend seul sa décision. Sans aucune frontière entre exécutif et judiciaire, la justice indigène est donc, à l'époque, largement instrumentalisée à des fins politiques (Manière, 2011). Dans les faits, cette dualité des juridictions pose un problème de répartition des compétences, opposant toujours les magistrats professionnels d'un côté, les administrateurs coloniaux de l'autre. La justice française, dotée d'une compétence territoriale, reste accessible à certains Dahoméens.

En 1912, un nouveau décret fixe la distinction entre citoyen français et sujet dahoméen. Ce texte, basé sur une catégorisation raciale de la population, consacre la victoire des administrateurs coloniaux. Désormais, les deux justices sont cloisonnées : à chacun ses juges et ses lois (Brunet-La Ruche, 2013). Les deux types de justice coexistent

123 Voir Chapitre1.

jusqu'à la suppression de la dualité des statuts ainsi que des juridictions indigènes en 1946. Celles-ci sont alors intégrées aux juridictions de droit français qui appliquent, selon les cas, le droit « traditionnel » ou le droit « moderne » (Gbaguidi, 1998 : 20).

Au moment de l'indépendance, en 1960, une poignée de juges seulement – essentiellement français et de sexe masculin – exercent sur le territoire du Dahomey. Dans un premier temps, c'est l'organisation judiciaire coloniale qui est conservée. Ensuite, la loi portant organisation judiciaire de 1964 prévoit huit tribunaux de première instance : Abomey, Cotonou, Kandi, Lokossa, Natitingou, Ouidah, Parakou et Porto-Novo. Petit à petit, des juristes béninois intègrent la profession. Un an plus tard, la Loi n° 65-05 du 20 avril 1965 définit les statuts de la magistrature béninoise.

Caractérisée par une grande instabilité du pouvoir, la période qui suit l'indépendance voit se succéder onze chefs d'État et six constitutions différentes, jusqu'à l'arrivée au pouvoir de Mathieu Kérékou en 1972. À cette époque, pour les diplômés en droit, la fonction publique est une voie toute tracée : « Au moment où moi j'ai fini, les diplômés des universités étaient systématiquement répartis dans les administrations publiques », raconte un ancien président du tribunal de Cotonou (Cotonou, avril 2012).

Le droit subit peu de modifications : droit traditionnel et droit moderne coexistent toujours en droit privé, notamment. Par contre, l'appareil judiciaire est modifié par le régime révolutionnaire dans le but de rapprocher la justice du citoyen. L'organisation judiciaire prévoit désormais vingt-trois tribunaux populaires au lieu des huit tribunaux de première instance. Leur composition est modifiée : aux juges professionnels sont désormais adjoints des magistrats non-professionnels, censés remédier à la corruption de l'appareil judiciaire. Le statut des magistrats est modifié par la Loi n° 83-005 de 1983 portant statut de la magistrature béninoise. La robe noire des juristes est remplacée par une toge verte, aux couleurs de la révolution. Maximien, magistrat à la retraite, raconte :

> « La tenue était différente, elle était verte, contrairement à ce que le monde judiciaire international a décidé. Donc la robe était verte pour les tribunaux populaires, puis pour la Cour suprême, qu'on appelait Cour populaire centrale à l'époque, je crois que la couleur de leur robe était différente. Ce qui était remarquable dans cette réforme-là, c'est qu'il y avait des juges professionnels et des juges non-professionnels parce qu'on estimait, à l'époque révolutionnaire, que les juges sont corrompus. Heureusement, ça n'a pas duré longtemps.

> Avec le renouveau démocratique, on est revenus à la normale » (Abomey-Calavi, février 2013).

La plupart des magistrats se plaignent de cette situation : renoncer à la robe noire, symbole international de leur statut, est pour eux un acte fort qui les marginalise, voire les discrédite. Ils critiquent également la composition désormais mixte de ces nouvelles juridictions, où des profanes ont des pouvoirs de décision identiques aux leurs.

> « C'était purement fantaisiste, parce qu'ils ne connaissaient absolument rien au droit. Donc il fallait leur expliquer, au moment de rendre la décision, que selon la loi, ce n'est pas ci ou ça », explique Maximien (Abomey-Calavi, févier 2013).

Ils se plaignent également du manque de moyens, voire même d'infrastructures nécessaires au fonctionnement des tribunaux créés. Tous les tribunaux ne disposaient pas de locaux adéquats ou d'une prison à proximité. Dans de nombreux cas, celles-ci étaient situées à plusieurs dizaines de kilomètres. De nombreux transferts étaient nécessaires et, souvent, les détenus arrivaient bien après l'heure de l'audience qui les concernait. Mais c'est avant tout la forme du système judiciaire – les lieux, les noms et les tenues – qui change, la manière de dire le droit, elle, reste identique.

La fin du régime, en 1989, correspond à une période de crise économique et à la remise en question de l'idéologie marxiste promue par le pouvoir. Les nombreux fonctionnaires engagés pendant les années qui précèdent ne sont désormais plus payés, et ce pendant plusieurs mois. Un an plus tard, la conférence nationale de 1990 et la constitution qui y est rédigée opèrent un retour à l'ancienne organisation judiciaire, calquée sur le modèle français. La conférence nationale réhabilite l'ancienne loi de 1965 sur l'organisation judiciaire, tout comme les tenues héritées de la justice française.

Cette période correspond également au début des relations avec les grandes institutions internationales et la mise en place de programmes d'ajustements structurels. À partir de 1990 le pays « gèle » les recrutements dans la fonction publique. Ce n'est qu'à partir des années 2000 que de nouveaux magistrats seront recrutés. Cette période marque également le début d'une coopération avec les institutions internationales dans de nombreux secteurs des administrations publiques, y compris celui de la justice[124]. L'appui budgétaire de certains de ces

124 Voir Chapitre 1.

bailleurs de fonds permettra, entre autres, de recruter et de former de nouveaux magistrats.

À travers les différentes réformes du système judiciaire depuis la colonisation française se pose la question de la professionnalisation – et par conséquent de la valorisation – de ceux qui sont aptes à juger. Pendant la période coloniale, les débats tourneront autour de l'affectation de magistrats professionnels en lieu et place des administrateurs dans les juridictions, y compris dans les tribunaux indigènes. Pendant la période dite « révolutionnaire » ensuite, les magistrats seront assistés de juges non-professionnels dans l'exercice de leur fonction. Aujourd'hui, cette question de la professionnalisation semble résolue dans les tribunaux. Ce sont plutôt les salaires et le recrutement qui donnent matière à réflexion. Le budget de la justice, destiné en grande partie à financer le traitement de ses agents, ne représente en effet qu'une part infime du budget national (environ 0,5 % en 2013)[125]. Leur recrutement semble donc aujourd'hui conditionné par les aides extérieures : une situation emblématique, selon les jeunes magistrats, du manque de reconnaissance pour leur profession.

### *5.2.2. Recrutement et formation*

Comment devient-on magistrat au Bénin ? Dans un premier temps, en raison de l'absence de formation sur place, la plupart des magistrats étaient formés en France. Ils étaient ensuite affectés dans les tribunaux. En 1970, l'Université de la République du Dahomey voit le jour, mais elle forme uniquement des juristes. Il n'existe pas encore de formation spécifique pour les magistrats. Ce n'est qu'en 1980 que le Centre de formation administrative et de perfectionnement (CEFAP), destiné aux futurs fonctionnaires de l'État, organise un cursus pour les magistrats. En 1984, ce centre fusionne avec l'Institut national des sciences juridiques et administratives de l'Université (INSJA), devenue Université nationale du Bénin depuis 1975, pour fonder l'École nationale d'administration (ENA). En 2001, lorsqu'est créée l'Université de Parakou, l'institution qui forme les magistrats et les auditeurs de justice change à nouveau de nom : elle s'appelle désormais l'École nationale d'administration et de magistrature (ENAM) (Décret n° 2001-365 du 18 septembre 2001). C'est au sein de cette école que furent formés un grand nombre de magistrats qui exercent actuellement.

125 5 milliards de FCFA (7,5 millions d'euros) sur un montant total de plus de 1000 milliards (150 millions d'euros).

Aujourd'hui, pour devenir magistrat, il faut préalablement réussir un examen d'entrée. Les candidats doivent soumettre un dossier incluant, outre les documents administratifs, leur diplôme de maîtrise en droit. Ils doivent être de nationalité béninoise et âgés de moins de quarante ans. Les meilleurs seront retenus en fonction du nombre d'agents requis par le ministère. Les candidats sélectionnés seront ensuite formés à l'ENAM pendant deux ans avant d'intégrer les juridictions.

Ces recrutements, organisés par le ministère du Travail et de la Fonction publique (MTFRAI), sont effectués à la demande du ministère de la Justice (MJLDH) – selon les besoins identifiés par la direction des ressources humaines du ministère, mais aussi selon les budgets disponibles. Le premier recrutement enregistré par le ministère, en 2002, sélectionne 13 candidats, les seuls à avoir réussi le test. Deux ans plus tard, 40 nouveaux magistrats sont sélectionnés. L'affaire des frais de justice criminelle[126] suite à laquelle près de 30 magistrats furent radiés, avait « dépeuplé les juridictions », de sorte que de nouveaux recrutements s'imposaient (Constant, DRH, MJLHD). De nouveaux tests furent organisés respectivement en 2006, 2008 et 2011. Selon le ministère du Travail (MTFPRAI), près d'un millier de candidats se sont présentés à chacun de ces concours. Une nouvelle campagne était censée être organisée en 2014, mais elle fut abandonnée, par manque de fonds – un événement qui correspond également à la fin du projet d'appui à la réforme de la justice (PARJ) de l'Union européenne.

La formation des magistrats est une formation générale, qui touche à tous les domaines du droit. Ils sont ensuite amenés, au fil de leur carrière, à exercer dans toutes les matières. C'est pourquoi, en partenariat avec ERSUMA, l'École régionale supérieure de la magistrature située à Porto-Novo[127], le MCA-Bénin a consacré, en 2007, 163 millions FCFA pour améliorer les compétences de 100 magistrats et 100 greffiers, ainsi que d'une petite trentaine d'autres juristes dans le traitement des dossiers relatifs au contentieux commercial. L'expérience est renouvelée en 2009, lorsque 240 magistrats reçoivent cette formation et enfin en 2011, dans le cadre du projet « Accès à la Justice ». L'arrivée de ces bailleurs des fonds est donc l'occasion, pour les magistrats,

126 Voir aussi chapitre 3.

127 L'École régionale supérieure de la magistrature est l'une des institutions de l'Organisation pour l'harmonisation en Afrique du droit des affaires, communes à l'ensemble des États qui en font partie.

d'être formés dans des domaines spécifiques liés aux nouvelles lois et aux réformes mises en place ces dernières années.

## 5.3. Être juge hier et aujourd'hui : un second choix?

Interrogés sur le choix de leur carrière, la plupart des jeunes magistrats expliquent avoir choisi le droit pour devenir avocats ou diplomates. Aujourd'hui, la magistrature est souvent décrite comme une opportunité qui s'est présentée, mais qui ne répondait pas tout à fait à leurs ambitions initiales – et ce, pour les hommes comme pour les femmes. Nombreux sont ceux qui se plaignent des conditions de travail, du manque de reconnaissance et qui, par conséquent, envisagent d'autres projets professionnels. L'ancienne génération par contre, celle des magistrats en fin de carrière ou à la retraite, parle plutôt d'une activité prestigieuse et d'un choix qui, dans le contexte socio-économique de l'époque, représentait la meilleure option pour un jeune juriste.

*Cosme s'est inscrit à la Faculté de droit à l'Université du Bénin en 1973. Après avoir obtenu son diplôme, il est recruté par l'État et affecté dans une administration publique. En 1980, il passe le concours d'admission à l'École de magistrature, à l'époque gérée par une agence de développement canadienne : le CEFAP. Il entame sa formation en 1982. Deux ans plus tard, « j'ai obtenu le diplôme, et quand on a obtenu le diplôme, l'État nous a affectés dans les tribunaux », raconte cet ancien magistrat (Abomey-Calavi, février 2013).*

*Cosme commence sa carrière comme juge d'instruction au parquet de Porto-Novo. Deux ans plus tard, il est nommé président du tribunal populaire de district à Allada – l'équivalent, sous le régime marxiste-léniniste, d'un tribunal de première instance. Lorsque le régime tombe, à la fin des années 1980, la juridiction est supprimée et Cosme est réaffecté au TPI de Cotonou, où il est tout d'abord juge correctionnel, puis commercial. Lorsque la Cour constitutionnelle voit le jour, il y travaille comme membre du service juridique, de 1993 à 2001.*

> « C'est la présidente de la Cour, qui m'a eu comme étudiant quand j'étais en formation, qui m'a repéré et qui a estimé que je devais travailler avec elle parce qu'elle savait que j'aimais les recherches », explique-t-il (Abomey-Calavi, février 2013).

*Cosme revient ensuite dans les tribunaux, comme juge à la Cour d'appel de Cotonou en 2002. Il est nommé président de la Cour d'appel d'Abomey quelques années plus tard, puis affecté comme conseiller à la Cour suprême avant de prendre sa retraite.*

Pour cet ancien magistrat comme pour de nombreux autres, la magistrature s'est imposée comme une évidence une fois diplômé. Sous le régime de Kérékou, le secteur privé était peu développé, et dès la fin des années 1970, l'État recrutait ses universitaires de manière presque automatique. Certes, il existait d'autres professions judiciaires, telles que l'avocature ou le notariat, mais elles étaient de loin marginales. « Le cocon de l'État était beaucoup plus facile à gérer que se lancer soi-même, avec tout ce qu'il y avait comme risques », explique Cosme. Bien que les salaires ne fussent pas extrêmement élevés, la profession était considérée comme prestigieuse : « De notre temps, il y avait encore plus la dignité du magistrat », déclare Rosaline, 60 ans, (Porto-Novo, avril 2015). Les femmes y voyaient la sécurité d'un emploi comme fonctionnaire et la possibilité de remplir un devoir moral : celui de rendre la justice.

Pour les jeunes magistrats, cette carrière s'est souvent présentée comme un second choix. Depuis 1990, le pays a adopté une constitution démocratique et abandonné les principes du marxisme-léninisme au profit d'une économie de marché. La mondialisation économique a fait de Cotonou un pôle maritime important. Le secteur privé s'est développé et, avec lui, les professions libérales liées au secteur de la justice. Dans ce contexte, nombreux sont les jeunes magistrats qui se destinaient à une carrière d'avocat. Tantôt ils ont passé le concours de la magistrature pour s'entraîner, tantôt pour bénéficier d'un emploi stable, qu'ils pourront ensuite quitter si une meilleure opportunité se présente.

> « Quand j'ai fini la maîtrise, au lieu de faire le CAPA ici, j'ai été au Togo. J'étais là-bas quand ils ont lancé le concours de la magistrature. Je me suis dit pourquoi pas, c'est toujours la maison judiciaire. J'ai tenté et ça a marché. Sinon au départ, être avocat c'était l'objectif que moi je visais. C'est comme ça que je suis venu à la magistrature. Sinon, c'est un métier, ça ne me disait rien. Jusqu'à présent, si je trouve l'opportunité, c'est l'avocature. Avec la magistrature, avec l'ancienneté, je peux démissionner et devenir avocat », explique Rodrigue, jeune magistrat (Cotonou, mars 2013).

Ce discours des jeunes magistrats contraste avec celui de leurs aînés, pour qui la magistrature était tantôt une vocation, tantôt l'unique option possible – ou presque – dans un système d'inspiration marxiste où l'État engageait ses diplômés dans les administrations publiques. Ce malaise professionnel des jeunes magistrats s'inscrit donc dans le contexte plus large du rapport à l'État et à la fonction publique dans la capitale béninoise. Loin d'être un « cocon », le secteur public est aujourd'hui perçu comme un second choix par les intellectuels, qui perçoivent souvent le secteur privé comme plus avantageux.

## 5.4. Le malaise professionnel de la magistrature béninoise

Ces dernières années, le système judiciaire béninois n'a réellement fonctionné que quelques mois par an. En effet, les grèves des magistrats se sont enchaînées, pour des raisons diverses, parfois pendant de nombreux mois consécutifs. Symptomatiques d'un certain malaise professionnel, ces mobilisations et les raisons qui les motivent ne sont pas les seuls inconvénients du métier, selon les membres du corps. Quels sont les discours des magistrats béninois sur leur propre statut et leurs conditions de travail ?

### *5.4.1. Prolégomènes : des grèves en série*

En 2011, l'Union nationale des magistrats du Bénin (UNAMAB) relève des irrégularités dans les affectations qui, selon le syndicat, ne respectent pas les règles de préséance. En effet, les magistrats doivent être affectés par ordre d'ancienneté dans le corps – autrement dit selon leur grade – et selon l'évaluation de leur supérieur hiérarchique. C'est en 2012 que débute réellement la vague de grèves successives qui touchera le secteur de la justice pendant presque deux ans. Objets d'une véritable chronique dans les médias, le secteur judiciaire et les revendications des magistrats en particulier font régulièrement la une des quotidiens pendant plusieurs mois.

Fin 2011, la ministre de la Justice de l'époque, maître Gbédo, déclare lors d'une allocution publique que les tribunaux de son pays « sont remplis de magistrats corrompus ». Les magistrats réagissent face à ces déclarations et déposent une motion de grève. Malgré des excuses, les relations entre magistrats et garde des Sceaux restent tendues, de sorte que le chef de l'État décide, le 7 février 2012, de procéder à un remaniement technique de gouvernement pour remplacer la ministre.

L'histoire se poursuit lorsque, fin 2012, le président de la République soupçonne son ancien conseiller, l'homme d'affaires Patrice Tallon – il sera élu président de la République en 2016 – de tentative d'empoisonnement et de coup d'État. Portée devant le tribunal de première instance de Cotonou, l'affaire fera finalement l'objet d'un non-lieu, prononcé par le juge Angelo Houssou le 17 mai 2013. Quelques heures après avoir rendu sa décision, ce dernier est interpellé par les forces de l'ordre alors qu'il se rend vers le Nigéria. Il est soupçonné de vouloir quitter le pays. La police le raccompagne à son domicile, où il restera en résidence surveillée. Le magistrat, rompant avec l'éthique de réserve et de discrétion caractéristique du corps, s'exprime régulièrement dans la presse, expliquant qu'il se sent menacé par le pouvoir. Il portera d'ailleurs plainte contre les policiers responsables de son interpellation.

Le 28 mai 2013, le gouvernement procède à de nouvelles nominations, qui visent à intégrer dans le corps de la magistrature les nouveaux diplômés – dont certains le sont depuis 2011 – et à attribuer de nouveaux postes aux autres magistrats. Le syndicat des magistrats, l'UNAMAB, décèle à nouveau des irrégularités dans les postes attribués : la règle de la préséance n'a pas été respectée. Le président de la Cour suprême, en collaboration avec le ministre de l'époque, promet des rectifications, mais ces dernières tardent à voir le jour. Le 25 juin 2013, l'UNAMAB dépose un préavis de grève, protestant contre les dernières affectations qui tardent à être corrigées, mais aussi contre la situation du juge Houssou, dont la résidence est surveillée.

La grève et les négociations avec le gouvernement seront suspendues et reconduites à de nombreuses reprises, de sorte que la justice fonctionnera peu durant le reste de l'année 2013. Le 2 décembre 2013, le juge Houssou quitte le Bénin pour demander l'asile politique aux États-Unis. Alors que les grèves et les revendications du personnel judiciaire font la une des journaux depuis bientôt un an, certains s'interrogent : « Faut-il se demander si la noblesse de ce métier ne contraste pas avec certaines formes d'agitation, de fébrilité et d'impatience qui caractérisent les syndicats de la maison justice », déclare Ousmane Batoko, président de la Cour suprême (*Le Matinal*, 21/12/2013).

Le 18 décembre 2013, de nouvelles nominations sont prononcées, censées régulariser les précédentes. Bien que reconnaissant l'effort fourni par le gouvernement et le Conseil supérieur de la magistrature (CSM), l'UNAMAB dénonce, une fois de plus, le non-respect de certaines règles de préséance et reconduit la grève. Pendant toute l'année judiciaire 2013-2014, les juridictions ne tournent, somme toute, que pendant une centaine de jours à peine. En juin 2014, le gouvernement dépose un projet de loi qui vise à supprimer les libertés syndicales et le droit de grève des magistrats. Ces derniers s'y opposent fermement : ils marchent sur l'Assemblée nationale à plusieurs reprises pour marquer leur désaccord face à une loi qui semble définitivement « anti-magistrats » (*Le Matinal*, 17/07/2014). L'observatoire de la justice[128] rend également un avis négatif à propos du projet de loi, soulignant qu'il porte atteinte aux principes fondamentaux des droits de l'homme et de la démocratie. La situation se calme enfin lorsque le projet est mis en suspens par l'Assemblée alors que de nombreux députés lui retirent leur soutien.

Le 2 avril 2015, l'Assemblée vote le projet de loi portant statut général de la fonction publique, modifiant la loi de 1986. Les dispositions intègrent, notamment, les revendications des magistrats quant à leur sécurité dans les tribunaux. Désormais, au TPI de Cotonou, les bureaux des juges et des procureurs sont équipés de sonnettes et de caméras. Le fonctionnement des tribunaux reprend pendant quelques mois, avant d'autres affectations, fin avril 2015, et l'annonce d'une nouvelle motion de grève par l'UNAMAB.

Ces grèves et les revendications qui les accompagnent sont principalement soutenues par les jeunes magistrats. Elles correspondent également à un passage de flambeau au sein de l'UNAMAB, au profit d'un président plus jeune. Les anciens, par contre, ne voient généralement pas d'un très bon œil cet étalage constant dans les médias et soulignent le caractère ancien des revendications soulevées.

> « Disons que maintenant il y a beaucoup plus de problèmes… de notre temps, moi je n'ai jamais fait de démarches pour un poste. Moi j'entends mon nom seulement, et je vais. Aujourd'hui, ça ne paraît pas bien qu'il y ait tant de grèves. Parce que bon, on dit que tel est plus ancien que tel, que les règles de préséance ne sont pas respectées, mais ce n'est pas nouveau. C'est des choses qui se passaient déjà dans le bon vieux temps », déclare Rosaline.

Autrement dit, si les problèmes ne sont pas nouveaux, la réaction des magistrats a changé ces dernières années. Au lieu d'« accepter ce qu'on leur donne » en matière de promotions ou de sécurité, ils se mobilisent pour réclamer un meilleur traitement. Ces grèves sont donc

128 Il s'agit d'une organisation de la société civile, regroupant deux ONG béninoises ainsi qu'un centre de recherche.

illustratives d'un changement d'attitude des fonctionnaires face à l'État. Désormais, il ne s'agit plus uniquement de respecter une autorité – un État qui donne et qui punit – mais aussi de réclamer des droits.

### *5.4.2. Carrières et affectations, une « boîte noire » ?*

Comme en témoignent ces mouvements de grève, les affectations des magistrats au cours de leur carrière sont rarement perçues comme un processus transparent et équitable. Une fois diplômés de l'ENAM, les jeunes magistrats prêtent serment à la Cour d'appel de Cotonou. À partir de cette date, ils doivent attendre leur affectation, attribuée par le garde des Sceaux. Un processus qui, parfois, peut prendre plusieurs années. Les nouvelles affectations se font en même temps que celles des autres magistrats, dont certains sont consultés avant leur mutation. Une enquête de moralité doit également être réalisée et publiée. Ainsi, c'est seulement en 2014 que fut répartie dans les juridictions la promotion diplômée en 2011, entre-temps à la disposition du parquet du tribunal de première instance de Cotonou. Souvent décrite comme caractéristique des administrations – et de ses hautes sphères en particulier – la « lenteur » du système est perçue comme inévitable et le processus, comme une « boîte noire ».

En théorie, l'affectation des jeunes diplômés se fait en fonction de leurs résultats : les premiers de classe peuvent choisir leur fonction – juge ou substitut – ainsi que le tribunal où ils souhaitent exercer. Le ministère leur demande de préciser trois juridictions. Plus tard, c'est leur ancienneté et l'évaluation de leurs performances qui vaudront aux magistrats d'être promus ou mutés d'une juridiction à une autre.

On distingue ici magistrature assise et magistrature debout : les juges doivent, en principe, être consultés avant de faire l'objet d'une mutation. Celle-ci est censée correspondre à une promotion, en fonction de leur grade et de leur ancienneté. Les membres du parquet, par contre, sont mutés sans être consultés. Les affectations sont modifiées en moyenne tous les deux ans par décret, résultant d'une décision conjointe du conseil des ministres et du CSM. En outre, alors que les juges sont indépendants et inamovibles, les membres du parquet sont soumis à l'autorité du ministère. Les deux types de magistrats vivent différemment l'influence de l'exécutif – et des politiques – sur leur carrière professionnelle. Qu'ils appartiennent à la catégorie « assise » ou « debout », certains magistrats passent de nombreuses années au même poste et, bien qu'ils aient le grade requis, ils ne sont jamais mutés. Rester sur place équivaut donc souvent à une forme de « sanction » de la part du ministère.

Le statut des juges, qui sont consultés avant leur mutation, est souvent perçu comme plus confortable, surtout par les juristes originaires du sud du pays qui sont souvent réticents à se rendre dans les juridictions du nord. Obtenir un poste à proximité leur permet de rester proches de leur famille. Une attribution dans une localité du nord signifierait, par contre, déménager, mais aussi « être livré à la population » (Cosme) dans une région du pays qui leur semble hostile. Le magistrat devra alors faire face à un univers social nouveau, dont il ne connaît pas les codes et où il ne bénéficie d'aucune protection – contrairement à la capitale, où la présence des amis et de la famille a un rôle rassurant. Il s'agit également de profiter du confort et des infrastructures de la capitale : écoles, soins de santé, eau, électricité à proximité. Certains se trouvent donc contraints de déménager sans leur famille – le cas échéant, le transport sera à leurs frais. Comme de nombreux fonctionnaires, ils considèrent que l'ennui lors de leurs heures de loisir sera proportionnel à leur éloignement de la capitale.

Nombreux sont ceux qui soulignent le caractère opaque du processus d'affectation. Sophie, récemment promue à la Cour suprême, explique qu'elle a prêté serment en 1995. Elle a été affectée au parquet, puis comme juge d'instruction dans plusieurs tribunaux du Sud-Bénin, avant de travailler pendant sept ans dans un cabinet du ministère. En 2010, elle est nommée procureur à Porto-Novo. En 2012, elle est envoyée dans une juridiction du nord du pays :

> « On peut dire que c'est une affectation sanction, parce que vous envoyer là en tant que femme... Moi je ne sais pas ce que j'ai fait. Je suis célibataire avec enfant. Mon enfant était seul à la maison, avec des cousins. Donc il y avait les frais de téléphone, le stress, parce vous donnez vos instructions au téléphone, mais vous ne savez jamais comment ça se passe en réalité à la maison » (Sophie, Cotonou, avril 2015).

Rosaline, l'une des premières femmes magistrats au Bénin[129], me parle dans des termes similaires d'une nomination qu'elle juge injuste. Après près de vingt ans de carrière dans les tribunaux, elle est affectée à la Direction de l'enfance, au ministère. Elle y reste pendant huit ans comme directrice de la protection judiciaire. L'affectation qui suit l'a amenée vers la Haute Cour de justice, mais après quelques mois, elle

---

129 Au début de sa carrière en 1982, Rosaline se souvient que le Bénin ne comptait que cinq femmes magistrats.

démissionne pour des raisons personnelles qu'elle ne souhaite pas détailler. Elle reste ensuite quatre ans sans recevoir de nouvelle affectation :

> « Je devais normalement retourner à la Justice, mais on ne m'a pas affectée. Et personne ne peut m'expliquer. Moi je suis fonctionnaire, je suis là… parce que vous avez parlé de sanction, moi on ne m'a pas sanctionnée pour quelque chose, mais pendant quatre ans je suis restée là. Dans ce cas, vous touchez votre salaire, mais brut, comme si vous veniez de commencer. Vous êtes un peu traité au rabais. Donc c'est ça qu'on peut appeler sanction », explique-t-elle (Porto-Novo, avril 2015).

Après quatre ans, le ministère l'appelle et l'affecte à nouveau à la Direction de la législation, comme agent dans le département dont elle était directrice. Elle y gravira à nouveau les échelons avant d'être affectée, fin 2012, à la Cour suprême. Nombreux sont les magistrats qui ont le sentiment d'avoir été sanctionnés sans pour autant avoir commis de fautes. D'autres, comme Rosaline, ont la nette impression d'avoir été punis sans en avoir été officiellement informés.

> « Il y a beaucoup d'arrangements qui interviennent dans le système de nominations. Parce qu'il y a l'État qui intervient. On peut par exemple vous proposer uniquement des postes à l'intérieur, si on trouve que vous ne rendez pas trop service », explique Prudence, juge traditionnel à Calavi (novembre 2013).

Face à cette impression générale selon laquelle les règles de préséance et la procédure d'affectation des magistrats sont souvent peu respectées, les réactions diffèrent. Alors que la jeune génération de magistrats proteste ouvertement, les « anciens », par contre, déclaraient simplement se plier aux directives de l'État. Ces discours sur les affectations correspondent aux représentations de nombreux citoyens sur les services publics et la justice en général : une fois qu'un dossier y est introduit, on ignore tout de l'issue qui lui sera accordée ou du processus de traitement (Bierschenk, 2008). Les magistrats, quant à eux, ignorent quand, comment et pourquoi on les affecte à certains postes plutôt qu'à d'autres. Alors que les générations précédentes se contentaient de respecter les directives en matière d'avancement, aujourd'hui, les jeunes magistrats, avec l'aide de l'UNAMAB, entendent clairement s'assurer que la procédure est respectée.

### *5.4.3. Salaire et statut social*

Un autre motif de mécontentement pour les jeunes magistrats concerne leur salaire, qu'ils estiment en discordance avec l'image, le statut social d'un magistrat :

> « Vous avez un nom, une notoriété et vous avez des obligations de bien vous comporter, bon vous êtes respecté, mais c'est tout ! Côté avantage au plan pécuniaire, on n'a pas grand-chose. Parce que l'État béninois ne paie pas les magistrats comme cela devrait être », explique Thomas, juge au TPI Cotonou (mars 2012).

Pourtant, les salaires des fonctionnaires de la justice ont augmenté à plusieurs reprises ces dernières années, en particulier suite à l'affaire des frais de justice criminelle et aux mesures destinées à enrayer la corruption dans la fonction publique. Dans les années 1970, en début de carrière, le traitement des magistrats s'élevait à 47.000 FCFA par mois. Ceux qui avaient, auparavant, travaillé dans l'enseignement bénéficiaient de 90.000 FCFA en raison de leur ancienneté. Aujourd'hui, un jeune juge gagne entre 350 et 500.000 FCFA (750 euros) par mois selon le nombre d'enfants à charge.

Ces chiffres sont, bien sûr, à replacer dans leur contexte : le coût de la vie a considérablement augmenté en quarante ans, comme en témoigne notamment, le prix des terres[130]. Pourtant, les anciens magistrats insistent sur le fait que l'augmentation la plus significative des salaires est intervenue récemment, avec la Loi n° 2001-35 sur les statuts de la magistrature. Maximien explique :

> « Il faut dire qu'avant l'avènement des frais de justice là, les magistrats n'étaient pas bien payés. Si le problème des frais de justice a pu naître, c'est parce que les magistrats de l'époque n'avaient pas un statut correct » (Abomey-Calavi, avril 2015).

En outre, en fonction de l'ancienneté et des postes occupés – des promotions reçues – le salaire augmente. Les magistrats sont également susceptibles de bénéficier de certains avantages, tels un véhicule de fonction ou des indemnités complémentaires. C'est notamment le cas du président du tribunal, qui touche une indemnité de représentation.

Pourtant, les jeunes générations de juristes estiment toujours être largement sous-payées pour leur travail, d'une part, parce que cette

---

130 Cette augmentation est cependant impossible à quantifier de manière exacte, le taux d'inflation au Bénin n'étant pas disponible avant les années 2000 (http://databank.banquemondiale.org).

augmentation des salaires ne compense selon eux qu'en partie l'inflation, en particulier dans la capitale où résident la plupart de mes informateurs, d'autre part, parce que selon les jeunes magistrats, ce salaire ne permet pas de se conformer aux attentes de la société quant à la position sociale du juge. Les magistrats doivent s'habiller d'une certaine manière, se déplacer en voiture, résider dans une maison digne d'un cadre supérieur. « Tout le monde pense qu'on est riche dans cette profession, qu'on a beaucoup d'argent. N'importe quoi dans la famille, on s'adresse à vous, on attend beaucoup plus de vous que des autres », explique Dorcas, juge au tribunal de première instance de Cotonou.

> « Là je suis à 380.000. Par rapport aux exigences, ce n'est pas facile. Aujourd'hui avec mon moyen de déplacement, je suis à 100.000 F le mois, je dois payer mon loyer qui tourne autour de 80.000 F. Je dois payer l'électricité, l'eau, je dois m'habiller, je dois manger, je dois m'occuper de la tontine de mon fils, de son répétiteur. Le fait que nos conjoints nous aident, ça nous facilite un peu la tâche, mais nous sommes en Afrique, il y a la famille qui compte sur vous, il faudrait se manifester pour la solidarité » (Dorcas, mars 2012).

Comme pour beaucoup de fonctionnaires dans les capitales africaines (Anders, 2010 ; Jaffré, 2003), la famille est perçue comme une responsabilité financière, voire comme un risque par les magistrats :

> « Vous savez aussi, nous sommes en Afrique ! Votre famille, vos amis, ils vous voient en véhicule, leur sentiment vis-à-vis de vous, c'est autre. Ils voient que vous êtes déjà à l'aise. Donc il y a une sorte de jalousie qui se crée. Le mieux c'est de prier pour qu'eux aussi viennent à votre place » (Christian, juge au TPI Calavi, novembre 2012).

Aux yeux des jeunes juges, il existe une disparité entre le statut social associé à leur profession, les attentes qu'il génère vis-à-vis de leur entourage et le salaire auquel ils ont droit.

Ce constat ne semble pourtant pas partagé par l'ancienne génération pour qui « l'État n'a pas totalement fait, mais il a suffisamment fait » (Maximien, Abomey-Calavi, avril 2015). Les anciens magistrats aujourd'hui à la retraite étaient plutôt satisfaits de leur salaire et de leur position d'élite dans une société où le statut de fonctionnaire était valorisé. Ceux qui sont toujours en activité, comme Rosaline, participent assez peu aux mouvements de grève organisés par l'UNAMAB.

Souvent mentionnée par les juges du tribunal de première instance de Cotonou, cette question de l'insuffisance des revenus doit être analysée dans le contexte plus large des rapports entre professionnels de la justice. Les plaintes des jeunes magistrats s'accompagnent en effet souvent d'une comparaison avec les revenus d'autres acteurs du système judiciaire comme les avocats et les notaires, dont les activités sont généralement considérées comme plus lucratives. « On travaille dans les poches des avocats », remarque Rodrigue, qui fait allusion au fait que les conseils gagnent parfois plusieurs millions sur de « gros dossiers ». Cette comparaison n'est pas entièrement pertinente. Les juges ont un salaire mensuel, alors que les revenus des avocats sont aléatoires et répartis de manière inégale dans le temps. En outre, leurs parcours professionnels sont différents : les avocats qui possèdent leur cabinet exercent, pour la plupart, depuis plusieurs années et ceux qui gagnent des millions sont généralement des avocats expérimentés. Alors que les salaires des juges sont définis sur base de barèmes, identiques pour tous, et directement liés à l'ancienneté, les revenus des avocats sont également fonction de leur renommée et du type de dossiers qu'ils acceptent de prendre en charge.

Contrairement à certains pays de droit civil européen où la fonction de juge est considérée comme plus complexe et nécessitant plus d'expérience que celle d'avocat, à Cotonou, c'est la seconde option qui est souvent décrite comme la plus difficile d'accès. En Belgique et en France, les magistrats sont souvent d'anciens avocats qui, après plusieurs années d'expérience, réussissent un concours réputé ardu. À l'inverse, à Cotonou, les membres du barreau considèrent généralement que l'examen d'entrée y est plus facile que le CAPA. Les élèves magistrats sont généralement de jeunes juristes, récemment diplômés, voire parfois d'anciens policiers ou des enseignants.

Le malaise des jeunes magistrats béninois, qui disent appartenir à un corps prestigieux mais sous-payé, s'inscrit donc enfin dans un contexte de changement des hiérarchies sociales et des critères qui définissent la « réussite ». Ces changements sont, en partie, liés au développement économique et à l'entrée du Bénin dans une économie de marché à partir des années 1990. Pendant les années 1970, la fonction publique représentait la meilleure opportunité d'emploi pour les jeunes juristes, qui appartenaient dès lors à une certaine élite sociale. Comme l'illustre parfaitement le chapitre précédent, les opportunités d'emploi dans le secteur privé ont contribué à créer de nouvelles figures de la réussite et, dès lors, à modifier la manière de penser certaines professions.

### 5.4.4. Des conditions de travail difficiles

Outre l'insuffisance des salaires, les jeunes magistrats mentionnent les locaux vétustes, le manque de matériel et la charge de travail qui leur incombe. « Regardez, le carrelage qui s'effrite, la climatisation qui est en panne, est-ce que ça, c'est digne d'un magistrat ? », m'interpelle ce jeune juge du TPI de Porto-Novo. Alors que dans la capitale, les installations sont souvent en meilleur état, les magistrats se plaignent par contre de leur charge de travail : comme le remarque également Bierschenk (2008), nombreux sont ceux qui disent lire les dossiers les week-ends, voire passer une partie de la nuit à finir de rédiger des décisions la veille d'une audience – des plaintes qui semblent entièrement justifiées.

Les juges des affaires familiales, qui m'intéressent tout particulièrement, ont souvent entre 30 et 50 dossiers au rôle de chaque audience. Une vingtaine d'affaires sont généralement retenues pour entendre les parties. Les audiences débutent vers 8h30 et se terminent souvent aux alentours de 15 h. La plupart des juges, qui président plusieurs chambres, ont audience tous les jours, une semaine sur deux. Les éléments décrits ci-dessus contrastent avec la charge de travail des magistrats des pays industrialisés, souvent bien mieux payés par ailleurs. Ainsi, Bessière et Mille expliquent :

> « Chaque semaine, les juges rencontrés tiennent trois à quatre audiences d'une demi-journée aux Affaires familiales. Pour chacune, 14 à 15 affaires sont prévues : certaines sont renvoyées, d'autres donnent lieu à une décision immédiate lorsque les conjoints parviennent à un accord à l'audience. Pour celles qui restent, les juges annoncent aux justiciables une date de délibéré (environ deux à trois semaines pour les audiences de conciliation et les affaires hors-mariage ; environ un à deux mois pour les jugements de divorce sur le fond) et rédigent dans ce délai leur décision, envoyée ensuite aux parties. Ce travail de rédaction occupe une grande partie du temps laissé libre par les audiences [...] » (Bessière & Mille, 2013 : 345).

Bien sûr, dans la capitale économique du pays, le rythme est particulièrement soutenu pour les magistrats et les affaires sont nombreuses. Au tribunal de Calavi, par exemple, les mêmes juges ne traitent qu'une vingtaine de dossiers, dont ils retiennent la moitié pour des débats. Les audiences se terminent souvent en fin de matinée.

Face à la charge de travail, les magistrats recourent à diverses stratégies ou « logiques » (Olivier de Sardan, 1995). La plupart d'entre eux arrivent tôt au bureau pour préparer leurs audiences. Ils s'y enferment, pour éviter d'être dérangés dans leur travail. Certains préfèrent se rendre au centre de documentation du tribunal, d'autres travaillent chez eux. Nombreux sont ceux qui reprennent également des dossiers à domicile, sur lesquels ils travaillent après journée ou durant les week-ends.

> « Les matins je viens à 7h – 7h15, parce que les matins tout est calme, il n'y a pas mal de choses qu'on peut faire et puis c'est toujours bien. Je préfère rédiger à la maison parce qu'au bureau il y a trop de bruit, vous voyez bien, vous êtes sollicité pour des services », explique le juge Dorcas (Cotonou, mars 2012).

Ces pratiques permettent de mettre à distance les justiciables, d'une part pour travailler sans être interrompu, d'autre part pour éviter les soupçons de corruption. La plupart des magistrats du siège refusent de recevoir les justiciables à l'improviste. Ils évitent également de décrocher lorsqu'un numéro inconnu les appelle. Les magistrats craignent les manœuvres occultes de certains justiciables qui pourraient tenter de les influencer dans leur décision. Nombreux sont ceux qui sont chrétiens et pour qui la religion fait dès lors office de protection. Rodrigue explique :

> « Vous n'êtes pas comme un simple citoyen. On peut vous faire du mal à tout moment, surtout en matière pénale, en ce qui concerne la détention, il faut faire très attention. Le prévenu, je lui explique, de fond en comble, pourquoi ce qu'il a fait ça mérite la prison. Ça c'est le plus grand risque » (Cotonou, mars 2013).

Les magistrats bénéficient également de l'aide d'autres agents du tribunal. Leurs décisions sont notamment relues et corrigées par les greffiers. Enfin, lorsque les dossiers apparaissent comme inextricables, certains préfèrent s'en débarrasser, soit en se déclarant incompétents – les magistrats ont alors recours à des arguments juridiques pour renvoyer le dossier devant une autre chambre – soit en rendant une décision dont ils savent que, ne convenant pas aux parties, elle fera l'objet d'une procédure en appel. « Moi je vais rendre ma décision et ils iront s'arranger en appel », m'explique le juge Tobias à propos d'un litige domanial (Cotonou, avril 2013).

Les témoignages cités ici sont ceux des juges de la capitale ou de ses environs. À l'intérieur du pays, les magistrats soulignent souvent le fait que les dossiers sont moins nombreux, les opportunités de contrôle de la part du ministère moins importantes. Mais ils doivent alors faire face à des inconvénients différents : l'éloignement avec la capitale, ses infrastructures et ses administrations, avec leur famille.

### 5.4.5. « L'État nous a laissé tomber », ou la fonction publique en crise

Aujourd'hui, dans la capitale économique du pays, la fonction publique représente une option rassurante en termes de sécurité d'emploi, mais peu intéressante d'un point de vue financier. Cette situation contraste avec le « rang social » du magistrat et les attentes de son entourage, mais aussi avec les représentations des usagers. Elle fait écho à celle des médecins dont les salaires sont, eux aussi, jugés insuffisants au regard des attentes des jeunes diplômés, calquées sur une vision idéalisée des médecins des pays industrialisés :

> « Comme les premières générations de médecins béninois, c'est bien le pouvoir thérapeutique, économique et symbolique, une légitimation professionnelle et une reconnaissance sociale qu'ils recherchent dans la médecine. Si la prise de conscience d'un décalage s'opère désormais dès la formation médicale, elle n'annihile cependant pas les espoirs des futurs praticiens d'atteindre, à un niveau individuel, les objectifs attendus en termes de pouvoir » (Failon, 2013 : 396).

Les exemples des magistrats et des médecins illustrent donc le caractère de moins en moins attractif du service public pour les universitaires, particulièrement pour ceux qui sont formés à une profession réputée « prestigieuse », mais dont les salaires ne permettent pas de concurrencer ceux proposés par les acteurs économiques de la capitale. En milieu urbain, être fonctionnaire signifie appartenir à une classe moyenne, certes à l'aise financièrement, mais qui envie pourtant ces élites qui participent plus directement aux activités économiques.

Ce discours, du côté des magistrats comme dans le chef des médecins, est spécifique aux jeunes générations : pour les anciens fonctionnaires, l'État s'apparentait à un cocon plutôt confortable dont on ne mettait pas en question les décisions – ou les affectations. Dans le cas des médecins, ce changement correspond entre autres au retrait de l'État du secteur de la santé et, par conséquent, à l'insécurité professionnelle et financière des jeunes médecins aujourd'hui (Failon, 2013). Ce n'est par contre pas le cas des magistrats, dont les conditions de travail se sont améliorées au fil des revendications ces dernières années. C'est donc sur la question du statut social et des éléments valorisés – ou valorisants – d'hier et d'aujourd'hui qu'il convient de s'interroger : l'importance de la profession ou de la position sociale fait place à des considérations financières.

Pourtant, malgré ces critiques, les magistrats insistent sur la nécessité de rendre une « bonne décision ». Ils soulignent leur rôle dans la société, celui de rendre la justice : une tâche, certes, difficile, mais qu'ils tentent de réaliser au mieux, en tenant compte non seulement du droit, mais aussi des impératifs sociaux de la société à laquelle ils appartiennent.

## 5.5. Une question de genre ?

Sur un total de 228 magistrats, les femmes sont aujourd'hui au nombre de 36 au Bénin. La majorité d'entre elles travaillent à Cotonou ou dans les tribunaux du sud du pays. Certaines se destinaient à cette profession dès le choix de leurs études, d'autres ont saisi une opportunité lorsqu'un test de recrutement a été organisé. Ce choix fait souvent l'objet d'une décision réfléchie, discutée au sein des familles. Après quelques années de pratique, la plupart des magistrates disent également apprécier la grande liberté intellectuelle que leur procure leur métier, tout en jouissant de la sécurité d'emploi de la fonction publique. Le parcours des femmes magistrats est-il différent de celui des hommes ? Perçoivent-elles leur rôle différemment ?

### *5.5.1. Dorcas et Béatrice : deux générations de femmes au tribunal*

*Béatrice est juge à la Cour d'appel de Cotonou. Après une licence en droit, elle est tout d'abord affectée dans l'enseignement pendant deux ans. Elle gagne, comme l'ensemble des universitaires dans l'administration, une somme qui avoisine les 50.000 FCFA (75 euros). Elle réussit ensuite l'examen d'entrée à l'ENAM, où elle suit la formation des magistrats de 1986 à 1988. Elle est ensuite envoyée à l'inspection des services judiciaires pendant deux ans.*

> « J'ai toujours voulu être magistrat. Quand j'étais enfant, je ne faisais que répéter que je serai avocate et j'aurai un mari ambassadeur. Mon mari ne voulait pas que j'aille à la magistrature. Parce qu'il y a beaucoup de haine, on a beaucoup d'ennemis. J'ai regretté de ne pas l'avoir écouté. Parce qu'à la chambre traditionnelle, quand les gens viennent devant vous, ils viennent armés. Ils prononcent des paroles incantatoires. Et c'est ça qui fait que les dossiers traînent, ou que parfois, on doit veiller la nuit, parce que là, celui qui manipule les fétiches dort également », explique-t-elle (Cotonou, mars 2012).

*Son époux est diplomate, elle le suivra donc régulièrement dans ses déplacements. En 1991, elle l'accompagne à Abidjan. À son retour au*

*Bénin en 1995, elle travaille au ministère de la Législation, puis au tribunal de Ouidah. Avec l'ancienneté, son salaire augmente. Contrairement à ceux dont la magistrature est la première expérience professionnelle et qui gagnent le salaire de base, Béatrice entre dans la magistrature avec un salaire de 90.000 FCFA (135 euros). Entre 2000 et 2008, elle accompagne son mari en France. Elle retrouve le ministère à son retour, en 2009. De 2010 à 2012, elle est substitut au parquet général, puis conseillère à la Cour d'appel de Cotonou. Son salaire avoisine alors 800.000 FCFA (1200 euro).*

*Selon elle, le salaire et les conditions de travail des hommes et des femmes sont identiques. Pour les uns et les autres, les sollicitations de la famille sont nombreuses. Elle ne perçoit qu'une seule différence, concernant les affaires familiales où les trois magistrats compétents sont des femmes : « L'ancienne président de la Cour, elle n'aimait pas donner les affaires de divorce aux hommes », constate-t-elle en riant.*

*Dorcas, quant à elle, est juge au tribunal de première instance de Cotonou. Elle est titulaire d'une chambre état des personnes, une chambre traditionnelle et une chambre des flagrants délits. Elle est maintenant à Cotonou depuis cinq ans : c'est son premier poste, où elle a été affectée en 2010, une fois sa formation terminée. Plus jeune, elle voulait être secrétaire, mais rebutée par l'idée d'être constamment subordonnée aux instructions d'un patron, elle entame des études de droit. Elle entre ensuite à l'ENAM, où elle se spécialise dans le domaine de l'inspection du travail et de la sécurité sociale. Elle n'utilisera cependant jamais ce second diplôme. Elle est engagée comme assistante juridique dans une banque, puis dans une entreprise commerciale. Lorsqu'elle entend parler d'un concours de recrutement pour la magistrature, elle s'y présente :*

> « C'était juste une proposition de mes parents parce qu'ils se disent : "Dans l'administration il y a une sécurité d'emploi." Je n'ai fait qu'obéir », me confie-t-elle (Cotonou, mars 2012).

*Si elle aime son métier, Dorcas insiste aussi sur la lourde responsabilité qui va de pair avec sa fonction : « Ce qui me pèse le plus, c'est la charge, je trouve ça énorme, de décider de la fortune des autres. » Son statut de fonctionnaire lui permet, par contre, d'aller chercher ses enfants à l'école à 17 h, contrairement à d'autres professionnels du droit, comme les avocats, dont les journées se terminent fréquemment après 19 h. Elle gagnait 360.000 FCFA (550 euros) les deux premières années, mais contrairement à ses collègues masculins, ses enfants ne sont pas à sa charge. C'est seulement grâce à l'aide financière de son époux qu'elle parvient à mener un train de vie « digne » d'un magistrat :*

> « On nous demande d'avoir un véhicule, de nous habiller d'une certaine manière. On nous dit que les salaires sont mieux qu'avant, mais le coût de la vie a augmenté aussi », explique-t-elle (Cotonou, mars 2012).

Pour les hommes, principaux pourvoyeurs de revenus, le salaire représente une source de frustration importante et l'un des premiers inconvénients évoqués à propos de leur profession. Les femmes magistrats abordent souvent ce sujet plus tard dans la discussion. Le revenu représente, certes, un aspect négatif de leur profession, mais il n'est pas décrit comme l'inconvénient majeur. L'importance de la position différente des hommes et des femmes magistrats dans leur ménage est par ailleurs soulignée par Rubbers et Gallez (2015a) lorsqu'il s'agit de comprendre le phénomène de la corruption et l'importance consacrée à la recherche d'argent par les uns et les autres en RDC. Mais au-delà de la corruption, il s'agit également du discours sur leur profession et de la place qu'y occupe la rémunération, différente selon le sexe.

### 5.5.2. « On est tous magistrats »

Au Bénin, les hommes et les femmes deviennent magistrats pour des raisons différentes. Les premiers sont souvent issus de milieux modestes, les secondes, de familles instruites, comme dans le cas des avocats. Un constat qui fait écho à celui dressé par Boigeol (1993) concernant la magistrature française : aujourd'hui, les femmes magistrats sont issues d'un milieu aisé, accompagnées d'un conjoint ingénieur ou cadre supérieur. Leurs homologues masculins, autrefois issus de familles prestigieuses, ont aujourd'hui des parents ouvriers ou employés. Le profil socio-professionnel de leur conjoint est plutôt varié, à l'image de celui des épouses des magistrats béninois.

Contrairement à ceux de leurs collègues masculins, les salaires des femmes magistrats, au Bénin comme en France, représentent souvent une seconde source de revenus pour le ménage. À l'instar de Béatrice, elles sont souvent épouses de hauts fonctionnaires, d'avocats ou d'hommes d'affaires et peuvent compter sur le soutien de leur conjoint. Selon Boigeol (1993), ce confort financier contribuerait à expliquer le caractère marginal des femmes lorsqu'il s'agit de protester contre les conditions de travail ou les salaires des magistrats.

En effet, les jeunes juristes de sexe masculin se plaignent régulièrement de leurs conditions de travail et semblent choisir la magistrature par dépit. Leurs homologues féminines, par contre, s'y engagent souvent après une réflexion en famille où la magistrature est proposée, voire décidée, par les parents ou le conjoint. Plus qu'un choix personnel, l'orientation professionnelle de ces femmes apparaît donc comme un choix collectif. Bien qu'il ne s'agisse pas nécessairement de leur idéal professionnel, les femmes magistrats expliquent souvent apprécier leur fonction, perçue comme plus compatible avec une vie de famille que les professions libérales – tout comme leurs homologues françaises d'ailleurs (Boigeol, 1993 : 519).

Contrairement aux Européennes, ce n'est pas leur situation familiale qui guide la carrière des magistrates béninoises (Bessière & Mille, 2013). Pour la plupart d'entre elles, carrière et vie de famille sont loin d'être incompatibles. Au contraire, les combiner apparaît comme une évidence (Kolloch, 2014). Il ne s'agit jamais de choisir une fonction « moins prenante » après la naissance d'éventuels enfants, par exemple. Comme toutes les femmes qui travaillent, elles engagent des domestiques ou hébergent des neveux et nièces susceptibles de leur venir en aide, s'organisent pour cuisiner à l'avance ou donnent des instructions aux enfants plus âgés. Certaines, comme Dorcas, adaptent leurs horaires, d'autres comme Béatrice, travaillent à la maison :

> « C'est pareil pour toutes les femmes qui travaillent. On fait les mêmes horaires que toutes les fonctionnaires. On quitte notre maison, comme les autres femmes. La seule différence c'est la masse de travail, sinon je pense que c'est la même chose. C'est à la femme magistrat de s'organiser comme tout le monde. Beaucoup de choses se font à la maison, par exemple » (Cotonou, décembre 2013).

Certaines tentent d'adapter leur carrière à celle de leur conjoint. D'autres disent préférer une affectation dans la capitale ou à proximité : être transférée à l'intérieur du pays compliquerait considérablement l'organisation familiale. Cependant, si cette situation se présente, les femmes magistrats considèrent généralement « qu'il faut faire avec » (Sophie, Cotonou, avril 2015).

Elles insistent également, bien plus que les hommes, sur leurs craintes face à la responsabilité qui leur incombe. Rosaline, par exemple, a choisi la magistrature sur les conseils de sa famille. Diplômée en 1979, elle est la seconde femme à devenir magistrat au Bénin. Formée au CEFAP, elle termine sa formation en France, avant d'être affectée comme juge d'instruction :

> « Moi je ne voulais pas être magistrat, mais j'ai fini par me laisser convaincre. Parce que je trouvais que c'était un métier difficile, pour la femme. J'aurais préféré travailler dans d'autres domaines, les impôts. C'est la peur de juger en fait, juste ça. La peur de juger les autres, les risques qu'on doit encourir en tant que juge », explique-t-elle (Porto-Novo, avril 2015).

Enfin, comme le démontre Kolloch (citée dans Bierschenk, 2013), les femmes magistrats sont souvent impliquées dans des activités de sensibilisation ou d'assistance juridique. Bon nombre d'entre elles apportent leur soutien à des ONG qui visent à défendre les droits des femmes et des enfants, par exemple, et ce en dépit de l'obligation de réserve et de retrait de la vie publique qui s'impose aux magistrats. Elles entreprennent donc une action similaire à celle des *cause lawyers* des États-Unis, s'associant souvent aux autres professions judiciaires pour défendre, notamment, l'égalité[131].

Dans l'exercice de leurs fonctions, par contre, les femmes ne perçoivent aucune différence avec leurs collègues masculins : « Pour un homme ou pour une femme, c'est la même chose. Les dossiers, que ce soit des femmes ou des hommes, vous faites ce que vous avez à faire », explique Béatrice (Cotonou, décembre 2013). Contrairement à leurs collègues des pays industrialisés (Boigeol, 1993), elles sont représentées à tous les niveaux des juridictions : la Cour d'appel de Cotonou compte, par exemple, une large majorité de femmes. Elles disent généralement être traitées de manière identique à leurs collègues masculins face auxquels elles n'éprouvent aucun complexe : « On est tous magistrats » réplique Dorcas alors que j'aborde la question du genre.

Le contexte et les conditions sociales – le milieu d'origine et le statut du conjoint notamment – permettent de mieux comprendre pourquoi les hommes et les femmes envisagent leur carrière de manière différente. Pour les premiers, il s'agit de subvenir aux besoins de toute une famille, pour les secondes, de pratiquer une activité qui les intéresse. Mais malgré ces différences, le quotidien des magistrats au tribunal, quel que soit leur sexe, apparaît comme identique – et il est la plupart du temps décrit comme tel.

131 Le *cause lawyering* fait référence au fait de mobiliser le droit pour un usage militant.

## 5.6. « Quand les décisions sont rendues, on en est fiers »[132] ou la magistrature en quête de légitimité

Parallèlement aux nombreuses critiques à l'égard de leurs conditions de travail, de leur salaire et de l'ingérence de l'exécutif dans leur carrière, les magistrats insistent sur l'importance de leur rôle dans le fonctionnement de la justice. Les pratiques et les stratégies destinées à « se débrouiller » malgré la quantité de travail et le manque de moyens vont de pair avec l'idée qu'il faut « rendre justice » aux parties. La plupart des juges disent faire des recherches dans les dossiers les plus complexes, indépendamment des éléments fournis par les avocats des parties.

> « Les avocats, parfois ils écrivent n'importe quoi dans leurs conclusions. Nous on est obligés de faire des recherches, quelle que soit la matière. Après tout, c'est notre nom qui est sur la décision », déclare Rodrigue (Cotonou, décembre 2012).

Conscients des rumeurs de corruption qui entourent les administrations publiques, ils mettent un point d'honneur à redorer leur blason, en insistant sur l'importance d'une attitude réservée et d'une « mise à distance » des justiciables. C'est l'idée qu'« il faut être un modèle », un exemple pour ses concitoyens (Kolloch, 2014).

> « Il faut se surveiller, nous ne pouvons aller manger dans n'importe quel lieu, on mène une vie comparable à la vie des prêtres. Vous ne pouvez pas faire la cour à des filles comme ici tout le monde le fait », explique Tobias, juge au TPI Cotonou, « et puis vous risquez de tomber sur des réseaux qui vont vous tuer sans le savoir. Vous êtes obligé de surveiller vos déplacements, les boîtes de nuit non, c'est proscrit pour votre sécurité », explique le juge Tobias (Cotonou, novembre 2013).

Il s'agit là d'une caractéristique propre aux magistrats, qui les distingue non seulement des autres professionnels du droit, mais également des fonctionnaires « ordinaires » qui ne sont pas tenus aux mêmes obligations de réserve et de bonne moralité dans leur vie privée.

Une autre caractéristique spécifique aux magistrats repose sur leur indépendance – une indépendance qui a souvent posé question ces dernières années. De nombreux magistrats insistent alors sur la nécessité d'avoir « du caractère », « une forte personnalité » pour exercer leur

132 Tobias.

fonction. Les pressions, les instructions reçues influencent alors peu leurs décisions. Béatrice raconte :

> « Le juge est libre hein. Même quand moi j'étais au parquet général, je ne suivais pas les instructions qu'on me donnait. Parce que quand tu es parquetier bon, on te donne des instructions. Il faut laisser ça dans le dossier, pour que celui qui prend le dossier sache que c'est eux [le ministère public] qui ont donné ces instructions. Et puis bon, tu prends ton réquisitoire dans le sens des instructions, mais oralement à l'audience, tu démontres le contraire. Surtout si ce n'était pas ta conviction ce que tu as écrit » (Cotonou, décembre 2013).

La différence entre l'oral et l'écrit, entre la parole à l'audience et les décisions rendues, apparaît comme centrale. D'un côté ils entendent les témoignages, posent des questions, voire exercent une certaine pression morale sur les parties, de l'autre, ils tranchent. Dans le premier cas, les magistrats bénéficient d'une marge de manœuvre, d'une liberté face aux textes, dans le second, ils sont tenus de respecter les règles formulées « d'en haut » et les lois en vigueur. Les magistrats insistent donc sur les pratiques qui visent à renforcer ou à confirmer leur indépendance « malgré tout » (Oumarou, 2008) dans un contexte où l'exécutif influence directement leur carrière.

Une autre manière pour ces hauts fonctionnaires de gravir l'échelle sociale consiste à se spécialiser, ou à s'impliquer dans des activités de formation liées à une matière spécifique. Ainsi, Tobias explique avoir publié plusieurs articles, en collaboration avec un chercheur de l'université. Il est devenu expert et formateur dans la mise en œuvre de l'un des nouveaux codes mis en place ces dernières années. Une visibilité qui lui a permis d'être sollicité par des organisations internationales pour former des juristes dans le reste de l'Afrique de l'Ouest, mais aussi au Canada ou en Inde. Certes, ces activités ne sont pas rémunérées, mais elles lui permettent de bénéficier de *per diem*, ainsi que d'une certaine reconnaissance et d'une valorisation de son travail. Il explique :

> « Si je n'avais pas mes autres activités là, je m'ennuierais. Parce que rendre les décisions, aller aux audiences… la stimulation intellectuelle, ce n'est pas ça. Mes collègues, ils ne s'ennuient pas, mais eux, ils sont carriéristes. Si la carrière, ça ne va pas, rien ne va. Moi, j'ai toujours autre chose » (Cotonou, avril 2015).

À travers la qualité des décisions qu'ils rendent ou la valorisation de leur expertise en dehors du tribunal, les magistrats béninois sont « en quête de reconnaissance ». Au-delà des revendications et des stratégies d'adaptation qui visent à pallier leurs conditions de travail, ils montrent également toute l'importance sociale de leur fonction : il ne s'agit pas simplement d'appliquer une règle ou de sanctionner de manière mécanique, mais bien de « rendre justice » à ceux qui s'estiment lésés. Cette conception du juge comme à la fois arbitre, justicier et médiateur, garant de la paix sociale, est particulièrement visible dans le cadre des affaires familiales – et des conflits de succession.

## 5.7. Être juge état des personnes

Cette section reviendra sur le cas particulier des juges état des personnes, compétents pour régler les questions d'héritage. Je m'intéresserai tout d'abord à la façon dont ils deviennent titulaires de cette matière, puis à la manière dont ils définissent leur fonction, leur rôle dans la gestion des conflits. Ces éléments permettront de réfléchir au caractère contingent du rôle du juge selon le contexte mais aussi selon le type de droit. Ils permettront également de mieux comprendre les spécificités du travail de juge de la famille à Cotonou et la manière dont ces juges envisagent la mise en œuvre du nouveau Code.

### *5.7.1. L'attribution des chambres*

Au Bénin, les juges ne choisissent pas les chambres qui leur sont confiées. Contrairement à leurs homologues européens, ils ne sont pas spécialisés dans une matière particulière. À Cotonou, on est simultanément juge au pénal, au civil et au commercial. On ne devient pas juge état des personnes par choix, mais bien sur décision du président du tribunal, qui répartit les chambres entre ses magistrats. Cette répartition s'effectue souvent de manière à attribuer aux juges des fonctions qui correspondent à leurs compétences et leur expérience passée. Certains se plaignent donc parfois du manque de diversité dans leurs affectations. Il s'agit aussi de garder une certaine cohérence entre les chambres attribuées : ainsi, les juges état des personnes sont souvent également juges traditionnels des biens.

Il s'agit là d'une différence centrale avec les juges des affaires familiales en France qui peuvent, dans une certaine mesure, demander leurs affectations (Bessière & Mille, 2013). Les femmes y voient une fonction plus compatible avec une vie de famille. Elle s'inscrit souvent dans le prolongement de leur fonction précédente : juges des mineurs, dans de nombreux cas. Pour les hommes, c'est plutôt un passage obligé quand aucun autre choix n'est possible. Ils perçoivent la position de juge de la famille comme un détour inutile dans un projet professionnel qui vise à faire du droit plutôt que « du social ». Dans ce contexte, les juges masculins décrivent leur travail comme monotone, inintéressant, voire même « déprimant » ou « dévastateur » (Bessière & Mille, 2013 : 355). Ils disent également être mal à l'aise face à des situations qui relèvent, selon eux, de l'intimité des familles et non du droit.

Cette distinction homme/femme au sein des juges de la famille n'est pas transposable à Cotonou, puisque les juges sont affectés à ce poste indépendamment de leur volonté. On trouve, au tribunal de première instance de Cotonou, deux hommes et deux femmes, à Calavi, deux hommes. La plupart d'entre eux s'accordent sur le caractère social plutôt que juridique du type d'affaires qui se présentent à l'audience, mais ils expriment leur intérêt pour un poste qui leur permet de mieux connaître leur société. Si le droit de la famille est certes reconnu comme moins technique que d'autres matières telles le droit commercial, les juges y voient malgré tout certains avantages.

### *5.7.2. À l'audience : éduquer et concilier*

Pour les juges chargés des affaires familiales, il ne s'agit pas uniquement de trancher un différend. Ils définissent souvent leur rôle comme celui d'un médiateur, dont l'objectif est de « ramener la paix » dans les familles. Ils tentent tantôt d'expliquer les principes du droit aux parties, tantôt de faire entendre raison à ceux dont les actions, certes légales, enfreignent les règles de la solidarité familiale. Ce rôle du juge qui éduque et qui concilie s'observe avant tout dans les dossiers où les héritiers ne sont pas assistés d'un avocat. Le juge dispose alors de toute liberté pour s'entretenir avec les parties. En présence des conseils, il joue davantage le rôle d'un arbitre (Truffin, 2007).

Ainsi, dans les dossiers de succession, nombreux sont ceux qui se présentent accompagnés de la famille élargie. « Le chef de collectivité, il vient à l'audience et on les comprend, après tout, c'est toujours leur histoire », explique Elvis, juge état des personnes à Abomey-Calavi. Certains magistrats réprimandent la famille à qui ils ordonnent de sortir, mais nombreux sont ceux qui choisissent de leur donner la parole – même si leurs déclarations n'influenceront en rien la décision. Pour les juges, il s'agit d'une marque de respect envers les anciens, dont ils savent qu'ils ne maîtrisent pas les principes du droit, parfois contraires aux normes familiales.

> « Bien sûr, on les entend. Parce que vous savez, dans cette matière, au-delà de la loi, il faut aussi éduquer [...] Puis c'est aussi pour essayer de faire taire, de les calmer un peu [...] Même à l'audience, les veuves n'arrivent pas à s'exprimer à leur aise en présence du chef de collectivité. Donc vous voyez au sein de la famille la pression que connaissent ces gens-là », explique Elvis (Abomey-Calavi, décembre 2013).

La « violence symbolique » du droit se trouve donc tempérée par l'intervention du juge. Tantôt il explique les principes légaux à ceux qui les enfreignent, tantôt il raisonne les parties sur base d'arguments qui s'apparentent davantage à leur sens moral. Ainsi, lorsqu'une veuve se présente à la succession, elle est souvent écartée par la famille du défunt. Il s'agit pour le juge de souligner qu'en vertu du Code, si elle est mariée, elle est héritière à part entière. Dans le cas contraire, c'est la morale et la notion de solidarité familiale qu'ils mettent en avant, en particulier lorsqu'il s'agit d'une femme âgée. Dans les deux cas, les magistrats font également appel au sens commun des parties : si le défunt était en vie, ne subviendrait-il pas aux besoins de sa femme ?

Les magistrats tentent, à travers leurs questions, de susciter le dialogue entre les parties, mais ils ne manquent pas pour autant de rappeler les dispositions légales et l'obligation de s'y soumettre (Truffin, 2007 : 318-319). Ces éléments rappellent les pratiques des juges Lozi décrites par Gluckman (1955) en Rhodésie du Nord, mais aussi celles de nombreux juges ou « chefs » des tribunaux coutumiers (Rosen, 1989). L'attitude des juges béninois diffère par contre de celle des magistrats de Nouvelle-Angleterre pour lesquels les affaires familiales constituent des dossiers ennuyeux qui n'ont pas leur place au tribunal (Merry, 1990). Ceux-ci tentent donc systématiquement de renvoyer les justiciables vers des instances de médiation, contrairement aux juges béninois pour qui parvenir à réconcilier une famille représente une fierté ou une réussite[133].

Bien que les juges s'écartent parfois des principes du droit pour faire appel au sens moral des parties, la manière dont ils comprennent et utilisent le droit, en particulier dans le contexte des conflits familiaux, diffère de celle des citoyens ordinaires de Cotonou. Dans mon enquête auprès des étudiants de l'Université d'Abomey-Calavi, je proposais d'évaluer la requête d'une héritière qui demanderait la vente et

133 Outre les tribunaux de conciliation, il n'existe aucune autre instance officielle de médiation au Bénin – en matière de droit civil du moins. En droit social et en droit des affaires, il existe des procédures spécifiques à cet effet.

le partage de la succession de son père, ainsi que la décision du juge qui lui donnerait raison. Quatre-vingt-huit pour cent des étudiants en droit estiment que la jeune femme a pris une bonne décision en saisissant le tribunal, contre 60 % des sociologues et 44 % des étudiants en population et développement. Onze pour cent des étudiants en droit estiment qu'elle a eu tort, contre respectivement 39 % et 47 % dans les deux autres sections. La décision du juge qui accordait la vente fut jugée « bonne » par 75 % des juristes, mais seulement 47 % des sociologues et 22 % des futurs experts du développement. Spontanément, les juristes ont évalué l'aspect purement légal de la question, justifiant leur réponse par une allusion au CPF. Les autres étudiants, par contre, faisaient appel tantôt à la morale et aux normes familiales, tantôt au droit – à leur propre définition de la légalité.

Ces étudiants sont bien sûr très loin de constituer un échantillon représentatif, mais leurs réponses permettent de confirmer ce qui transparaît lors des audiences et dans les discours des familles d'un côté, des professionnels du droit de l'autre : les citoyens ordinaires considèrent souvent que le droit correspond mal aux dynamiques familiales, contrairement aux juristes qui adoptent une posture inverse. C'est le cas de ce juge du tribunal d'Abomey-Calavi :

> « Le travail à faire, ce n'est pas un travail sur les textes, à mon avis, mais c'est beaucoup plus réussir à faire accepter à tout le monde les dispositions. Ce n'est pas un travail de juriste, a priori, c'est un travail de communication. Il faut former les gens, pour que les gens comprennent les textes » (Abomey-Calavi, avril 2013).

Cette enquête permet également d'illustrer le fait que c'est dès leur formation universitaire que les juristes apprennent à « penser le droit » d'une manière qui leur est propre. En effet, comme le souligne Mertz (2007), la formation en droit est destinée à faire des étudiants des « esprits juridiques », entraînés à lire, à parler et à penser comme des juristes. Bref, elle permet aux futurs praticiens d'intégrer un habitus professionnel : une manière de penser qui implique, notamment, de mettre de côté ses sentiments, l'idée du juste ou de ce qui est moralement acceptable, au profit de ce qui est légal. Comme le montrent aussi les anecdotes qui précèdent, le constat dressé par Mertz (2007) s'applique avant tout aux décisions des juges et à leur rapport à la loi. Lors des audiences et dans leurs interactions avec les justiciables, les normes familiales et « le juste » sont loin d'être mis de côté.

### 5.7.3. Le rôle du juge, une question de contexte ?

Si les jeunes magistrats sont souvent réticents à l'idée d'exercer dans des juridictions reculées du nord du pays, les tribunaux situés aux alentours de la capitale – à Abomey-Calavi, Porto-Novo et Ouidah, notamment – ont par contre l'avantage de présenter une charge de travail moins importante, tout en restant situés à proximité de la capitale.

Cette différence de charge de travail se traduit dans la manière dont les juges gèrent leurs audiences à Cotonou ou ailleurs. Dans le premier cas, l'appel du rôle s'apparente presque à une tirade, au cours de laquelle le juge cite, sans s'arrêter, les noms des parties pour les ponctuer d'un « renvoi » ou « retenu », selon qu'il entend ou non quelqu'un répondre « présent ». Cette première étape de l'audience, préalable au véritable traitement des dossiers, s'effectue sur les chapeaux de roues. « Les juges de Cotonou, ils ne chipotent pas, ils n'ont pas le temps », explique maître Aline. Leurs homologues d'Abomey-Calavi, par contre, introduisent souvent l'audience et ses principes de fonctionnement de manière plus posée. Ils procèdent calmement à l'appel du rôle. Ils expliquent aux parties que les audiences se tiennent en chambre de conseil et demandent aux justiciables de bien vouloir quitter la salle. Les juges de la capitale économique se contentent souvent d'un « tout le monde dehors » sans plus d'explications. Ceux de Calavi appellent les parties concernées avant de prononcer une décision, demandent ensuite si elles ont compris, expliquent si nécessaire. À Cotonou, ils lisent le dispositif d'une traite, avant de conseiller aux justiciables d'aller voir le greffier pour en obtenir une copie.

Le type de dossiers traités varie également d'une juridiction à l'autre. Ainsi, la localité de Calavi est réputée pour son nombre important de conflits fonciers. Nombreux sont les dossiers où les parties ne sont pas des individus mais bien des collectivités. Dans les villages et les espaces périurbains du Bénin, les collectivités représentent des fractions d'un lignage regroupant plusieurs familles. Chaque collectivité comporte un « chef », au-dessus duquel se trouve le Da, le chef de famille. Le « chef de la collectivité » est élu lors d'une réunion, de même que le Da, bien que ce dernier soit souvent désigné par le Fa, l'oracle consulté lorsqu'il s'agit d'affaires ou de fêtes familiales. Ces collectivités sont souvent propriétaires de vastes domaines. Or, à Calavi, une cité-dortoir en pleine expansion, l'immobilier prend une valeur croissante. Certaines collectivités vendent leur patrimoine, donnant naissance à des contestations lorsque certains membres marquent leur désaccord. Il s'agit également pour les différentes collectivités de définir les terres qui leur appartiennent. Nombreux sont les litiges qui opposent plusieurs d'entre elles dans la définition des limites ou de la propriété de certains domaines.

Les litiges successoraux qui les concernent dérivent donc directement des contestations foncières : il s'agit, pour des individus, de remettre en cause les ventes effectuées par un chef de collectivité, pour des groupes, de réclamer un vieil héritage. Devant le juge état des personnes, ces dossiers ont alors un profil spécifique. Ils impliquent plusieurs dizaines d'usagers, concernent de vastes domaines qui font souvent l'objet d'autres procédures devant le juge traditionnel. Il s'agit en effet souvent d'affaires de contestations foncières, pour lesquelles le propriétaire est décédé. Il faut alors, parallèlement à la question du droit de propriété, régler celle de la succession. Les magistrats tentent de comprendre les relations familiales à partir des noms des personnes présentes et de leurs ancêtres, de retracer la manière dont les domaines ont été gérés et partagés au fil des années. Dans ces situations, les audiences état des personnes ressemblent fortement à celles du juge traditionnel : imbroglios fonciers et familiaux, absence de preuves écrites, etc. Autrement dit, si le regard des usagers sur la justice est semblable d'une juridiction à l'autre, pour les professionnels, le rythme de travail et la nature des dossiers traités varient.

### *5.7.4. Orienter les débats : la marge de manœuvre du juge*

S'inspirant des travaux sur le droit et le langage lors des audiences (Conley & O'Barr, 1988), certains auteurs se penchent plus précisément sur la question des preuves, de l'expertise judiciaire et sur la manière dont les juges rendent leurs décisions. Good (2004) s'intéresse à la façon dont les demandes d'asile sont traitées par les juridictions compétentes au Royaume-Uni. Jeffery (2006) s'interroge sur les témoignages comme modes de preuve dans une juridiction d'appel. Elle souligne les écarts entre le type de preuves pertinentes pour le juge et les témoignages des parties et insiste sur l'importance du travail des avocats lorsqu'il s'agit de transformer un problème en « dossier » – autrement dit, de le reformuler en termes juridiques. Dupret (2001) analyse comment les procureurs égyptiens construisent l'intentionnalité dans les affaires criminelles. Au fil des étapes du processus d'instruction, il retrace la manière dont la légalité est construite à travers une série de récits, de transcriptions et de questions-réponses.

Ces auteurs se penchent sur la manière dont les témoignages sont perçus, dont les preuves sont construites, sur toute l'importance du langage lorsqu'il s'agit de rendre des faits « juridiquement pertinents ». Les audiences et les interactions qui y ont lieu deviennent un élément central de l'analyse et permettent de comprendre comment la justice est « produite » au quotidien. J'utiliserai ici deux exemples pour aborder la façon dont les juges définissent les limites de la légalité à Cotonou et la marge de manœuvre dont ils disposent lors des audiences.

Je reviendrai tout d'abord sur l'affaire qui oppose Catherine, une jeune veuve, à sa belle-sœur Germaine[134]. Destinée à illustrer la manière dont les juges orientent les débats, la conversation qui suit s'est déroulée lors de la dernière audience à laquelle j'ai pu assister dans ce dossier, fin mars 2013.

**Le 27/03/2013, audience de la chambre état des personnes**

Catherine : « Ce que je voudrais aussi savoir, c'est comment les fonds seront partagés. »

Juge : « Vous êtes sûre que vous n'en avez pas encore parlé avec la famille ? »

Germaine : « On a déjà décidé ça. Quand on a fait le conseil de famille, elle a dit qu'elle est la femme légale, donc qu'elle va prendre le quart. Et les enfants auront la moitié chacun. Mais elle, elle aura aussi la pension de veuve. Donc jusqu'ici, ce qu'on a partagé, on a partagé entre les enfants. Je ne comprends pas pourquoi elle veut encore reprendre ce débat. »

Juge : « Pourquoi juste aux enfants, elle est sa femme, il lui donnait de l'argent de son vivant non ? »

Les débats sur la gestion et le partage du patrimoine se poursuivent. La veuve demande sa part, alors que Germaine parle avant tout des enfants. Catherine l'interrompt.

Juge : [À Germaine] « Ou bien est-ce que c'est elle qui a tué son mari ? », demande-t-elle d'un air ironique.

Germaine : « Elle seule sait ce qui s'est passé. »

Juge : [coupant court aux débats sur la question] « Sur le plan administratif, vous devez faire le PV de liquidation ensemble. Vous allez vous voir, faire les démarches ensemble auprès des banques, récupérer le capital décès. Vous allez faire la liste des biens. Et vous allez dire comment vous voulez partager ça, et moi je vais homologuer. Si vous ne voulez pas vous entendre, je vais inviter quelqu'un d'autre pour venir bouffer vos sous. Je vais nommer un spécialiste, il va gérer, il va se faire payer sur vos sous et vous allez récupérer les broutilles » (Extrait du journal de terrain).

---

134 Voir Chapitre 3.

Comme le démontre l'extrait qui précède, les interventions des juges à l'audience visent, entre autres, à orienter les débats. Si le recours à la sorcellerie est pour eux un aspect bien réel des conflits d'héritage, il n'est par contre pas pertinent dans l'instruction du dossier. Lorsque les parties abordent cette thématique lors des audiences, la plupart des magistrats coupent court à leur discours. Mais cela ne signifie pas pour autant qu'ils nient l'existence du phénomène. Au contraire, la plupart des juristes reconnaissent les risques inhérents à ce type d'affaires. Ils mentionnent fréquemment des dossiers où l'un des héritiers « a éliminé » tous les autres lorsque les décès dans la famille se succèdent. Certains choisissent d'éviter les affaires qu'ils estiment dangereuses, d'autres prennent soin de se protéger avant chaque audience. Tantôt c'est la religion chrétienne qui fait office de « blindage », tantôt les juristes recourent à une « protection naturelle », tels les citrons qu'ils dissimulent dans la poche de leur robe.

La question de la sorcellerie constitue, ici, un exemple parmi tant d'autres de ces questions, centrales dans les récits des héritiers, qui n'entrent pas dans le cadre des aspects légalement pertinents. C'est le cas dans l'exemple qui précède, où c'est le magistrat lui-même qui aborde la question, de manière à pouvoir ensuite recadrer le problème. Nombreux sont les héritiers qui insistent également sur l'argent dépensé lors des funérailles et la répartition inégale des frais qui incombent aux uns et aux autres. Ils utilisent alors les dépenses effectuées comme argument contre un partage égal du patrimoine. D'autres mentionnent les relations familiales, le soutien apporté à la partie adverse, autrement dit, une forme de dette morale face à celui qui réclame « sa part » d'un bien commun. Ces arguments sont souvent balayés par le juge, qui tente la plupart du temps de limiter les débats aux éléments « juridiquement pertinents ».

Lors des audiences, les juges de la chambre état des personnes doivent également gérer le fait que les dispositions du Code ne correspondent pas toujours aux normes familiales qu'ils partagent avec le reste de la population. Dans leurs décisions, ils sont tenus d'appliquer les principes du droit, mais les audiences sont, par contre, un véritable espace de négociation où les magistrats disposent d'une marge de manœuvre – à travers le renvoi des dossiers ou les remarques formulées à l'endroit des héritiers.

C'est le cas du dossier Sita[135]. Pour rappel, Anna Sita avait convoqué ses frères et sœurs au tribunal, estimant qu'elle ne bénéficiait pas de l'héritage de son père. Confiée à une chambre traditionnelle, cette affaire illustre les ambiguïtés des situations transitoires, mais aussi la marge de manœuvre du juge, tenu d'appliquer la loi, mais désireux de promouvoir la cohésion dans les familles.

*Après la première audience, lors de laquelle il entend les héritiers, le juge renvoie le dossier à plusieurs reprises et fin 2012, il rend finalement une décision – non sans avoir, dans ses interventions, manifesté sa désapprobation quant au comportement de la jeune femme. Conformément au principe selon lequel « nul ne peut être contraint à demeurer dans l'indivision », il désigne un notaire pour vendre la parcelle et en partager les fruits entre les héritiers.*

*Les frères et sœurs d'Anna décident de faire appel. Maître Basile, avocat de la famille Sita, explique que la décision du tribunal de première instance ne prévoyait pas le rachat de la part d'Anna par ses cohéritiers, permettant ainsi à cette dernière de sortir de l'indivision sans pour autant vendre la maison. C'est sur cette base qu'il motive l'appel du jugement. Le 10 novembre 2012, le dossier passe devant la chambre traditionnelle de la Cour d'appel.*

Anna : « Je demande à quitter l'indivision, je n'ai jamais été à la maison familiale depuis que mon père est décédé. J'ai toujours été écartée de tout et même ma mère m'a toujours rejetée par rapport à ma demande. C'est pourquoi je veux revendiquer ma part pour quitter l'indivision. Je n'ai jamais reçu aucune part sur la parcelle. »

Christine et Daniel témoignent également, expliquant qu'ils ne veulent pas vendre la parcelle.

Anna : « Je maintiens ma décision, j'ai toute ma famille à dos. »

Le juge : « Vous voulez mettre votre mère où ? »

Anna : « Elle a le droit de rester dans la maison. Mais là actuellement c'est à elle de décider là où elle veut aller rester. »

Le juge : « Bon, je ne poserai plus d'autres questions aujourd'hui. Je vais renvoyer le dossier pour que chacun puisse réfléchir à comment il est venu sur cette terre » (Extrait du journal de terrain).

---

135 Voir Chapitre 3.

*Cette remarque du magistrat est clairement destinée à Anna et fait référence à son attitude face à sa mère : il évoque ici une dette envers celle qui lui a donné la vie. Suite à cette audience, Pierre et Daniel se rendent sur le lieu de travail d'Anna pour discuter avec elle du problème, sans succès. Elle préfère s'exprimer au tribunal. Trois mois plus tard, lors de la deuxième audience, les deux hommes expliquent leur démarche au juge. Le juge demande une nouvelle fois à Anna « ce qu'elle veut » dans cette affaire. Elle demande « la comptabilité de la maison » – autrement dit, une reddition de compte – ainsi que la vente de la parcelle. Devant cette nouvelle demande, le juge renvoie le dossier six mois plus tard, prétextant que les demandes de la jeune femme ne sont pas claires et nécessitent qu'elle « réfléchisse à ce qu'elle veut ».*

Dans l'attitude du juge, c'est toute la différence entre ce qui est légal et ce qui est juste ou moralement acceptable qui transparaît. Bien que la loi l'oblige à trancher en faveur d'Anna, il désapprouve pourtant le comportement de celle qui souhaite vendre la maison occupée par sa mère. L'audience et la manière de gérer les débats constituent donc, pour le magistrat, un espace au sein duquel il dispose d'une marge de manœuvre.

## Conclusion

Dans ce chapitre, j'ai choisi de m'intéresser au discours et aux pratiques des juges de Cotonou et des environs. Indépendamment des questions liées à la corruption et aux dysfonctionnements des services publics, il s'agissait d'examiner le travail des juges au quotidien et la place qu'y occupe le droit.

Peu abordée par ceux qui s'intéressent au travail des magistrats, cette question s'inscrit pourtant dans le prolongement direct des recherches qui visent à comprendre le fonctionnement des administrations africaines et le travail des agents de l'État. Dans les sections qui précèdent, il s'agissait notamment de s'intéresser au discours des magistrats sur leur rôle et leur profession, mais aussi à la spécificité de leur travail : interpréter la loi. Les différents aspects, les étapes de l'instruction d'un dossier, les lieux dans lesquels travaillent les juges et la place du droit dans ces différentes circonstances m'ont permis de comprendre le processus par lequel la justice est « produite » et les décisions rendues à Cotonou.

Ces dernières années, le mécontentement des magistrats béninois a souvent fait la une des médias locaux. Au-delà des revendications en termes de sécurité ou de salaire, les grèves successives témoignent également d'un véritable malaise professionnel, d'un manque de reconnaissance de ces hauts fonctionnaires qui se disent souvent « abandonnés » par l'État. Ce manque de reconnaissance s'inscrit dans un contexte où la profession de magistrat apparaît comme une option de moins en moins attrayante sur la carte des orientations professionnelles pour les nouveaux diplômés. Pourtant, cette situation ne semble pas affecter l'éthique professionnelle des juges en matière de successions, qui insistent sur l'importance de leur rôle : il s'agit de rendre de bonnes décisions, de contribuer à la paix sociale en combinant ce qui est légal et ce qui est juste.

Les juges des chambres état des personnes insistent sur toute l'importance d'éduquer et de concilier – à l'image des juges des juridictions coutumières décrits par Gluckman (1955) ou des juges islamiques selon Rosen (1989). Autrement dit, ils cherchent davantage à réconcilier les héritiers plutôt qu'à trancher le litige qui les oppose. Il s'agit alors, souvent, de tenter de trouver un compromis entre les dispositions du Code et ce qui est acceptable, ou tout simplement applicable en pratique. Ces postures de « compromis » s'observent avant tout à l'audience, où le juge dispose d'une certaine marge de manœuvre par rapport aux dispositions légales. C'est lui qui donne la parole et qui la reprend. Il coupe court à certains arguments des parties, en autorise d'autres. Par ses questions, il oriente les débats. Parfois, il va même jusqu'à évoquer les normes familiales et sermonner les héritiers. S'il ne peut déroger aux principes du Code dans ses décisions, il peut par contre tarder à rendre un jugement, encourager les héritiers à réfléchir, voire influencer cette réflexion lors des débats. Dans les jugements, par contre, cette marge de manœuvre est beaucoup plus ténue.

Cette question de la place du droit dans les différents aspects du travail des juges s'insère, enfin, dans le cadre d'une réflexion plus large sur l'appropriation des réformes judiciaires. Le travail des juges est en effet au cœur de la mise en œuvre d'une réforme et, dès lors, déterminant lorsqu'il s'agit de comprendre les effets d'une loi – dans ce cas, son impact sur les relations familiales et l'accès aux biens de famille.

# *Chapitre 6*

# L'exécution des décisions

•

*J'ai rencontré Monique*[136] *par l'intermédiaire de son avocat. En 2006, huit ans après la mort de son mari, elle décide de saisir le tribunal pour demander le partage de la succession. Depuis son décès en 1998, elle vivait dans la maison familiale qu'elle et ses enfants partageaient avec les « grands enfants » de son mari, issus d'un premier mariage. Après huit ans de cohabitation, ceux-ci l'ont « chassée définitivement ». « Donc, de là, j'ai voulu que le tribunal m'aide pour que, dans ce que mon mari a, on prenne le droit de mes enfants pour me donner », explique Monique (Cotonou, novembre 2012). Autrement dit, elle souhaite que les biens soient partagés de manière à ce que ses enfants, encore mineurs, puissent recevoir leur part. Six ans après le début de la procédure, le juge rend une décision. Il accède aux demandes de la veuve et désigne un notaire pour procéder à la licitation des biens. Le notaire demande le certificat de non-appel et la grosse avant d'entamer la procédure de vente. « On est en train de courir après ces documents depuis plus de trois mois », explique Monique lors de notre deuxième rencontre quelques mois plus tard (Cotonou, avril 2013). La décision doit en effet être rédigée par le greffier, signée par le juge et par le greffier en chef, avant d'être enregistrée au ministère.*

*Six mois plus tard, Monique obtient enfin les documents nécessaires. Les vacances judiciaires ont retardé la procédure. À nouveau, cette mère de famille me fait part de son impatience : depuis plusieurs années, elle a trouvé un acheteur pour l'une des parcelles de son époux. Prêt à payer le prix demandé, il n'attend que l'issue définitive du procès. C'est un notaire qui est désigné par le jugement pour liquider la succession. Après une première rencontre avec Monique, il ignore ses appels. Elle décide alors d'écrire au procureur, se plaignant des services de ce notaire dont elle estime qu'il ne fait pas son travail. Elle explique :*

136 Déjà mentionnée dans le Chapitre 3.

> « Normalement, le notaire doit commencer par vendre les choses non ? Sans tarder. [...] Le notaire, il me parle seulement, il dit qu'il fait son travail. Entre-temps il a encore dit qu'il va chercher un autre expert pour évaluer les choses. Je lui ai dit que l'autre expert a encore fait trois ans avant de terminer. [...] C'est le tribunal qui l'a choisi. Mais c'est lent, c'est très lent » (Monique, Cotonou, novembre 2013).

Malgré les aléas du système judiciaire, les justiciables font confiance à la justice, associée à l'État, pour changer l'ordre établi dans leur famille. Une fois la décision rendue, pourtant, nombreux sont ceux dont les attentes sont déçues. L'exécution des jugements nécessite souvent beaucoup plus de temps et d'argent que les justiciables ne l'imaginent. Loin d'être l'issue du processus, la décision du juge n'est en réalité que l'une des étapes de la liquidation d'une succession.

Ce chapitre envisagera l'exécution des décisions judiciaires comme un processus, en considérant le point de vue des héritiers et l'intervention des professionnels du droit[137]. Après un bref retour sur la littérature qui s'intéresse, généralement de manière partielle ou indirecte, à l'exécution des décisions de justice, je retracerai le parcours des usagers qui quittent le tribunal, un jugement à la clé. Je m'intéresserai notamment à leur avis sur le rôle des notaires et des huissiers, souvent désignés par le juge pour liquider les successions. Je me pencherai ensuite sur le point de vue de ces professionnels, leur parcours, la place des affaires de succession dans leurs activités et leurs interactions avec les parties qui, lorsque le tribunal les désigne, deviennent malgré eux leurs clients. Par contre, quand le juge ne nomme aucun auxiliaire de justice en particulier dans sa décision, l'exécution dépend des héritiers : libre à eux d'engager, ou non, un huissier pour les aider à faire respecter le jugement, de porter plainte si leur adversaire refuse de s'exécuter.

Ces formalités d'exécution, complexes et cruciales, sont souvent peu anticipées par les héritiers pour qui les procédures judiciaires s'arrêtent a priori au moment où le juge rend sa décision. Elles représentent également une inconnue théorique, en anthropologie du droit comme en socio-anthropologie des services publics. Pourtant, cette dernière étape des procédures judiciaires illustre bien la manière dont les différentes catégories d'acteurs perçoivent le rôle du droit et des services publics dans les règlements successoraux. Au-delà des inte-

137 J'aborde également la question de l'exécution dans deux articles (Andreetta, 2016 & 2018b).

ractions avec les professionnels du droit impliqués, l'exécution – ou la non-exécution – d'une décision est particulièrement révélatrice de la manière dont les justiciables comprennent et utilisent le droit. Dans le cas des conflits d'héritage à Cotonou, elle permet de s'interroger sur la pertinence ou la légitimité de la loi selon les lieux ou les milieux sociaux, mais aussi, plus largement, sur la manière dont les parties s'approprient les jugements pour redéfinir les hiérarchies et l'accès aux biens dans les familles.

## 6.1. L'exécution et ses acteurs, des inconnues théoriques

Si certains chercheurs retracent les différentes étapes au fil desquelles les disputes se transforment et passent d'un simple désaccord à un procès, peu d'entre eux s'intéressent à ce qui se passe après les procédures judiciaires (Kohlhagen, 2007 ; Blankenburg, 1994 ; Felstiner, Abel & Sarat, 1981). Qu'advient-il de la décision du juge, une fois la copie exécutoire obtenue ?

Blankenburg (1994) précise qu'un jugement n'est pas nécessairement exécuté. En Allemagne, il peut servir de point de départ pour de nouvelles négociations entre gagnants et perdants des procédures judiciaires, de manière à trouver un arrangement qui permettrait à tous de gagner du temps et de l'argent. Cette réflexion s'inscrit cependant dans le cadre plus large du parcours des parties et Blankenburg (1994) approfondit assez peu cette étape des procédures et les questions que l'exécution des jugements permet de poser quant à la manière dont les justiciables utilisent le droit et les institutions judiciaires. Probablement le seul à aborder la question à propos du continent africain, Kohlhagen (2007) s'intéresse à la « non-exécution des jugements » et à ses déterminants socio-culturels au Burundi. Selon lui, les difficultés observées sont liées au manque de moyens de l'institution judiciaire et au manque d'autorité des tribunaux aux yeux des justiciables. Dans le cas du Bénin, je propose pour ma part de replacer la question de l'exécution dans le contexte des itinéraires juridiques des héritiers. Il s'agira de penser la valeur symbolique de la décision du juge et la manière dont elle est utilisée par les vainqueurs, qu'elle soit respectée ou non. L'exécution sera dès lors conçue comme un processus, et par conséquent négociée, détournée ou instrumentalisée par les parties.

L'exécution des décisions judiciaires est par ailleurs liée à des professions particulières. Dans le cas des affaires d'héritage, elle concerne tout particulièrement les notaires et les huissiers de justice. Alors qu'en France, certains chercheurs s'intéressent à l'histoire du notariat (Bernard, 1997; Suleiman, 1987; Thuderoz, 1991), à l'évolution du travail des huissiers et aux représentations sociales de la profession (Fraenkel, Pontille, Collard & al. 2010; Mathieu-Fritz & Quemin, 2009; Mathieu-Fritz, 2003), les officiers publics africains sont, par contre, littéralement oubliés par les socio-anthropologues. Ils y sont en effet peu nombreux, peu visibles, voire même absents en milieu rural. Ils n'appartiennent ni à la sphère « traditionnelle » de la résolution des conflits, ni aux administrations publiques. Ils contribuent à rendre la justice sans pour autant se présenter au tribunal, ont peu d'interactions avec la plupart des citoyens qui ignorent souvent leur rôle. Pourtant, ils font sans aucun doute partie des acteurs clés dans la gestion des conflits d'héritage à Cotonou. En effet, si l'exécution des décisions est peu prise en compte par les chercheurs, elle représente une étape cruciale dans le parcours des justiciables.

Certains auteurs s'intéressent, par contre, à une autre catégorie d'acteurs chargés de l'exécution de la loi, bien plus visible et en contact direct avec la population : la police. Dans les sections qui suivent, je m'inspirerai de certains éléments mis en avant à propos du travail des forces de l'ordre pour analyser l'exécution des décisions du juge de la famille et l'intervention des professionnels qui en sont chargés.

Les recherches sur le maintien de l'ordre et le travail de ceux qui en sont responsables sur le continent africain sont relativement récentes. Dans un premier temps, les chercheurs se sont avant tout penchés sur les groupements informels. Les agents de police étaient perçus comme trop peu nombreux, mal répartis, mal entraînés et souvent au service du régime en place. Leurs fonctions de surveillance et de maintien de l'ordre étaient dès lors souvent décrites comme complétées par les initiatives des citoyens (Baker, 2009, 2010; Hills, 2014). Ces auteurs concluent donc qu'en matière de respect de l'ordre public, les services collectifs sont le résultat d'une collaboration entre fonctionnaires et acteurs privés. Dans un article comparatif, Bierschenk (2016) remet pourtant en question cette opposition fréquente entre « formel » et « informel » dans les études sur la police. Selon lui, maintenir l'ordre n'a jamais été une activité exclusive de l'État, quels que soient les contextes.

S'inspirant des récents travaux sur le fonctionnement des administrations publiques en Afrique, certains anthropologues se sont récemment penchés sur les activités quotidiennes de ceux qu'ils appellent « les bureaucrates en uniforme » (Beek, Gopfert, Owen & Steinberg, 2017). Partant du principe que la police, à qui est officiellement délégué le monopole de la violence légitime, occupe une place centrale dans la production de l'État « au quotidien », les contributeurs de l'ouvrage *Police in Africa* reviennent sur l'histoire de la police et la manière dont l'identité professionnelle de ceux qui en font partie s'est construite, sur le profil des agents et sur leurs activités quotidiennes aujourd'hui. Ils abordent également la manière dont les forces de l'ordre légitiment leurs pratiques face aux nombreuses accusations de corruption dont elles font l'objet. D'autres recherches s'intéressent, enfin, à la manière dont la police est perçue par les citoyens : elle a souvent mauvaise réputation, est considérée comme agissant selon son propre agenda et non au service des usagers (Beek, 2010 ; Tankebe, 2008). Cooper-Knock et Owen (2014) se penchent notamment sur le cas particulier de citoyens qui choisissent d'avoir recours à la police, malgré la présence d'acteurs informels. Sur leurs terrains respectifs, l'Afrique du Sud d'un côté, le Nigéria de l'autre, ces auteurs identifient trois raisons pour lesquelles la police est contactée. Ainsi, les gens la saisissent pour confirmer ou pour limiter l'action des initiatives privées de surveillance ou de maintien de l'ordre. Ils font également appel à la police pour formaliser un problème, pour ouvrir un dossier : cette étape permet alors à ceux qui se plaignent de gérer les relations et les problèmes de la vie quotidienne. Enfin, la police intervient également de manière informelle, pour régler des problèmes interpersonnels. Sur base de ces éléments, Cooper-Knock et Owen (2014) insistent sur la nécessité de revoir la manière dont sont analysées les statistiques sur le suivi des dossiers et la « productivité » de la police : selon eux, le fait que de nombreux suspects ne soient pas poursuivis ou jugés n'est pas obligatoirement un signe d'échec ou d'inefficacité. En effet, les citoyens ne portent pas nécessairement plainte pour obtenir une sanction ou une réparation : ils mobilisent la police de manière stratégique, pour négocier des relations sociales, économiques ou politiques.

À la suite du travail de Cooper-Knock et Owen (2014), ce chapitre considérera l'exécution des décisions dans le contexte plus large des objectifs des héritiers et des raisons pour lesquelles ils ont saisi le tribunal. Lorsque la justice ou les forces de l'ordre ne sont pas saisies pour leur capacité à imposer une décision ou à punir, il convient de réfléchir au pouvoir symbolique de certains documents, qu'il s'agisse d'une décision du juge ou d'une plainte à la police, comme instruments de négociation des rapports sociaux. Dans un contexte où ces administrations sont fréquemment décrites comme partiales ou corrompues par les citoyens, les questions d'exécution permettent de penser non seulement le fonctionnement concret des institutions publiques, mais également de revenir sur l'autorité symbolique de l'État, souvent critiqué mais pourtant également mobilisé.

## 6.2. Les formalités juridiques

Lorsque le juge a rendu sa décision, les parties doivent en obtenir la grosse. Celle-ci est disponible au greffe du tribunal, une fois le délai d'appel prescrit – quinze jours en matière de successions. Dans certains cas, la décision peut être exécutée directement par les parties. Lorsqu'il s'agit de changer d'administrateur parmi les héritiers, de conclure une vente ou d'effectuer un partage amiable, les parties décident seules de la manière dont la décision sera utilisée. Libre à elles de décider ou non de s'y conformer, de faire appel à un notaire ou à un huissier de justice pour les y aider. Par contre, si le juge, dans sa décision, désigne un notaire pour gérer la succession, pour vendre les biens ou pour procéder à une licitation-partage, l'officier public sera saisi d'office. Il sera contacté par le tribunal ou par les parties et leur avocat, et débutera les formalités liées à l'exécution dès réception de la copie exécutoire du jugement.

### *6.2.1. Faire appel*

Une fois la décision rendue, les justiciables doivent se renseigner auprès du greffier de la chambre. C'est à lui qu'ils devront signaler, s'ils ne sont pas d'accord avec le jugement, leur désir de faire appel. Ils devront ensuite, munis d'une copie de la décision, introduire une requête à la Cour d'appel expliquant les éléments contestés. Or, au tribunal de Cotonou, il s'écoule parfois plusieurs jours avant que la décision ne soit disponible. C'est uniquement quand elle sera dactylographiée par le greffier et signée par le juge que les justiciables pourront en retirer l'extrait – une partie du dispositif, délivrée à titre informatif – voire la version complète.

Selon la diligence du greffier, la somme de travail à abattre par ailleurs et la qualité des « encouragements » – autrement dit, des pourboires ou invitations éventuels – fournis par les justiciables ou par leur conseil, le document sera disponible plus ou moins rapidement. « Ce n'est pas encore sorti », répètent les greffiers à ceux qui réclament leur décision. À travers cette expression plutôt banale au tribunal de première instance de Cotonou, c'est aussi tout l'imaginaire d'un système judiciaire opaque qui transparaît. C'est l'idée que la vitesse à laquelle ces documents sont disponibles est aléatoire, le processus pour les obtenir, inconnu. Or, le délai d'appel commence à courir dès le prononcé de la décision par le juge. Dans ce cadre, les avocats – tout comme les justiciables – redoublent d'efforts pour obtenir les documents dans les délais impartis.

**Le 23 avril 2012, TPI de Cotonou**

Je me trouvais dans le bureau d'un greffier lorsque maître Malik, un avocat d'une cinquantaine d'années, entre en trombe.

Maître Malik : « Pardon, pardon, pardon, fais-moi ça, attestation de non-appel. »

Le greffier : « Il est presque 18 h, je n'ai pas le temps. Maître, je te fais ça demain. »

Le greffier se lève, mais l'avocat lui barre la route. Il lui fait comprendre qu'il revient immédiatement. À son retour, l'avocat insiste.

D'un air exaspéré, il s'adresse à sa collaboratrice : « Il te reste de l'argent du cabinet sur toi ou bien tu as tout dépensé ? Bon, donne-lui tout ce qui reste ! »

Le greffier s'assoit pour saisir et imprimer l'attestation. Il accompagne ensuite l'avocat chez le greffier en chef pour signature (Extrait du journal de terrain).

Pour les justiciables qui ne sont pas assistés d'un conseil, la difficulté est double : ils devront, tout d'abord, comprendre comment faire appel et dans quel délai la procédure sera recevable, puis il leur faudra s'assurer d'obtenir la décision dans les délais impartis. Les greffiers, connaissant le caractère indispensable de ce document, tardent dans certains cas à le délivrer afin d'obtenir des « encouragements » – autrement dit, quelques milliers de FCFA – des justiciables ou de leur conseil. C'est, comme souvent lorsqu'il s'agit de petite corruption quotidienne dans les administrations publiques africaines, la rhétorique de la motivation qui intervient ici (Rubbers & Gallez, 2015a).

Lorsque l'une des parties fait appel, l'exécution est suspendue et c'est une nouvelle procédure qui commence, à la Cour d'appel cette fois. Le dossier est une nouvelle fois enrôlé, les parties écoutées par un collège de trois magistrats. Les faits seront une nouvelle fois jugés, un arrêt rendu et la décision exécutée suivant les mêmes conditions qu'en première instance.

Rares sont ceux qui saisissent l'échelon supérieur de la hiérarchie judiciaire – en principe, la Cour suprême – compétent pour examiner, cette fois, uniquement les éléments de droit du dossier. En outre, depuis quelques années, la Cour suprême n'est plus l'unique voie de recours. Depuis 2009, la Cour constitutionnelle contrôle la conformité des décisions rendues par les tribunaux en matière de droits de l'homme, faisant office de juridiction d'appel en matière pénale, mais aussi parfois pour des questions foncières et, par conséquent, d'héritage (Badet, 2013).

### *6.2.2. Obtenir la grosse*

Si la partie adverse n'interjette pas appel, les parties peuvent se présenter au greffe pour obtenir la copie exécutoire – la grosse. On y calculera les frais d'enregistrement – 10.000 FCFA (15 euros) – auxquels s'ajoutent les frais de timbres – 2.000 FCFA (3 euros) par page. Lorsqu'ils sont représentés par un avocat, c'est à lui que le document est délivré. La grosse est en effet indispensable à l'exécution de toute décision. Elle peut donc servir de moyen de pression pour l'avocat face aux mauvais payeurs. À titre d'exemple, maître Sabine mentionne un client qui, dans une affaire de confirmation de droit de propriété, refuse de solder ses honoraires :

> « On a eu la décision, mais il [le client] n'a pas voulu exécuter tout de suite. Maintenant, l'État va l'exproprier [Ce qui signifie qu'il aura droit à une indemnité]. Donc il a besoin de la grosse pour récupérer ses sous. Il est allé au greffe, mais comme il y avait un avocat dans le dossier, ils n'ont pas voulu la lui donner. Maintenant il m'appelle pour me dire de lui faire ça [Lui obtenir la grosse]. Il n'a qu'à venir payer d'abord » (Cotonou, décembre 2012).

Outre les difficultés liées à l'obtention d'une grosse, cette anecdote illustre la présence d'un esprit de corps commun à l'ensemble du monde judiciaire. Il s'agit de s'unir « contre » les usagers – ceux qui tardent à payer, en particulier.

Au Bénin comme ailleurs, les décisions ne sont pas nécessairement exécutées (Merry, 1990 ; Blankenburg, 1994). Certains se contentent d'une victoire symbolique, d'autres les utilisent comme moyen de pression sur l'adversaire. L'exécution peut faire l'objet d'une négociation entre les parties qui, en vue de diminuer les coûts de part et d'autre, peuvent trouver un accord amiable. C'est le cas lors de litiges fonciers par exemple. Lorsque le perdant s'est établi sur la parcelle, le propriétaire préfère souvent négocier une vente amiable avec son adversaire, plutôt que de l'expulser par la force et payer les frais d'huissier qui s'y rapportent. Quoi qu'il en soit, au-delà des péripéties juridiques et des démarches à entreprendre au sein du tribunal, l'avenir des décisions au-delà du système judiciaire a lui aussi toute son importance. Une fois la décision rendue, la grosse et l'attestation de non-appel obtenues, comment les jugements sont-ils mis en œuvre par les professionnels chargés de leur exécution ?

## 6.3. Le point de vue des héritiers : quand les notaires « empirent le désordre »

Alors qu'ils sont censés mettre un terme au conflit en exécutant la décision du tribunal, les notaires sont pourtant loin d'être perçus par les héritiers comme ceux qui permettent un heureux dénouement :

> « On était allés au tribunal et on nous a confiés au notaire en disant homme de droit qui va mettre de l'ordre dans le désordre, et il est venu empirer le désordre dans le désordre », explique Armel Awalé, 28 ans, footballeur (Cotonou, décembre 2012).

Une fois leur dossier entre les mains du notaire, les héritiers Awalé se sentent littéralement exclus de la gestion de leur propre patrimoine. Tributaire du tribunal, l'officier public ne rend compte de ses actes que lors d'un rapport transmis au greffier en chef. Pour rappel, les neveux Awalé ont saisi le tribunal en 2006, suite à un désaccord sur la gestion des biens d'une tante décédée un an plus tôt. Ils espéraient alors que l'« État », qu'ils confondent avec le système judiciaire, les aide à faire revenir l'ordre au sein de la famille. En effet, depuis plusieurs années, les héritiers se disputaient la gestion du patrimoine commun, allant même jusqu'à en venir aux mains.

*En 2010, deux ans après le début des procédures, le tribunal rend une première décision. Il désigne un notaire pour gérer les biens. Les héritiers s'en plaignent d'une seule voix : « Le notaire ne gère pas bien. Parce qu'elle ne nous rend pas compte. Quand tu lui dis de rendre compte, elle va te dire que ce n'est pas vous qui l'avez pris, c'est le tribunal », raconte Pascaline (Cotonou, mai 2012). Les héritiers disent ne rien recevoir des revenus de la succession, expliquant que l'officier public gère les réparations de manière indépendante, sans les consulter sur les dépenses à effectuer. Bien qu'il leur faille payer les honoraires du notaire, les héritiers Awalé ne se sentent en rien ses clients. Ils envisagent donc de saisir une nouvelle fois le tribunal, par l'intermédiaire d'un huissier cette fois, pour « reprendre leurs documents » chez le notaire.*

*Pendant ce temps, les débats devant la chambre état des personnes continuent. Fin 2012, le magistrat ordonne la licitation-partage de la succession. La procédure est confiée au notaire déjà en charge du dossier. Dans un premier temps, les résidents estiment que la décision est injuste, car elle ne respecte pas l'avis d'une majorité, mais ils finissent ensuite par s'y rallier. Pascal explique :*

> « Avant il y en a qui ne voulaient pas vendre, et on en faisait partie. Mais tu vois, à force de rester dans une maison où il y a tout le temps des problèmes, autant rester en paix [...] si on vend, là chacun irait de son côté et le problème ne se pose plus. Mais tant qu'on sera ensemble le problème va se poser » (Cotonou, novembre 2012).

*Et sa sœur jumelle d'ajouter que depuis la désignation du notaire, les convocations ont cessé : « Personne ne dit rien à personne quoi, personne n'insulte quelqu'un. On se comprend maintenant. C'est vrai qu'on ne se salue pas, mais chacun est à sa place. »*

Si les rivalités sont souvent exacerbées durant la phase contentieuse des procédures, une fois la décision rendue, les tensions s'apaisent – un apaisement rendu possible, en partie, par la lenteur du processus. Les héritiers y trouvent également un ennemi commun : alors que la vente apparaît comme une solution aux désaccords incessants, le notaire est celui qui retarde son exécution. Il prend, en quelque sorte, la place des héritiers malhonnêtes qui s'appropriaient l'ensemble des revenus de la succession.

Début 2015, sept ans après le début de la procédure et deux ans après la décision du juge, les biens de la succession Awalé sont toujours administrés par le notaire. Les héritiers ont abandonné toute action à son encontre et se sont résolus à attendre patiemment que les biens soient vendus. Armel conclut :

> « Le tribunal maintenant, nulle personne n'est au-dessus de la loi. Tu comprends maintenant ? Eux ils savent comment gérer les trucs comme ça. Le tribunal fait son boulot ! Et c'est le notaire qui a tout gâté » (Cotonou, avril 2015).

Cette dernière remarque illustre bien la manière dont la justice et les différents groupes professionnels qui y contribuent sont perçus par les héritiers, en fonction de leurs attentes, mais aussi des rencontres avec ces professionnels.

À travers le juge au tribunal, l'État est saisi comme une instance supérieure, capable d'aider les héritiers à « ramener l'ordre » dans les relations familiales. Dans ce contexte, la décision est souvent perçue comme un dénouement, comme l'aboutissement du processus et le notaire comme celui qui va appliquer ce dénouement. Or, face aux difficultés liées à l'exécution, les justiciables déchantent : le notaire devient un ennemi, quelqu'un qui ne rend pas compte, qui n'écoute pas, mais surtout qui n'exécute pas la décision. Il s'écoule souvent plusieurs années avant que les biens ne soient finalement vendus – des années pendant lesquelles, bien qu'ils payent l'officier public, les héritiers ne se sentent pourtant pas traités comme des clients. Ces « clients » se trouvent, en outre, prisonniers de leur relation avec ce notaire qui leur a été attribué par le tribunal. La seule manière d'en changer serait de réintroduire une procédure, prouvant que l'officier public ne remplit pas son rôle, et de demander au juge la désignation d'un nouveau notaire – ce qui retarderait à nouveau l'exécution. La plupart des héritiers décident donc de garder le premier notaire qui leur a été attribué.

## 6.4. Les successions et le rôle de l'officier public

Qu'ils soient désignés par le tribunal ou directement consultés par les parties, les notaires font partie des professionnels clés en matière de successions. Comme les décisions du juge, leurs écrits ont force exécutoire. Ils jouent donc eux aussi un rôle déterminant dans la mise en œuvre du nouveau Code. Ils sont également largement décriés par l'ensemble de la société béninoise. Les juges état des personnes évitent de les faire intervenir dans leurs dossiers, estimant qu'ils vont « bouffer tout l'argent » des héritiers. Ces derniers répugnent à recourir à leurs services pour les mêmes raisons.

**Le 20/11/2012, Cotonou.**

À l'audience de la première chambre état des personnes de Cotonou, le juge traite d'un dossier d'héritage. Il s'agit d'établir un plan de partage et de désigner l'un des héritiers comme mandataire pour vendre et partager deux maisons communes. Ils ne parviennent cependant pas à se mettre d'accord. Le juge intervient alors : « Si vous n'arrivez pas à vous mettre d'accord, je vais devoir désigner un notaire. Il va vendre, mais il va se payer dedans. Il va bouffer tous vos sous et vous allez vous partager des miettes. C'est ça que vous voulez ? » (Extrait du journal de terrain).

Dans cette section, je tenterai de comprendre les raisons pour lesquelles les notaires, pourtant spécialistes des règlements successoraux, sont si peu populaires à Cotonou.

S'ils ne sont pas nommés sur décision de justice, les notaires ne peuvent intervenir qu'en cas de règlement amiable. Ils ont l'obligation de renvoyer les dossiers conflictuels vers le tribunal. Ils sont donc, d'une certaine manière, « en concurrence » avec les tribunaux et les avocats. En effet, la phase amiable peut être réglée par les tribunaux lors de l'homologation du PVCF, suivie, six mois plus tard, du PV de liquidation de la succession. Les parties sont alors libres de recourir à un avocat pour les assister. Cette même étape d'une succession peut également être prise en charge par les notaires qui administrent, constituent des lots ou vendent les immeubles dans le but de liquider la succession. Chacun vante alors ses propres mérites, dénonçant par la même occasion les désavantages des autres intermédiaires. Les avocats soulignent les frais exorbitants réclamés par les notaires, tandis que ceux-ci accusent les avocats d'envenimer volontairement la situation ou de faire traîner les choses.

En pratique, rares sont ceux qui recourent au notaire pour régler une succession. Les héritiers choisissent souvent de rester dans l'indivision et de gérer le patrimoine commun de manière informelle. Ce n'est qu'en cas de désaccord – ou de désir de vente – que la succession sera liquidée. Et dans la plupart des cas, les parties choisissent alors de recourir au tribunal. Elles mentionnent, d'une part, l'autorité suprême du juge investi par l'État et, d'autre part, la mauvaise réputation des notaires et le coût que représentent leurs honoraires.

Je reviendrai sur le parcours professionnel des notaires, leur position dans la société béninoise et leur rôle dans la gestion des questions d'héritage, qui illustrent la position toute particulière de ces auxiliaires de justice, entre acteurs économiques et officiers publics. C'est cette position ambiguë et indéniablement lucrative qui semble à l'origine des nombreux soupçons à leur égard. Je présenterai également les procédures et le coût assumé par les héritiers lorsqu'ils confient une succession à un notaire. Ensemble, ces éléments expliquent pourquoi les Béninois ont peu recours à leurs services lorsqu'il s'agit de liquider un patrimoine commun.

### *6.4.1. L'histoire du notariat béninois*

Aujourd'hui au nombre de 33 pour l'ensemble du pays, les notaires béninois appartiennent à une profession qui s'est développée récemment. En effet, il a fallu attendre les années 1990 pour que le métier connaisse un véritable essor : les notaires béninois se comptaient jusque-là sur les doigts d'une main.

Au lendemain de l'indépendance, les greffiers-notaires affectés par la métropole ont fait place à un unique notaire, dont l'étude a été créée en 1960. Ses statuts ont été définis l'année suivante (Loi du 8/06/1961). Cette loi a été complétée par l'ordonnance 48 PR/092 du 29 août 1968 portant statut du notariat. Pendant plus de vingt ans, seule une poignée de notaires ont exercé au Bénin. Dans un contexte où il existait peu d'entreprises privées – avec Kérékou, c'est un régime à tendance marxiste qui s'est installé dès le début des années 1970 – et où les transactions immobilières se faisaient avant tout sous seing privé, entre acheteur et vendeur, le besoin s'en faisait assez peu sentir. Le début des années 1990 a marqué la fin de l'idéologie marxiste au pouvoir et le début d'une ouverture vers l'international. Les statuts de la profession ont été redéfinis dans la Loi n° 2002-015 du 30 décembre 2002, adoptée sous la pression de la Chambre des notaires. Cette loi a permis, entre autres, d'ouvrir la profession aux notaires formés à l'extérieur du pays, de sorte que les officiers publics formés en France ont pu intégrer l'ordre béninois sans examen d'entrée préalable. Cette mesure avait pour but d'attirer davantage d'officiers publics et d'ainsi combler un manque dans un contexte où les opportunités locales de formation étaient limitées.

Aujourd'hui, la profession est plutôt populaire auprès des jeunes juristes, qui en soulignent cependant le caractère fermé, élitiste et souvent réservé aux enfants ou aux éventuels neveux et nièces des notaires qui exercent déjà. Andie, étudiante en droit, explique :

> « J'aimerais bien devenir notaire, mais c'est complètement bouché. Il n'y a que les enfants des notaires qui peuvent faire un stage chez

eux. Mais sinon, c'est un métier intéressant, et où tu gagnes bien ta vie » (Cotonou, février 2012).

Devenir notaire nécessite, en effet, après un minimum de trois ans de stage, de réussir l'examen d'accès à la profession co-organisé par la Chambre des notaires et le ministère. Le premier à s'y présenter fut le deuxième notaire à exercer au Bénin à partir de 1970. Jusqu'au début des années 1990, les notaires béninois ne sont qu'au nombre de sept, essentiellement répartis au sud du pays. À partir de 1992, des examens sont organisés de manière régulière. Ils réunissent une poignée de candidats dont seulement deux ou trois sont admis. Après l'examen, les notaires se présentent à un test de classement, qui leur permet ensuite de choisir une « charge », c'est-à-dire un poste dans une ville du Bénin, créée par décret du ministère de la Justice. C'est ce même test que présentent les notaires formés en Europe pour exercer au Bénin. Les mieux classés choisissent leur charge en priorité.

Fin des années 1990 et début des années 2000, les tests se font plus espacés. La profession devient également plus populaire. Les candidats sont souvent plus de dix, regroupant des clercs formés dans les études existantes. Le dernier test a eu lieu en 2010 et a réuni quatorze candidats, dont trois furent admis. Depuis lors, en raison de l'annulation de l'examen de 2011 et des irrégularités lors de celui de 2013, aucun nouveau notaire n'a intégré la Chambre[138]. Fausta, clerc de notaire depuis plus de dix ans, explique qu'elle se prépare depuis plusieurs années au prochain examen : « J'aime mon métier, et puis je ne suis plus toute jeune », me confie-t-elle lorsque je pose la question d'un éventuel changement d'orientation, « je vais laisser ça pour faire quoi ? » (Cotonou, avril 2015).

Une fois l'examen réussi, les futurs notaires passent le test de classement pour obtenir une charge parmi celles toujours vacantes. Ils doivent alors, pour ouvrir leur étude, verser trois millions de francs CFA au trésor public – une somme considérable pour d'anciens stagiaires, ce qui confirme le caractère fermé, élitiste de la profession. En

138 En effet, en 2011, l'examen est prévu et organisé par le ministère, mais les convocations sont malheureusement envoyées trop tard aux candidats. L'épreuve est donc annulée. Lorsqu'en 2013, un nouvel examen est organisé, c'est l'ancienne liste de candidats qui est retenue. Or, depuis, de nouveaux stagiaires remplissent les conditions pour y participer. L'examen a lieu, mais les clercs de notaires qui n'ont pas pu y participer introduisent un recours devant la Cour constitutionnelle, soulignant les irrégularités dans l'organisation de ce nouvel examen.

effet, dans la plupart des cas, les notaires sont issus de familles aisées, les femmes, soutenues par leur époux.

Mises sur pied par une commission composée de notaires et de magistrats, ces charges sont créées de manière à couvrir l'ensemble du territoire – même si la compétence des notaires est nationale. Elles desservent tous les grands pôles économiques (Cotonou, Porto-Novo, Ouidah, Abomey, Parakou et Lokossa) mais aussi des zones plus éloignées (Dassa, Bohicon, Natitingou, Djougou et Kandi) où les charges créées sont pour l'instant vacantes. Selon la présidente de la Chambre, ces charges ont pour l'instant une fonction « éducative », ou plutôt de promotion de la profession :

> « L'objectif, c'est de leur apprendre qu'il faut aller chez le notaire pour vendre une parcelle. Sinon, dans les zones reculées, on a toujours des greffiers-notaires, comme notre compétence est aussi liée à la CA. Ça ne devrait pas exister, mais pour certaines formalités, les greffiers font les actes » (Cotonou, avril 2015).

En pratique, la plupart des notaires, même affectés dans d'autres localités, ont malgré tout un bureau à Cotonou où ils centralisent l'essentiel de leur activité. Dès lors, même si leur charge se situe loin de la capitale, c'est à Cotonou qu'ils passent l'essentiel de leur temps.

### *6.4.2. Une profession controversée*

Dans le bureau d'un magistrat, nous discutons de mon sujet de recherche. Il aborde alors la question des notaires :

> « Les notaires là, ce n'est pas comme les huissiers. Les huissiers ils ont un texte, même s'ils ne le respectent pas du tout. L'État n'a rien pu faire avec ça. Mais les notaires, ils s'enrichissent sur les successions. Ils inventent des trucs qui ne correspondent à rien, et c'est comme ça qu'ils s'achètent leurs véhicules de luxe. La dernière fois, j'ai des amis qui sont venus me voir, ils ont vendu une parcelle à Cotonou, pour 42 millions. Le notaire a pris 12 millions dedans. Il a fait des calculs à n'en plus finir, parlé de frais d'enregistrement… » (Juge Tchegnon, Cotonou, décembre 2013).

Comme le stipulent leurs statuts, les notaires béninois se chargent des transactions immobilières, de la création de sociétés, de l'exécution de certaines décisions de justice et de la rédaction d'actes. Les documents rédigés par le notaire et sur lesquels il appose son cachet ont en effet force exécutoire, au même titre que les décisions des juges.

L'essentiel de leur clientèle appartient à une élite aisée, particulièrement instruite de la population. Il s'agit d'acteurs économiques ne pouvant se permettre de rester dans l'informel lorsqu'ils vendent ou achètent des biens : les banques, les sociétés commerciales, les bailleurs de fonds internationaux et les agences de coopération bilatérale. Ils reçoivent également ceux qui, à titre individuel, souhaitent officialiser un contrat, un mariage, une succession ou une transaction immobilière. Lorsqu'un bien est doté d'un titre foncier, l'achat doit obligatoirement faire l'objet d'un acte notarié.

Ces clients potentiels ne représentent cependant qu'une minorité de la population. Le rôle des notaires est souvent mal connu de l'ensemble des citoyens. Un bon nombre d'entre eux craignent les tarifs exorbitants qu'ils ont la réputation de pratiquer ou ne perçoivent simplement pas l'utilité des services qu'ils proposent. Lors de l'achat d'une parcelle, par exemple, la plupart des Béninois se contentent de rédiger une convention de vente, signée par chacune des parties et par deux témoins. L'acheteur, ayant dépensé l'essentiel de son capital, tarde souvent à entamer les formalités administratives de mutation, par lesquelles le bien sera enregistré à son nom auprès de la mairie et des différentes instances de gestion du foncier. Lorsque le bien n'est pas encore doté d'un titre foncier, rares sont ceux qui effectuent les démarches pour l'obtenir[139]. Maître Dieudonné, huissier de justice, explique :

> « C'est pour ça que je n'aime pas recourir à un notaire pour une vente, parce que je sais qu'ils vont gonfler les frais, par exemple les frais de timbres, les salaires à payer… Et ce n'est pas comme nous où on peut se plaindre et les forcer à répéter l'indûment perçu[140] » (Cotonou, octobre 2013).

Suscitant la jalousie et dès lors les suspicions de nombreux autres professionnels du droit, les notaires appartiennent en effet à une élite particulièrement privilégiée de la société béninoise. Une position que de nombreux juristes envient : « Ce sont eux les plus riches, alors qu'ils travaillent le moins », s'insurgent la plupart des avocats.

Or, le statut social et le niveau de vie particulièrement élevé des notaires s'expliquent par leur clientèle aisée et leur implication dans les transactions immobilières, bien plus que par les frais associés à leurs actes et qu'ils sont soupçonnés de détourner à leur profit. Au

139 Ces démarches, décrites dans le Chapitre 1, sont longues, coûteuses et complexes.

140 Cette procédure permet de condamner celui qui aurait perçu de l'argent de manière irrégulière à rembourser la somme concernée. Ainsi, un huissier qui surfacturerait un acte pourrait être condamné à rembourser (en partie) son client.

centre de la vie économique, mais aussi des dynamiques foncières, les notaires sont dans une position idéale leur permettant de spéculer sur le marché du foncier, aujourd'hui particulièrement lucratif.

Ainsi, alors que je passe la journée avec maître Simon, ce notaire s'adonne à un manège particulier. Responsable de la vente d'un terrain pour l'un de ses clients, il contacte une première banque de la région. Le terrain est idéalement situé pour y construire une agence. Il appelle ensuite une institution concurrente, disposant de bureaux sur la parcelle voisine :

> « Je leur ai dit que leurs concurrents étaient intéressés, est-ce qu'eux ne voudraient pas plutôt acheter la parcelle pour étendre leurs bureaux, plutôt que voir une autre banque s'installer à côté », m'explique-t-il, « puis maintenant je vais appeler la banque X et je vais les laisser faire. Moi je vendrai au plus offrant » (Cotonou, avril 2013).

Pour les notaires, il s'agit non seulement de vendre les terrains de leurs clients, mais aussi ceux dont ils sont eux-mêmes propriétaires. Souvent acquis à bas prix dans des zones reculées, les officiers publics les revendent près de trente ou quarante fois leur prix initial quelques années plus tard. Leurs relations avec le monde économique, tout comme leur position stratégique au cœur des transactions foncières, leur permettent de prévoir, mieux que quiconque, les zones susceptibles de prendre de la valeur.

### 6.4.3. « Le testament ne tue pas »

Ce slogan est celui de la Chambre des notaires du Bénin qui, depuis quelques années, tente de promouvoir ses services parmi lesquels figure, notamment, la rédaction de testaments. Comme en droit français, il en existe plusieurs types : le testament authentique, rédigé par le notaire en présence de témoins, le testament olographe, qui peut simplement être déposé à l'étude, et le testament secret ou mystique. Dans le premier cas, sa rédaction s'effectue avec l'aide du juriste qui s'assure de la légalité des volontés du testateur. Il s'agira, notamment, de respecter les principes de l'égalité des sexes et la part des héritiers réservataires.

*C'est le cas de Monsieur Amoubou qui, ayant quelques difficultés avec l'un de ses fils qui « fait ce qu'il veut avec ses biens vis-à-vis de ses frères et sœurs », a décidé de faire un testament pour éviter que l'enfant récalcitrant ne s'empare de l'ensemble du patrimoine. Il se présente au cabinet de maître Simon, notaire à Cotonou depuis une quinzaine d'années. Ce dernier a effectué ses études en France, où il a opté pour le notariat. C'est là qu'il entame également sa carrière professionnelle, avant de revenir s'installer au Bénin au début des années 2000. Le notaire m'explique : « La semaine passée, il a même enlevé des bornes sur le terrain. Le reste de la famille est allé le signaler à la brigade, c'est là qu'on leur a conseillé de faire le testament. » (Cotonou, novembre 2013).*

*Monsieur Amoubou se présente donc à l'étude du notaire ce matin-là, accompagné de deux témoins. Le notaire s'assure tout d'abord qu'aucun des enfants n'est présent avant de lire le testament tel qu'il a été rédigé par sa collaboratrice lors de la visite précédente. Le testateur et ses deux témoins s'installent, la lecture commence : identité des témoins, du testateur, profession, etc. Monsieur Amoubou est père de vingt-deux enfants – dont sept décédés – qu'il a eus avec quatre femmes différentes : huit enfants avec la première femme, six enfants avec la deuxième, trois enfants avec la troisième, un seul avec la dernière, épousée par lévirat*[141]*. Les biens sont ensuite cités. Le testament stipule :*

> « À ma mort je souhaite que mes biens soient répartis comme suit : le domaine de 3 ha revient aux enfants de ma première épouse, le domaine de 5 ha revient à égalité aux enfants de ma deuxième épouse. Le domaine de 1 ha 46 a revient aux enfants de ma troisième épouse. Le domaine de 2 ha 42 a, je donne 1 ha au seul enfant de ma quatrième épouse. Je me réserve 1 ha pour mes propres activités champêtres. Je souhaite le vendre avant ma mort et, au cas où je ne le vendrais pas, il sera vendu et le prix partagé entre les enfants. Ce testament a été dicté en mahi[142]. »

*Le notaire souligne que le testament lui semble plus ou moins équitable, les femmes ayant plus d'enfants ayant reçu, pour leur progéniture, une plus grande part. « C'est parce que la femme qui a eu 5 ha, elle a fait plus de garçons », explique le vieil homme. Le notaire réplique alors que le sexe n'est pas un critère, mais que, comme il ne connaît pas la valeur des terrains, il va « laisser passer » (Cotonou, novembre 2013).*

Dans ce cas, le dépôt du testament coûte 25.000 FCFA (40 euros). Le testateur peut le modifier autant de fois que bon lui semble, moyennant 5.000 FCFA (7,5 euros). « Je suis particulièrement peu cher en

141 Désigne le mariage d'un homme avec l'épouse de son frère lorsque ce dernier décède. À Cotonou, cette pratique est devenue extrêmement rare. À l'extérieur de la ville, certaines familles proposent néanmoins à la veuve un nouvel époux parmi les frères du défunt. Ce dernier sera alors chargé de subvenir aux besoins des enfants et à ceux de sa nouvelle épouse.

142 L'une des langues du département des collines au Bénin.

matière de testament », me confie maître Simon (Cotonou, avril 2010). Dans d'autres cabinets, c'est près du double que le testateur devra payer pour ce service. Lorsque la personne est malade, le notaire se déplace – moyennant une indemnité kilométrique et de « vacation » qui compense le coût d'opportunité de son absence du cabinet. Nombreux sont les notaires qui racontent s'être déplacés trop tard ou avoir appris le décès de leur client quelques heures à peine après le rendez-vous. Dans ce cas, les héritiers sont convoqués pour l'ouverture du testament. Ils payent à nouveau 25.000 FCFA pour l'enregistrement du testament, auxquels s'ajoutent les frais d'exécution, tributaires du contenu. « Mais souvent, après la lecture du testament, les héritiers s'en vont et ils ne reviennent plus », explique maître Juliette, notaire à Abomey depuis quelques années. L'ouverture peut aussi devenir, pour le notaire, un moment délicat : « Je sentais la tension monter entre les héritiers dans mon bureau, j'avais presque peur que l'un d'entre eux ne m'arrache le testament pour le déchirer », rapporte maître Simon (Cotonou, avril 2010). Dans ce contexte, un certain nombre des procédures introduites au tribunal visent à contester les dispositions d'un testament.

C'est le cas de Solange, qui me fait part des débats à propos du testament de son père. Il avait trois femmes et près d'une vingtaine d'enfants. Dans son testament, il lègue à tous ses enfants la maison qu'il a construite avec la mère de Solange, sa seconde épouse. Cette retraitée de l'administration française explique que le partage réalisé par son père est, selon elle, injuste et privilégie la plus jeune des épouses. Elle engage un avocat afin de contester le testament.

Enfin, si peu de Béninois partagent leur patrimoine avant leur mort, l'« absence de testament » est souvent identifiée par les héritiers comme une cause des conflits successoraux : si le défunt avait fait part de sa volonté au sujet de ses biens, tous auraient alors l'obligation morale de s'y conformer, éliminant ainsi les possibilités de conflits.

### 6.4.4. Liquider une succession : la procédure à suivre

**Le 20/11/2013, Cotonou.**

J'ai rendez-vous avec maître Dominique. Formée au Bénin, elle a travaillé pendant treize ans comme stagiaire avant de réussir l'examen d'accès au notariat. En 2006, elle ouvre son propre cabinet. Elle me propose d'assister à une consultation avec un client, l'héritier d'un vaste domaine à proximité de Calavi. Le notaire doit remplir les formalités de liquidation de la succession avant de déclarer la vente d'une partie de la parcelle (4 hectares), évaluée 8.000.000 FCFA l'hectare. Elle lui présente la facture qui suit :

*Base (autrement dit, la valeur estimée des biens) : 32 millions*

*350.000 FCFA d'impôt*

*350.000 FCFA d'honoraires*

*60.000 de TVA*

*100.000 de timbres et débours*

*100.000 pour l'acte de notoriété*

*Total : 960.000 FCFA* (1.440 euros)

Des montants comme ceux-là sont souvent jugés excessifs par les clients : beaucoup tentent alors, comme Monsieur Balle, de négocier à la baisse certains postes de dépenses (Extrait du journal de terrain).

Pour le notaire, liquider une succession comprend différentes étapes. Il s'agit tout d'abord de produire l'acte de notoriété – moyennant 25.000 FCFA – permettant, sur base de témoignages, d'établir la liste des héritiers. Ensuite, si la succession comprend des immeubles, il faut établir une attestation immobilière ou attestation de propriété – laquelle permettra d'effectuer la mutation au nom des héritiers. Le montant de l'acte est prévu par la loi de 2002 et son décret d'application, qui définit les émoluments du notaire ainsi que les droits de mutation. Mais cette attestation immobilière ne s'obtient qu'après un nombre variable d'étapes, qui dépendent de la volonté des héritiers : déclarer la succession, partager, ou même vendre.

La première étape, indispensable, est la déclaration de succession et le calcul des droits afférents à payer à l'État. Les héritiers doivent établir une liste des biens ainsi qu'une évaluation de la valeur totale du patrimoine, qui constituera la base imposable. On y ajoute un forfait mobilier de 5 %. L'État procède ensuite à différents abattements –

autrement dit, il diminue le montant de base de l'imposition – au profit de la succession. On calcule enfin la part qui revient à chaque enfant, sur laquelle l'État prélève, pour chacun des héritiers, des droits de succession. Maître Dominique précise également que si des pénalités de retard s'ajoutent lorsque les obligations fiscales ne sont pas remplies, l'impôt est par contre prescrit après vingt ans. « Si vous avez été des enfants patients, si vous avez attendu vingt ans pour vendre, l'État vous fait grâce de ça. Mais si vous êtes pressés, il va prendre sa part », explique-t-elle (Cotonou, novembre 2013).

En effet, les Béninois ne procèdent généralement à la liquidation d'une succession et à la réalisation des formalités qui y sont associées que s'ils souhaitent vendre certains biens par la suite – l'acheteur, pour obtenir un titre foncier, devra acheter aux vrais propriétaires, autrement dit, aux héritiers[143].

À l'impôt sur la succession s'ajoutent les honoraires du notaire, fixés par le décret de 2005. Il s'agit de taux dégressifs, proportionnels à la valeur du patrimoine[144]. Au total s'ajoute la TVA : 18 %. Les notaires comptabilisent également les timbres et les débours – le transport, le téléphone, le papier, etc. « C'est à la tête du client et à la tête du dossier », m'explique maître Simon, qui évalue ces postes à un minimum de 50.000 FCFA (80 euros). Enfin, les héritiers doivent s'acquitter des frais de mutation. Dans le cadre d'un titre foncier, ils s'élèvent à 0,3 % de la valeur du bien, à verser à l'État. Dans le cadre d'un permis d'habiter, c'est la mairie qui se charge d'établir un nouveau document au nom de l'acheteur. Les prix varient selon les arrondissements. À Cotonou, les frais de mutation varient entre 250.000 et 300.000 FCFA (380 et 450 euros). À Parakou, la mairie prélève 10 % de la valeur du bien. « On peut sous-évaluer, mais en faisant ça on peut toujours tomber sur quelqu'un qui veut vérifier », précise maître Simon (Cotonou, décembre 2013).

Si le coût de la liquidation d'une succession est proportionnel à la valeur des biens, il s'élève souvent à plus d'1.000.000 FCFA (1.500 euros). Dans un contexte où les héritiers ont l'habitude de négliger les procédures administratives et, par conséquent, le coût qu'elles

---

143 Ceci ne vaut, bien sûr, que pour les parcelles immatriculées. Dans le cas contraire, bien que l'impôt soit, selon la loi, obligatoire, en pratique, il n'est pas nécessaire de payer les frais de succession.

144 Le notaire touchera 4,5 % des biens dont la valeur est estimée entre 0 et 5 millions ; 3 % pour la tranche située entre 5 et 20 millions ; 2 % entre 20 et 50 millions ; 1,5 % au-delà de 50 millions FCFA.

impliquent, il s'agit là d'une somme considérable – dont ils soupçonnent le notaire d'empocher une bonne partie.

### 6.4.5. *Tromper les impôts : successions et accommodements pratiques*

Dans la plupart des pays du monde, les citoyens tentent d'échapper à l'impôt – ou de minimiser le montant qui sera prélevé par l'État. Le Bénin n'est pas une exception en la matière, au contraire : l'essentiel de son économie relève du secteur informel. Si les transactions gérées par les notaires s'inscrivent dans le registre formel, ils mettent cependant en place une série de pratiques permettant de « négocier » les montants dus par leurs clients. C'est donc là aussi toute la valeur ajoutée de ces intermédiaires : certes, remplir toutes les formalités nécessaires à l'obtention d'un titre de propriété définitif a un coût, mais grâce à leurs relations et leur connaissance du marché foncier, les notaires peuvent les réduire quelque peu.

Justifiant ces entorses aux normes officielles par le fait que la loi est injuste – les droits de succession étant supérieurs à l'impôt prélevé dans le cadre d'une vente – les notaires permettent parfois aux héritiers de sous-évaluer leur patrimoine. L'État peut alors accepter ou refuser les calculs du notaire. « Mais l'État est beaucoup plus cool en matière de successions, connaissant les incohérences de la loi » poursuit maître Simon. Autrement dit, les successions sont couramment sous-évaluées au Bénin, avec la complicité des officiers publics. L'on retrouve ici cette idée de « norme pratique » comme comportement constant et justifiable, mais qui correspond à des règles différentes des règles officielles (Chauveau, Le Pape & Olivier de Sardan, 2001 ; Olivier de Sardan, 2008).

> « Et quand tu lui tiens tête, il [l'inspecteur des impôts] a du mal à gagner la partie parce que l'État n'est pas cohérent, et puis le seul élément que l'État a publié, c'est un élément vieux d'au moins 40 ans. Sauf quand on tombe sur un inspecteur particulièrement rigide, et souvent c'est parce qu'il veut être intéressé », explique maître Simon (Cotonou, décembre 2013).

Le notaire mentionne ainsi une succession évaluée à 600.000.000 FCFA (900.000 euros) et dont le défunt était mort depuis 19 ans. « Je suis allé voir l'inspecteur pour voir s'il y avait quelque chose à faire », raconte maître Simon. Il a accepté de modifier la date du décès, de sorte que les frais à payer à l'État, qui s'élevaient à 16.000.000 (24.000 euros) par héritier, soient réduits à néant. L'inspecteur a été dédommagé à hauteur de 5.000.000 FCFA (7.500 euros) « pour service rendu ». L'officier public a donc, dans ce cas, joué le rôle d'intermédiaire dans le cadre d'une transaction que l'on pourrait sans aucun doute qualifier de corruption – à l'avantage des clients qui ont ainsi gagné plusieurs dizaines de millions de FCFA.

Outre l'impôt sur les successions, ce sont également les frais d'enregistrement et de mutation qui font l'objet d'arrangements par les notaires. C'est pour cette raison que l'essentiel des transactions immobilières au Bénin sont, au moins en partie, informelles. L'acheteur payera souvent une partie du montant par virement bancaire – la valeur « officielle », déclarée du bien comme base d'imposition, qui figurera également sur la convention de vente – et une autre en argent liquide. Excepté les banques et les institutions internationales qui ne peuvent se permettre de contourner l'État, de nombreux acteurs ont recours à cette méthode, y compris les notaires eux-mêmes. « On ne peut pas être notaire au Bénin sans faire un peu de black », s'exclame maître Simon (Cotonou, avril 2013).

### *6.4.6. Pourquoi déteste-t-on les notaires ?*

Outre leur fonction d'officiers publics, les notaires sont donc, comme le démontrent les exemples qui précèdent, au centre d'importantes transactions financières – pour autant que l'on recoure à leurs services. Leur clientèle, ainsi que leur position d'intermédiaire sur le marché foncier, particulièrement lucratif dans un contexte où l'immobilier est largement surévalué[145], leur garantit une situation avantageuse. Mais cette situation fait également du notaire une figure ambiguë et, par conséquent, largement critiquée.

Par leur formation comme par leurs attributions légales, largement inspirées du droit français, les notaires sont également spécialistes des règlements successoraux. Pourtant, seule une minorité des citoyens de Cotonou les consulte : aux soupçons sur leur honnêteté s'ajoute le coût d'un règlement successoral *by the books*. Parce que le passage par-devant notaire implique le payement d'une série de taxes et de formalités administratives, nombreux sont ceux qui préfèrent laisser de côté les formalités officielles pour se contenter, tant qu'ils le peuvent, de gérer ensemble le patrimoine commun.

---

145 Voir Chapitre 1.

Les notaires ne sont pas les seuls à avoir mauvaise réputation au Bénin. Olivier de Sardan (2001) analyse notamment la réputation exécrable des sages-femmes et des douaniers en Afrique de l'Ouest. Il décrit, pour ces deux professions, les relations avec les usagers, souvent méprisés, des formes de racket et une culture bureaucratique commune, au-delà des différences professionnelles. Si les notaires mettent eux aussi un certain savoir à disposition des usagers, le « racket » dont il est question à leur sujet n'a rien d'illégal. Il est, certes, perçu comme tel par les justiciables, mais légitimé par les textes – des textes rédigés par la Chambre des notaires elle-même avant d'être soumis comme avant-projet au gouvernement, puis à l'Assemblée. De la même manière, si les « privilèges » des notaires ne sont pas directement fournis par l'État – celui-ci leur garantit malgré tout le monopole sur leur activité – mais bien le résultat de leur propre réussite, ils ne manquent pas d'insister sur la différence entre leur propre statut social, leurs connaissances et l'ignorance des usagers qui les sollicitent. Plutôt que de violence physique – comme dans le cas des sages-femmes, notamment – on parlera ici de violence verbale face à des clients qui, lorsqu'ils posent trop de questions, sont rapidement considérés comme des gêneurs. Par contre, contrairement aux fonctionnaires, la productivité des officiers publics est loin d'être mise en question : exerçant une profession libérale, leurs revenus, leur statut social et leur train de vie en dépendent.

## 6.5. Quand les notaires sont désignés par le tribunal : deux conceptions des services publics

Si les notaires interviennent comme agents de conciliation en amont des procédures contentieuses, ils sont également désignés par le tribunal pour procéder aux licitations-partages dans le cadre des successions. Experts immobiliers, ils sont les seuls habilités à organiser des ventes publiques, moyens privilégiés pour liquider les successions lorsque la « mésintelligence » – terme juridique pour désigner la mésentente – entre les héritiers exclut toute collaboration. Autrement dit, quand le désaccord entre les héritiers est tel que la cohabitation en devient impossible, le tribunal désigne une tierce personne pour gérer ou vendre les biens.

Une fois la décision qui les nomme rendue, les notaires attendent qu'elle leur soit signifiée par voie d'huissier. Ils pourront alors entamer leur mission. Dans les paragraphes qui viennent, j'analyserai les pratiques des notaires chargés de l'exécution des décisions. Je reviendrai sur la marge de manœuvre dont ils disposent, malgré les termes stricts et la précision des jugements. Je me pencherai sur les écarts entre les normes officielles et leurs pratiques, mais surtout sur la manière dont les successions sont perçues par ceux qui les liquident. En effet, s'il s'agit de dossiers plutôt lucratifs, de nombreux notaires rechignent pourtant à les prendre en charge. Pourquoi sont-ils aussi réticents à accepter des dossiers de succession ?

### *6.5.1. Le travail du notaire : des normes officielles aux pratiques*

Lorsque la « mésintelligence » est établie par le tribunal, il peut désigner un notaire chargé, tantôt d'administrer la succession, tantôt de procéder à la vente et au partage des fruits entre héritiers. Cette section reviendra sur les normes officielles qui régissent le travail des notaires et sur leurs pratiques, qu'elles soient conformes ou non à ces règles officielles.

La gestion des biens peut être confiée au greffier en chef du tribunal, à un huissier de justice ou à un notaire. C'est l'idée d'un gestionnaire neutre, impartial, et qui renvoie à une conception de la justice abstraite pour les usagers. C'est « l'État qui gère », comme le disent la plupart des Béninois dans cette situation. En tant qu'administrateur, le notaire facture aux héritiers les actes posés en cours de gestion : la rédaction d'un bail, un recouvrement de créance, etc. « Et le fait qu'il y ait animosité nous autorise à doubler notre salaire : autrement dit, les pourcentages sont multipliés par deux », m'explique maître Simon (Cotonou, décembre 2013). En effet, la gestion du patrimoine commun s'avère souvent complexe. Maître Victorine, notaire à Cotonou depuis près de dix ans, explique avoir été nommée dans le cadre d'une succession dont l'un des héritiers percevait l'ensemble des loyers, sans rendre compte ou partager avec ses frères et sœurs.

> « Malheureusement le bien est situé dans les collines, loin de Cotonou. J'ai dû faire une procédure qui consistait à sommer l'héritier à me rendre compte, ce qu'il n'a pas fait ; à signifier la décision aux locataires en leur demandant de confier le montant du loyer entre mes mains, ce qu'ils n'ont pas fait », explique-t-elle (Cotonou, mars 2013).

Le notaire décide alors de confier la gestion du patrimoine à un huissier de la localité concernée, sans succès. « Il s'est heurté à l'opposition des héritiers et, finalement, le tribunal a pris une nouvelle décision pour nommer un autre liquidateur afin d'entamer une procédure de liquidation », conclut-elle.

Dans les dossiers de succession, l'administration séquestre n'est souvent qu'une étape vers la vente ou le partage des biens. Seuls habilités à procéder à une vente publique, ce sont les notaires qui sont désignés pour procéder à la licitation-partage. Dans ce cadre également, les honoraires du notaire sont doublés parce qu'il fait l'objet d'une désignation par le tribunal. Si le notaire est chargé par le vendeur de trouver un acquéreur, les pourcentages sont également doublés (Décret n° 2005-107 du 9 mars 2005 portant révision des tarifs des actes notariés).

Le juge peut également ordonner la vente aux enchères des immeubles. Dans ce cas, il s'agit de garantir le caractère « objectif » ou impartial de la vente aux yeux des héritiers. « Le but, c'est de ne pas avoir un héritier qui te soupçonne d'être de connivence avec qui que ce soit », explique maître Simon, « mais ça fait perdre du temps aux vendeurs et ça les expose à une publicité qu'ils n'aiment pas beaucoup » (Cotonou, décembre 2013). La licitation correspond à une procédure particulière, dont les étapes sont les suivantes : signifier la décision aux parties, rédiger le cahier des charges – et pour ce faire, effectuer les expertises nécessaires à l'évaluation des biens – envoyer ce cahier à la direction des domaines[146], l'enregistrer au greffe du tribunal, sommer les héritiers d'en prendre connaissance. Le notaire peut alors faire la publicité de la vente publique, fixer une date et, enfin, organiser les enchères. Les frais supplémentaires sont, comme lors de toute vente, supportés par l'acheteur. Le prix de la procédure est indiqué dans un cahier des charges consultable au tribunal. Les acheteurs potentiels, avertis par les placards, peuvent se rendre au greffe pour le consulter.

Mais les enchères ne sont pas toujours fructueuses. En l'absence d'acheteurs potentiels, le notaire peut rapporter ses difficultés au juge et demander à effectuer une vente de gré à gré. « Quand les héritiers veulent s'entendre, on évite. On se fait un acte dans lequel ils renoncent à la licitation », explique maître Dominique, l'un des rares notaires spécialisés dans les successions à Cotonou. Les héritiers signent un acte selon lequel ils renoncent à la licitation et consentent à une vente, conclue par le notaire, pour un prix donné.

146 La Direction générale des impôts et des domaines est un département du ministère des Finances. Une partie de ce service est chargée de l'impôt sur le foncier.

> « Les procédures de licitation, il y a un coût, et ce n'est pas forcément que vous avez un preneur. Les placards, la loi même dit qu'il faut les reprendre tous les trois mois. J'ai des biens qui sont là depuis quatre ans ! », s'exclame maître Dominique (Cotonou, novembre 2013).

La vente de gré à gré est plus rapide, plus simple pour les notaires qui prennent cependant le risque de s'exposer aux soupçons de certains héritiers qui craignent souvent de voir leur adversaire « se rapprocher » de l'officier public. En effet, dans les situations particulièrement conflictuelles, les parties refusent parfois de vendre aux connaissances de leurs adversaires – raison pour laquelle le juge désigne un notaire. Or, lorsque l'une des parties propose un acquéreur, certains notaires acceptent, par facilité, de lui céder le bien. Cette pratique fait alors écho aux rumeurs dont la profession fait l'objet : les notaires qui « bradent les biens », « achètent par personne interposée », ou qui manquent tout simplement d'objectivité dans la gestion des successions.

Quoi qu'il en soit, une fois le bien vendu, il faut prendre possession des lieux. De nombreux notaires expliquent qu'étant donné la situation souvent précaire des héritiers, ils enfreignent les normes officielles et demandent aux acheteurs de verser une avance sur la valeur du bien. Cette avance, directement versée à l'étude, est transmise aux héritiers. Elle leur permettra de vider les lieux rapidement – de trouver un autre logement, par exemple – pour parfaire la transaction. Maître Inès mentionne ainsi l'un de ses dossiers, une succession dont la valeur s'élevait à près de 400.000 FCFA (600 euros). Ses collaborateurs furent chargés de recueillir les signatures sur l'acte, après quoi ils pouvaient remettre l'argent à l'ensemble de la famille. Certains des héritiers, résidant en Europe, s'impatientaient, de sorte que le notaire accepta finalement de payer les héritiers un à un :

> « L'acquéreur a dit : "Bon, payez-les !" Je dis : "On prend des risques." Il dit : "Non, puisque vous les avez déjà reçus plusieurs fois." Et donc au fur et à mesure qu'ils venaient signer, on leur donnait le chèque. Et il y en a une qui n'a pas voulu signer. Elle n'a pas voulu prendre le chèque. La vente a été faite à 200.000.000, ils sont dix. Chacun devait prendre 20.000.000. Pour finir, on a dû la payer un million en plus. Et elle a signé » (Maître Inès, Cotonou, mars 2013).

Dès lors, si certains notaires utilisent régulièrement cette pratique des « avances » pour conclure une vente et permettre à l'acheteur d'intégrer immédiatement les lieux, d'autres s'en abstiennent, estimant la manœuvre trop risquée. Ces accommodements pratiques permettent au notaire de régler plus rapidement le dossier et de percevoir ainsi les honoraires qui y sont associés.

### 6.5.2. *Gérer la mésintelligence*

Malgré leurs astuces quotidiennes, les dossiers de succession pour lesquels le tribunal les désigne sont souvent particulièrement difficiles à gérer pour les notaires. Ils soulignent les attentes divergentes des parties en cause, les manœuvres de ceux qui cherchent à retarder la procédure et l'impatience des autres.

> « La mésintelligence est toujours difficile à gérer, parce que vous avez toujours en face de vous des groupes d'héritiers avec des intérêts divergents. S'il y a un groupe qui est dans la maison et un groupe qui est dehors, c'est compliqué. Si vous devez tous les réunir, faire une vente, par exemple, généralement il y a ceux qui ne viennent pas, qui font la politique de la chaise vide. Ou bien ils font de la rétention sur les documents. Parfois même ils refusent l'accès au notaire pour faire des formalités telles que l'expertise. Donc souvent on est obligés de se faire accompagner par les forces de l'ordre pour faire ces formalités-là » (Maître Inès, Cotonou, mars 2013).

Quelles que soient les modalités prévues pour liquider la succession, les difficultés posées par les « perdants » sont souvent nombreuses. Lorsqu'il s'agit de vendre ou de gérer des biens immobiliers, ils refusent souvent de fournir les documents nécessaires. Les notaires doivent alors entreprendre une série de démarches administratives, souvent longues et coûteuses, afin d'en obtenir les copies. L'officier public peut également, avec le concours du demandeur, recourir à une injonction afin d'obtenir ces documents – une démarche qui, souvent, nécessite le concours d'un huissier, et donc des frais supplémentaires. Dans ce contexte, malgré la décision du tribunal, certaines successions ne sont pourtant pas liquidées. Maître Fabrice explique :

> « On peut préfinancer mais souvent, l'expérience a montré que c'est des choses que vous traînez sur des années. Rien ne vous oblige à préfinancer. Alors on reste les bras croisés, bien que le tribunal ait décidé de la vente » (Cotonou, octobre 2013).

Souvent résidents des biens sur le point d'être vendus, les héritiers récalcitrants refusent de quitter les lieux, menacent leurs frères et sœurs, voire même le notaire et les éventuels acheteurs. « Parfois ils nous prennent comme leur ennemi, alors que nous on est de simples agents de la fonction publique. Il y a des menaces, souvent verbales », raconte maître Césaire (Abomey-Calavi, février 2010).

Lorsque la vente, avec le concours d'un huissier de justice, est malgré tout conclue, certains refusent d'encaisser la part qui leur revient. Elle sera, la plupart du temps, consignée au greffe en leur nom. Maître Inès évoque un vieux dossier, dans lequel l'un des héritiers s'oppose fermement à la vente. Bien que sous le coup d'une expulsion depuis dix ans, il continue de surveiller la maison, menaçant les acheteurs dès qu'ils se présentent.

Enfin, comme l'expliquent la plupart des notaires, la procédure de licitation est souvent longue et coûteuse et contraste avec l'impatience des héritiers. Les « gagnants » s'attendent en effet la plupart du temps à ce que les procédures au tribunal débouchent sur un recours à la force – en particulier lorsque leur adversaire refuse de s'exécuter.

Ces obstacles illustrent la rencontre entre différents types d'acteurs dont les attentes et les usages du droit s'opposent. Pour les demandeurs, le droit constitue une voie de recours dont l'expérience pratique correspond peu à leurs attentes initiales. Alors qu'ils pensaient « ramener l'ordre » dans leur famille, les procédures s'avèrent souvent longues et complexes, contribuant, dans certains cas, à envenimer la situation. « Saisir l'État » implique aussi, pour de nombreux héritiers, un recours à la violence légitime. Leurs attentes sont donc inévitablement déçues lorsque le notaire ne parvient pas, ou difficilement, à exécuter la décision du juge. Les défendeurs, pour leur part, mettent souvent en question la légitimité du droit et des institutions judiciaires qui s'ingèrent dans une affaire de famille et dont les principes contrastent avec les normes familiales. Enfin, les officiers publics chargés d'exécuter la décision estiment n'être tributaires que du tribunal et de la procédure officielle, à laquelle les parties constituent la plupart du temps un obstacle. À l'image de certains patients dans les hôpitaux publics (Jaffré & Olivier de Sardan, 2003), les héritiers sont souvent considérés comme des gêneurs dans leur propre dossier.

### *6.5.3. Les clients comme gêneurs*

> « Être désigné par le tribunal, ça m'emmerde ! », répond du tac au tac maître Simon lorsque j'aborde le sujet, « parce que tu focalises l'attention de beaucoup de gens qui ne comprennent rien, ils veulent récupérer leurs sous tout de suite et ils croient que ça dépend de ton bon vouloir » (Cotonou, décembre 2013).

Impatients de recevoir leur part du partage, nombreux sont les héritiers qui ne cessent de contacter le notaire en charge de leur dossier. Celui-ci se trouve alors bombardé de coups de téléphone, reçoit la visite des demandeurs qui souhaitent accélérer les choses. Les « gêneurs » ne sont donc pas uniquement ceux qui s'opposent à l'exécution de la décision, mais également les demandeurs, impatients de recevoir leur part du partage alors que les procédures de liquidation s'étalent souvent sur plusieurs mois, parfois même plusieurs années. Quant aux perdants, ils soupçonnent souvent les officiers publics de complicité avec la partie adverse ou simplement d'actes illicites dans leur dossier. Les notaires font régulièrement l'objet de procédures de la part des parties ou de leurs avocats qui les accusent de falsifier les testaments ou simplement d'enfreindre les règles de procédure.

Nombreux sont les notaires qui apprécient assez peu les dossiers de succession, de la même manière que les juges de Nouvelle-Angleterre considèrent les affaires familiales comme des affaires « à jeter », qui relèvent avant tout du relationnel et de désaccords futiles (Merry, 1990). Ils sont certes lucratifs, mais nécessitent une procédure de longue haleine où les complications sont souvent nombreuses.

> « On peut choisir ce qu'on fait et ce qu'on ne fait pas. Moi j'évite les successions parce que c'est toujours un peu problématique. Les successions que j'ai faites, il y a toujours quelque chose qui ne va pas », explique maître Fabrice (Cotonou, octobre 2013).

Pour les notaires, les successions sont des dossiers complexes, où le droit se mêle aux normes familiales, aux sentiments et aux ressentiments. Ils consacrent généralement peu de temps à expliquer leur travail à leurs « clients » ou à écouter leurs demandes. On retrouve ici, à nouveau, des similitudes avec le personnel soignant en Afrique de l'Ouest : la médecine y est décrite comme « non centrée sur le patient », qui n'est ni ausculté, ni écouté et à qui aucune explication n'est fournie (Jaffré & Olivier de Sardan, 2003 : 54). Dans le cas des officiers publics, la gestion des dossiers envoyés par le tribunal est « non centrée sur les clients » : les documents nécessaires à la liquidation – titres de propriété des immeubles et pièces d'identité des héritiers – suffisent.

### *6.5.4. La bureaucratie des documents et la bureaucratie des relations*

La manière dont les dossiers d'héritage sont gérés par les notaires, en particulier lorsqu'ils sont désignés par le juge, contraste souvent avec les attentes des héritiers, qui deviennent en quelque sorte spectateurs des procédures judiciaires : l'avenir de leurs biens, la manière dont ils sont gérés ou vendus sont désormais hors de leur portée.

Or, comme le soulignent Blundo et Olivier de Sardan (2007), Blundo et Le Meur (2009) ou Bierschenk (2014b), dans la plupart des services publics d'Afrique de l'Ouest, les procédures administratives sont négociables. Les relations avec les fonctionnaires sont ancrées dans le tissu social : le phénomène de la « petite corruption quotidienne » est donc courant au sein des administrations publiques. Les notaires traitent leurs dossiers sur base de documents et des dispositions légales – lorsqu'il s'agit de liquider une succession du moins. Évitant le contact avec les usagers, ils sont assez peu flexibles en ce qui concerne les modalités de liquidation des successions. Leur conception de la bureaucratie correspond peu aux attentes des héritiers pour qui les services publics sont généralement négociables.

Ces contradictions rappellent les analyses portant sur d'autres acteurs chargés, eux aussi, de l'exécution du droit et de son respect dans la société : la police. Bien sûr, les différences entre les deux corps et leurs rôles sont nombreuses. Les notaires ne recourent pas à la force, ont une formation et un statut social diamétralement différent de celui des policiers. Leur présence sur le continent africain, bien que directement tirée du modèle français, est relativement récente, alors que celle de la police remonte à l'époque coloniale (Blanchard, Deluermoz & Glasman, 2011). Les policiers sont directement en contact avec les citoyens ordinaires, à l'interface entre l'État et les usagers. Malgré ces différences, les analyses sur les forces de l'ordre en Afrique permettent de dégager des pistes de réflexion qui aident à mieux comprendre la mauvaise réputation des notaires béninois.

Beek (2010) revient notamment sur la question de la légitimité de la police pour les usagers. Dans le cas des notaires, elle semble faire défaut. Je tenterai ici de comprendre pourquoi. Selon les criminologues, la légitimité des forces de l'ordre dépend surtout de leur équité procédurale : c'est l'idée que, indépendamment de la justesse du contenu d'une décision, la procédure doit être respectée, standardisée et appliquée à tous de manière identique (Sunshine et Tyler, 2003). Les recherches sur la police en Afrique tendent à nuancer ce principe général et soulignent l'importance de l'efficacité des forces de l'ordre et du sentiment de confiance des citoyens à leur égard (Tankebe, 2008 ; Bradford et al., 2014). Or, les pratiques des notaires visent principalement à garantir l'équité procédurale. Ils ne gagnent que rarement la confiance des usagers dans la mesure où ils leur fournissent très peu d'explications et que l'efficacité de leurs démarches est souvent mise en doute parce que les procédures s'étalent sur plusieurs années.

Autrement dit, les héritiers ne font généralement pas confiance aux notaires parce que dans un contexte où le résultat final – la vente des biens – tarde à être réalisé, les officiers publics ne sont pas perçus comme efficaces. Ce manque d'efficacité contraste avec leur mode de vie luxueux, contribuant dès lors à renforcer la méfiance des héritiers qui y voient un signe d'enrichissement illicite.

## 6.6. Les notaires en perspective : les huissiers de justice et les successions

Dans la gestion des conflits d'héritage, les huissiers sont susceptibles de jouer un rôle similaire à celui des notaires. Ils peuvent être nommés comme administrateurs et même se voir confier la liquidation des biens lorsqu'une vente publique n'est pas jugée nécessaire. Les paragraphes qui suivent me permettront d'analyser les différentes tâches assumées par les huissiers dans le cadre des successions, les difficultés qu'ils rencontrent et la manière dont ils font usage du droit. Alors que les huissiers admettent ouvertement enfreindre les normes officielles qui fixent leurs tarifs, ils sont pourtant beaucoup moins critiqués par les citoyens et par leurs confrères. Pourquoi ?

### *6.6.1. Les huissiers au Bénin*

Agents d'exécution par excellence, les huissiers sont au nombre de 31 sur l'ensemble du territoire béninois. Dotés d'une compétence territoriale, ils sont nommés par décret pour le territoire associé à l'une des trois cours d'appel du Bénin. Leur travail consiste essentiellement à réaliser des actes authentiques, qu'il s'agisse de procès-verbaux de réunion ou de significations diverses.

S'ils sont si peu nombreux, c'est parce que la profession est assez mal connue et peu populaire au Bénin. De nombreuses charges restent vacantes, malgré l'organisation de tests de recrutement par le ministère. Ces dernières années, les candidats se comptent sur les doigts d'une main : en 2009, il y avait trois candidats – dont deux admis ; en, 2011, trois huissiers furent diplômés sur cinq candidats à l'examen ; en 2014, les trois candidats furent admis. Organisé par la Direction des affaires civiles et pénales (DACP) du ministère de la Justice, le test est accessible à tous les clercs ayant effectué trois ans de stage, moyennant des frais d'inscription de 30.000 FCFA (45 euros). Cette organisation du recrutement est relativement récente : le premier examen a eu lieu en 1998 – la quittance s'élevait, à l'époque, à 5000 FCFA (7,5 euros) seulement.

> « Avant ce n'était pas autrement organisé, c'était surtout du clientélisme. Avant 1998, ils n'étaient que cinq sur toute l'étendue du terri-

> toire béninois. Parce que la profession était une chasse gardée – seuls les parents d'huissiers ou de notaires, ou les personnes bien placées au ministère ont voulu d'eux », explique maître Dieudonné (Cotonou, février 2013).

Les premiers huissiers de justice béninois ont prêté serment en 1969. Le premier texte organisant la profession fut adopté en 1971, puis modifié en 2005 (Décret n° 2005 – 10 fixant les tarifs des actes d'huissier). Une fois l'examen réussi, les futurs huissiers doivent payer leur inscription au tableau[147] – 50.000 FCFA (75 euros), ainsi qu'une somme de 300.000 FCFA (450 euros) au Trésor public.

Malgré le caractère relativement accessible de la profession – comparativement au notariat ou à la profession d'avocat – rares sont ceux qui s'y destinent parmi les jeunes juristes. La plupart des huissiers expliquent être entrés dans la profession par hasard, ou plutôt par opportunité, sans vocation particulière. Se destinant à devenir avocats ou conseillers juridiques dans une institution financière, de nombreux huissiers béninois racontent avoir décroché un stage dans un cabinet d'huissier après leurs études en droit alors qu'ils cherchaient un emploi dans un contexte économique difficile.

Maître Dieudonné est titulaire d'une charge à Cotonou depuis une dizaine d'années. Après avoir obtenu un diplôme de juriste, il commence par enseigner avant de trouver un stage dans un cabinet d'huissier de justice. Il s'agissait pour lui d'une opportunité lui permettant d'éviter le chômage, particulièrement important à l'époque.

> « Avant de commencer le stage, je ne savais pas ce que c'était être huissier de justice. Donc il a fallu commencer d'abord, s'imprégner de la réalité, prendre goût à la chose pour devenir huissier de justice », explique-t-il (Cotonou, février 2013).

Le stage a donc ici une triple fonction : il s'agit d'apprendre les ficelles du métier, de fournir une socialisation professionnelle aux futurs huissiers, mais aussi de les convaincre ou de les amener à suivre cette trajectoire professionnelle. Tout comme les clercs de notaires, les stagiaires dans les cabinets d'huissier y passent souvent de nombreuses années, de sorte qu'après avoir investi autant de temps dans leur formation, le coût d'opportunité d'un abandon semble bien trop important.

---

147 Le tableau de l'Ordre des huissiers, tout comme celui des notaires et des avocats d'ailleurs, reprend les noms et les informations relatives à chacun des membres de l'Ordre. Ces tableaux sont affichés au tribunal et permettent aux justiciables de contacter l'un d'entre eux si nécessaire.

S'il n'y a que cinq femmes parmi les 31 charges[148] du pays, comme dans de nombreux domaines, les facteurs qui ont influencé leur choix professionnel diffèrent, par certains aspects, de ceux des hommes, en particulier dans le cas des femmes mariées. Leur orientation professionnelle est alors souvent discutée en famille et au sein du couple, comme l'explique maître Céline :

> « Je voulais être magistrat, mais tonton (le petit frère de son époux), qui était magistrat, m'a refusé ça. Puis j'ai une amie qui est venue de Lomé, elle était commissaire-priseur. Elle parlait des inconvénients à Lomé et elle disait qu'être huissier c'était mieux. Donc on lui a demandé si elle ne connaissait pas quelqu'un. J'ai commencé mon stage là-bas, puis je l'ai fini au Bénin » (Cotonou, avril 2015).

Femme d'avocat, elle mentionne également que « l'avocature, on laissait ça pour les enfants ». De la même manière que les infirmières sont fréquemment femmes de médecins, les femmes juristes appartiennent souvent à un corps considéré comme « inférieur » à celui de leur époux. Les huissiers, tout comme les magistrats, sont souvent épouses d'avocats ou de diplomates.

Dans les dossiers pilotés par un avocat, les huissiers sont impliqués de manière quasi systématique. Il s'agit en effet de respecter la procédure et de rapporter la preuve de chacune de ses étapes – un acte authentique. Ils sont alors chargés de délivrer des convocations aux parties qui évitent le tribunal. Ils notifient les décisions à la partie adverse pour en faciliter l'exécution, assistent aux réunions dont ils rédigent les procès-verbaux. Lorsque les justiciables saisissent seuls le tribunal, les huissiers interviennent rarement dans la procédure. Les citoyens ordinaires ignorent souvent leur rôle et leurs prérogatives et souhaitent également éviter le coût supplémentaire que leurs actes représentent. C'est seulement à la demande du juge, qui exige la preuve d'une convocation, d'un compulsoire ou d'un événement particulier, que les parties ont recours à leurs services. Les huissiers interviennent aussi lors de l'exécution des décisions. Ils sont nommés comme séquestres par les juges lorsque ceux-ci estiment que les tarifs des notaires sont trop élevés. Après la vente des biens, ils sont saisis par les notaires pour procéder à l'expulsion des résidents récalcitrants. Ils représentent, enfin, le dernier recours de certains héritiers dont le dossier traîne depuis des années. Mécontents du travail du notaire,

148 Les charges d'huissier, tout comme celles des notaires, sont créées par décret, à la demande du ministère de la Justice. Elles sont ensuite attribuées à ceux qui ont réussi l'examen professionnel.

tout comme des services de leur avocat, ils envisagent alors un nouvel intermédiaire pour « récupérer leur dossier entre les mains du notaire » : l'huissier de justice.

### *6.6.2. Convoquer, notifier et expulser*

Dans le cadre des successions, les huissiers délivrent des convocations aux parties que le tribunal souhaite entendre. Il s'agit alors, pour les justiciables ou pour leur avocat, de leur remettre la convocation délivrée par le greffier pour qu'elle soit officiellement notifiée. Dans certains cas, le destinataire refuse d'en accuser réception. L'huissier rapportera alors la preuve de ce refus. Ils font parfois face aux réactions plus ou moins violentes des héritiers mécontents :

> « J'ai été poussé dans les escaliers plusieurs fois et, quand j'étais en stage, [...] on a déchiré mon habit, on a poussé ma moto, etc. Ça arrive, mais comme on le dit souvent, ce sont les risques de la profession », explique maître Ulrich (Cotonou, octobre 2012).

Huissier de justice à Cotonou, maître Ulrich achève des études de droit en 1996. Alors qu'il aspirait à devenir juriste dans une banque ou une société commerciale, il finira par devenir chef de chantier, ne trouvant pas de travail dans sa branche. Un an plus tard, de nouveau au chômage, c'est un ami collaborateur d'avocat qui lui parle d'une position de clerc chez un huissier avec lequel son cabinet travaille régulièrement. Maître Ulrich pose sa candidature :

> « Quand j'ai déposé ma demande, je n'ai même pas mis "Demande de stage" parce que je ne savais même pas comment ça fonctionnait. Je ne savais même pas qu'on pouvait devenir huissier... pour moi c'était travailler et pouvoir recevoir de l'argent à la fin du mois » (Cotonou, octobre 2012).

Après six ans de stage, il réussit l'examen professionnel lui permettant d'être titulaire d'une charge et d'ouvrir son cabinet. Il exerce dans la capitale béninoise depuis lors.

Les huissiers sont également chargés de notifier les décisions obtenues au tribunal, mais aussi de les exécuter. Ils sont alors chargés de l'expulsion des héritiers rebelles après la vente des biens. Maître Ulrich m'explique que dans l'un de ses dossiers, le défunt avait, avant sa mort, vendu sa parcelle au centre de Cotonou pour acheter une grande maison dans la zone périurbaine de Calavi. Chacun de ses dix enfants disposait d'une chambre. Pourtant, l'un d'entre eux refuse de quitter la parcelle vendue. L'huissier saisit alors le tribunal pour obtenir une ordonnance permettant d'expulser l'héritier récalcitrant. Une fois la décision obtenue, maître Ulrich explique :

> « On a déjà fait deux tentatives, les forces de l'ordre n'ayant pas eu la poigne nécessaire, il a résisté. [...] La deuxième fois, il y avait sept policiers avec nous [...] Il a pris une machette, il a pris un bidon d'essence, donc c'est les policiers qui ont manqué de poigne, ils n'ont pas fait leur travail. On est en train de préparer une troisième tentative, cette fois avec vingt policiers » (Cotonou, octobre 2012).

Ces procédures ont un coût – près d'un million de FCFA (1.500 euros). Ce montant s'explique d'abord par le payement d'une série de « faux frais » aux forces de l'ordre supposées contribuer gratuitement à l'exécution des décisions de justice. Au commissariat, les huissiers payent 5.000 FCFA par agent (7,5 euros), 10.000 par inspecteur de police judiciaire (15 euros).

> « Donc si vous devez prendre vingt policiers, plus un inspecteur, ça vous fait 110.000. On vous donne un reçu. Mais lorsque vous allez sur le terrain et que vous allez travailler, vous allez dépenser plus. Parce que chaque policier va encore prendre 5.000, et l'inspecteur 10.000. Ça, c'est sans reçu. Et si vous ne donnez pas, ça cause des histoires sur le terrain », explique maître Dieudonné (Cotonou, octobre 2013).

Il faut également couvrir le transport de l'ensemble du personnel impliqué. Enfin, l'huissier doit se procurer l'équipement nécessaire, dont la location coûte entre 300.000 et 500.000 FCFA (entre 450 et 750 euros) et engager les manœuvres capables de l'actionner.

En matière d'exécution, ces « faux frais », comme on les appelle souvent, sont alors répercutés sur les justiciables et entretiennent ainsi cette image d'une justice corrompue et d'un État défaillant. Dans le chef des huissiers, il s'agit alors de pallier le « manque d'État », qui échoue à réglementer ou à assurer le respect des règles. Ils déplorent en effet l'attitude des policiers, tout comme le prix souvent exorbitant du matériel à louer : des facteurs qui, selon eux, devraient être contrôlés par les pouvoirs publics.

### *6.6.3. Des tarifs négociés*

> « Les honoraires, ça se fait parfois à la tête du client. Si c'est une succession dont le patrimoine est très vaste, l'huissier aussi se fait payer de façon très aisée, le silence de la loi lui profitant, entre autres » (Maître Dieudonné, Cotonou, octobre 2013).

Comme c'est le cas pour de nombreux services dans le milieu judiciaire béninois, les tarifs sont négociés et négociables. Ils dépendent de la nature du dossier, mais aussi des ressources financières du client. Dans le cas des huissiers, la tarification des actes est fixée par le Décret n° 2005-10 du 9 mars 2005. La loi prévoit une série de montants fixes pour les différents actes, qui tiennent compte du prix des timbres à y apposer et des indemnités de déplacement.

Aujourd'hui, le prix de l'essence a considérablement augmenté, celui des timbres également. Certaines routes sont dégradées, de sorte qu'elles sont impraticables, allongeant le parcours d'une localité à l'autre. Les tarifs tels qu'ils existent aujourd'hui font donc partie des accommodements pratiques mis en place par de nombreux professionnels du droit. Comme dans le cas des notaires, ils sont justifiés par l'idée que la loi est illogique ou désuète. Maître Dieudonné explique :

> « Au moment de la signature de ce décret, l'enregistrement était à 500 F, le timbre à 300 F. Aujourd'hui, l'enregistrement est passé à 2.500 et le timbre à 1.200 F. L'État, en modifiant la loi des finances qui définit l'enregistrement des actes, devrait penser à modifier le décret sur les tarifs des huissiers de justice. Nous sommes obligés de moduler les coûts pour les ajuster à la loi des finances. C'est illégal, mais personne ne dit rien et nous évoluons dans cette illégalité. Un acte primaire qui doit être tarifé à 24.840, aujourd'hui tourne autour de 28.840 ou bien 32.840 » (Cotonou, octobre 2013).

Enfin, si les huissiers ne sont censés délivrer les actes qu'au sein des localités qui relèvent de leur compétence, leur réputation et les demandes des clients les amènent souvent à délivrer des actes au-delà, augmentant ainsi significativement le prix du déplacement. Maître Dieudonné explique :

> « Si par exemple je peux faire une convocation à Allada[149], je vais mettre la vacation horaire. Quand ça va augmenter, le justiciable ne va pas comprendre, mais en venant vers moi, il vient parce qu'il a été recommandé, il a une certaine confiance, et au lieu d'aller vers sa localité et trouver l'huissier qui lui fera payer 28.440, il préfère venir chez moi pour payer 55.000 » (Cotonou, octobre 2013).

La situation est parfaitement résumée par maître Dieudonné : « Dans la légalité, c'est la loi qui donne le tarif. En pratique, c'est l'huissier qui fixe. » Certains huissiers s'écartent alors largement des dispositions du décret. Maître Dieudonné m'explique ainsi avoir reçu une plainte contre l'un de ses confrères. Ce dernier aurait réalisé une

149 Voir Annexe 1.

signification de correspondance, habituellement tarifée entre 30.000 et 40.000 FCFA (60 euros), pour la somme de 75.000 FCFA (112,5 euros). Ne souhaitant pas s'en prendre à l'un de ses confrères, il a renvoyé le plaignant vers la Chambre des huissiers de justice du Bénin. Selon lui, l'huissier sera probablement condamné à répéter l'indûment perçu : la compétence des huissiers étant limitée au territoire de la Cour d'appel dont ils relèvent, ils ne peuvent normalement délivrer des actes au-delà de leur juridiction et prétendre à des émoluments plus élevés. De la même manière que la littérature sur la corruption et le fonctionnement des services publics en Afrique distingue les formes moralement « acceptables » ou inacceptables (Blundo & Olivier de Sardan, 2007) de corruption, les huissiers distinguent également entre un surcoût justifiable pour leurs actes et un trop perçu illégitime.

L'attitude des huissiers est révélatrice de ce principe selon lequel même par ceux qui sont chargés de leur mise en œuvre, les principes du droit sont souvent contournés au Bénin. Cette négociation des tarifs correspond pourtant, dans une certaine mesure, aux attentes des usagers : c'est probablement l'une des raisons pour lesquelles, bien qu'ils enfreignent ouvertement les dispositions légales, ils sont l'objet de bien moins de soupçons que les notaires dans le chef des justiciables.

### *6.3.4. Gérer des successions : les huissiers et les notaires*

Comme les notaires, les huissiers sont nommés comme séquestres pour gérer des successions particulièrement conflictuelles. Maître Dieudonné explique :

> « J'ai un jeune cousin qui est juge au tribunal de Cotonou, donc il peut m'appeler pour dire qu'il veut me nommer dans un dossier. Mais il attendra quelque chose [une commission] de ma part en retour hein ! » (Cotonou, octobre 2013).

Dans ce cadre, en vertu du principe de « l'échange généralisé des faveurs » (Blundo & Olivier de Sardan, 2007) au sein des administrations publiques en Afrique, les magistrats nomment souvent les huissiers avec lesquels ils ont des affinités, des parents ou amis par exemple. « Il faut savoir qu'un juge, quand il nomme un huissier comme séquestre, il attend toujours quelque chose en retour. Une bouteille de vin, une invitation au restaurant », poursuit mon informateur.

Lors de la gestion d'une succession, l'huissier prélèvera 10 % des revenus générés par le patrimoine, auxquels s'ajoute le coût des actes ou des procédures particulières à entreprendre. Lorsqu'il s'agit d'assigner un locataire, il facturera son déplacement, le temps passé au tribunal, sous la rubrique « peine et soins ». Dans le cadre d'une vente, il pourra tantôt recourir aux services d'un notaire, tantôt rédiger lui-même un acte attestant qu'il fut témoin de la vente en question.

Lorsque l'immeuble est doté d'un titre foncier, le recours au notaire est obligatoire. Maître Dieudonné explique sa réticence à recourir aux services des notaires qui, selon lui, n'appliquent en rien les tarifs prévus par la loi :

> « Le notaire, au-delà de sa prestation qu'on impute à l'acheteur, va prélever des bizarreries que l'on appelle le salaire de telle chose, telle chose et tout ça là, et généralement, ça grève le prix de la vente » (Cotonou, octobre 2013).

Dès lors, si l'immeuble n'est pas immatriculé, c'est l'huissier lui-même qui se chargera d'officialiser la vente en faisant de la convention un acte authentique.

Contrairement aux notaires, les huissiers apprécient les dossiers de succession malgré les difficultés inhérentes aux conflits entre héritiers. Pourquoi ? Parce que leurs clientèles, leurs positions économiques et sociales sur le « marché des auxiliaires de justice » sont différentes. Les notaires sont parmi les plus riches au Bénin. Comme ils sont spécialistes des transactions immobilières et de la création des sociétés, leurs clients appartiennent aux classes sociales les plus aisées. Le bénéfice additionnel que représente une affaire d'héritage n'est donc pas toujours, à leurs yeux, particulièrement significatif. Les huissiers de justice, par contre, ne bénéficient pas de ce monopole sur les transactions immobilières. Leur clientèle, comme celle des avocats, couvre un éventail plus large de classes sociales et économiques – celui de ceux qui entament des procédures judiciaires. Les dossiers de succession représentent donc pour eux des dossiers relativement intéressants.

## 6.4. « Quand le droit finit, l'homme dit le reste » : l'exécution et les familles

Une fois la décision rendue, la tâche du juge est terminée : l'exécution est indépendante du tribunal. Dans certains cas, elle est confiée au notaire ou à un huissier de justice. Lorsqu'aucun professionnel n'est désigné, c'est sur les héritiers seuls que repose l'application de la décision. Il est donc impossible de calculer le taux d'exécution des jugements au Bénin : d'une part, parce que le processus s'étale souvent sur de nombreuses années, d'autre part, parce que les formalités que ce processus implique ne sont ni centralisées, ni répertoriées.

Cette section abordera la manière dont les héritiers, en particulier les « gagnants » d'un procès, utilisent le jugement du tribunal.

### *6.4.1. Poser le problème : le cas d'Éloïse*

*Depuis 2011, le dossier d'Éloïse, mentionné dans les premières pages de l'introduction, est entre les mains du notaire. En effet, le juge a tranché en faveur des héritières et ordonné la licitation-partage de la succession. Pourtant, cinq ans plus tard, pas une seule des parcelles n'a été vendue. Arlette raconte :*

> « Nous on croyait que ce serait quelque chose de très rapide. On ne savait pas que ça allait traîner jusqu'à aujourd'hui. On pensait que dans trois ou quatre ou six mois, chacun aura sa part » (Cotonou, mai 2012).

*Bien que les démarches des trois jeunes femmes soient entièrement légales, la grande famille – les oncles et tantes des héritiers, mais aussi des parents plus éloignés, vivant au village – s'est radicalement opposée à l'aliénation du patrimoine, en particulier des terres du village, qu'elle considérait comme « ses terres ». En cours de procédure, « ils nous ont appelées plusieurs fois, mais on n'est pas parties » me confient les sœurs. Ensuite, les membres de la famille déclarent qu'ils se chargeront de partager l'ensemble des biens de la succession de façon à ce qu'aucune des parcelles ne soit vendue. Éloïse explique :*

> « Il y a des parcelles qui sont au village [...] Il y a un oncle qui est là-dessus et qui ne veut pas que les enfants s'approchent. Il se dit que c'est pour son grand frère [...] Il est allé jusqu'au tribunal pour dire ça. [...] Le reste de la famille, ils ne disent rien. [...] L'oncle, tout le monde le respecte. Voilà qu'il fait des choses qui ne sont pas justes, mais comme il est le grand... » (Cotonou, février 2013).

*Une fois la décision rendue, leur frère Louis a évité les convocations du notaire, prétextant attendre une réunion de famille qui l'autoriserait à fournir les titres de propriété des parcelles.*

> « Mais nous n'avons plus reçu de convocation pour la réunion, donc on ne s'est pas présentées. Il est allé seul et les gens lui ont simplement conseillé de ne pas remettre les documents. Si le notaire veut le forcer à remettre les documents, il n'a qu'à brûler ça », explique Éloïse (Cotonou, mai 2012).

*Pour la famille – les oncles et tantes, les cousins –, c'est toute la mémoire du défunt qui est en jeu, la preuve tangible de son passage sur terre. « Ils disent que ce que mon père a fait ici, il ne faut pas qu'on vende ça. Qu'il ne restera plus de traces, de souvenirs de lui », explique Rachel. Les oncles et tantes se sont même présentés chez le notaire, « mais le notaire a dit : "Pardon, c'est le tribunal qui a décidé". Si le tribunal a décidé, c'est fini, personne ne peut plus rien faire. Donc là maintenant il faut chercher un preneur*[150] *» (Éloïse, Cotonou, mai 2012).*

Comme le montre l'exemple d'Éloïse, à Cotonou, l'exécution des décisions est souvent partielle ou du moins reste en suspens pendant de nombreuses années. Les sœurs témoignent de toute l'importance des pressions familiales, des tentatives de négociations une fois la décision rendue. Pourtant, la famille se manifeste la plupart du temps tout au long des procédures, souvent dès l'introduction du dossier au tribunal. Comment expliquer que les héritiers « abandonnent » si proches de l'issue des procédures judiciaires ?

### *6.4.2. Exclure les biens du village*

L'exemple d'Éloïse et de ses sœurs fait écho à de nombreux autres cas dans la capitale. Les héritiers ont fréquemment peur de leur adversaire ou de la « grande famille » dont ils craignent les pouvoirs occultes. Ainsi, deux ans après la décision du tribunal, la famille d'Éloïse semble s'être finalement retirée des discussions. La situation s'est améliorée entre Louis et ses sœurs. Il a, depuis lors, accepté la vente et remis les documents au notaire. Les sœurs m'expliquent alors qu'elles souhaitent renoncer aux biens du village et aux parcelles occupées par leurs cousins.

> « Chez nous si tu ne sais pas faire, les gens vont te tuer tout de suite. C'est des vieux dangereux qui sont au village. Donc on a dû apprendre à laisser les parcelles qui sont là-bas », conclut Éloïse (Cotonou, février 2013).

Depuis la mort de son père, sept ans plus tôt, elle ne s'est d'ailleurs plus rendue au village. Victor, un cousin, ajoute :

> « Ils [la famille] passent par des manières occultes, je ne sais pas si vous maîtrisez des trucs comme ça, les gris-gris, les mauvais sorts, ce qui fait que tout le monde a peur d'aller prendre tel truc. S'ils disent : "Bon, on va vous donner quelque chose de votre papa", d'accord on accepte. Mais quand vous vous levez pour dire : "Voilà, c'est pour mon père, je dois aller prendre quelque chose", alors on peut vous envoyer une maladie. Là, soit vous allez rester alité pendant des années, soit c'est directement la mort qui s'ensuit. On peut

150 Un acquéreur.

> vous tuer directement, parce que l'Africain est très fort, c'est un peu comme le système de Bluetooth, on t'envoie des trucs » (Cotonou, avril 2013).

Quant aux maisons situées à Cotonou et à Parakou, les trois sœurs souhaitent toujours les vendre. Aujourd'hui en meilleurs termes avec leur frère, elles envisagent de tenter de récupérer leurs documents pour vendre à l'amiable, sans l'aide du notaire.

Les sœurs distinguent donc clairement les maisons de Cotonou et les terres du village. Les secondes sont spontanément soustraites de la masse partageable, laissées aux mains des villageois considérés comme dangereux. Elles sont décrites comme appropriées par la famille, qui les considère comme des biens communs plutôt que comme la propriété du défunt. « Au village, ils vont te dire que le papier est blanc. Ça veut dire que le droit, la justice, pour eux c'est l'affaire des Européens », m'explique Éloïse (Cotonou, février 2013).

Dans un article sur l'État et les services publics en République centrafricaine, Bierschenk et Olivier de Sardan (1997) mentionnent « l'absence d'État » en dehors de la capitale. Une fois sortis de l'agglomération, les écoles, les hôpitaux, les ministères, bref, les institutions publiques disparaissent. « The state stops at PK-12 », écrivent-ils (Bierschenk & Olivier de Sardan, 1997: 441). Ils font allusion au fait que, comme dans de nombreuses situations postcoloniales, les services publics sont concentrés dans les villes. En milieu rural, l'État n'est présent que de manière indirecte. En ce qui concerne les conflits d'héritage, les décisions judiciaires y sont considérées comme accessoires. La plupart du temps, elles ne sont pas considérées comme pertinentes, ou même contraignantes, par les résidents des villages.

## 6.5. Quand les héritiers renoncent à exécuter la décision

De nombreux héritiers perçoivent la justice comme un « dernier recours » et la saisissent pour sa faculté de résoudre leurs problèmes. Or, même quand la décision est rendue en leur faveur, on est souvent bien loin de la fin de l'histoire : nombreuses sont les décisions qui ne sont jamais appliquées. « Du point de vue du droit, l'affaire est réglée. Mais de notre point de vue à nous, ce n'est pas réglé », déclare Nadia, 38 ans, cadre dans une société privée de Cotonou (octobre 2012).

Dans les cas où un notaire est nommé pour liquider la succession, c'est lui qui est responsable de l'exécution de la décision. Mais ces cas de figure ne concernent que certains dossiers : ceux où le juge ordonne la vente judiciaire des biens. Dans les autres cas, l'exécution n'est pas automatique. L'application de la décision dépend des héritiers, libres d'entamer, ou non, les démarches nécessaires pour faire valoir leurs droits. La première étape consiste à prouver que leur adversaire a bien eu connaissance de la décision. Il faut donc la leur signifier, par l'intermédiaire d'un huissier de justice. Ensuite, s'ils refusent de la respecter, les autres héritiers peuvent porter plainte pour rébellion à décision de justice. Il s'agit là d'une nouvelle procédure, qui relève du droit pénal cette fois, et qui vise à punir ceux qui ne respectent pas la décision du juge. Considérée comme un trouble à l'ordre public, cette infraction est passible d'une peine de prison. Ce genre de cas est pourtant rare, pour deux raisons. D'une part, la plupart des héritiers ignorent l'existence de ce type de procédure et ne savent donc pas qu'il existe, en cas de résistance de la part de leur adversaire, des voies de recours possibles. D'autre part, ceux qui en ont connaissance sont réticents à l'idée d'engager une procédure pénale à l'encontre de leur famille. Alors que dans le cadre de la gestion et du partage des biens, le recours au juge permet de départager les héritiers, d'y mettre de l'ordre ou de changer l'ordre établi, en droit pénal, il s'agit de punir. « Après tout, c'est quand même mon frère », explique Nadia à ce propos (Cotonou, février 2013).

*Ancien transporteur, le père de Nadia est décédé en 1975, laissant trois femmes et neuf enfants. À l'époque, un conseil de famille a été organisé, désignant les veuves comme tutrices de leurs enfants respectifs. Avant sa mort, le défunt avait partagé ses biens « par femme », comme on le fait souvent au Bénin. Chacun des fils aînés avait également reçu une parcelle. Chaque femme vivait alors, avec ses enfants, dans la maison qui lui était attribuée.*

*C'est le cas de la mère de Nadia et de ses cinq enfants : un garçon, suivi de quatre filles, dont Nadia est l'aînée. Le patrimoine est tout d'abord géré par leur mère, qui passe ensuite la main à son fils aîné :*

> « Comme c'était le seul garçon, à un moment donné elle était fatiguée, elle lui a remis la gestion et à partir de ce moment c'était fini, il ne peut plus nous rendre compte. L'argent, c'est lui seul qui bouffe, il fait tout ce qu'il veut », explique mon informatrice (Cotonou, mars 2010).

*Ses sœurs tentent de lui faire entendre raison, sans succès : elles le contactent, demandent à organiser une réunion pour qu'il puisse rendre compte de sa gestion, mais « il nous dit qu'il n'a rien à voir avec nous, qu'il n'a pas de comptes à nous rendre », explique Nadia. L'affaire est portée en famille à plusieurs reprises. Nadia raconte comment ses grands frères, âgés de plus de 60 ans, ont proposé un règlement amiable sur base de normes au choix : le droit islamique – selon lequel il aurait droit au double de la part attribuée à chacune de ses sœurs – ou le droit béninois.*

> « Quand les grandes personnes de la famille l'ont appelé pour lui dire ça, lui il a dit qu'il n'entend pas laisser la gestion [...] Ensuite, il n'est plus allé [...] Mais comme il est là, il n'a peur de personne, il aura peur de la justice. La justice est là, elle s'impose à lui », raconte Nadia (Cotonou, mars 2010).

*C'est la benjamine, Adélaïde, qui décide de saisir le tribunal, et ce, malgré les critiques des amis et des voisins :*

> « Quand on a commencé, les gens ont dit : "Ah, votre frère, c'est le seul garçon parmi les enfants de votre mère, et vous osez le livrer comme ça ? Quel est le bien dont vous avez fait l'usage qui ne va pas périr ? Quel que soit l'argent que vous allez dépenser sur cette terre, vous allez mourir, laissez !" », relate Nadia (Cotonou, février 2013).

*La procédure est introduite en 2009. Les sœurs demandent la reddition de compte et le changement d'administrateur des biens communs. Mais après la première audience, leur dossier est constamment renvoyé pour absence de l'une des parties : leur frère ne se présente plus. En 2012, les sœurs se réunissent et, avec le concours de leur avocat, décident de renoncer à la reddition de compte pour se contenter d'un changement d'administrateur :*

> « Nous sommes obligées de faire cette concession, sinon aujourd'hui, on sera toujours en train de nous rejeter. Donc à l'audience là, notre avocat en a parlé au juge, nous avons dit : "Nous sommes d'accord." Et c'est de là que le juge a tranché, on lui a arraché la gestion » (Cotonou, février 2013).

*En 2012, le juge rend une décision, destituant l'administrateur au profit de Nadia et de sa jeune sœur comme adjointe. Il s'agit là d'une pratique fréquente dans un contexte où les parties évitent de se présenter : s'ils ont la preuve que ces dernières ont été convoquées, les juges peuvent alors rendre une décision « réputée contradictoire ». Les sœurs n'ont cependant pas eu le courage de la signifier à leur frère : comme il ne se présentait plus au tribunal, il ignore même qu'une décision a été rendue.*

« Comme notre grand frère, là, c'est quelqu'un de dangereux, on ne peut pas prédire sa réaction. Donc qu'est-ce qu'on fait ? On attend, on le voit faire. Parce que, quand on va aller avec la décision du tribunal, il peut même attenter à notre vie. C'est pour cela qu'on veut aller pas à pas, on ne veut pas être brusques », explique Nadia (Cotonou, février 2013).

*Pourtant, la situation change malgré tout : la maison de Parakou a été vendue et l'argent partagé équitablement entre les enfants. Bien que la décision du tribunal n'ait pas été mentionnée, les sœurs s'immiscent petit à petit dans la gestion de l'immeuble de Cotonou, louant certaines des chambres à l'insu de leur frère.*

Le cas de Nadia montre clairement que si la décision du juge n'est pas toujours synonyme de résolution du conflit, les procédures judiciaires ont malgré tout un impact sur les familles. Elles deviennent un acte symbolique fort, une menace de la part des « petits » envers les « grands ». Les justiciables s'approprient, d'une certaine manière, l'autorité symbolique de l'État, matérialisée par le jugement du tribunal. La décision est alors utilisée comme un moyen de pression envers la partie adverse lorsque son exécution reste en suspens. L'on retrouve donc ici une utilisation des documents et des procédures officielles similaire à celle décrite par Cooper-Knock et Owen (2014) dans le cas des plaintes déposées à la police : même si le plaignant abandonne les poursuites, le dossier et ses traces écrites constituent une sorte d'assurance, un avantage symbolique.

Lorsqu'un notaire est désigné, par contre, l'exécution est théoriquement inévitable. Le délai qui s'écoule ainsi que l'intervention d'un intermédiaire neutre, délégué par l'État, permet aux parties de trouver un terrain d'entente : c'est l'idée que, d'une certaine manière, le problème n'est plus de leur ressort. Dans ce cadre, la vente des biens communs permet souvent de redéfinir les rapports familiaux sur une base plus individuelle. Ainsi, dans le cas de Monique, la vente permettra de « mettre à distance » la famille élargie : « La maison est vendue, maintenant nous sommes dans la joie. J'ai acheté ma parcelle, je suis là-bas avec mes enfants. Personne ne peut venir m'embêter. » Dans ce contexte, même lorsque les biens sont partagés, nombreux sont ceux qui souhaitent vendre leur part pour « acheter pour eux », à l'écart de la famille.

Il s'agit également de renouer un contact souvent interrompu pendant le recours au tribunal, au cours duquel les adversaires refusent souvent toute communication.

> « Entre-temps, quand l'affaire était au tribunal, la situation était tendue. Mais maintenant, surtout depuis qu'on a vendu la maison de Parakou, chacun a eu un peu de sous pour ses activités, il n'y a pas de problème », explique Nadia (Cotonou, février 2013).

Éloïse, quant à elle, raconte comment elle et ses sœurs ont repris contact avec leur frère, autrefois soupçonné de vouloir les éliminer. Les deux parties s'entendent aujourd'hui pour tenter de dessaisir le notaire, et procéder, ensemble, à des ventes amiables de l'ensemble des biens.

Si le tribunal parvient rarement à résoudre les disputes successorales de manière définitive, les témoignages qui précèdent démontrent que le recours à la justice a pourtant bien un impact sur les dynamiques familiales. En modifiant les rapports de pouvoir, en donnant aux « petits » des instruments de négociation qui permettent de mettre en question les normes et les hiérarchies familiales, la justice permet souvent aux héritiers de bénéficier de biens communs tout en mettant à distance leur famille. Ce constat vient compléter l'idée, énoncée lors du premier chapitre et mise en évidence par Berry (2009), que les réformes du droit peuvent avoir des conséquences inattendues et provoquer une recrudescence des conflits qu'elles sont censées résoudre. Depuis l'adoption du nouveau Code des personnes et de la famille, le nombre d'affaires de succession portées devant le tribunal de première instance de Cotonou ne diminue pas – même si la plupart d'entre elles n'aboutissent pas réellement devant l'institution judiciaire. Cependant, comme le montrent les exemples qui précèdent, les « effets » de la loi ne résident pas uniquement dans la décision du juge : il s'agit aussi – et surtout – d'utiliser l'autorité symbolique de l'État pour changer les rapports et les hiérarchies familiales. Dans ce contexte, les parties choisissent, dans la décision du juge, les éléments qu'elles estiment applicables. Il ne s'agit donc pas de mettre en question la légitimité du droit, mais plutôt d'adapter la manière dont on l'utilise. Désireux de préserver les relations familiales et d'éviter les difficultés supplémentaires liées à l'exécution, certains gagnants choisissent d'utiliser la décision du juge comme outil de négociation. Une solution qui, finalement, permet aux héritiers d'atteindre leur objectif : agir sur les hiérarchies familiales, sur les rapports de force et de pouvoir.

D'une certaine manière, les limites du droit aux yeux des justiciables illustrent le fait que même les décisions judiciaires sont instrumentalisées par ceux qui les obtiennent, que la justice est loin d'être une institution hégémonique absorbant les usagers qui, une fois entrés dans le processus, s'en trouveraient presque prisonniers. Comme l'écrit Kelly (2005 : 883) à propos du recours au droit en Palestine :

> « The attractiveness of the law was not simply a question of the cultural appropriateness of legal values. Law, after all, does not need a monopoly on normative assumptions in order to be effective. Instead legal claims are taken up, used and transformed by people according to their needs and the wider structures of possibility that are available to them. »

Dans le cas des héritiers béninois, ces « structures de possibilité » consistent à trouver des arrangements en famille : partager les revenus de la succession de manière plus équitable au lieu de vendre ou de changer d'administrateur, vendre des biens jusque-là considérés comme inaliénables, liquider une succession pour acheter, ensuite, des biens propres sur lesquels figureront le nom du défunt. Ces arrangements témoignent malgré tout d'une reconfiguration dans les familles : ils prennent en compte l'avis de personnes ignorées, accordent une part de patrimoine à ceux qui en étaient autrefois exclus.

## Conclusion

Rarement analysée dans la littérature, la question de l'exécution des décisions de justice est pourtant particulièrement révélatrice du rôle et de la place que les justiciables donnent au droit et aux institutions judiciaires.

Alors que la plupart des justiciables pensent que les procédures s'arrêtent une fois la décision rendue, le jugement ne constitue en réalité qu'une première étape dans le règlement d'une succession. Les héritiers doivent en obtenir la copie exécutoire auprès du greffier en chef, avant de pouvoir exécuter la décision. Dans un certain nombre de cas, ce processus d'exécution est confié à un auxiliaire de justice : souvent un notaire, parfois un huissier. Dans le parcours des héritiers, cette étape correspond souvent à un apaisement des tensions. Le tribunal a rendu une décision, de sorte qu'il ne s'agit plus désormais de faire valoir ses arguments : le débat est clos. Les héritiers se plaignent par contre tous du manque d'information et de la lenteur d'un processus sur lequel ils ont souvent peu d'emprise.

Les deux groupes de professionnels mentionnés ci-dessus abordent pourtant les litiges successoraux de manières bien distinctes. Les notaires, appartenant à l'élite économique de la capitale, rechignent à prendre en charge ce genre de dossiers où les complications sont multiples et où les parties sont assimilées à des gêneurs. Pour les huissiers, moins bien lotis que les notaires, ils sont par contre plutôt lucratifs. Leur manière de gérer ce genre de problèmes est également différente : alors que les notaires agissent selon une conception légaliste des services publics et exécutent à la lettre les termes du jugement, les huissiers privilégient une approche basée sur les relations, les arrangements. Les premiers entretiennent une relation formelle avec les usagers, respectant les lois en vigueur et les décisions du juge, les seconds privilégient les solutions informelles. Or, dans la plupart des administrations, les services publics sont négociables. Les démarches à entreprendre et les montants à payer font généralement l'objet d'accommodements pratiques entre fonctionnaires et usagers. Une manière de faire qui contraste avec celle des notaires, qui se basent avant tout sur les règles et les documents disponibles. Ce respect des procédures formelles au détriment d'une « équité substantive » (Tyler, 2006) est d'ailleurs probablement à l'origine des nombreuses critiques dont ils font l'objet. Pour les héritiers, ce qui compte avant tout, c'est l'efficacité du notaire – autrement dit, le fait d'obtenir, le plus rapidement possible, leur part du patrimoine.

Ces éléments me permettent également de revenir sur la question de la place de la loi dans le travail des officiers publics, en particulier celui des notaires. En effet, si leur réputation aux yeux des usagers ainsi que leur comportement face à leurs « clients » rappellent, en de nombreux points, ceux de certains membres du personnel soignant en Afrique de l'Ouest, ils s'en distinguent par contre dans leur rapport aux normes, en particulier les normes officielles. Alors qu'elles sont fréquemment enfreintes, adaptées ou contournées par le personnel soignant et par les agents de l'État (Jaffré & Olivier de Sardan, 2003 ; Blundo & Olivier de Sardan, 2007), les notaires respectent généralement les règles formelles – une manière de faire qui, paradoxalement, leur vaut malgré tout une mauvaise réputation. Les rumeurs de corruption apparaissent ici, une fois encore, comme un mode d'explication pour les justiciables : elles justifient l'aisance financière des notaires ainsi que l'importance des montants prélevés par l'étude sur le prix de la vente.

Lorsque le juge se contente d'autoriser une vente ou de changer un administrateur, par contre, l'exécution dépend directement des parties. Dans ce cas, le contenu des décisions est rarement respecté. Les biens situés au village sont systématiquement exclus de la masse partageable et traités comme des biens « à part » – c'est d'ailleurs également le cas lorsqu'un notaire est désigné. Mais même lorsqu'il s'agit de parcelles situées en milieu urbain, les héritiers renoncent parfois à exécuter les décisions qui les avantagent. Désireux de préserver les relations familiales et d'éviter les difficultés supplémentaires liées à l'exécution, certains gagnants choisissent d'utiliser la décision du juge comme outil de négociation, comme moyen de pression au sein des familles. Le recours au droit et à la justice apparaît alors comme une option stratégique parmi d'autres pour modifier les hiérarchies familiales, redéfinir l'accès aux biens et la manière dont les ressources sont partagées entre les héritiers.

Dès lors, si Kohlhagen (2007 : 3) interprète le non-respect des jugements comme un symptôme de « l'échec de l'intervention des institutions étatiques » dont l'autorité fait défaut au Burundi, j'y verrai au contraire une manière pour les justiciables béninois d'utiliser l'autorité symbolique de l'État et de la décision du juge pour renégocier les hiérarchies familiales. Cette pertinence du droit et des institutions judiciaires est bien sûr loin d'être applicable à toutes les situations et à tous les types de biens, mais lorsqu'il s'agit de propriétés individuelles du défunt, le Code des personnes et de la famille est, conformément aux objectifs de ses concepteurs, mobilisé pour modifier les rapports de genre, l'accès à la terre et les hiérarchies familiales à Cotonou.

# Conclusions

•

Tout comme de nombreux autres États sur le continent africain, le Bénin a entrepris, à partir des années 1990, une large réforme de ses services publics. La justice y occupe une place centrale. L'adoption d'une constitution démocratique lors de la conférence nationale et la tenue des états généraux de la justice quelques années plus tard ont marqué le début d'un processus de « modernisation » du droit et de l'ensemble de l'appareil judiciaire. Parmi les premiers textes à faire l'objet d'une révision figure le Code des personnes et de la famille, censé promouvoir l'égalité des sexes, contrairement au droit « coutumier » jusque-là applicable à la majorité des familles. Se pose, dès lors, la question de l'appropriation de ce nouveau texte qui soumet l'ensemble de la population à un seul régime, celui du droit « moderne », essentiellement issu du droit français. Ce nouveau Code régit, entre autres, le règlement des successions. Or, les questions liées à la gestion et à la répartition de l'héritage sont fréquemment source de conflits à Cotonou et dans les localités voisines. De nombreuses familles saisissent les cours et tribunaux. Cette recherche avait pour objectif de comprendre la manière dont les héritiers, les juges, les avocats ou les « courtiers » utilisent ou contournent la loi dans ce genre d'affaires.

Loin de se limiter à la question du droit des successions, cet ouvrage s'intéresse aux nouvelles dynamiques familiales à Cotonou et aux effets de la loi sur ces dernières. Dans un contexte où les services publics sont souvent associés à la corruption et aux pratiques informelles, les sections qui suivent envisagent les spécificités du système judicaire béninois. Le cas des conflits d'héritage à Cotonou permet de réfléchir à la question de la place du droit pour les citoyens, mais aussi dans le travail des juges et le fonctionnement des tribunaux, démontrant ainsi que les règles officielles sont loin d'être systématiquement contournées dans les administrations africaines. Les données récoltées dans le cadre de ce travail permettent donc de nuancer la manière de penser l'État et de prendre en considération l'importance de la loi dans les sociétés africaines aujourd'hui.

## I. Les conflits d'héritage, la justice et l'appropriation de la loi

Dans la section réservée aux questions d'héritage, le nouveau Code définit tous les héritiers comme égaux devant la loi. Autrement dit, que leurs parents soient mariés devant un officier d'état civil ou non, filles et garçons ont les mêmes droits sur les biens de leurs parents décédés. Il précise également, tout comme l'ancien droit français, que chaque héritier peut, s'il le souhaite, exiger le partage ou la vente du patrimoine sans l'accord de ses cohéritiers. Le conjoint survivant, s'il est légalement marié, hérite en pleine propriété du quart du patrimoine. Si certaines de ces dispositions existaient déjà en droit civil « moderne », où les juges appliquaient la loi française, aujourd'hui, elles s'appliquent à l'ensemble des familles. Avec comme point de départ une série d'affaires pendantes au tribunal, ce travail permet de comprendre comment la loi est appropriée par les héritiers et par les professionnels du droit susceptibles d'intervenir dans leur dossier.

Les données récoltées dans le cadre de cette recherche montrent que le parcours des héritiers débute par l'organisation de l'enterrement, la répartition des tâches et des dépenses. Lorsqu'ils racontent leur histoire, les funérailles apparaissent comme le premier moment où l'on commence à compter, à calculer dans les familles. Les investissements réalisés par chacun font dès lors office d'arguments lorsqu'il s'agit de déterminer une clé de répartition des biens.

L'étape suivante consiste à choisir un gestionnaire provisoire du patrimoine : le liquidateur – ou, avant 2004, l'administrateur. C'est le deuxième moment de tensions au sein des familles, mais c'est aussi l'occasion pour certaines d'entre elles de solliciter le tribunal comme une autorité administrative, qui valide une décision familiale et qui lui donne une légitimité supplémentaire, celle de l'État. Dans de nombreux cas, c'est la situation d'indivision qui pose problème. L'accès aux biens et aux revenus générés par la succession est souvent fonction des hiérarchies familiales, des rapports de genre et de générations. Le nouveau Code, qui définit tous les héritiers comme égaux et qui insiste sur les droits du conjoint survivant, fait alors office d'« arme des petits » dans la famille. Les héritiers qui s'estiment lésés définissent presque invariablement le tribunal comme le forum le plus adapté pour résoudre leur problème, même s'ils n'y ont pas toujours recours. En effet, parmi ceux dont la situation financière est la plus précaire dans la capitale, certains perçoivent le tribunal comme inaccessible. Ils utilisent alors différentes instances de médiation, plus ou moins reconnues par l'État, comme passerelle ou comme substitut au tribunal. Pour la plupart des héritiers de la capitale, c'est pourtant la justice étatique qu'il convient de saisir, tantôt pour y régler des formalités administratives, tantôt pour faire pression sur ceux qui monopolisent leurs biens.

Une fois la requête introduite, les héritiers se trouvent confrontés à l'univers du tribunal et aux méandres administratifs que leur dossier va devoir parcourir. Leur expérience des juridictions correspond aux stéréotypes associés à de nombreuses administrations publiques : « Le pauvre n'a jamais raison », les dossiers traînent, les relations sont indispensables pour les faire avancer (Olivier de Sardan, 2004). Toute la spécificité du système judiciaire tient au fait que les usagers ne sont pas uniquement face à un ou plusieurs fonctionnaires qu'ils doivent convaincre de leur rendre un service. Ils ont un adversaire, leur contradicteur, et un arbitre, le juge. Dans ce contexte, même à l'audience, les héritiers mobilisent des registres divers : ceux qui s'estiment lésés par les normes familiales évoquent les principes du droit, leurs adversaires mobilisent les normes familiales et la morale. La plupart du temps, que le juge leur donne raison ou tort, demandeurs et défendeurs reconnaissent l'autorité de l'État.

Les conflits d'héritage s'inscrivent par ailleurs dans un climat de soupçon où les accusations de sorcellerie sont nombreuses. Ces éléments n'ont aucune valeur légale et sont par conséquent exclus des débats et de la décision par le juge, mais ils représentent néanmoins un aspect important des conflits familiaux. Ces soupçons sont rapidement écartés lors des audiences, mais leur véracité n'est jamais mise en doute par les magistrats qui connaissent pertinemment ces dangers liés aux affaires de famille (Geschiere, 1997).

Cette remarque m'amène à aborder la question du rôle des juges dans les affaires de succession. S'ils sont tenus par les dispositions légales dans leurs écrits, à l'audience, ce sont eux qui donnent la parole et qui la reprennent, qui posent des questions. Ils sont dès lors libres d'orienter les débats, de définir les éléments qu'ils estiment pertinents et de couper court aux autres. Ils peuvent également ralentir ou accélérer les procédures, à travers le nombre de renvois octroyés – ou imposés – dans une même cause. Contrairement à leurs homologues des pays industrialisés qui rechignent parfois à traiter ce genre de dossiers (Bessière & Mille, 2013; Merry, 1990), les magistrats béninois prennent leur rôle à cœur, un rôle qu'ils définissent non pas comme la posture jupitérienne de celui qui tranche et qui punit, mais plutôt comme celle d'un médiateur. Tous insistent sur l'importance de réconcilier les familles, de « trouver une solution » plutôt que de trancher un litige, à l'image des juges coutumiers décrits par Gluckman (1955) ou Rosen (1989). Ils prennent souvent la défense de ceux qu'ils perçoivent comme vulnérables : un constat qui permet de nuancer l'idée que la justice contribue à renforcer les inégalités sociales, dans la mesure où elle serait souvent plus favorable à ceux qui connaissent déjà les règles du jeu, détiennent les richesses et disposent de relations (Felstiner, Abel & Sarat, 1981 ; Galanter, 1974 ; Griffiths, 1990). Alors que la plupart des magistrats insistent sur le manque de reconnaissance dont souffre leur profession, les audiences leur permettent de définir leur rôle bien au-delà du simple fait de « dire le droit ».

Ce manque de reconnaissance, qu'ils mesurent avant tout à leur salaire, s'exprime souvent en comparaison avec les avocats, qui représentent eux aussi des intervenants clés dans les dossiers. Les héritiers ne sont pas obligés d'y avoir recours, au tribunal de première instance du moins. Pourtant, la majorité d'entre eux engagent un conseiller. Alors qu'ailleurs au Bénin, Bako-Arifari (2006) et Tchantipo (2006) décrivent l'importance des modes informels d'intermédiation judiciaire, à Cotonou, les héritiers privilégient les membres du barreau. Les avocats y sont en effet beaucoup plus présents que dans les juridictions éloignées de la capitale où, pour obtenir leur intervention, il faut non seulement payer leurs honoraires, mais également le trajet et les nuits d'hôtel nécessaires. Dans les tribunaux proches de la capitale, ils sont nombreux à intervenir et par conséquent plus visibles pour les usagers, qui les identifient comme les intermédiaires les plus compétents pour les assister. Plutôt que d'encourager leurs clients à conclure un arrangement à l'amiable, les avocats les incitent à saisir les tribunaux. Ils leur expliquent la loi et les poussent à faire valoir leurs droits, contribuant dès lors, en partie, à l'individualisation des rapports familiaux à Cotonou.

La plupart des héritiers décrivent pourtant leur conseil comme peu présent, rarement disponible en cours de procédure. Les membres du barreau, tous basés dans la capitale, ne sont que quelques centaines pour l'ensemble du territoire béninois. La plupart d'entre eux doivent gérer simultanément plusieurs dossiers le même jour, répartis entre les quatre juridictions du sud du pays. Ils sont donc souvent contraints de déléguer leur travail à leurs collaborateurs, ces jeunes juristes aspirant à réussir l'examen d'entrée à la profession. Décrit comme étant particulièrement difficile, cet examen qui ne sélectionne qu'une poignée de candidats par an, contribue à créer une situation de pénurie, où les avocats sont rares – et chers – et les dossiers trop nombreux. De nombreux exemples montrent cependant que les héritiers ne sont pas sans ressources face aux membres du barreau. Les honoraires représentent en effet un enjeu de part et d'autre : les héritiers tentent de minimiser les coûts en prenant en otage leur conseil sans le rémunérer; les membres du barreau mettent en place diverses stratégies pour tenter d'obtenir le payement d'un montant minimum.

Une fois la décision rendue, les parties doivent s'en procurer la copie exécutoire. Lorsqu'ils sont assistés d'un conseil, c'est lui seul qui peut se charger des démarches auprès du tribunal. Les avocats disposent alors d'un moyen de pression supplémentaire pour obtenir une rémunération. Si un notaire a été désigné, le document sera directement transmis à son étude. Pour les héritiers, c'est la solution la plus coûteuse – un coût qui contribue également à la mauvaise réputation des notaires. Tout comme les sages-femmes ou les douaniers, ils font l'objet de nombreuses rumeurs de corruption, véhiculées par les citoyens et les professionnels du droit. Lorsque les formalités sont remplies, le montant de leurs honoraires et les différents types de frais associés aux transactions immobilières sont vécus comme une forme de racket par les usagers. Les notaires sont souvent perçus comme inefficaces en raison de la lenteur du processus de liquidation d'une succession, mais ils sont aussi parmi les personnalités les plus riches de la capitale. Ils considèrent généralement que les dossiers de succession sont peu rentables. Les procédures sont longues, impliquent de nombreuses complications de la part des parties, souvent considérées comme des gêneurs, et rapportent souvent peu si l'on prend en compte le travail fourni. Dans un contexte où l'immobilier est largement surévalué, ces experts des transactions foncières considèrent souvent les simples ventes bien plus intéressantes – bien que le pourcentage défini pour leurs honoraires soit dans ce cas moins élevé.

Lorsqu'aucun officier public n'est désigné dans la décision du tribunal, les héritiers sont libres d'exécuter, ou non, le jugement. Nombreux sont les gagnants d'un procès qui tardent à effectuer les démarches nécessaires. Désireux de préserver les relations familiales et d'éviter les difficultés supplémentaires liées à l'exécution, certains gagnants choisissent d'utiliser la décision du juge comme outil de négociation, comme moyen de pression au sein des familles. Les effets de la loi ne résident donc pas uniquement dans la décision du juge : il s'agit aussi – et surtout – de s'inspirer des principes du droit pour changer les rapports et les hiérarchies familiales. Les parties sélectionnent alors, dans la décision, les éléments qu'elles estiment applicables. Cette solution d'une exécution partielle, ou progressive, permet aux héritiers d'atteindre leur objectif : agir sur les hiérarchies, sur les rapports de force et de pouvoir au sein de la famille. Le droit à la parole et la répartition des ressources sont alors définis sur de nouvelles bases, conformément aux objectifs initiaux des procédures.

Souvent critiquées dans la littérature, les réformes comme celles du Code des personnes et de la famille sont souvent considérées comme inefficaces, basées sur des aspects formels et, par conséquent, rarement ou partiellement appliquées en pratique (Blundo & Olivier de Sardan, 2007 ; Bierschenk & Olivier de Sardan, 2014 ; De Herdt & Olivier de Sardan, 2015). Pourtant, des funérailles à l'étude du notaire, en passant par le tribunal, mes études de cas ont permis de montrer que le nouveau Code est définitivement approprié par les héritiers, en particulier par les femmes et les cadets à Cotonou. Ces « petits » des hiérarchies familiales saisissent le tribunal et y mobilisent les principes du Code pour reconfigurer les rapports de genre et de générations. Ils y négocient une nouvelle clé de partage ou de répartition des ressources, mais surtout une nouvelle place au sein de la famille.

## II. La place de l'État

Les différentes études de cas mobilisées tout au long de ce livre montrent que, lorsqu'il s'agit de résoudre un conflit hors de l'arène familiale à Cotonou, les héritiers ont très peu recours aux intermédiaires informels ou aux formes privées de résolution des conflits. Ils « saisissent l'État » pour son autorité symbolique, pour faire pression sur les membres de leur famille, pour obtenir un document officiel, un « cachet » incontestable. Dans leurs discours, dans les institutions saisies et les intermédiaires sollicités, l'État occupe une place centrale.

Alors que de nombreux auteurs insistent sur le caractère hybride des services publics sur le continent africain et sur l'importance des intermédiaires informels ou des acteurs privés dans leur production (Lund, 2006 ; Tidjani Alou, 2007 ; Tchantipo, 2013 ; Bierschenk, 2014b), à Cotonou, la justice est avant tout rendue par les tribunaux. Bien sûr, il ne s'agit pas ici d'affirmer que les phénomènes de privatisation interne et externe des services publics sont inexistants, mais de faire une place à l'État et aux services publics dans leur dimension formelle. L'importance de cette dimension apparaît clairement dans le travail des juges état des personnes. Les procédures s'étalent parfois sur plusieurs années, mais comme le remarquent certains justiciables, tôt ou tard, les décisions sont rendues conformément aux dispositions légales. Dès lors, un second constat s'impose : celui d'un État qui « fonctionne », qui organise des audiences et qui rend des décisions.

Se pose alors la question des spécificités du système judiciaire et des raisons pour lesquelles, contrairement à d'autres administrations publiques, il n'est ni « coproduit » ni contourné par les familles. Pourquoi, dans un contexte où les services publics sont décrits comme opaques et inefficaces, les héritiers ont-ils recours à la justice ?

La première explication est liée aux missions du système judiciaire : il est chargé d'interpréter la loi, de résoudre un conflit entre plusieurs personnes, physiques ou morales. L'autorité de celui qui tranche a donc toute son importance : l'efficacité de la décision en dépend. Il s'agit là d'une différence cruciale avec, notamment, les services de santé, l'éducation ou encore la production d'eau ou d'énergie. Dans ces domaines, ce qui importe, c'est avant tout le résultat, indépendamment de la personne qui permet de l'obtenir. Les héritiers, par contre, « saisissent l'État » pour son autorité symbolique. Si cette autorité apparaît comme particulièrement évidente – et efficace – dans ce cas, bien plus que dans celui de la santé ou de l'éducation par exemple, c'est entre autres parce que la justice est une des fonctions régaliennes de l'État. Tout comme la police, elle est directement associée au monopole de la violence légitime que détient l'État – une association renforcée par le fait que de nombreux citoyens confondent l'administration judiciaire dans son ensemble avec le parquet, chargé des affaires pénales. Les héritiers ont recours à l'État pour sa capacité à imposer ses règles et ses décisions, parce qu'il est perçu comme capable de « ramener l'ordre » – ou plus exactement de changer l'ordre établi – dans les familles.

En outre, le système judiciaire dispose d'intermédiaires officiels mandatés par l'État : les avocats, les notaires et les huissiers. Il s'agit là d'une deuxième spécificité. Ces intermédiaires jouent un rôle déterminant dans le parcours des héritiers, qui les identifient sans hésiter comme partie intégrante du système judiciaire. « C'est l'État qui gère », disent fréquemment ceux dont les biens ont été confiés à la gestion d'un notaire. Exerçant des professions libérales, ces intermédiaires bénéficient d'un monopole défini par l'État. Les avocats sont les seuls habilités à plaider devant un juge. Leur présence est une obligation pour saisir les juridictions d'appel. Les notaires et les huissiers sont nommés par les juges et mandatés pour liquider des successions. Cet aspect spécifique du système judiciaire permet d'expliquer la place marginale des intermédiaires informels dans les tribunaux de la capitale. À l'intérieur du pays, leur intervention permet de pallier l'absence des avocats. Dans la capitale, les auxiliaires de justice sont omniprésents. Le capital relationnel fait certes partie de leur plus-value, mais ils mettent également au service des usagers une connaissance technique du droit et du fonctionnement du système judiciaire. Même lorsqu'ils ont le choix, c'est à eux que s'adressent prioritairement les héritiers, confirmant cette idée de l'État comme une autorité légitime.

Ces intermédiaires interviennent non seulement dans le parcours des usagers, mais également dans le fonctionnement de l'administration en général. Ils participent, au même titre que les fonctionnaires, à l'appropriation des réformes et à la mise en œuvre des lois. Or, contrairement aux fonctionnaires, ils exercent leur fonction de manière indépendante. Leurs clients et leur efficacité sont leur source de revenus. Ils appartiennent à un corps soumis à un ensemble de règles. C'est là une troisième différence fondamentale entre la justice et d'autres services publics : elle est rendue par des professionnels, qui, à l'exception des juges, ne sont pas fonctionnaires. Les avocats, les notaires et les huissiers exercent une profession libérale, caractérisée, entre autres, par un impératif de rentabilité. Autrement dit, si les dossiers n'aboutissent pas, leurs revenus en pâtissent. Jusqu'ici, l'État et la gouvernance quotidienne sur le continent africain étaient abordés à travers les pratiques des fonctionnaires. Les différents chapitres de ce livre montrent le rôle tout aussi important des professions libérales dans la construction de l'État et le fonctionnement des services publics en Afrique.

## III. La place du droit

Dans les discours des héritiers qui relatent leur expérience du tribunal, comme dans ceux des professionnels qui décrivent leur travail, le respect du droit et des règles formelles représente un élément central. Cette question de la place du droit est particulièrement pertinente pour aborder le travail des juges et des notaires, qui jouent un rôle essentiel dans la mise en œuvre du Code de 2004. Les premiers se chargent d'instruire le dossier et de rendre une décision, les seconds, de liquider les successions. Ces deux étapes du processus s'étendent chacune sur plusieurs années. Pourtant, si le droit est au cœur des activités de ces deux corps professionnels, les juges état des personnes et les notaires abordent les affaires d'héritage de manière très différente.

Les juges insistent sur l'obligation de respecter les dispositions du Code dans leurs décisions : il en va de leur réputation. Ils insistent également sur l'importance de leur fonction sociale, qui consiste à « ramener la paix » au sein des familles. Pour ce faire, la rédaction du jugement est précédée de nombreuses audiences, au cours desquelles les juges entendent les témoignages des héritiers et où ils expliquent, raisonnent, tentent de concilier et de trouver des solutions qui sont non seulement légales, mais aussi socialement acceptables pour les familles. Leur marge de manœuvre réside dans leur capacité à gérer les débats : donner la parole, la reprendre, voire renvoyer un dossier à une date ultérieure pour retarder la décision. Les audiences représentent donc, pour les juges, un moment durant lequel il est possible de concilier le droit et la morale. Dès lors, si les décisions ne font finalement référence qu'aux dispositions légales, elles donnent malgré tout l'impression aux héritiers d'avoir été discutées, négociées.

Cette attitude des juges face à la loi est en partie liée au contexte ou, plus exactement, à la matière et au type d'affaires. Ces éléments, tout comme la manière dont les usagers se saisissent des dispositions du Code pour agir sur les relations en famille, montrent que les usages du droit sont liés au type d'affaires et au type de droit applicable. Ils sont liés à ce que la loi « fait » – ou ce qu'elle permet de faire. En fonction des matières, le profil des usagers diffère, les raisons pour lesquelles ils saisissent le tribunal changent et les juges gèrent autrement les conflits. Indépendamment des usages *du droit* en général, cette recherche montre donc tout l'intérêt d'analyser également les usages ou l'appropriation *de la loi* – d'un dispositif spécifique, d'un type de droit ou d'un domaine particulier.

Les notaires, par contre, préfèrent mettre les familles de côté et se concentrer uniquement sur le respect des règles formelles. À l'opposé de celle des magistrats, l'attitude des notaires face aux affaires d'héritage s'explique, d'une part, par leur statut d'indépendant et l'impératif de rentabilité qui va de pair avec leurs activités : écouter et concilier les justiciables, c'est une perte de temps et donc d'argent. C'est aussi superflu : pour exécuter le jugement, les officiers publics ont uniquement besoin des documents relatifs aux biens et à l'identité des héritiers. D'autre part, alors que les magistrats sont soucieux d'éviter les rumeurs de corruption, les notaires s'inquiètent peu de ce genre d'accusations. Ils n'ont pas à trancher un litige : ils sont chargés d'exécuter la décision rendue par le juge. C'est ce constat qu'ils opposent à la plupart des critiques. Si les héritiers sont mécontents, c'est au tribunal qu'ils doivent s'adresser pour obtenir un nouveau jugement. Ces différences entre le juge et le notaire s'expliquent donc à la fois par leur statut et par la manière dont ils définissent leur fonction. Les notaires, en tant qu'indépendants, s'inscrivent dans une logique libérale caractérisée par un impératif de rentabilité. Les magistrats, par contre, ont une utilité sociale indépendante des contraintes économiques : ils « rendent la justice ».

Les éléments qui précèdent permettent, enfin, de nuancer une conception fréquente des services publics en Afrique selon laquelle la corruption et les pratiques informelles sont largement répandues, et les dysfonctionnements, plus ou moins généralisés (Olivier de Sardan, 2004 ; Blundo & Olivier de Sardan, 2007). Lorsqu'il s'agit de gérer les conflits d'héritage, les différents professionnels du droit respectent les dispositions légales.

Dans le cas des notaires, c'est plutôt à leur avantage : procéder à la licitation-partage leur permet de doubler leurs honoraires à chaque étape du processus. Quant aux magistrats, ils soulignent le peu de marge d'interprétation dont ils disposent. « Nul ne peut être contraint à demeurer dans l'indivision » (CPF, art. 752) : le principe est clair et difficilement contournable. Ils peuvent certes, retarder le moment où ils rendent leur décision, mais comme le soulignent souvent les justiciables, tôt ou tard, un jugement sera rendu conformément à la loi. En outre, la plupart des magistrats affectés au tribunal de première instance de Cotonou font partie de la jeune génération de juristes, formés à l'Université d'Abomey-Calavi, domiciliés en ville et pour qui les principes du Code sont généralement justes et légitimes. Ils insistent, dès lors, pour que les veuves et les enfants soient nommés liquidateurs lorsque le reste de la famille s'y oppose et pour que les biens soient partagés équitablement s'ils ne sont pas vendus. Si le juste et le légal ne correspondent pas toujours, le Code des personnes et de la famille bénéficie néanmoins d'une légitimité sociale indéniable auprès des jeunes de la classe moyenne dans la capitale béninoise.

## IV. Les conséquences d'une réforme

À Cotonou, le nouveau Code contribue de manière certaine à reconfigurer les rapports de genre et de générations au sein des familles. Désormais, la plupart des femmes reçoivent une part des biens communs lorsqu'un héritage est partagé. Elles ont droit à la parole lors des réunions de famille et leur avis est souvent pris en considération par les hommes qui craignent, à juste titre, d'être convoqués au tribunal dans le cas contraire. Les veuves sont de plus en plus souvent incluses dans la gestion des biens de leur époux. En vertu des droits qui leur sont accordés en tant que conjointes, mais aussi en tant que mères d'enfants mineurs, elles sont nombreuses à saisir le tribunal pour demander le partage de l'héritage. Il s'agit là d'un changement fondamental dans les rapports de pouvoir au sein des familles. À elle seule, la veuve est susceptible de saisir le tribunal et de provoquer la vente ou le partage des biens, indépendamment de la volonté des enfants ou des frères et sœurs du défunt. Le nouveau Code modifie également les rapports de générations : les plus jeunes tiennent plus souvent tête à leurs aînés, sachant qu'ils peuvent opposer aux normes familiales l'argument du droit et la menace des procédures judiciaires. Nombreux sont d'ailleurs les héritiers qui décident seuls de la manière de se répartir le patrimoine, sans consulter la « grande famille ».

Ce changement est particulièrement clair si l'on considère les différents « types » d'affaires d'héritage pendantes devant les tribunaux de première instance et le profil des parties. Aujourd'hui, à la mort de leurs parents, les enfants saisissent le tribunal pour y faire homologuer leur procès-verbal de conseil de famille et désigner deux liquidateurs, et ce, de manière presque automatique à Cotonou. Ce constat est, d'une part, lié au contexte. Ce document permet en effet de débloquer les comptes bancaires et la pension des veuves légalement mariées. Or, ceux qui laissent des sommes importantes au sein d'une ou plusieurs institutions financières sont de plus en plus nombreux ces dernières années. D'autre part, les enfants souhaitent généralement partager le patrimoine le plus rapidement possible, contrairement aux générations précédentes, où les héritiers restaient dans l'indivision pendant de nombreuses années. Si certains d'entre eux aboutissent devant les juridictions, c'est alors pour contester la manière dont ces biens communs sont gérés et dont les ressources qu'ils génèrent sont partagées au sein des familles. L'objectif premier n'est, dans ce cas, pas tellement de partager ou de vendre le patrimoine, mais bien de remettre en question la clé de répartition des ressources au sein des familles. De manière générale, en fournissant aux « petits » un moyen de contester l'ordre établi, le nouveau Code contribue à modifier les dynamiques familiales et à redéfinir les relations sur une base plus individuelle. Il contribue également à formaliser les rapports familiaux sur base du contenu des jugements.

Ces nouvelles dynamiques sont parfaitement illustrées par l'attitude des jeunes héritiers qui souhaitent fréquemment, et le plus rapidement possible, partager leur héritage. Chacun reçoit sa part et peut, s'il le souhaite, mettre à distance ses frères et sœurs, ses beaux-enfants et sa « grande famille » en achetant « pour lui », loin des biens communs. Dans ce contexte, le Code contribue à renforcer le phénomène de marchandisation des terres dans la capitale et ses alentours, mais il participe également à fournir aux femmes une nouvelle modalité d'accès au foncier : l'héritage de leur père ou celui de leur époux.

Conformément à la manière dont il est souvent qualifié par les Béninois, le nouveau Code est bel et bien le « Code des femmes », non seulement par ses dispositions, mais également par la manière dont il est utilisé. Lors des audiences des chambres état des personnes, les femmes sont largement majoritaires. Elles y réclament non seulement l'accès au patrimoine familial, mais également le droit à la parole, à un pouvoir de décision dans leur famille. Cette nouvelle donne en ce qui concerne la répartition des biens communs va de pair avec une série d'autres changements dans la capitale. Le mode de résidence est désormais centré sur la famille nucléaire. Les familles monoparentales sont de plus en plus nombreuses. Les femmes travaillent, subviennent à leurs propres besoins et participent également, au même titre que les hommes, aux cotisations familiales et à l'organisation des fêtes. Ces éléments contribuent à légitimer les dispositions du Code : après tout, si les femmes contribuent aux charges familiales et à l'éducation de leurs enfants au même titre que les hommes, il semble logique de leur accorder une part de l'héritage. Tant la mise à l'agenda et le vote de ce Code que la manière dont il est utilisé témoignent d'un changement progressif de la place des femmes dans la société béninoise. Si elles ont toujours été partie intégrante du secteur informel de l'économie comme vendeuses sur le marché, elles occupent aujourd'hui une place de plus en plus grande dans le secteur formel et la vie publique – et l'appropriation du Code en est un excellent indicateur.

Enfin, cette réforme du droit de la famille contribue à modifier la manière de penser le patrimoine commun. En généralisant le principe selon lequel « le partage peut toujours être provoqué » (CPF, art. 752), le législateur facilite la vente des terres devenues indisponibles à la mort de leur propriétaire. Le nouveau Code contribue dès lors à la disparition progressive des maisons familiales et, plus largement, du bien commun ou du collectif au profit de propriétés individuelles. Autrefois considérés comme inaliénables, les immeubles hérités sont aujourd'hui des biens marchands que l'on peut évaluer, comparer, partager et vendre. Le nouveau Code contribue donc, de surcroît, à la monétarisation des rapports sociaux, caractéristique du libéralisme économique dans lequel s'inscrit le Bénin depuis les années 1990. D'une certaine manière, le droit introduit une logique comptable au sein des familles, où il n'est plus uniquement question de don et de réciprocité, mais bien d'égalité, de calculs et de droits individuels sur le patrimoine familial.

# Bibliographie

•

Abel, R. L. (1986). The Transformation of the American Legal Profession. *Law and Society Review*, 20(1), pp. 7–18.

Agossou, C. (2012). *Liberté et égalité en droit de la famille dans les États francophones d'Afrique de l'Ouest. Approche comparative entre le Bénin, le Burkina Faso, le Sénégal et le Togo.* Thèse de doctorat en droit. Université d'Abomey-Calavi/Université Catholique de Louvain.

Akomagni, L. A. & Emmanuel, D. M. (2006). *Monographie de la Commune de Cotonou*. Afrique Conseil, Cotonou.

An-Na'im, A. (2001). Human Rights in the Arab World: A Regional Perspective. *Human Rights Quarterly,* 23(3), pp. 701-732.

Anders, G. (2010). *In the Shadow of Good Governance: An ethnography of Civil Service Reform in Africa*. Leiden : Brill.

Andreetta, S. (2016). Pourquoi aller au tribunal si l'on n'exécute pas la décision du juge ? Conflits d'héritage et usages du droit à Cotonou. *Politique africaine*, 141, pp. 147–168.

Andreetta, S. (2018a). « "N'oubliez jamais que vous parlez à un avocat". État, justice et économie de l'intermédiation judiciaire à Cotonou », *Politique africaine*, 149, pp. 135–158.

Andreetta, S. (2018b). Professions libérales et production du service public. La loi, les notaires et l'exécution des décisions de justice à Cotonou (Bénin). *Revue internationale des études du développement,* 236(4), pp. 33–54.

Biaou, F.C. (2006). *Monographie de la Commune d'Abomey-Calavi*. Afrique Conseil, Cotonou.

Badet, G. (2013). *Les attributions originales de la Cour constitutionnelle du Bénin*. Cotonou : FES.

Baker, B. (2009). Introduction : Policing post-conflict societies: helping out the state. *Policing and Society*, 19(4), pp. 329–332.

Baker, B. (2010). Linking state and non-state security and justice. *Development Policy Review*, 28(5), pp. 597–616.

Bako-Arifari, N. (2006). La corruption quotidienne au Bénin. *Les cahiers du LASDEL*, 43, pp. 1–47.

Banégas, R. & Warnier, J.-P. (2001). Nouvelles figures de la réussite et du pouvoir. *Politique Africaine*, 2(82), pp. 5–23.

Barnard, A. & Good, A. (1984). *Research practices in the study of kinship*. London : Academic Press.

Baudot, P.-Y. & Revillard, A. (dir.) (2015). *L'État des droits. Politique des droits et pratiques des institutions.* Paris : Presses de Sciences Po.

Bayart, J.-F. (1989). *L'État en Afrique. La politique du ventre.* Paris : Fayard.

Beek, J. (2010). Étiqueter les « déviants » : le travail des policiers au Nord-Ghana. *Déviance et Société*, 34(2), pp. 279–290.

Beek, J., Gopfert, N., Owen, O. & Steinberg, J. (2017). *Police in Africa. The street level view*. London : Hurst & Company.

Ben Hounet, Y. & Rupert, N. (2018). L'application du droit de la famille au Maroc : du « genre » et de la parentalité. *L'Année du Maghreb*, 18, pp. 169–183.

Benda-Beckmann, K. (1981). Forum Shopping and Shopping Forums : Dispute Processing in a Minangkabau village in West Sumatra. *Journal of Legal Pluralism*, 19, pp. 117–159.

Benda-Beckmann, K. (1989). The Scapegoat and the Magic Charm: Law in Development Theory and Practice, *Journal of legal pluralism and unofficial law*, 28, pp. 129–147.

Benda-Beckmann, K. (1990). Development, law and gender-skewing. An examination of the impact of development on the socio-legal position of Indonesian women, with special reference to Minangkabau. *Journal of Legal Pluralism*, 30-31, pp. 97–120.

Benda-Beckmann, F. & Benda-Beckmann, K. (2006). The Dynamics of Change and Continuity in Legal Orders. *Journal of Legal Pluralism and Unofficial Law,* 53-54, pp. 1-44.

Bennett, T. (2012). Access to Justice and Human Rights in the Traditional Courts of Sub-Saharan Africa. In Bennett, T., Brems, E., Corradi, G. et al. (eds.) *African Perspectives on Tradition and Justice*. (pp. 19–40). Cambridge : Intersentia.

Bernard, A. (1997). Les notaires et la réforme du statut des professions du droit. *Genèses*, 27(1), pp. 69–87.

Berry, S. (1993). *No Condition is Permanent : The Social Conditions of Agrarian Change in Sub-Saharan Africa.* Madison : University of Wisconsin Press.

Berry, S. (2002). Debating the land question in Africa. *Comparative Studies in Society and History*, 44(4), pp. 638–668.

Berry, S. (2009). Building for the Future ? Investment, Land Reform and the Contingencies of Ownership in Contemporary Ghana. *World Development*, 37(8), pp. 1370–1378.

Bessière, C. & Mille, M. (2013). Le juge est (souvent) une femme. Conceptions du métier et pratiques des magistrates et magistrats aux Affaires familiales. *Sociologie Du Travail*, 55(3), pp. 341–368.

Bierschenk, T. & Olivier de Sardan, J.-P. (1997). Local Powers and a Distant State in Rural Central African Republic. *The Journal of Modern African Studies*, 35(3), pp. 441–468.

Bierschenk, T., Chauveau, J.-P. & Olivier de Sardan, J.-P. (dir.) (2000). *Courtiers en développement. Les villages africains en quête de projets*. Paris : Karthala, Mayence : APAD.

Bierschenk, T. (2008). The everday functioning of the african public service: informalization, privatization and corruption in Benin's legal system. *Journal of Legal Pluralism*, 57, pp. 101–139.

Bierschenk, T. (2013). La Justice et la Police dans la République du Bénin. Un résumé de rapports de recherches étudiantes effectuées dans le cadre du séminaire « La justice et la police dans la République du Bénin ». *Working Paper*, 121b.

Bierschenk, T. (2014a). From the Anthropology of Development to the Anthropology of Global Social Engineering. *Zeitschrift fur Ethnologie*, 139, pp. 73–98.

Bierschenk, T. (2014b). Sedimentation, Fragmentation and Normative Double-Binds in (West) African Public Services. In Bierschenk, T. & Olivier de Sardan, J.-P. (eds.) *States at Work. Dynamics of African Bureaucracies* (pp. 221–249). Leiden, Boston : Brill.

Bierschenk, T. & Olivier de Sardan, J.-P. (eds.) (2014). *States at Work. Dynamics of African Bureaucracies.* Leiden, Boston : Brill.

Blanchard, E., Deluermoz, Q. & Glasman, J. (2011). La professionnalisation policière en situation coloniale : détour conceptuel et explorations historiographiques. *Crime, Histoire & Societiés*, 15 (2), pp. 33–53.

Blankenburg, E. (1994). La mobilisation du droit. Les conditions du recours et du non-recours à la Justice. *Droit et Société,* 28, pp. 691–703.

Blundo, G. (2001). Négocier l'État au quotidien : agents d'affaires, courtiers et rabatteurs dans les interstices de l'administration sénégalaise. *Pain,* (20), pp. 75–90.

Blundo, G. & Olivier de Sardan, J.-P. (2003). La corruption au quotidien en Afrique de l'Ouest. Approche socio-anthropologique comparative : Bénin, Niger et Sénégal. *Working Paper*, 17.

Blundo, G. (2003). Décrire le caché. In Blundo, G. & Olivier de Sardan, J.-P. (eds.), *Pratiques de la description.* Paris : EHESS.

Blundo, G. (2007). La corruption et l'État en Afrique vus par les sciences sociales. Un bilan historique. In Blundo, G. & Olivier de Sardan, J.-P. (eds.) *État et corruption en Afrique. Une anthropologie comparative des relations entre fonctionnaires et usagers (Bénin, Niger, Sénégal)* (pp. 29-79). Paris : Karthala

Blundo, G. & Olivier de Sardan, J.-P. (eds.) (2007). *État et corruption en Afrique. Une anthropologie comparative des relations entre fonctionnaires et usagers (Bénin, Niger, Sénégal).* Paris : Karthala.

Blundo, G. & Le Meur, P.-Y. (eds.) (2009). *The governance of daily life in Africa. Ethnographic explorations of public and collective services.* Leiden : Brill.

Blundo, G. (2014). Seing like a State Agent: The Ethnography of Reform in Senegal's Forestry Services. In Bierschenk, T. & Olivier de Sardan, J.-P. (eds.) *States at Work. Dynamics of African Bureaucracies.* (pp. 69–91). Leiden, Boston : Brill.

Bohannan, L. (1952). A genealogical character. *Afrika*, 22, pp. 301–315.

Bohannan, P. (1957). *Justice and judgement among the Tiv*. London : Oxford University Press.

Boigeol, A. (1993). La magistrature française au féminin : entre spécificité et banalisation. *Droit et Société*, 25, pp. 489–523.

Boigeol, A. (1996). Les femmes et les Cours. La difficile mise en œuvre de l'égalité des sexes dans l'accès à la magistrature. *Genèses*, 22(1), pp. 107–129.

Bolle, S. (2004). Le Code des Personnes et de la Famille devant la Cour Constitutionnelle du Bénin. La décision DCC 02-144 du 23 décembre 2002. *Afrilex*, 4, pp. 315–342.

Bouju, J. (2014). La malédiction, l'honneur et la spéculation. Principes historiques de la propriété foncière en Afrique de l'Ouest. *Bulletin de l'APAD*, 29-30, pp. 2–16.

Bourdieu, P. (1972). *Esquisse d'une théorie de la pratique. Précédé de « Trois études d'ethnologie kabyle »*. Paris : Droz.

Bradford, B., Huq, A., Jackson, J. & Roberts, B. (2014). What price fairness when security is at stake? Police legitimacy in South Africa. *Regulation and Governance*, 8(2), pp. 246–268.

Brunet-La Ruche, B. (2013). *Crime et châtiment aux colonies : poursuivre, juger et sanctionner au Dahomey de 1894 à 1945*. Thèse de Doctorat. Université de Toulouse 2 Le Mirail.

Budniok, J. (2015). When judges feel misjudged: encountering doubt in Ghanaian courts. In Berti, D., Good, A. & Tarabout, G. (eds.) *Of Doubt and Proof. Ritual and Legal Practices of Judgment* (pp. 77-94). London : Ashgate.

Champy, F. (2009). La *sociologie des Professions*. Paris : PUF.

Chanock, M. (1985). *Law, custom and social order.* Cambridge : Cambridge University Press.

Charton, H. (2014). The Politics of Reform: A Case Study of Bureaucracy in the Ministry of Basic Education in Cameroon. In Bierschenk, T. & Olivier de Sardan, J.-P. (eds.) *States at Work. Dynamics of African Bureaucracies.* (pp. 249–271). Leiden, Boston : Brill.

Chauveau, J.-P., Le Pape, M. & Olivier de Sardan, J.-P. (2001). La pluralité des normes et leurs dynamiques en Afrique. In Winter, G. (eds.) *Inégalités et politiques publiques en Afrique. Pluralité des normes et jeux d'acteurs* (pp. 145–162). Paris : Karthala.

Chauveau, J.-P. & Colin, J.-P. (2010). Customary Transfers and Land Sales in Côte d'Ivoire: Revisiting the Embeddedness Issue. *Africa*, 80(01), pp. 81–103.

Claassens, A. & Mnisi Weeks, S. (2009). Rural women redefining land rights in the context of living customary law. *Journal of Human Rights*, 25, pp. 491–516.

Cobb, S. & Rifkin, J. (1991). Practice and Paradox: Deconstructing Neutrality in Mediation. *Law and Social Inquiry*, 16(1), pp. 35–62.

Comaroff, J. & Comaroff, J. (2006). Law and disorder in the postcolony*. *Social Anthropology*, 15(2), pp. 133–152.

Conley, J. M. & O'Barr, W. (1988). Hearing the hidden agenda: the ethnographic investigation of procedure. *Law and Contemporary Problems*, 51(4), pp. 181–197.

Conley, J. M., O'Barr, W. M. & Lind, E. A. (1978). The power of language: presentational style in the courtroom. *Duke Law Journal*, pp. 1375–1399.

Coolidge, J. G. & Rose-Ackerman, S. (2000). Kleptocracy and Reform in African Regimes. Theory and examples. In Hope, K.R. & Chikulo, B.C, (eds.) *Corruption and Development in Africa. Lessons from Country Case-Studies* (pp. 57–86). London : Macmillan.

Cooper-Knock, S. J. & Owen, O. (2014). Between vigilantism and bureaucracy: Improving our understanding of police work in Nigeria and South Africa. *Theoretical criminology*, pp. 1–21.

Corradi, G. (2011). Access to Justice in Pemba City: How exploring women's lived realities with plural law uncovers pragmatic gaps. *Journal of Legal Pluralism*, 64, pp. 1–31.

Crook, R. C. (2004). Access to Justice and Land Disputes in Ghana's State Courts: The litigants' perspective. *Journal of Legal Pluralism*, 50, pp. 1–28.

CTB (2009). *Note pays*. Cotonou.

Davis, W. & Turku, H. (2011). Access to Justice and Alternative Dispute Resolution. *Journal of Dispute Resolution*, 1(4), pp. 47–65.

De Herdt, T. & Olivier de Sardan, J.-P. (eds.) (2015). *Real Governance and Practical Norms in Sub-Saharan Africa: The Game of the Rules*. London, New-York : Routeledge.

Dezalay, S. (2015). Les juristes en Afrique : entre trajectoires d'État, sillons d'empire et mondialisation. *Politique Africaine*, 138(2), pp. 5–23.

Djogbénou, J. (2010). *Bénin. Le Secteur de la justice et l'État de droit*. AfriMAP, Open Society Initiative for West Africa, Dakar.

Darbon, D. (1990). L'État prédateur, *Politique Africaine,* 39, pp. 37–45.

Darbon, D. & Toulabor, C. (dir.) (2014). *L'Invention des classes moyennes africaines. Enjeux politiques d'une catégorie incertaine*. Paris, Karthala.

Dupret, B. (2001). L'intention en acte. Approche pragmatique de la qualification pénale dans un contexte égyptien. *Droit et Société*, 48, pp. 439–467.

Dupret, B. (2007). Legal Pluralism, Plurality of Laws, and Legal Practices. *European Journal of Legal Studies,* 1(1) (open access).

Edwards, H. T. (1986). Alternative Dispute Resolution: Panacea or Anathema? *Harvard Law Review*, 99(3), pp. 668–684.

Engel, D. & Munger, F. (2003). *Rights of Inclusion. Law and Identity in the Life Stories of Americans with Disabilities*. Chicago, London : The University of Chicago Press.

Englund, H. (2004). Towards a Critique of Rights Talk in New Democracies: The Case of Legal Aid in Malawi. *Discourse & Society*, 15(5), pp. 527–551.

Epp, C. (2009). *Making Rights Real. Activists, Bureaucrats and the Creation of the Legalistic State*. Chicago : University of Chicago Press.

Evans-Prittchard, E.E. (1972). *Sorcellerie, oracles et magie chez les Azandé.* Paris : Gallimard.

Ewick, P. & Sibley, S. (1998). *The common place of law. Stories from everyday life*. Chicago : University of Chicago Press.

Failon, J. (2013). *Temps et figures de la construction de la profession médicale au Bénin. Trajectoires professionnelles, institutions médicales et politiques de santé.* Thèse de doctorat. Université de Liège.

Fainzang, S. (2006). Secret et mensonge dans le discours médical. *Cités*, 26 (2), pp. 27–36.

Fainzang, S. (2009). La communication d'informations dans la relation médecins-malades. Une approche anthropologique. *Questions de communication*, 15, pp. 279–295.

Favret-Saada, J. (1977) *Les mots, la mort, les sorts : la sorcellerie dans le bocage*. Paris : Gallimard.

Felstiner, W. L. F., Abel, R. L. & Sarat, A. (1981). The emergence and the transformation of disputes: naming, blaming, claiming... *Law and Society Review,* 15(3-4), pp. 631–654.

Fortes, M. (1950). Kinship and Marriage among the Ashanti. In Radcliffe-Brown, A.R. & Forde, D. (eds.) *African Systems of Kinship and Marriage* (pp. 252–284). Oxford University : Press Oxford.

Fortes, M. (1953). The Structure of Unilineal Descent Groups. *American Anthropologist*, 55(1), pp. 17–41.

Fraenkel, B. Pontille, D., Collard, D. & Deharo, G. (2010). *Le travail des huissiers. Transformations d'un métier de l'écrit*, Toulouse : Octarès.

Galanter, M. (1974). Why the "Haves" Come Out Ahead: Speculations on the Limits of Legal Change. *Law and Society Review*, 9(1), pp. 95–160.

Gallagher, M. E. (2006). Consciousness Mobilizing the Law in China : "Informed Disenchantment" and the Development of Legal Consciousness. *Law and Society Review*, 40(4), pp. 783–816.

Gardini, M. (2012). Land Transactions and Chieftaincies in Southwestern Togo. *Africa Spectrum,* 47(1), pp. 51–72.

Gbaguidi, A. N. (1998). *Pluralisme juridique et conflits internes de lois en Afrique noire.* Thèse de doctorat, Faculté de droit, sciences sociales et politiques, sciences économiques et de gestion. Université Montesquieu de Bordeau IV.

Gbaguidi, A. N. (2004). Prolégomènes sur le système foncier béninois. *Recht in Afrika*, pp. 39–59.

Geschiere, P. (1997). The Modernity of Witchcraft: Politics and the Occult in Postcolonial Africa. Charlotesville: University Press of Virginia.

Geertz, C. (2003). *Le Souk de Séfrou. Sur l'économie du bazar.* Saint-Denis : Bouchene.

Gluckman, M. (1955). *The judicial process among the Barotse of Northern Rhodesia (Zambia)*. Manchester : Manchester University Press.

Gobe, E. (2011). Les avocats tunisiens dans la Tunisie de Ben Ali : économie politique d'une profession juridique, *Droit et Société*, 79, pp. 733–757.

Gobe, E. (2012). La structure sociale du barreau tunisien dans les années 2000, *SociologieS* [URL : http://sociologies.revues.org/4044, consulté le 26 avril 2016].

Gobe, E. (2015). Penser les relations avocats-magistrats dans la Tunisie indépendante : conflictualité professionnelle et dynamique politique. *Politique Africaine*, 138(2), pp. 115–134.

Golub, S. (2003). Beyond Rule of Law Orthodoxy. The Legal Empowerment Alternative. *Carnegie Endowment for International Peace, Rule of Law series, Working papers*, 41.

Good, A. (2004). "Undoubtedly an Expert"? Anthropologists in British Asylum Courts. *The Journal of the Royal Anthropological Institute*, 10 (1), pp. 113–133.

Goody, J. (1962). *Death, property and the ancestors. A study of the mortuary customs of the Lodagra of West Africa.* Travistock publications : London.

Gotman, A. (1985). L'économie symbolique des biens de famille. *Informations sociales*, 6, pp. 15–21.

Gotman, A. (2006). *L'héritage*. Paris : PUF.

Gould, J. (2006). Strong Bar, Weak State? Lawyers, Liberalism and State Formation in Zambia. *Development and Change*, 37(4), pp. 921–941.

Grätz, T. (2014). Radio Call-In Shows on Intimate Issues in Benin : 'Crossroads of Sentiments'. *African Studies Review*, 57(01), pp. 25–48.

Griffiths, J. (1986). What is legal pluralism? *Journal of Legal Pluralism,* 24, pp. 1–55.

Griffiths, A. (1990). The 'women's question' in Kwena Family Disputes. *Journal of Legal Pluralism*, 30-31, pp. 223–254.

Griffiths, A. (1998). Legal Pluralism in Botswana. Women's access to law. *Journal of Legal Pluralism*, 42, pp. 125–139.

Griffiths, A. (2002). Women's Worlds, Siblings in Dispute over Inheritance: A View from Botswana. *Africa Today*, 49(1), pp. 60–82.

Griffiths, A. (2011). Delivering justice: the changing gendered dynamics of land tenure in Botswana. *Journal of Legal Pluralism*, 63, pp. 229–260.

Grisoni-Niaki, J.-C. (1984). Dynamiques foncières et immobilières. Explosion urbaine et développement local à Cotonou. *Les Annales de la Recherche Urbaine*, 86, pp. 119–125.

Halleux, J.-M., Courtejoie, F., Dawance, S., Fagel, N., Frédérich, M., Lebailly, P., Poncelet, M., Rubbers, B. & Bogaert, J. (2015). Territoires périurbains : développement, enjeux et perspectives dans les pays du Sud. Une introduction générale. In Bogaert, J., & Halleux, J.-M. (eds.) *Territoires périurbains. Développement, enjeux et perspectives dans les pays du Sud* (pp. 21–33). Gembloux : Presses Agronomiques de Gembloux.

Halliday, T. & Karpik, L. (eds.) (1997). *Lawyers and the Rise of Western Political Liberalism.* Oxford : Oxford University Press.

Hills, A. (2014). Does police work need a police institution? The evidence from Mogadishu. *Policing and Society*, (May 2015), pp. 1–18.

Hunter, R. (2013). Justice Marcia Neave: case study of a feminist judge. In Schultz, U. & Shaw, G. (eds.) *Gender and Judging*. Oxford, Portland : Hart Publishing.

INSAE (2002). *Troisième Recensement Général de la Population et de l'Habitation. Synthèse des analyses en bref.* Ministère du Développement, de l'Analyse Économique et de la Prospective, Cotonou.

INSAE (2013). *Résultats du Recensement Général de la Population et de l'Habitation (RGPH4)*. Ministère du Développement, de l'Analyse Économique et de la Prospective, Cotonou.

Israël, L. (2001). Usages militants du droit dans l'arène judiciaire. *Droit et Société*, 49, pp. 793–824.

Israël, L. (2009). *L'arme du droit*. Paris : Presses de Sciences Po.

Israël, L. & Pélisse, J. (2004). Quelques éléments sur les conditions d'une 'importation' (note liminaire à la traduction du texte de S. Silbey et P. Ewick). *Terrains & Travaux*, 1(6), pp. 101–111.

Jacquemot, P. (2012). Les classes moyennes changent-elles la donne en Afrique ? Réalités, enjeux et perspective, *Afrique contemporaine*, 4(224), pp. 17–31.

Jaffré, Y. & Olivier de Sardan, J.-P. (eds.) (2003). *Une médecine inhospitalière. Les difficiles relations entre soignants et soignés dans cinq capitales d'Afrique de l'Ouest.* Paris : Karthala.

Jaffré, Y. (2003). Chapitre 5. Le rapport à l'autre dans des services sanitaires d'Afrique de l'Ouest (Bamako, Dakar, Niamey). *Journal International de Bioéthique*, 14(1), pp. 101–119.

Jeffery, L. (2006). Historical Narrative and Legal Evidence: Judging Chagossians' High Court Testimonies. *PoLAR*, 29(2), pp. 228–253.

Karpik, L. (1995) *Les avocats. Entre l'État, le public et le marché. XIII$^{e}$-XX$^{e}$ siècles*. Paris : Gallimard.

Karpik, L. (2007). *L'économie des singularités.* Paris : Gallimard.

Kelly, T. (2005). Law, Culture and Access to Justice under the Palestinian National Authority. *Development and Change*, 36, pp. 865–886.

Kohlhagen, D. (2007). *Le tribunal face au terrain. Les problèmes d'exécution des jugements au Mugamba dans une perspective juridique et anthropologique.* Bruxelles : RCN Justice & Démocratie.

Kohlhagen, D. (2008). State law and local law in Sub-Saharan Africa. A survey of legal mechanisms to give recognition to non-state law outside Ethiopia. In Pankhurst, A. & Assefa, G. (eds.) *Grass-roots Justice in Ethiopia. The contribution of Customary Dispute Resolution*, Addis Ababa, CFEE.

Kolloch, A. (2014). « Il faut être un modèle » – Richterinnen und Staatsanwältinnen in der Republik Benin zwischen Berufsidealen und Anpassungsstrategien. *Working paper*, Johannes Gutenberg-Universität Mainz, 147.

Kouassigan, G.A. (1975). *Quelle est ma loi ? Tradition et modernité dans le droit privé de la famille en Afrique noire francophone.* Paris : Pédonne.

Kuba, R. & Lentz, C. (eds.) (2006). *Land and the Politics of Belonging in West Africa*. Leiden, Boston : Brill.

Lallemand, S. (1988). *La mangeuse d'âme. Sorcellerie et magie en Afrique.* Paris : L'Hamattan.

Lassissi, S. A. (2006). *Comprendre le foncier béninois*. Centre National de Production des Manuels Scolaires, Porto-Novo.

Lavigne Delville, P. (dir.) (1998). *Quelles politiques foncières pour l'Afrique rurale ? Réconcilier pratiques, légitimité et légalité.* Paris : Karthala.

Lavigne Delville, P. (2010). La réforme foncière rurale au Bénin. Émergence et mise en question d'une politique instituante dans un pays sous régime d'aide. *Revue française de science politique*, 60(3), pp. 467–491.

Lavigne Delville, P. & Saïah, C. (2015). Fonder sa légitimité par le plaidoyer? Synergie paysanne et la lutte contre les accaparements fonciers au Bénin, *Revue du Tiers Monde*, 224(4), pp. 103–122.

Le Meur, P.-Y. & Lund, C. (2001). Everyday governance of land in Africa. *Bulletin de l'APAD*, 22, pp. 1–7.

Le Meur, P.-Y. (2006). *Droits et conflits fonciers en Afrique : le cas du Bénin. Étude de politique foncière*. GRET, Paris, pp. 16–31.

Le Meur, P.-Y. (2008). *L'information foncière, bien commun et ressource stratégique. Le cas du Bénin*. IIED, Londres, dossier n° 147.

Le Roy, E. (2000). *De la propriété aux maîtrises foncières. Contribution de l'anthropologie du droit à la définition des normes d'appropriation de la nature dans un contexte de biodiversité, donc de la prise en compte du pluralisme et de la complexité*, Paris : LAJP.

Lejeune, A. (2010). *Nul n'est censé être ignoré par le(s) droit(s). Politiques d'accès au droit et à la justice en Belgique et en France.* Thèse de doctorat. École Normale Supérieure de Cachan/Université de Liège.

Lejeune, A. (2011a). *Le droit au Droit. Les juristes et la question sociale en France*. Paris : Édition des Archives contemporaines.

Lejeune, A. (2011b). Les professionnels du droit comme acteurs du politique : revue critique de la littérature nord-américaine et enjeux pour une importation en Europe continentale. *Sociologie Du Travail*, 53, pp. 216–233.

Lejeune, A & Orianne, J.-F. (2014). The construction of workers' rights consciousness through legal intermediations: The case of employment discrimination in Belgium. *International Journal of Discrimination and the Law*, 14(4), pp. 221–243.

Lemay-Boucher, P. & Dagnelie, O. (2014). The divorced financial spheres of Beninese spouses. *Journal of International Development*, 26, pp. 46–58.

Lentz, C. (2001). Contested boundaries: decentralisation and land conflicts in northwestern Ghana. *Bulletin de l'APAD*, 22.

Lipsky, M. (1980). *Street-level bureaucracy: The Dilemmas of the Individual in Public Services*. New-York : Russel Sage Foundation.

Lind, E. A., Erickson, B. E., Conley, J. & O'Barr, W. M. (1978). Social Attributions and Conversation Style in Trial Testimony. *Journal of Personality and Social Psychology*, 36(12), pp. 1558–1567.

Lund, C. (eds.) (2006). *Twilight institutions. Public Authority and Local Politics in Africa*. Oxford : Blackwell.

Manière, L. (2011). Deux conceptions de l'action judiciaire aux colonies. Magistrats et administrateurs en Afrique occidentale française (1887-1912). *ClioThémis*, 4, pp. 1–34.

Marquis, N. (2014). *Du bien-être au marché du malaise. La société du développement personnel*. Paris : PUF.

Mather, L. & Yngvesson, B. (1980-1981). Language, audience and the transformation of disputes. *Law and Society review*, 15(3/4), pp. 775–822.

Mathieu-Fritz, A. (2003). Les représentations sociales de la profession d'huissier de justice. *Droit et société*, 54(2), pp. 491–515.

Mathieu-Fritz,, A. & Quemin, A. (2009). French *'Officiers Ministériels'* : Autonomy of the Legal Professions, Protection of their Market and an Ambivalent Relationship with the State, *International Journal of The Legal Profession*, 16 (3), pp. 167–189.

Mc Cann, M. (1994). *Rights at Work. Pay Equity Reform and the Politics of Legal Mobilization.* Chicago, London : The University of Chicago Press.

McInerney, T. & Golub, S. (2010). *Legal Empowerment : Practitioners' Perspectives.* Rome : IDLO.

Médard, J.-F. (1991). *États d'Afrique noire : formation, mécanisme et crise.* Paris : Karthala.

Melissaris, E. (2004). The More the Merrier? A New Take on Legal Pluralism. *Social & Legal Studies* 13(1), pp. 57–95.

Merry, S. E. & Silbey, S. S. (1984). What do plaintiffs want? Reexamining the concept of dispute. *The Justice System Journal*, 9(2), pp. 151–178.

Merry, S. E. (1990). *Getting Justice and Getting Even. Legal Consciousness Among Working-class Americans.* Chicago, London, The University of Chicago Press.

Mertz, E. (2007). *The Language of Law School. Learning to 'Think like a lawyer'*. New-York : Oxford University Press.

Messaoudi, F. & N'Dyae, A. (2004). *Mission Internationale d'Enquête. La justice au Bénin : corruption et arbitraire*. FIDH, Paris.

Miller, R. E. & Sarat, A. (1981). Grievances, Claims, Disputes : Assessing the Adversary Culture. *Law and Society Review*, 15(3-4), pp. 525–566.

MJLDH (1996). *États Généraux de la Justice*. Cotonou.

MJLDH (1997). *Plaidoyer pour le renforcement de la capacité judiciaire au Bénin.* Cotonou.

MJLDH (2001). *Programme Intégré de Renforcement des systèmes juridiques et judiciaire du Bénin*. Cotonou.

MJLDH (2013). *Rapport sur l'État de la justice au Bénin et perception des justiciables.* Cotonou.

Moore, S.F. (1985). *Social facts and fabrications: 'customary' law on Kilimanjaro.* Cambridge : Cambridge University Press.

Moore, S. F. (2001). Certainties undone: fifty turbulent years of legal anthropology, 1949-1999. *The journal of the Royal anthropological institute*, 7(1), pp. 95 – 116.

Mosse, D. (2004). Is good policy unimplementable? Reflections on the ethnography of aid policy and practice. *Development and change*, 35(4), pp. 639–671.

Mnisi Weeks, S. (2012). Take your rights and sleep outside, on the street: rights, fora and the significance of rural South African women's choices. *Wisconsin International Law Journal*, 29(2), pp. 288–318.

Munoz, J. (2014) A Breeding Ground for Revenue Reliability? Cameroonian Veterinary Agents and Tax Officials in the Face of Reform. In Bierschenk, T. & Olivier de Sardan, J.-P. (eds.) *States at Work. Dynamics of African Bureaucracies* (pp. 301–329). Leiden, Boston : Brill.

N'Diaye, M. (2011). Le développement d'une mobilisation juridique dans le combat pour la cause des femmes : l'exemple de l'Association des juristes sénégalaises (AJS), *Politique Africaine*, 124, pp. 179–198.

N'Diaye, M. (2012). *La politique constitutive au Sud : refonder le droit de la famille au Sénégal et au Maroc.* Thèse de Doctorat. Université Montesquieu Bordeaux IV.

N'Diaye, M. (2015). Interpréter le non-respect du droit de la famille au Sénégal. La légitimité et les capacités de l'État en question. *Droit et Société*, 91(3), pp. 607–622.

Nader, L. (1979). Disputing Without the Force of Law. *The Yale Law Journal*, 88(5), pp. 998–1021.

Nader, L. (1988). The ADR Explosion - The Implications of Rhetoric in Legal Reform. *Windsor Yearbook of Access to Justice*, 8, pp. 269–291.

Nader, L. & Grande, E. (2002). Current Illusions and Delusions about Conflict Management in Africa and Elsewhere. *Law and Social Inquiry*, 27(3), pp. 573–594.

Nielsen, L. B. (2000). Situating Legal Consciousness: Experiences and Attitudes of Ordinary Citizens about Law and Street Harassment. *Law and Society Review*, 34(4), pp. 1055–1090.

Noret, J. (2010). *Deuil et funérailles dans le Bénin méridional. Enterrer à tout prix.* Bruxelles, Éditions de l'Université libre de Bruxelles.

Olivier de Sardan, J.-P. (1995). *Anthropologie et Développement.* Paris : Karthala.

Olivier de Sardan, J.-P. (2001). La sage-femme et le douanier. Cultures professionnelles locales et culture bureaucratique privatisée en Afrique de l'Ouest. *Autrepart*, 20(4), pp. 61–73.

Olivier de Sardan, J.-P. (2004). « État, bureaucratie et gouvernance en Afrique de l'Ouest francophone. Un diagnostic empirique, une perspective historique ». *Politique Africaine*, 96 (4), pp. 139–162.

Olivier de Sardan, J.-P. (2008). À la recherche des normes pratiques de la gouvernance réelle en Afrique. *Discussion Paper*, 5.

Oumarou H. (2008). L'administration des carrières des magistrats au Niger. Une ethnographie du conseil de la magistrature. *Working Paper*, 70.

Oumarou, H. (2014). 'We make do and keep going!' Inventive Practices of Ordered Informality in the Functioning of the District Courts in Niamey and Zinder (Niger). In Bierschenk, T. & Olivier de Sardan, J.-P. (eds.) *States at Work. Dynamics of African Bureaucracies* (pp. 145–175). Leiden, Boston : Brill.

Pélisse, J. (2005). A-t-on conscience du droit ? Autour des legal consciousness studies. *Genèses*, 59(2), pp. 114–130.

Peters, P. E. & Kambewa, D. (2007). Whose security? Deepening social conflict over 'customary' land in the shadow of land tenure reform in Malawi. *The Journal of Modern African Studies*, 45(03), pp. 447–472.

Pirotte, G. & Poncelet, M. (2002). Éveil des sociétés civiles en milieu urbain et organisations non gouvernementales : les exemples de Cotonou et Lubumbashi. *Autrepart*, 23(3), pp. 73–88.

Pommerolle, M. (2009). *À quoi servent les droits de l'homme ? : action collective et changement politique au Cameroun et au Kenya.* Thèse de Doctorat. Université Montesquieu Bordeaux IV.

Pressman, J. & Wildavsky, A. (1973). Implementation. How Great Expectations in Washington are Dashed in Oakland; Or Why It is Amazing that Federal Programs Work at All, *this Being a Saga of the Economic Development Administration as Told by Two Sympathetic Observers who Seek to Build Morals on a Foundation of Ruined Hopes*. Berkeley, Los Angeles, London : University of California Press.

Ranger, T. (1983). The Invention of Tradition in Colonial Africa. In Hobsbawm, E. & Ranger, T. (eds.) *The Invention of Tradition* (pp. 221–262). London, New-York : Cambridge University Press.

Resnik, J. (1995). Many Doors ? Closing Doors ? Alternative Dispute Resolution and Adjudication Resolution and Adjudication ·. *The Ohio State Journal on Dispute Resolution*, 10(2), pp. 212–261.

Ribot, J. C. & Peluso, N. L. (2003). A Theory of Access*. *Rural Sociology*, 68(2), pp. 153–181.

Rosen, L. (1989). *The anthropology of justice. Law and culture in Islamic society.* Cambridge : Cambridge University Press.

Rosenberg, G. (1991). *The Hollowed Hope: Can Courts Bring About Social Change?* Chicago : University of Chicago Press.

Rubbers, B. & Gallez, E. (2012). Why do Congolese people go to court? A qualitative study of litigant's experiences in two Justice of the Peace Courts in Lubumbashi. *Journal of Legal Pluralism*, 66, pp. 79–108.

Rubbers, B. & Gallez, E. (2015a). Beyond corruption. The everyday life of a justice of the peace court in the Democratic Republic of Congo. In Olivier de Sardan, J.-P. & De Herdt, T. (eds.), *The games of the rule. The practical norms of real governance in Sub-Saharan Africa* (pp. 245–262), London, New-York : Routledge.

Rubbers, B. & Gallez, E. (2015b). Réformer la « justice de proximité ». Une comparaison entre les tribunaux coutumiers et les tribunaux de paix à Lubumbashi (R.D.Congo), *Critique internationale*, 66 (1), pp. 145–164.

Rukooko, A. B. (2010). Poverty and human rights in Africa: historical dynamics and the case for economic social and cultural rights. *The International Journal of Human Rights*, 14(1), pp. 13–33.

Sarat, A. & Felstiner, W. L. F. (1986). Law and Strategy in the Divorce Lawyer's Office. *Law and Society Review*, 20(1), pp. 93–134.

Sarat, A. & Felstiner, W. L. F. (1988). Law and Social Relations : Vocabularies of Motive in Lawyer/Client Interaction. *Law and Society Review*, 22(4), pp. 737–770.

Scheingold, S. (1974). *The Politics of Rights. Lawyers, Public Policy, and Political Change*. New Haven : Yale University Press.

Scott, J. (1987). *Weapons of the Weak. Everyday Forms of Peasant Resistance*. New Haven : Yale University Press.

Service Public Fédéral Justice (2014). *Les statistiques annuelles des cours et tribunaux*. Service d'appui aux du Collège des cours et tribunaux, Bruxelles.

Simonneau, C. (2012). Usages et effets du Registre Foncier Urbain au Bénin. Des injonctions internationales de gestion urbaine, aux modalités locales de la régulation urbaine. Journées doctorales du foncier, *Working Paper*.

Snyder, F. (1981). Colonialism and legal form: The Creation of 'Customary Law' in Senegal, *Journal of legal pluralism*, 19, pp. 49–90.

Spire, A. & Weidenfeld, K. (2011). Le tribunal administratif : une affaire d'initiés ? Les inégalités d'accès à la justice et la distribution du capital procédural. *Droit et Société*, 79(3), pp. 689–713.

Suleiman, E. (1987). *Les notaires. Les pouvoirs d'une corporation*, Paris : Seuil.

Sunshine, J. & Tyler, T. R. (2003). The Role of Procedural Justice and Legitimacy in Shaping Public Support for Policing. *Law and Society Review*, 37(3), pp. 513–548.

Tankebe, J. (2008). Police effectiveness and police trustworthiness in Ghana: An empirical appraisal. *Criminology and Criminal Justice*, 8(2), pp. 185–202.

Tchantipo, S. (2013). *Normes officielles, normes pratiques et stratégies des acteurs dans le service public de justice au Bénin*. Thèse de doctorat. Johannes Gutenberg Universität Mainz.

Tchantipo, S. (2006). La délivrance du service judiciaire au Bénin. *Working Paper*, pp. 1–29.

Titeca, C. & De Herdt, T. (2011). Real governance beyond the 'failed state': Negotiating education in the Democratic Republic of the Congo. *African Affairs*, 110(439), pp. 213–231.

Thuderoz, C. (1991). Notaires et huissiers de justice : Du patrimoine à l'entreprise. *Revue Française de Sociologie*, 32(2), pp. 209–239.

Tidjani Alou, M. (2007). La corruption dans le système judiciaire. In Blundo, G. & Olivier de Sardan, J.-P. (eds.) *État et corruption en Afrique* (pp. 179–225). Paris : Karthala.

Trubek, D. (2003). *The 'Rule of Law' in Development Assistance: Past, Present, and Future.*
[En ligne : http://law.wisc.edu/facstaff/trubek/RuleofLaw.pdf, consulté le 29 mars 2016].

Truffin, B. (2007). Les juges de paix belges et la mutation des modèles de justice civile. *Droit et Société*, 66(2), pp. 295–326.

Tyler, T.R. (2006). *Why people obey the law.* Princeton, Oxford : Princeton University Press.

Ubink, J. (2011). Enhancing legal empowerment. Gender equality on the horizon? Working with Customary Justice Systems: Post-conflict and Fragile States. *IDLO, Working paper series*, paper n° 3.

Ubink, J. M. & Amanor, K. S. (2008). *Contesting Land and Custom in Ghana*. Leiden : Leiden University Press.

Verheul, S. (2013). 'Rebels' and 'Good Boys': Patronage, Intimidation and Resistance in Zimbabwe's Attorney General's Office after 2000. *Journal of Southern African Studies*, 39(4), pp. 765–782.

Vincent-Grosso, S. (2012). Maktub: An Ethnography of Evidence. In Voorhoeve, M. (eds.) *Family Law in Islam. Divorce, Marriage and Women in the Muslim World.* London, IB Tauris.

Voorhoeve, M. (eds.) (2012). *Family Law in Islam. Divorce, Marriage and Women in the Muslim World.* London, IB Tauris.

Voorhoeve, M. (2012). Judicial Discretion in Tunisian Personal Status Law. In Voorhoeve, M. (eds.) (2012). *Family Law in Islam. Divorce, Marriage and Women in the Muslim World.* London, IB Tauris.

Weber, F. (2005). *Le sang, le nom, le quotidien. Une sociologie de la parenté pratique*. Paris : Aux lieux d'êtres.

Yngstrom, I. (2002). Women, Wives and Land Rights in Africa: Situating Gender Beyond the Household in the Debate Over Land Policy and Changing Tenure Systems. *Oxford Development Studies*, 30(1), pp. 21–40.

## Textes de lois

Code civil français de 1958

Code Napoléon de 1804

Coutumier du Dahomey, Circulaire A.P. 128, mars 1931

Décret n° 88 – 43 portant organisation du certificat d'aptitude à la profession d'avocat

Décret n° 2001 – 365 portant création et organisation de deux universités nationales en République du Bénin

Décret n° 2005 – 107 portant révision des tarifs des actes notariés

Décret n° 2005 – 10 fixant les tarifs des actes d'huissier de justice en matière civile et commerciale

Loi n° 64 – 28 portant organisation judiciaire en République du Dahomey

Loi n° 65 – 05 portant statut de la magistrature béninoise

Loi n° 65 – 06 portant organisation du barreau du Bénin

Loi n° 81 – 004 portant organisation du système judiciaire en République populaire du Bénin

Loi n° 83 – 005 portant statut de la magistrature béninoise

Loi n° 86 – 013 portant statut général des agents permanents de l'État

Loi n° 86 – 014 portant statut général de la fonction publique

Loi n° 90 – 003 portant remise en vigueur de la Loi n° 064-28 portant organisation judiciaire

Loi n° 98 – 005 portant organisation des communes à statut particulier

Loi n° 2001 – 35 portant statut de la magistrature

Loi n° 2001 – 37 portant organisation judiciaire en République du Bénin

Loi n° 2001 – 38 portant statut des huissiers de justice

Loi n° 2002 – 07 portant Code des personnes et de la famille du Bénin

Loi n° 2002 – 015 portant statut des notaires

Loi n° 2007 – 001 portant statut des corps des greffiers et des officiers de justice en République du Bénin

Loi n° 2008 – 07 portant Code de procédure civile, commerciale, sociale, administrative et des comptes

Loi n° 2013 – 01 portant Code foncier et domanial en République du Bénin

Loi n° 2015 – 18 portant statut général de la fonction publique

Règlement intérieur du barreau de la République du Bénin (2005)

## Quotidiens

*La Nation*, 21/05/2013

*Le Matinal*, 21/12/2013

*Le Matinal*, 11/07/2014

# ANNEXES

# *Annexe 1*

# Carte du Bénin

•

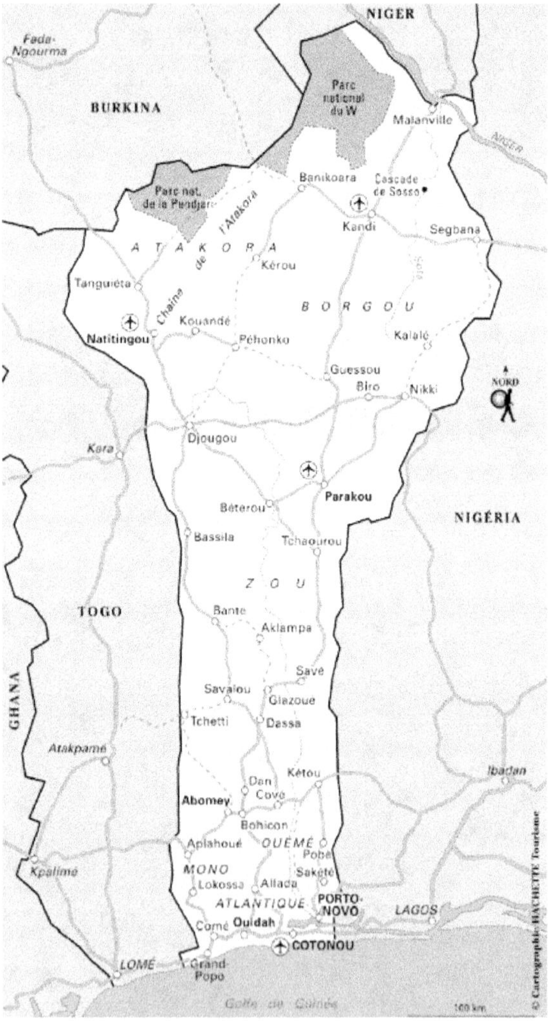


Source : http://www.gouv.bj

# Annexe 2

# La ville de Cotonou

•

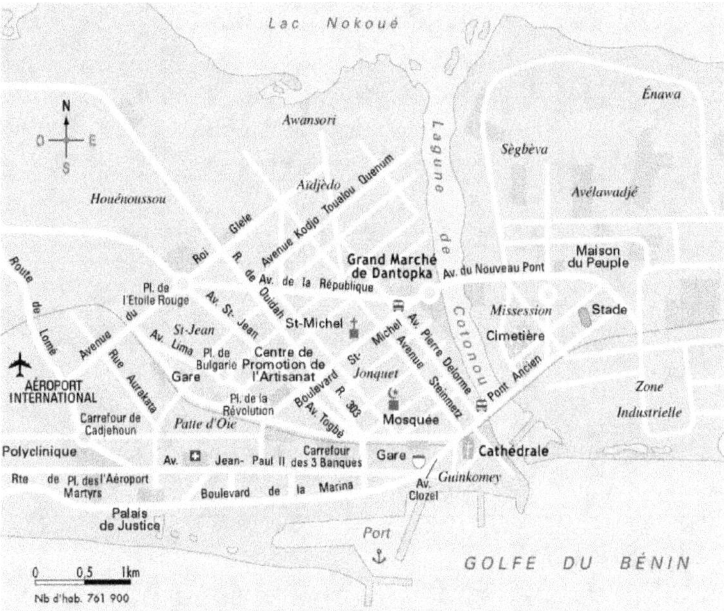


http://globalarchiconsult.com/wp-content/uploads/2013/06/ANALYSE-URBAINE-DE-COTONOU.pdf

# *Annexe 3*

# Cotonou et Abomey-Calavi

•

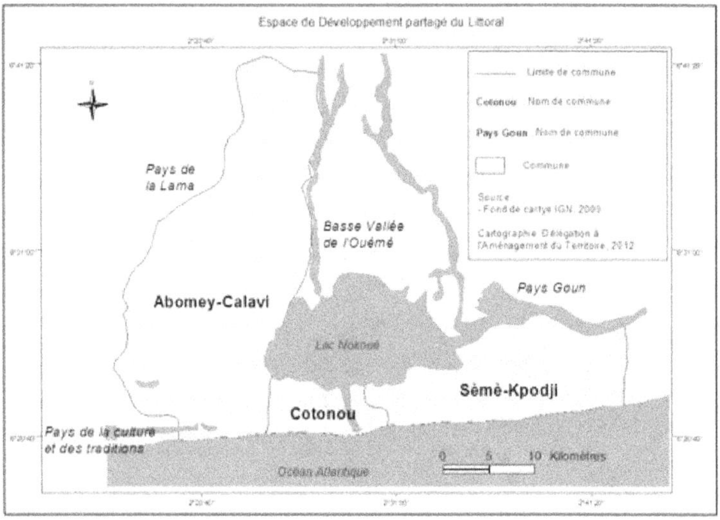


Source : http://www.inta-aivn.org

## Table des matières

•

## ANNEXES

www.ingramcontent.com/pod-product-compliance
Lightning Source LLC
LaVergne TN
LVHW010649051026
849532LV00001B/236